Joseph Mohr

Die Heiligen der Diözese Trier von Joseph Mohr

Joseph Mohr

Die Heiligen der Diözese Trier von Joseph Mohr

ISBN/EAN: 9783743374867

Hergestellt in Europa, USA, Kanada, Australien, Japan

Cover: Foto ©Lupo / pixelio.de

Manufactured and distributed by brebook publishing software (www.brebook.com)

Joseph Mohr

Die Heiligen der Diözese Trier von Joseph Mohr

Die Heiligen

der
Diözese Trier.

Von

Joseph Mohr,

Priester der Diözese Trier.

Mit bischöflicher Genehmigung.

Mit einer Karte in Farbendruck.

Trier.
Druck und Verlag der Paulinus - Druckerei.
1892.

Imprimatur.

Treveris, die 29. Martii 1892.

Vicariatus in spiritualibus generalis:
Reuss.

Vorwort.

Nachdem im Jahre 1888 das für die Geistlichen bestimmte „Proprium Officiorum Dioecesis Treverensis" in neuer und erweiterter Bearbeitung seitens der bischöflichen Behörde herausgegeben worden, erschien es angemessen, auch dem christlichen Volke wieder eine ähnliche Zusammenstellung der für die trierische Diözese in Betracht kommenden Heiligenleben zu bieten. Die letzte derartige Diözesan-Legende bestand in den Schriften des verdienten Domvikars Liehs, welche 1836, 61, 62 erschienen, aber jetzt kaum noch im Buchhandel zu finden sind. Das vorliegende Büchlein macht darum ans neue den Versuch, das Interesse unseres frommgläubigen Volkes für die große Vergangenheit der uralten trierischen Diözese zu wecken und den oftmals kundgegebenen Wunsch nach näherer Auskunft über unsere Heiligen, welche ja vielfach auch Kirchenpatrone sind, zu befriedigen.

Bei der Wahl der einzelnen Leben wurde mit geringen Auslassungen die Zusammenstellung des Propriums beibehalten. Nicht alle diese Heiligen stehen zur Diözese Trier in gleich naher Beziehung: einige, aus fremden Diözesen, haben scheinbar wenig mit ihr zu thun, doch rechtfertigt sich deren Aufnahme meist aus früheren Beziehungen zu den benachbarten Diözesen, von denen auch mehrere als Suffraganbistümer dem erzbischöflichen Stuhle von Trier einst unterstellt waren.

In der Behandlung des Stoffes bestrebte sich der Verfasser, die Mitte zu halten zwischen allzugroßer Leichtgläubigkeit einerseits und zwischen der herzlosen Negation nach Art der „modernen Forschung" andererseits. Das vertrauensvolle Festhalten an der kirchlichen Tradition ist und bleibt in diesen Dingen immer noch der beste Weg, auch wenn es sich nicht um eigentliche Glaubenssätze handelt. Ob da oder dort einmal von der neueren Geschichtskritik ein Irrtum bei einem Chronisten aus längst vergangenem Jahrhundert nachgewiesen wird, verschlägt nichts. Der Kern bleibt bestehen, und auch der wissenschaftlich gebildete Katholik braucht sich nicht zu scheuen, auch hier in den bewährten Grundsatz seiner Kirche einzustimmen: „Nihil innovetur!" „Es soll nichts geändert werden!"

Für die Bearbeitung der einzelnen Leben wurden vor allem die Bollandisten benutzt; sodann ward die einschlägige neuere Litteratur eingehend berücksichtigt und mit Dank verwertet. Der nähere Nachweis hierüber findet sich am Schlusse des Büchleins. Das Studium ungedruckter Quellen, wozu allerdings die hiesige Dombibliothek und Stadtbibliothek große Versuchung boten, lag außerhalb des beabsichtigten Zweckes.

Die kurze „Geschichte der Diözese Trier", in welcher die fränkische Periode besonders berücksichtigt werden mußte, soll nur eine Übersicht, einen Rahmen bieten, der den Zusammenhang zwischen den einzelnen Heiligenleben vermittelt. Die beigefügte geographische Karte enthält die Namen fast aller im Text genannten Orte, soweit sie nicht außerhalb der Kartenränder liegen.

Es ist dem Verfasser eine liebe Pflicht, allen denen, welche durch ihre gütige Hülfeleistung das Zustandekommen des Büchleins beförderten, auch an dieser Stelle seinen verbindlichsten Dank auszusprechen.

Möge das Andenken an die vielen großen Heiligen, welche in ferner Zeit in unseren Gegenden gelebt, gewirkt, gelitten und gebetet haben, für alle Leser ein ermutigendes, herzerfreuendes Beispiel sein!

Trier, am Passionssonntage, 3. April 1892.

Der Verfasser.

Geschichte der Diözese Trier.

Die Geschichte der Diözese Trier wird in drei Abschnitte oder Perioden eingeteilt: in die römische, fränkische und deutsche Periode.

1. Die römische Periode. (Von 58 v. Chr. bis 476 n. Chr.)

Trier als Stadt ist unstreitig eine der ältesten Städte Europas, Trier als Bistum die älteste Kirche diesseits der Alpen. Schon Julius Cäsar fand (58 v. Chr.) die civitas Trevororum als eine mächtige Niederlassung vor, und Kaiser Augustus (30 v. Chr. bis 14 n. Chr.) machte sie zu einer Militärstation, um die Grenzen des römischen Reiches gegen die Völker jenseits des Rheines zu schützen. Nachdem Diokletian (284—305) das römische Reich in zwei Teile getrennt hatte, erhob er Trier (287) zur kaiserlichen Residenz für den westlichen Teil. Die Stadt wurde ganz nach dem Muster von Rom mit Palästen, Basiliken, Thermen, Tempeln, Triumphbogen, einem Amphitheater u. dgl. prächtig ausgestattet. Das Christentum wurde gemäß der uralten Überlieferung schon im ersten Jahrhundert durch die vom hl. Petrus aus Rom entsandten Glaubensboten Eucharius, Valerius und Maternus in Trier gepredigt. Unter dem Kaiser Maximian brach 286 eine heftige Christenverfolgung zu Trier aus, in welcher ein Teil der

Thebäischen Legion und zahlreiche christliche Einwohner der Stadt den Martyrertod erlitten. Bald darauf besserten sich die Zustände, denn Kaiser Konstantin (324—337) beschützte das Christentum, und seine Mutter, die hl. Helena, erwirkte vom Papste die Entsendung eines thatkräftigen Bischofs nach Trier, des hl. Agritius (313—332). In der Folgezeit war Trier eine Hauptstütze des katholischen Glaubens gegen den Arianismus. Der hl. Athanasius von Alexandrien und der hl. Paulus von Konstantinopel fanden dort Schutz bei dem hl. Maximinus (332—349). Des letzteren Nachfolger, der hl. Paulinus (349—358), starb für seinen Glauben in der Verbannung. Der hl. Ambrosius von Mailand weilte zweimal in Trier (384 u. 387), der hl. Martinus von Tours († 400) fünfmal, der hl. Hieronymus machte 370 dort wissenschaftliche Studien. An der Bekehrung der benachbarten Völker wurde von Trier aus eifrig gearbeitet, so besonders durch den hl. Castor (379) und den hl. Lubentius († 370). Gegen Ende des 4. Jahrhunderts begannen die Völkerwanderungen, und nun kamen schwere Zeiten über das Land. Die römischen Herrscher hatten nicht mehr die Kraft, sich der von Osten herandrängenden Völkerflut zu widersetzen, und immer weiter wichen die einst so stolzen Römertruppen zurück. Im Jahre 418 wurde die kaiserliche Residenz nach Arles verlegt, und nun war der Ruin für Trier unaufhaltsam. Sechsmal wurde die Stadt von den Alanen, Vandalen, Hunnen und Franken verwüstet und niedergebrannt, wie der Schriftsteller Salvian (um 450) berichtet. Im Jahre 476 wurde dann der letzte römische Kaiser durch Odoaker in Italien besiegt und vom Throne gestoßen und damit dem weströmischen Reiche ein Ende gemacht.

2. Die fränkische Periode. (Von 476—870.)

Bei dem Zusammenbruch des römischen Reiches gelangten die Franken in den Besitz Galliens. Ein Teil derselben, die ripuarischen Franken, hatte das Ländergebiet zwischen Rhein, Maas, Schelde und Mosel besetzt und sich schon im Jahre 463 der Stadt Trier und des mittleren Moselthales bemächtigt. Andere fränkische Völkerschaften ließen sich weiter westwärts in Gallien nieder und lebten dort unter eigenen Königen, bis Chlodwig (481—511), der König der salischen Franken, die meisten Stämme vereinigte und sich zum Alleinherrscher aller Franken machte. Am längsten widersetzten sich ihm die ripuarischen Franken; erst im Jahre 510 brachte er sie und damit auch das Gebiet von Trier in seine Gewalt. Infolge seines Sieges über die Alemannen bei Zülpich (496) ließ Chlodwig sich mit vielen Tausenden seiner Stammesgenossen zu Reims vom hl. Remigius taufen und wurde nun ein kräftiger Beschützer des Christentums. Nach seinem Tode teilten seine vier Söhne das Reich: Theodorich I. (511—533), zu dessen Gebiet Trier gehörte, residierte in Metz, Chlodomer (511—524) in Orleans, Childebert I. (511—558) in Paris, Chlotar I. (511—561) in Soissons. Der letztere wurde nach dem Tode seiner Brüder wieder Alleinherrscher, und als er bald darauf starb, erfolgte eine abermalige Teilung des Reiches unter seine vier Söhne. Als einer derselben, Charibert (561—567), gestorben war, gründeten die übrigen, Sigibert I. (561—575), Chilperich I. (561—584) und Guntram (561—593), drei Einzelreiche: Austrasien mit der Hauptstadt Metz, Neustrien mit Paris und Soissons, Burgund mit Orleans. Die Regierungszeit dieser Könige und ihrer Nachfolger (von Chlodwig bis Pippin die Merowinger genannt) ist durch beständige Bruderkriege und eine Reihe von Freveln und Gewalt- thaten ausgefüllt. Das Gebiet von Trier gehörte zu Austrasien, welches Reich folgende Könige hatte: Sigibert I. (561—575), Childebert II. (575—596), Theodebert II. (596—612). Dann kam wieder eine Vereinigung des ganzen Reiches unter Chlotar II. (613—628) und Dagobert I. (628—638) zustande. Die folgenden Könige waren meist schwache und

unfähige Herrscher, unter denen die königliche Macht immer tiefer
sank. Sie ließen das Reich von den sogenannten Hausmeiern
(Majordomus) verwalten, und deren Einfluß wurde allmählich
so stark, daß der Majordomus Pippin schließlich der Mero-
wingerherrschaft ein Ende bereitete und sich im Jahre 751 zu
Soissons unter Zustimmung der versammelten Großen des
Reiches zum König der Franken krönen ließ. Er war der
Stammvater der karolingischen Könige, unter denen Karl
der Große (768—814) besonders hervorragt. Durch den
Vertrag zu Verdun (843) wurde das fränkische Reich wieder
in 3 Teile geteilt: Ostfranken, Westfranken und, zwischen
beiden in der Mitte, Lothringen. Trier kam zu dem letzteren.
Im Jahre 870 fand eine Teilung des Königreichs Lothringen
statt zwischen Ludwig dem Deutschen (843—876) und
seinem Bruder Karl dem Kahlen (843—877). Der westliche
Teil wurde zu Frankreich gezogen, der östliche Teil, zu welchem
Trier gehörte, fiel an Ludwig. So kam das Bistum Trier
für's erstemal zum deutschen Reich.

In kirchlicher Beziehung war die fränkische Periode
von großer Bedeutung, insofern nämlich in ihr die eigentliche
Befestigung des christlichen Glaubens und Lebens in unseren
Gegenden sich vollzog. Gleich am Anfang ragt unter den
Bischöfen von Trier der hl. Nicetius (527—566) hervor,
eine wahrhaft apostolische Erscheinung, einer der größten Männer
seiner Zeit. Unter seinen Nachfolgern sind besonders zu erwähnen
der hl. Magnericus (573—596), der hl. Modoaldus
(622—640), der hl. Hildulph (666—671), der hl. Basinus (671—695) und der hl. Ludwinus (695—713). Die
Bischöfe standen wegen ihrer hohen Bildung bei den Königen
in großem Ansehen, und ihr Rat wurde in allen wichtigen
Dingen eingeholt. Wir sehen sie an den Reichsangelegenheiten
einen bedeutenden Anteil nehmen, sehen sie bei den Reichsversammlungen mit den Herzogen und Grafen erscheinen, an
erster Stelle ihre Stimme abgeben und unmittelbar nach dem

Könige öffentliche Akten unterzeichnen. Zur Unterstützung der bischöflichen Thätigkeit beginnt in dieser Zeit auch das Ordens- leben, meist nach der Regel des hl. Benediktus, sich zu entfalten. Im Jahre 843 bestanden bereits die Abteien St. Maximin, St. Eucharius (St. Mathias), St. Marien, St. Martin, Tholey, Mettlach, Prüm, Oeren (St. Irminen), das Frauen- kloster zu Pfalzel und das Stift St. Paulin zu Trier. Meist waren dieselben aus Schenkungen fränkischer Könige und Großen gegründet oder erweitert worden. Der Einfall der Normannen (882) brachte für Kirchen und Klöster eine fürchterliche Zer- störung, doch erstanden sie bald wieder zu neuer Blüte.

5. Die deutsche Periode. (Von 870 bis jetzt.)

Seit der Mitte des 8. Jahrhunderts wurde Trier Erz- bistum genannt, und es waren ihm die Diözesen Metz, Toul und Verdun als Suffraganbistümer unterstellt. Reiche Güterschenkungen der fränkischen Könige und der deutschen Kaiser brachten es mit sich, daß die Erzbischöfe von Trier allmählich auch die weltliche Herrschaft in ihrer Diözese erhielten. Noch höher stieg ihr Ansehen, als um die Mitte des 13. Jahr- hunderts das früher von den deutschen Fürsten gemeinsam ausgeübte Recht der Kaiserwahl den 7 vornehmsten unter ihnen ausschließlich beigelegt wurde; außer 4 weltlichen Fürsten waren es die 3 Erzbischöfe von Trier, Köln und Mainz, denen man diese neue Würde (Kurwürde) über- trug. Besonders ausgezeichnete Erzbischöfe und Kurfürsten waren Balduin von Lützelburg (1307—1354) und Richard von Greiffenklau (1511—1531), der letztere berühmt durch seine Verhandlungen mit Luther auf dem Reichstag zu Worms (1521). Die Reformation fand in Trier wenige Anhänger, was hauptsächlich der Wachsamkeit des Erzbischofs Johann VI. von der Leyen (1556—1567) zu verdanken ist. Sein Nach- folger Jakob III. von Elz (1567—1581) war das Muster eines frommen Bischofs und guten Fürsten. Unter ihm wurden die Beschlüsse des Konzils von Trient publiziert.

Seit Anfang des 13. Jahrhunderts stehen den Erzbischöfen zu ihrer Unterstützung Weihbischöfe zur Seite. Die bekanntesten derselben sind: Johann Enen (1517—1519), Peter Binsfeld (1580—1598), Lothar Friedrich von Nalbach (1730 bis 1748), Johann Nikolaus von Hontheim (1749—1790).

Zweimal sah Trier einen Papst in seinen Mauern: Leo IX. (1049—1054) und Eugen III. (1145—1153). In der Begleitung des letzteren befand sich der hl. Bernard von Clairvaux, der auch bewirkte, daß auf einer glänzenden Synode zu Trier (1149) die Schriften der hl. Hildegard vom Papste geprüft und gutgeheißen wurden.

Das Ordensleben gelangte in dem Erzbistum zu so herrlicher Entwicklung, daß man am Ende des 18. Jahrhunderts folgende Klöster zählte: 16 Benediktiner-, Cisterzienser- und Prämonstratenserabteien, 5 Augustiner- und Karthäuserklöster, 3 Dominikaner-, 17 Franziskanerklöster, 12 Kapuzinerkonvente, 7 Karmeliter-, 3 Minoritenklöster, 7 Jesuitenkollegien, dann adelige Damenstifte und Frauenklöster der verschiedensten Art 48.

Die französische Revolution brachte besonders für Trier schwere Zeiten. Der letzte Erzbischof und Kurfürst Clemens Wenzeslaus (1768—1802 mußte beim Einrücken der französisch-republikanischen Truppen in das Erzstift (1794) die Flucht ergreifen, um nie wieder zurückzukehren. Im Frieden zu Lüneville (1801) wurde das linke Rheinufer an Frankreich abgetreten, 1802 wurden durch Beschluß der französischen Republik alle Orden, Stifte und geistlichen Genossenschaften aufgehoben, ihre Besitzungen und Güter als Staatsgut erklärt und verkauft. Die französische Herrschaft währte jedoch nur bis 1814. In der Nacht vom 4. auf den 5. Januar ergriffen nämlich die deutschen Truppen von der Stadt Besitz, und durch

Beschluß des Wiener Kongresses (1816) kam die Rhein-
provinz und damit auch Trier an das Königreich Preußen.

Die gegenwärtige Diözese Trier, welche seit 1824 zugleich mit Münster und Paderborn der Erzdiözese Köln unterstellt ist, umfaßt die beiden Regierungsbezirke Trier und Koblenz;
nebst dem Fürstentum Birkenfeld; sie ist eingeteilt in 46 Dekanate
mit 741 Pfarreien und zählt 957 000 Katholiken.

Reihenfolge

der

Bischöfe und Erzbischöfe der Trierischen Kirche.

Hl. Eucharius ⎫
Hl. Valerius ⎬ Schüler des hl. Petrus.
Hl. Maternus ⎭

Hl. Agritius	c. 313—332
Hl. Maximinus	c. 332—349
Hl. Paulinus	c. 349—358
Hl. Bonosus	c. 358—373
Hl. Britonius	c. 373—386
Hl. Felix	c. 386—398
Hl. Mauritius	
Hl. Leontius	† c. 409
Hl. Auctor	† c. 428
Hl. Severus	† c. 455
Hl. Cyrillus	† c. 458
Jamblichus (Jamnericus)	
Evemerus	
Hl. Marus	† c. 480
Volusianus	
Hl. Miletus	
Hl. Modestus	† c. 486
Maximianus	
Hl. Fibitius	† c. 511
Rusticus	
Hl. Abrunculus	† c. 527
Hl. Nicetius	527—566
Hl. Magnericus	573—596
Gundericus	

Dylher (von Nassau) . . . . 1300—1307
Balduin (Graf von Lützelburg) . . . . 1307—1354
Boemund II. (von Saarbrücken) . . . . . . 1354—1362
Cuno II. (von Falkenstein) . . . . 1362—1388
Werner (von Falkenstein) . . . . 1388—1418
Otto (von Ziegenheim) . . . . 1418—1430
Rabanus (von Helmstadt) . . . . 1430—1439
Jakob I. (von Sirk) . . . . 1439—1456
Johann II. (Markgraf von Baden) . . . . . 1456—1503
Jakob II. (Markgraf von Baden) . . . . . 1503—1511
Richard (von Greiffenklau) . . . . . . 1511—1531
Johann III. (von Metzenhausen) . . . . . 1531—1540
Johann IV. (Ludwig von Hagen) . . . . . 1540—1547
Johann V. (von Isenburg) . . . . . . 1547—1556
Johann VI. (von der Leyen) . . . . . . 1556—1567
Jakob III. (von Elz) . . . . 1567—1581
Johann VII. (von Schönenberg) . . . . . 1581—1599
Lothar (von Metternich) . . . . 1599—1623
Philipp Christoph (von Sötern) . . . . . 1623—1652
Karl Kaspar (von der Leyen) . . . . . 1652—1676
Johann Hugo (von Orsbeck) . . . . . 1676—1711
Karl Joseph (Herzog von Lothringen) . . . 1711—1715
Franz Ludwig (von Pfalz-Neuburg) . . . 1716—1729
Franz Georg (von Schönborn) . . . . . 1729—1756
Johann Philipp (Reichsfreiherr von Walderdorf) . 1756—1768
Clemens Wenzeslaus (Prinz von Polen und Lit-
    thauen), letzter Kurfürst, Bischof 1768, resigniert . 1802
Karl (Mannay), Bischof 1802, resigniert 1816
    Sedisvakanz . . . . 1816—1824
Joseph (Ludwig Aloys von Hommer) . . . 1824—1836
    Sedisvakanz . . . . 1836—1842
Wilhelm (Arnoldi) . . . . 1842—1864
    Sedisvakanz . . . . 1864—1865
Leopold (Pelldram) . . . . 1865—1867
Mathias (Eberhard) . . . . 1867—1876
    Sedisvakanz . . . . 1876—1881
Michael Felix (Korum) inthronisiert am 25. Sept. 1881.
    Ad multos annos!

19. Januar.

Der heilige **Agritius,** Bischof.

† 332.

Nachdem Kaiser Konstantin im Jahre 312 durch den Sieg über Maxentius die Alleinherrschaft im römischen Reiche des Abendlandes erlangt hatte, begann er sofort, alle gegen die Christen lautenden Staatsgesetze aufzuheben, erklärte das Christentum zur Staatsreligion und trat als Beschützer desselben auf. Viele bischöfliche Sitze, die in den blutigen Verfolgungen Diokletians und Maximians erledigt waren, wurden wieder besetzt, und neues Leben begann in der durch das Blut der Martyrer befruchteten Kirche emporzublühen.

Dies war besonders der Fall in dem alten Bistum Trier, wo der römische Präfekt Riktiovarus zahllose Christen um ihres Glaubens willen hatte hinmorden lassen. Als die heilige Helena, die Mutter des Kaisers Konstantin, erfuhr, daß der bischöfliche Stuhl daselbst leer stehe, empfahl sie dem Papste Silvester den Priester Agritius, der in seiner Heimat Antiochien wegen seiner Frömmigkeit, Gelehrsamkeit und Thatkraft in großem Ansehen stand. Der Papst ging gern auf diesen Vorschlag ein, ließ Agritius nach Rom kommen und weihte ihn zum Bischof von Trier. Auch soll er ihn durch eine Urkunde, das sogenannte Silvesterdiplom, zum Primas über ganz Gallien und Germanien ernannt haben. Die Echtheit dieser Urkunde wird angefochten, doch steht anderweitig fest, daß die Bischöfe von Trier schon im 4. Jahrhundert ihr Primatialrecht ausübten.

Voll Zuversicht und Freude zog Agritius im Jahre 313 nach Trier. Seine erste Sorge ging dahin, das mächtig gewordene Heidentum wieder auszurotten und den Glauben der christlichen Bevölkerung, wo er durch die Trübsale der Verfolgung schwach geworden war, neu zu bekräftigen. Besondere Sorgfalt verwendete er auf die Heranbildung tüchtiger Priester, für welche er eine eigene, weit berühmte Schule gründete. Unter den zahlreichen Schülern, die durch seine Gelehrsamkeit und Frömmigkeit angezogen wurden und oft aus weiter Ferne nach Trier kamen, waren besonders hervorragend Maximinus und Paulinus, die auch später seine Nachfolger wurden.

Im Jahre 314 beteiligte sich Agritius an der Synode zu Arles, wo die Irrlehre der Donatisten verurteilt wurde. Sein Name steht in der Aufschrift des Briefes, den die Versammelten an den Papst Silvester sandten, unmittelbar neben dem des Bischofs Marinus von Arles, der den Vorsitz auf der Synode führte, und wir dürfen hieraus gewiß einen berechtigten Schluß machen auf das hohe Ansehen, in welchem der Bischof von Trier bei den Vertretern der 44 Diözesen Italiens, Galliens, Englands, Spaniens und Afrikas stand.

Eine weitere segensreiche Thätigkeit entfaltete Agritius durch die Einrichtung zahlreicher Kirchen, insbesondere zu Trier, wo er einen römischen Kaiserpalast in eine Kirche des hl. Johannes des Täufers umwandelte und eine Ordensgenossenschaft bei ihr gründete, deren Vorsteher der antiochenische Priester Johannes war. Diese Kirche und dieses Kloster befanden sich an der Stelle, wo später die berühmte Abtei von St. Maximin bei Trier stand. Sodann baute er auf Wunsch der Kaiserin Helena den eigenen Palast derselben zu einer Kirche um, weihte sie dem Apostel Petrus und bestimmte sie zur Domkirche. Der heutige Trierer Dom enthält nach wohlbegründeter Annahme noch wesentliche Teile dieses alten Palastes. Eine dritte prachtvolle Kirche, die in Kreuzesform gebaut war, hatte die hl. Helena zu Ehren des von ihr wiederaufgefundenen hl. Kreuzes Christi eingerichtet, und zwar vermutlich in einem großen Saale des römischen Kaiserpalastes, dessen Ruinen noch jetzt an der Südostecke von Trier zu sehen sind.

Damit die Kirchen der Stadt aber auch durch kostbare Reliquien ausgezeichnet seien, beschenkte Agritius sie mit wertvollen Gaben, die von der Kaiserin Helena aus Palästina nach Rom gebracht und ihm übergeben waren. Zunächst übertrug er in die Kirche des hl. Eucharius den Leib des Apostels Mathias, welcher bis auf den heutigen Tag in dieser Kirche, die später den Namen Mathiaskirche erhielt, aufbewahrt und verehrt wird. Die Domkirche erhielt damals gemäß der uralten Überlieferung ihren kostbarsten Reliquienschatz, den ungenähten heiligen Rock des Herrn, ferner einen Zahn des hl. Petrus, Schuhe des hl. Andreas, das Haupt des hl. Papstes Cornelius u. a. Diese Reliquien befinden sich noch sämtlich im Besitze des Domes. Das Messer, welches der Heiland beim letzten Abendmahle gebraucht, und welches Agritius der Kirche von St. Maximin geschenkt hatte, wird jetzt in der Pfarrkirche zu Pfalzel bei Trier aufbewahrt.

Nachdem Agritius 18 Jahre lang den Bischofsstab geführt und reichen Segen gestiftet hatte, wurde ihm durch göttliche Einsprechung bekannt gegeben, daß sein Scheiden von dieser Welt bevorstehe, und daß er sich einen Nachfolger bestimmen möge. Er wählte seinen frommen und treuen Schüler Maximinus, der auch nach seinem Tode zum Bischof von Trier geweiht wurde. Agritius starb in hohem Alter am 13. Januar 332, tief betrauert von seinem Volke, dem er ein guter Vater gewesen. Er wurde begraben in der eben genannten Kirche des hl. Johannes, der späteren Maximinkirche. Sein Grab war in den folgenden Jahrhunderten hochverehrt und blieb auch im Jahre 1245, als die neu erbaute St. Maximinkirche konsekriert wurde, an seiner alten Stelle in der Gruft.

Als im Laufe der Jahre ein frommer Streit zwischen den Mönchen von St. Maximin und denen von St. Mathias entstanden war, weil die letzteren behaupteten, die Reliquien des hl. Agritius in ihrer Kirche gefunden zu haben, ordnete der Erzbischof Richard von Greiffenklau eine genaue Untersuchung an. Infolgedessen wurde im Jahre 1513 der in St. Maximin befindliche Sarkophag des hl. Agritius, welcher damals rechts neben dem Sarkophag des hl. Maximin stand, geöffnet, und man fand darin seine Reliquien nebst einer Schiefertafel, welche die Echtheit derselben außer Frage stellte. Diese Tafel befindet sich jetzt in Pfalzel.

Die Reliquien selbst sind in den Verwirrungen der französischen Revolution gänzlich verloren gegangen. Nur kleinere Teile befanden sich schon damals in St. Mathias und in verschiedenen anderen Kirchen und sind bis heute erhalten.

Würde und Segen des Priestertums.

„Jedermann erachte uns als Diener Christi und Ausspender seiner Geheimnisse."

1. Kor. 4, 1.

Die angelegentlichste Sorge des hl. Agritius ging dahin, heilige und eifrige Priester heranzubilden, die ihm in der Ausbreitung und Befestigung des Glaubens hülfreich zur Seite ständen, um alle ihm anvertrauten Seelen zu retten. Das ist das hohe Amt und die erhabene Würde des Priesters, daß er als Diener Christi und Ausspender seiner Geheimnisse Mitarbeiter Gottes ist in der Leitung und Rettung der Seelen. Mit göttlicher Gewalt ausgerüstet, vertritt der Priester Christi Stelle am Altare durch die Darbringung des hochheiligen unblutigen Opfers, im hl. Bußgerichte als der gute Hirte, der das verirrte Schäflein liebevoll aufnimmt und zur Herde zurückführt, auf der Kanzel als Verkünder der ewigen Wahrheit, am Krankenbette als Spender himmlischen Trostes, in allen Lebenslagen als Ratgeber und väterlicher Freund. Christus wandelt in Tausenden von Priestern Wohlthaten spendend, lehrend, segnend, rettend über die Erde durch alle Zeiten hindurch, um zu suchen und selig zu machen alles, was verloren ist. Wie erhaben ist also die Würde des Priesters, wie segensreich sein Wirken! Wie groß und unschätzbar ist für das christliche Volk die Gnade, Priester nach dem Herzen Gottes zu besitzen! Um diese Gnade sollen die Gläubigen oft und eifrig Gott anflehen nach der Mahnung des Herrn: „Bittet den Herrn der Ernte, daß er Arbeiter in seine Ernte sende," und sie sollen durch Achtung vor dem Priesterstande und durch Gehorsam gegen ihre Seelsorger sich dieser Gnade würdig machen. „Ehre Gott und achte die Priester!" (Eccli. 7, 33.)

25. Januar.
Der heilige **Poppo**, Abt.
† 1048.

Der hl. Poppo war geboren in Flandern und wurde von seinen Eltern, die aus vornehmem Stande waren, für den Heeresdienst bestimmt und erzogen. Dem jungen Krieger gefiel aber das bewegte Leben des Soldaten nicht, und darum verblieb er in diesem Stande nur wenige Jahre. Nachdem er mit mehreren Gefährten eine Reise nach Jerusalem und eine zweite Reise nach Rom gemacht hatte, glaubte er die Stimme Gottes zu vernehmen, die ihn antrieb, der Welt zu entsagen und in einen Orden einzutreten. Er begab sich darum zu dem hl. Theodorich, der der damals Abt des Klosters Stavelot in den Ardennen war. Dieser nahm ihn freundlich auf und übertrug ihm die Sorge für die Armenpflege des Klosters. Hier nahm sich Poppo besonders der Aussätzigen an, und als er einst sein eigenes Gewand einem solchen Notleidenden geschenkt, wurde dieser plötzlich geheilt, nachdem er es angelegt hatte.

Nach einigen Jahren wurde Poppo zum Priester geweiht, und man berichtet, er habe eine solche Verehrung und Liebe für das allerheiligste Altarsfakrament gehabt, daß er oft während der hl. Messe seine Priestergewänder mit Thränen benetzte. Nachdem er mehrere Jahre in den Klöstern zu Verdun und Arras gelebt und für Gottes Ehre gewirkt hatte, wurde er Abt des Klosters zu Stavelot und des Klosters zu Malmedy. Von hier kam er auf Wunsch des Kaisers Konrad II. (1024—39) nach Trier, wo er als Abt von St. Maximin eine eifrige Thätigkeit entfaltete und manche Mißbräuche, die sich allmählich eingeschlichen hatten, mit starker Hand entfernte. Da der Kaiser die Frömmigkeit und Tüchtigkeit des thatkräftigen Mönches kannte, so wünschte er, daß man denselben auf den erzbischöflichen Stuhl von Straßburg erheben möchte, allein Poppo widersetzte sich diesem Plane mit allen Kräften und kehrte, nachdem er in Trier segensreich gewirkt hatte, nach Stavelot zurück. Hochbetagt starb er als Abt des Klosters vom hl. Vedastus zu Arras im Jahre 1048 und wurde bestattet zu Stavelot, wo zahlreiche Wunder an seinem Grabe geschahen. Seine Reliquien befinden sich jetzt daselbst in der Kirche des hl. Sebastian und sind in einer kostbaren silbernen Büste eingeschlossen, deren Fuß mit bildlichen Darstellungen von Wundern, die der hl. Poppo wirkte, geschmückt ist.

Andacht bei der hl. Messe.

> „Der Herr ist in seinem Tempel; es schweige vor ihm die ganze Erde." Hebr. 2, 20.

Von glühender Andacht gegen das hl. Sakrament des Altares erfüllt, vergoß der Heilige oftmals reiche Thränen bei der Darbringung des hl. Opfers. Ist es zu verwundern? Wer immer in lebendigem Glauben diesem hl. Opfer beiwohnt, der sieht im Lichte des Glaubens, wie der Himmel sich öffnet und Gottes eingeborener Sohn als Opfergabe herabsteigt auf den Altar. Er sieht den Kreuzestod des Herrn sich geheimnisvoll erneuern, sieht das Auge des himmlischen Vaters mit unendlichem Wohlgefallen auf den Altar gerichtet und die Engel anbetend die heilige Stätte umschweben: er sieht, wie vom Altare aus ein Strom von Gnaden sich ergießt über die Erde hin, die Menschen zu heiligen, und hinabfließt an den Reinigungsort, die armen Seelen zu läutern und zu trösten. Wie hocherhaben ist doch dieses Opfer, in welchem Gottes Sohn selber sich seinem himmlischen Vater als Opfer darbringt, um an unserer Statt ihn zu verherrlichen, ihm zu danken, ihm Sühne zu bieten und alle Gnaden uns zu vermitteln. Mit welchem Eifer und mit welcher Andacht sollte darum jeder Christ diesem hl. Opfer beizuwohnen sich bemühen! Der Herr selber erscheint in seinem Tempel auf dem Altare, und die Majestät des Allerhöchsten erfüllt die hl. Opferstätte. Es schweige darum jede Kreatur: in Ehrfurcht und tiefer Sammlung, in ungeteilter Aufmerksamkeit, mit Demut und Reue, mit inniger Liebe und heiliger Opfergesinnung wohne der Christ diesem hl. Opfer bei, um so der Fülle der Gnaden teilhaftig zu werden, die dasselbe zu spenden vermag. „Mit großem Vertrauen lasset uns hinzutreten zum Throne der Gnade, damit wir Barmherzigkeit erlangen." (Hebr. 4, 16.)

26. Januar.

Der heilige Marus, Bischof.

† um 480.

Der heilige Marus war der Nachfolger des Bischofs Evemerus auf dem bischöflichen Stuhle von Trier. Die näheren Umstände seines Lebens sind nicht bekannt, nur soviel weiß man, daß er große Sorgfalt auf die Wiederherstellung der in den Völkerwanderungen zerstörten alten Trierer Gotteshäuser verwandte, insbesondere auf die von dem hl. Bischof

Felix (386—398) erbaute und durch die Barbaren 451 zerstörte Kirche der allerseligsten Jungfrau. Diese stand an der Stelle, wo heute die Kirche St. Paulin bei Trier steht, und in ihr ruhten schon damals der hl. Paulinus, die hl. trierischen Martyrer, der hl. Thyrsus, der hl. Palmatius, der eben genannte hl. Felix und andere Heilige. Hier fand auch der hl. Marus, dessen Tod ungefähr in das Jahr 480 fällt, seine Ruhestätte.

Als diese Kirche im Jahre 1093 durch Brand zerstört worden war, wurde eine neue Paulinskirche an ihrer Stelle erbaut und von dem damals in Trier weilenden Papste Eugen III. im Jahre 1148 feierlich eingeweiht. In dieser neuen Kirche stand der Altar mit dem Sarkophag des hl. Marus in dem runden Abschluß des rechten Seitenschiffes, und eine lateinische Inschrift besagte: „Der Gott gefällige Bischof Marus hat in seinem Leben durch viele Tugenden sich bewährt. Seine Thaten sind aufgezeichnet im Buche des Lebens." An seinem Grabe geschahen viele Wunder, und besonders in schweren Krankheiten wie Lähmungen, Gicht, Fallsucht rief das Volk seine Hülfe an. Wie groß seine Verehrung und die Zahl der auf ihn vertrauenden Wallfahrer war, läßt sich aus der uns erhaltenen Nachricht schließen, daß die Steinplatten um sein Grab von den Tritten und Knieen der Beter tief ausgehöhlt waren.

Im Jahre 1515 eröffneten die Stiftsherren von St. Paulin außer andern Sarkophagen der Kirche auch den des hl. Marus und fanden seinen Körper wohlerhalten, als sei er kurz vorher bestattet worden. Das Haupt des Heiligen, für welches man 1733 einen kostbaren silbernen Behälter hatte anfertigen lassen, wurde 1794 mit den Häuptern der hhl. Paulinus und Felix von den Stiftsherren nach Frankfurt geflüchtet, von wo es 1813, aber ohne seine schöne Einfassung zurückkam. Es wird noch heute in der Paulinskirche an Festtagen zur Verehrung ausgestellt, während die anderen Reliquien des hl. Marus sich jetzt in einem Reliquienschreine in der Sakristei dieser Kirche befinden.

Wunderbare Kraft des vertrauensvollen Gebetes.

Alles, was immer ihr gläubig im Gebete erbitten werdet, werdet ihr erhalten.
Math. 20, 22.

Die ausgehöhlten Stufen am Grabe des hl. Marus beweisen, wie unbegrenzt das Vertrauen des gläubigen Volkes auf die Hülfe des Heiligen war, und wie zahlreich die Wunder, die an seinem Grabe, besonders zur Heilung der Kranken, geschahen. Diese wunderbaren Gnadenerweisungen an den Gräbern der Heiligen und auf ihre Fürsprache sind die deutlichste Bestätigung der Verheißung des Herrn: „Alles, was ihr gläubig im Gebete erbitten werdet, werdet ihr erhalten!" Welch' große Verheißung! Alles ist somit dem Gebete zugesagt, nichts ist ihm versagt! Alles kann das Gebet erwirken, nichts bleibt ihm unmöglich. Groß ist die Macht der Beredsamkeit über die Herzen der Menschen, und staunenerregend und ans Wunderbare grenzend sind oftmals ihre Erfolge: aber größer ist die Macht des Gebetes über das Herz Gottes: und Er, der dem Stolze mit göttlicher Macht widersteht, kann dem demütigen Gebete nicht widerstehen. „Das Gebet dessen, der sich demütigt, dringt durch die Wolken: es hat keine Ruhe, bis es hinkommt, und geht nicht von da weg, bis der Allerhöchste es ansieht." (Sir. 35, 21.) — Alles gewährt Gott dem demütigen, vertrauensvollen Gebete. Nur das ist der Unterschied: entweder gibt es Gott in der Weise, wie es dem Bittenden zunächst vor Augen schwebt, oder in einer weit herrlichern Form. Und wenn er statt irdischer Gaben, um die wir bitten, höhere geistige Gnaden uns gewährt, so ist gewiß unser Gebet nicht unerhört geblieben. So ruht also unsere höchste Kraft und Stärke, all' unser Reichtum und unser Trost, ja, unser ganzes Heil für Zeit und Ewigkeit in unserm stillen, demütigen Gebete. Bete nur beharrlich in rechter Weise, und alle Gnaden sind dir gewährt, dein ewiges Heil ist dir gesichert. „Achte dich nicht gering in deiner Schwäche, sondern bete zu dem Herrn." (Sir. 38, 9.)

❖

29. Januar.

Der heilige **Valerius**, Bischof.

Der heil. Valerius war der zweite Bischof von Trier. Mit Eucharius und Maternus war er der Überlieferung gemäß vom hl. Petrus nach Gallien und Germanien gesandt worden, damit auch dort das Evangelium gepredigt werde. Nachdem Eucharius als der erste Bischof von Trier 23 Jahre lang gewirkt und die Grundlagen des Christentums begonnen hatte, bestimmte er in der Voraussahnung seines baldigen Todes, daß nun sein treuer Mitarbeiter Valerius den bischöflichen Stuhl von Trier einnehmen solle. Valerius war ein würdiger Nachfolger. Die alten Berichte, welche uns über sein Leben erhalten sind, schildern ihn als einen Mann von engelreinen Sitten, der den Eifer der apostolischen Arbeit mit der heiligen Ruhe des beschaulichen Lebens zu vereinigen wußte. Seine Beredsamkeit und die herablassende Milde, mit der er die ewigen Wahrheiten verkündete, sollen auf die Gemüter der Menschen einen solchen Eindruck gemacht haben, daß das Volk aus weiter Ferne herbeiströmte, sich in kindlicher Anhänglichkeit um ihn scharte und sich glücklich pries, wenn es nur einige Worte aus seinem Munde hörte. Es war ergiebiges Erdreich, auf welches er den Samen des göttlichen Wortes ausstreute, und so kam es dann, daß schon damals an vielen Orten die Zahl der Christen größer war, als die der Heiden.

Nachdem Valerius 15 Jahre lang segensreich gewirkt und auch durch zahlreiche Wunder seine höhere Sendung bekräftigt hatte, erschien ihm in einer Nacht der hl. Eucharius, kündigte ihm den Tag seines Todes an und trug ihm auf, seinen Mitarbeiter Maternus zum Bischofe zu weihen. Valerius that dies am folgenden Tage in Gegenwart des zahlreich versammelten Volkes, stärkte sich dann selbst mit der heiligen Wegzehrung, die er am nämlichen Tage konsekriert hatte, und starb voll Vertrauen und im Hinblick auf den gekreuzigten Heiland, dem sein ganzes Leben geweiht war.

Der hl. Valerius wurde auf dem Friedhofe begraben, welcher bei der ältesten Kirche T r i e r s , der jetzigen St. M a t h i a s - kirche, lag, und zwar erzählen die alten Berichte, daß er in demselben Sarkophage beigesetzt wurde, in dem auch sein Vor- gänger Eucharius bestattet war. Im Jahre 455, nachdem die Stürme der V ö l k e r w a n d e r u n g ausgetobt hatten, stellte der Bischof Cyrillus diese alte Kirche, die damals noch Eucharius- kirche hieß, wieder her und übertrug in dieselbe die Gebeine der hhl. E u c h a r i u s und V a l e r i u s . Als um das Jahr 882 die N o r m a n n e n in das Trierer Land hereinbrachen und Raub und Mord, niedergebrannte Städte, zerstörte Kirchen, verwüstete Länderstriche ihren Weg bezeichneten, verbargen, wie allenthalben, so auch in Trier, die Geistlichen die Kostbarkeiten ihrer Kirchen. Die Mönche von St. Eucharius senkten die Särge ihrer Heiligen tiefer in den Boden, und bereits nach einigen Jahrzehnten wußte man nicht mehr genau, an welcher Stelle der Kirche Eucharius und Valerius beigesetzt waren. Trotzdem erlitt ihre Verehrung keine Unterbrechung, und es werden uns auch fernerhin zahlreiche Wunder gemeldet, die zu St. Eucharius geschehen sind. Erst im Jahre 1049, zu derselben Zeit als Papst L e o IX. in T r i e r war, wurden die in der Nähe des Hochaltars geborgenen Körper der beiden ersten Trierer Bischöfe wieder aufgefunden und durch Erzbischof E b e r h a r d (1047—1066) feierlich erhoben. Kaiser H e i n r i c h III. erbat sich für die neuerbaute Marienkirche zu G o s l a r in Sachsen von Erzbischof Eberhard den Körper des hl. Valerius, und so gelangte im Jahre 1053 der größte Teil desselben in diese Stadt. Ein Teil des Hauptes des hl. Valerius kam in das Cistercienserkloster Eberbach im Rheingau und wurde von da durch Kaiser K a r l IV. (1347—1378) nach P r a g , der Hauptstadt Böhmens, übertragen. Nur ein kleiner Teil der

Reliquien blieb bis auf den heutigen Tag in der St. Mathiaskirche zu Trier, wo bei dem Neubau der Gruft im Jahre 1513
ihr Vorhandensein in demselben Sarkophage bestätigt wurde, in
welchem auch die Gebeine des hl. Eucharius dort bestattet sind.

Arbeit und Gebet.

> Was nützt es dem Menschen, wenn er
> die ganze Welt gewinnt, an seiner Seele aber
> Schaden leidet?   Math. 16, 26.

Ungeachtet der zahlreichen und anstrengenden Arbeiten, die
der hl. Valerius für die Gläubigen seines Bistums zu verrichten hatte, fand er doch noch immer Zeit zu stillen Übungen
des beschaulichen Lebens und des Verkehrs mit Gott. Er
verband also nach dem Beispiel Jesu Christi das thätige
Leben mit dem beschaulichen. Zu dieser Art des Lebens
sind die meisten Menschen berufen, denn nur wenige bevorzugte
Seelen löst Gott von jeder äußeren Thätigkeit los, damit sie
einzig in Gebet und Betrachtung ihm dienen. Für den weitaus
größten Teil der Menschheit gilt der Satz: Bete und arbeite!
Aber gerade hier muß kluge Verteilung stattfinden, sonst über-
wiegt bald das Arbeiten, und an das Beten wird wenig gedacht.
Auch gutgesinnte Christen lassen sich häufig durch zuviel äußere
Arbeit von der Sorge für ihre Seele abhalten. Zumal wenn
ihre Arbeit ganz im Einklang mit dem Willen Gottes steht,
wenn sie zum Besten ihrer Mitmenschen, zur Sorge für ihre
Familien, zur Unterstützung von Armen, ja selbst zur Rettung
anderer Seelen verrichtet wird, glauben sie, von der Pflicht des
Gebetes oftmals entschuldigt zu sein. Sie täuschen sich sehr
und schaden ihrer Seele gewaltig. Während sie immer in Bewegung sind, sich mit tausend äußeren Dingen belasten und alle
Hände voll Arbeit haben, schmachtet ihre Seele nach dem Verkehr
mit Gott, von dem doch schließlich der Erfolg jeglicher Thätigkeit
abhängt. Ihnen möchte man das Wort des Heilands zurufen:
„Martha, Martha! Du bist besorgt und kümmerst dich
um vieles. Eines nur ist notwendig!" (Luc. 10, 42.)

30. Januar.

Die heilige Aldegundis, Jungfrau.
† 684.

Die heilige Aldegundis stammte aus einer vornehmen fränkischen Familie von königlicher Abkunft. Ihre Eltern waren Christen und ließen ihr eine sorgfältige Erziehung zu teil werden, weil sie wünschten, daß ihre Tochter dereinst in der Welt eine hervorragende Stellung einnehmen solle. Sie hatten einen reichen Jüngling, den Königssohn Eudo, ihr zum Gemahl bestimmt und suchten mit großem Eifer auf Aldegundis einzuwirken, damit sie dieser Wahl zustimme.

Aldegundis war aber anderen Sinnes. Schon in früher Jugend hatte sie ihr Herz und ihre Jungfräulichkeit Gott geweiht, wofür sie auch schon im elterlichen Hause wiederholt durch übernatürliche Gnadenerweisungen von Gott belohnt und angeeifert worden war. Vergeblich waren darum alle Bitten und Drohungen der Eltern, vergeblich auch die Zurüstungen, welche die Mutter schon für die Hochzeit traf. Aldegundis verließ ihr Elternhaus und flüchtete in einen Wald jenseits des Flusses Sambre, nachdem sie trockenen Fußes über die Wogen des reißenden Gewässers dahingeeilt war. Hier baute sie sich eine Hütte und eine Kapelle und begann ihr beschauliches Einsiedlerleben, wozu sie auch endlich die Zustimmung der Eltern erhielt. Als aber, nach dem Tode ihrer Mutter, Eudo seine Werbung mit Ungestüm fortsetzte, floh sie, von einem Engel beschützt, mit nackten Füßen nach dem Kloster Haumont, wo damals gerade die beiden Bischöfe Amandus und Antbertus weilten. Der hl. Amandus nahm sie gütig auf, gab ihr auf ihre inständigen Bitten den Schleier und das Ordenskleid und gestattete ihr, mit ihrem Vermögen das Kloster Maubeuge an der Sambre (im Norden des heutigen Frankreich) zu gründen. Hier sammelte sie eine Anzahl gleichgesinnter Gefährtinnen um sich, denen sie als Äbtissin mehrere Jahre (671—684) in Gebet, Bußübungen und allen Werken der Barmherzigkeit voranleuchtete. Sie war ein Schutzengel der Armen, Kranken, Gefangenen und Leidenden aller Art. Obgleich es dadurch und durch mehrere Wunder, die sie wirkte, allen klar war, daß sie zu den besonderen Auserwählten Gottes gehöre, hielt sie selbst sich für eine große Sünderin und bat Gott, daß er in diesem Leben durch Leiden und Kreuz sie heimsuchen möge, damit sie hoffen könne, sich dadurch die ewige Seligkeit zu verdienen. Ihre Bitte ward erfüllt, denn es befiel sie ein langjähriges schweres Krebsleiden, dem sie auch nach unsäglichen Schmerzen im jugendlichen Alter von 33 Jahren erlag.

Aldegundis ward begraben auf der zu ihrem elterlichen Besitze gehörigen Villa Courtsole, wo alsbald zahlreiche Wunder geschahen, besonders bei Kranken, die von dem Krebsleiden heimgesucht waren. Gegen Ende des 7. Jahrhunderts übertrug man ihre Reliquien von dort nach dem Kloster Maubeuge, das sie erbaut, und in dem sie gelebt hatte. In den Jahren 1161 und 1439 wurde in Gegenwart von Bischöfen und unter großem Andrang des Volkes ihr Sarg geöffnet und der Körper in einen kostbaren, silbernen Sarkophag, das Haupt in eine kunstvolle silberne Kapsel eingeschlossen. Damals ahnte man nicht, daß wenige Jahre später (1478) die Truppen Ludwigs XI. sengend und brennend einherziehen und die Stadt Maubeuge mit allen Kirchen und Heiligtümern in Schutt und Asche legen würden. Leider sind damals von den Reliquien der hl. Aldegundis nur kleine Teile gerettet worden, welche sich jetzt in der Aldegundis-Kapelle der Kirche zum hl. Petrus in Maubeuge befinden. Auch der Schleier, den die Heilige aus den Händen des Bischofs Amandus erhielt, wird dortselbst in einem wertvollen, aus dem 13. Jahrhundert stammenden Reliquiarium aufbewahrt.

Die heilige Aldegundis ist in der dortigen Gegend sehr verehrt. Zahlreiche Kinder erhalten in der hl. Taufe ihren

Namen, und am Sonntag nach Christi Himmelfahrt findet in Maubeuge zu ihrer Ehre eine Prozession statt, an der sich alljährlich gegen 6000 Menschen beteiligen. In Belgien und Nordfrankreich sind viele Kirchen ihr geweiht, und in der Diöze se Trier trägt das Torf Aldegund an der Mosel den Namen dieser heiligen Jungfrau.

Die Pfarrkirche zu Arzheim bei Coblenz ist ihr geweiht, und nach einer Notiz des dortigen Pfarrbuches wurde das Haupt der hl. Aldegundis im Jahre 1350 in die Kirche von Arzheim übertragen. Dasselbe (oder vielmehr ein Teil davon) befindet sich dort noch heute und wird am Kirchweihfeste zur Verehrung ausgestellt. Auch eine Statue der Heiligen von vorzüglicher mittelalterlicher Steinarbeit ist an der nördlichen Außenseite der Kirche noch erhalten.

In der Nähe von Damscheid bei Oberwesel befand sich ehemals im Walde eine der hl. Aldegundis geweihte Wallfahrts- kirche. Neben ihr wurde 1699 eine Wohnstätte errichtet und von frommen Eremiten bewohnt. Jetzt ist von Kirche und Eremitage nichts mehr zu sehen, da beide der französischen Revolution zum Opfer fielen. Eine Glocke aus der Kirche und eine aus dem 17. Jahrhundert stammende Holzstatue der hl. Aldegundis kamen in die Kirche des benachbarten Ortes Wiebelsheim, wo sie sich noch befinden. Die Erinnerung an die Aldegundiskirche im Walde hat sich aber bei dem Land- volke noch bis auf den heutigen Tag erhalten, und ein Jahr- markt, welcher alljährlich auf dem Platze gehalten wird, bewahrt noch das Andenken an die Stätte des früheren Heiligtums.

Der heilige Schutzengel.

> Siehe, ich sende meinen Engel, ... habe
> acht auf ihn und höre seine Stimme.
> Exod. 23, 20. 21.

Der Engel, welcher Aldegundis auf ihrer Flucht durch unwegsames Gelände behütete, war offenbar ihr hl. Schutzengel. Gewiß hatte sie ihn seit früher Kindheit treu verehrt und dadurch ein Anrecht auf seinen besonderen Schutz erworben. Leider denken wir Menschen so selten an unseren Schutzengel. Mit welcher Ehrfurcht müßten wir erfüllt sein bei dem Gedanken: ein Engel, ein Fürst des Himmels, einer von den tausendmal Tausend, die vor dem Throne Gottes stehen, ist abgesandt zu meinem Schutz, ist allezeit um mich, geht vor mir her, begleitet mich als mein Freund und Gefährte auf allen meinen Wegen. Welchen Wert muß meine Seele haben, wenn Gott es für notwendig hält, ihr einen solchen Beschützer zu geben! Gewiß wäre es auch unsere Pflicht, öfters unseres Schutzengels zu gedenken und auf seine Stimme zu hören, wenn er in den Versuchungen uns warnt, in den Gefahren uns ermutigt, in den Trübsalen uns tröstet. Und welch' treuen Fürsprecher werden wir haben, wenn wir ihm unsere Bitten und Wünsche, unsere Hoffnungen und Entschlüsse, unsere Leiden und Sorgen anvertrauen, damit er sie vor Gottes Thron bringe und sie dort segnen lasse! Glücklich der Mensch, der einen solchen Freund zu schätzen weiß: er versteht das Wort des Psalmisten: „Gott hat seinen Engeln befohlen, dich zu behüten auf allen Wegen; auf den Händen werden sie dich tragen, damit nicht etwa dein Fuß an einen Stein stoße." (Ps. 90, 11. 12.)

1. Februar.

Die heilige **Brigida**, Jungfrau.

† 523.

Um die Mitte des 5. Jahrhunderts, zur Zeit als der hl. Patricius, der Apostel Irlands, seine große Mission in diesem Lande begonnen hatte, wurde die hl. Brigida in der Nähe von Dundalk an der Ostküste Irlands geboren. Schon in frühester Jugend weihte sie sich ausschließlich dem

Dienste Gottes und den Werken der christlichen Barmherzigkeit, und es wird erzählt, daß man wiederholt über ihrem Haupte eine lohende Feuersäule gesehen habe, sodaß das Haus, in welchem sie wohnte, zu brennen schien. Da ihr Vater Duptach sehr reich war, so konnte sie mit vollen Händen den Armen Wohlthaten erweisen, und wo trotzdem ihre Mittel zu Ende gingen, da half Gott auf wunderbare Weise. So hatte sie eines Tages, nachdem sie die Kühe gemelkt, den Inhalt ihres Eimers an vorüberziehende Arme ausgeteilt, aber aus Furcht vor dem Unwillen der Mutter Gott gebeten, daß er das Fehlende ersetzen möge. Und in der That zeigte sich nachher zu Hause, daß Brigidas Eimer mehr Milch enthielt als der ihrer Gefährtinnen.

Ihre geistigen und körperlichen Vorzüge lenkten bald die Blicke angesehener Jünglinge auf sie, und ihre Eltern wünschten, daß sie einen derselben, einen Mann aus vornehmem Geschlechte, zum Gemahl nehmen möchte. Aber Brigida wies alle An= träge ab und bat Christus, ihren himmlischen Bräutigam, er möge ihr die äußere Schönheit nehmen, damit sie von weitern Werbungen befreit bleibe. Ihr Gebet fand Erhörung, denn eine Krankheit entstellte ihr Antlitz und hatte sogar den Verlust eines Auges zur Folge.

Während Eltern und Verwandte sie bemitleideten, jubelte Brigida in ihrem Herzen, verließ ihr heimatliches Haus und pilgerte mit drei Gefährtinnen zu dem Bischof Mel, damit dieser ihr den Schleier gebe. Kaum hatte sie dem Bischof ihr Anliegen vorgetragen, da leuchtete wiederum die Feuersäule über ihrem Haupte, und als sie einen Fuß des hölzernen Altars berührte, begann dieser zu grünen und Blätter zu treiben. An dem Tage aber, da sie die Gelübde ablegte und das Ordens= kleid empfing, verschwanden plötzlich die Narben ihres Antlitzes, das verlorene Auge kehrte wieder, und die engelgleiche Schön= heit, durch welche sie nach der Meinung aller der Gottesmutter ähnlich sah, ward ihr zurückgegeben.

Nun zog sich Brigida in die Einsamkeit zurück und baute für sich und ihre Mitschwestern neben einer großen Eiche eine ärmliche Wohnung, welche den Namen K i l d a r e, d. i. Eichenzelle, erhielt. Schnell verbreitete sich der Ruf von dem beschaulichen Leben der frommen Frauen in der ganzen Gegend, und bald wuchs ihre Zahl so sehr, daß Brigida ein Kloster erbaute und mit diesem e r s t e n   K l o s t e r   I r l a n d s die Pflanzschule für eine große Zahl ähnlicher Genossenschaften gründete. Zu jener Zeit trat sie auch in geistigen Verkehr mit dem hl. P a t r i c i u s, und wahrscheinlich empfing sie von ihm die Regel, nach welcher das Leben in ihren Klöstern geleitet wurde.

Es ist staunenswert, wie groß die Anzahl der von der hl. Brigida gewirkten W u n d e r war, und mit Recht wird sie in den alten Berichten, worin diese Wunder ausführlich erzählt sind, „B r i g i d a, d i e   W u n d e r t h ä t e r i n" genannt. Ohne Zweifel war sie von Gott dazu auserwählt, an der Bekehrung Irlands neben dem hl. P a t r i c i u s in hervorragendem Maße zu wirken, und die unter ihrer Leitung so herrlich emporblühenden Frauenklöster haben gewiß ihren Anteil daran, daß Irland in der Geschichte den Ehrennamen erhielt: d i e   I n s e l d e r   H e i l i g e n.

Brigida starb im Alter von 70 Jahren am 1. Februar 523 und wurde in der Kirche zu K i l d a r e begraben, wo in der Folgezeit zahlreiche Wunder geschahen. Nach und nach erweiterte sich der Ort zu einer größeren Stadt, und es wurde ein Bischofssitz daselbst gegründet. Jetzt ist die Diözese K i l d a r e ein Suffraganbistum der Erzdiözese D u b l i n.

Als im 9. Jahrhundert die N o r m a n n e n auch Irland bedrohten, wurden die R e l i q u i e n der hl. Brigida zugleich mit denen des hl. P a t r i c i u s und des hl. C o l u m b a von K i l d a r e nach D o w n p a t r i c k (südlich von Belfast) geflüchtet und 1185 in der dortigen Domkirche feierlich beigesetzt. Ihr Haupt kam später nach N e u s t a d t bei Wien, von wo P h i l i p p II., König von Spanien, es 1587 nach L i s s a b o n übertrug. Einen Finger der Heiligen brachten irische Mönche nach der Kirche Groß-St. Martin in Köln.

Die hl. Brigida wird in Irland bis auf den heutigen Tag als Patronin dieses schönen und doch so unglücklichen Landes hoch verehrt, aber auch in Frankreich, Belgien und Deutschland steht sie seit jeher in hohem Ansehen, und in allen alten Brevieren und Meßbüchern dieser Länder finden wir ihr Fest verzeichnet und ihre Wunder gepriesen.

Almosengeben macht nicht arm.

> „Selig ist, der des Armen und Dürftigen gedenket: am Tage des Unglücks wird ihn erretten der Herr.“ Pf. 40, 2.

Das Gebet der hl. Brigida, daß Gott ihr den Inhalt ihres Milcheimers, den sie den Armen gespendet hatte, ersetzen möge, fand wunderbare Erhörung. Wie gern mag Gott dieses Wunder gewirkt und damit aufs neue gezeigt haben, daß denen kein Schaden erwachsen soll, die in großmütiger Liebe seiner Armen gedenken! Ganz abgesehen von den geistigen Gnaden, die er den Barmherzigen verheißen hat, gibt er sogar in äußeren Dingen meistens reichlich zurück, was man für die Armen sich entzogen hat. Almosengeben wäre das beste Mittel, um in so manches Haus wieder Wohlstand und Segen zu bringen. Da sinnt und sorgt und schafft so mancher Hausvater, so mancher Geschäftsmann jahraus jahrein, und trotz aller Arbeit kommt er doch nicht „auf einen grünen Zweig“. Er vergißt eben die Armen, er meint, weil er sich selbst kaum helfen könne, darum brauche er den Armen auch nicht viel zu geben. Der thörichte Mann! Griffe er mutig hinein in das Wenige, was er hat, und gäbe er den Armen reichlich, und ohne daß seine linke Hand wüßte, was die rechte gibt, er würde bald staunen über den geheimen Segen, den er an sein Haus gebannt. Er würde erfahren, daß der liebe Gott sich an Großmut nicht übertreffen läßt, und daß er sein Wort wahr hält: „Wer sich des Armen erbarmet, der leihet auf Wucher dem Herrn: er wird's ihm hinwiederum vergelten." (Prov. 19. 17.)

6. Februar.

Der heilige Vedastus, Bischof.

† 539.

Nachdem Chlodwig, der Heerführer der salischen Franken, durch den Sieg über Syagrius im Jahre 486 die Herrschaft der Römer in Gallien vernichtet hatte, vereinigte er die verschiedenen Völkerstämme der Franken zu einem großen Reiche, an dessen Spitze er sich als erster fränkischer König stellte. Wenige Jahre später verheiratete er sich, obschon er noch Heide war, mit der frommen Chlotilde, einer burgundischen Prinzessin, durch deren Einfluß er allmählich günstig für das Christentum gestimmt wurde. Als er dann noch auf Anrufung des Christengottes die furchtbare Schlacht bei Zülpich (496) gewonnen hatte, beschloß er, zum katholischen Glauben überzutreten, und zog alsbald gen Reims, um sich von dem dortigen Bischofe, dem hl. Remigius, taufen zu lassen. Auf der Reise dahin lernte er in Toul an der Mosel den Priester Vedastus kennen, dessen Gelehrsamkeit und Frömmigkeit den König so sehr für ihn einnahmen, daß er bat, Vedastus möge ihn nach Reims begleiten und ihn auf der Reise in den christlichen Wahrheiten unterrichten. Der fromme Priester ging auf diesen Wunsch ein und war Zeuge, wie am Weihnachtsfeste 496 die feierliche Taufe Chlodwigs in der reichgeschmückten Kirche zu Reims stattfand. „Beuge dein Haupt, stolzer Sigambrer", sprach Remigius, als der König zum Taufbecken trat, „verehre, was du bisher verfolgt, und verfolge, was du bisher angebetet hast!" Über 3000 Franken empfingen an jenem denkwürdigen Tage mit ihrem König die heil. Taufe.

Ehe Chlodwig von Reims fortzog, empfahl er dem heil. Remigius aufs angelegentlichste seinen Lehrer Vedastus, und dieser blieb denn auch in Reims, um dem Bischofe hilfreich zur Seite zu stehen. Nachdem er mehrere Jahre in dieser Stellung gewirkt hatte, bestimmte ihn Remigius zum Bischof von Arras, damit er den in der dortigen Gegend wohnenden Franken das Evangelium verkündige. Zwar war schon in früherer Zeit das Christentum in jene Gegend gedrungen, aber seit die Horden Attila's das Land verwüstet hatten, war das Heidentum wieder mächtig emporgewachsen und hatte die junge Saat der katholischen Lehre erstickt. Vedastus fand in Arras noch die Ruinen einer alten christlichen Kirche, aber die Mauern und Gewölbe waren eingestürzt; auf dem Boden, wo einst die Beter knieten, wuchs Unkraut und Dornengestrüpp; unter Schutt und Trümmern waren die Altäre begraben, und wilde Thiere hausten in den wenigen, noch erhaltenen Räumen. Dieses zerstörte Gotteshaus war so recht das Bild der dort ebenfalls zerstörten geistigen Kirche, deren Bausteine die Seelen der Menschen sein sollen. Aber gleichwie Vedastus die Steintrümmer und den Schutt von der heiligen Stätte räumte und ein neues Gotteshaus, herrlicher als das erste, errichtete, so begann er auch den Irrlehren des Heidentums mutig entgegenzutreten und die christlichen Wahrheiten von neuem zu verkündigen. Sein eigenes Beispiel, die Milde, die er trotz aller Entschiedenheit walten ließ, die grenzenlose Freigebigkeit, mit der er alle Armen und Notleidenden unterstützte, die Wunder, die er wirkte — alles dies gewann ihm in solchem Grade die Herzen der Menschen, daß er in kurzer Zeit die ganze Gegend für das Christentum zurückgewann. 40 Jahre leitete so Vedastus die neu errichtete Diözese und starb in hohem Alter am 6. Februar 539.

In der Domkirche zu Arras, die Vedastus wieder aufgebaut hatte, fand er auch sein Grab, und zwar auf der

Evangelienseite neben dem bischöflichen Thron, auf dem er so lange seines Amtes gewaltet hatte. Sein siebenter Nachfolger, der hl. Autbertus, übertrug im Jahre 667 die Reliquien nach einer anderen vom hl. Vedastus in Arras erbauten Kirche, bei welcher sich ein großes Kloster befand, das den Heiligen zum Patron hatte. Im Jahre 880 wurde der Körper vor den Normannen nach Beauvais geflüchtet, aber 893 wieder nach Arras zurückgebracht.

Sanftmut.

Das geknickte Rohr wird er nicht brechen und den glimmenden Docht nicht auslöschen.
Math. 12, 20.

Der hl. Vedastus erreichte seine schönen Erfolge in der Bekehrung einer ganzen Gegend besonders dadurch, daß er mit großer Festigkeit und Entschiedenheit eine außerordentliche Milde und Sanftmut verband. Das ist überhaupt das Geheimnis eines jeden erfolgreichen Wirkens unter Menschen, besonders des apostolischen Wirkens, daß man es versteht, rastlosen Eifer, Festigkeit in der Sache und zugleich Milde in der Form zu zeigen. Freilich giebt es auch eine Sanftmut, die man keine Tugend nennen kann, die vielmehr das Zeichen eines schwächlichen und trägen Charakters ist. Ist aber ein Mensch von sonst entschiedenem eifrigen Charakter und dabei milde und liebevoll, so gießt diese schöne Tugend eine gewisse Anmut über sein ganzes Wesen aus und verleiht ihm eine große Gewalt über die Herzen der Mitmenschen. Der erhabenste Lehrmeister dieser Tugend ist der göttliche Heiland. Mit welcher Macht zog sein mildes liebreiches Wesen die Herzen der Menschen an! Mit welch' unermüdlichem Eifer und zugleich mit welch' unbeschreiblicher Liebe und Sanftmut geht er, der gute Hirt, dem verlorenen Schäflein nach, das sich durch eigene Schuld verirrte, mit welcher Güte nimmt er es auf die Arme und trägt es zur Herde zurück. „Lernet von mir", so ruft er uns zu, „ich bin sanftmütig und demütig von Herzen."

Von ihm, von seinem göttlichen Herzen hatte auch Vedastus diese Tugend gelernt. Hast du vielleicht ein heftiges, rücksichtsloses Wesen an dir, das deinen Mitmenschen oft verletzt und abstößt, so suche auch du durch eifrige Verehrung des göttlichen Herzens die wunderbare Milde und Sanftmut des göttlichen Heilandes nachzuahmen; dann wird auch von dir wahr werden: „Selig sind die Sanftmütigen, denn sie werden das Reich besitzen." (Matth. 5, 4.)

<hr>

8. Februar.

Der heilige **Paulus**, Bischof.
† um 650.

Der heil. Paulus wurde gegen Anfang des 7. Jahrhunderts zu Autun, einer Stadt im Osten des heutigen Frankreichs, geboren. Da seine Eltern aus vornehmem Stande waren, so ließen sie ihn in den Wissenschaften sorgfältig unterrichten, und sie hatten die Freude, alsbald zu sehen, daß ihr Sohn infolge seiner großen Begabung schnelle Fortschritte machte. Aber die weltlichen Wissenschaften und ihr Glanz blendeten ihn nicht. Er suchte eine höhere Weisheit kennen zu lernen, darum verließ er Heimat und Eltern, seine Freunde und all' sein Hab und Gut, und pilgerte in das Gebiet von Trier, wo damals auf dem Paulsberge bei Zewen mehrere Einsiedler wohnten. Nachdem er hier einige Zeit gelebt und in allen Werken der Entsagung und Frömmigkeit sich geübt hatte, führte ihn Gott in das bei St. Wendel gelegene Benediktinerkloster Tholey, und durch die brüderliche Liebe der Mönche begeistert, beschloß er, in diese Genossenschaft einzutreten.

Der Abt erkannte bald, daß Paulus in allen Wissenschaften vortrefflich bewandert war, und übertrug ihm deshalb die Leitung der Klosterschule, zu welcher nicht nur Knaben aus der Umgegend, sondern auch Söhne vornehmer Familien oft aus weiter Ferne herbeikamen. Unter letzteren war besonders Grimo, ein naher Verwandter des fränkischen Königs Dago=bert (622—638), ein lernbegieriger frommer Schüler, der auch in späteren Jahren seinem Lehrer eine große Anhänglichkeit bewahrte. Als nämlich Paulus später zum Abt ernannt worden war, übergab ihm Grimo große Ländereien, auf welchen ein neues geräumiges Kloster zu Tholey erbaut wurde. Hier wirkte Paulus 13 Jahre lang durch Werke der Frömmigkeit und emsige Arbeit, bis ihm auf Wunsch des Königs Dagobert und zur größten Freude seines Schülers Grimo der bischöfliche Stuhl von Verdun angetragen wurde. Paulus widersetzte sich zwar mit aller Entschiedenheit diesem Plane, allein man erzählt, der König habe ihn mit Gewalt aus der Abtei von Tholey entfernt und unter der freudigen Zustimmung des ganzen Volkes auf den bischöflichen Thron gebracht.

Der neue Bischof fand in Verdun ein großes Arbeits=feld. Die Domkirche war im Laufe der Jahre so verarmt, daß an ihr keine Chorherren mehr angestellt werden konnten, und daß auswärtige Priester in ihr den Gottesdienst besorgen mußten. Da spendete Grimo mit voller Hand seine Hülfe. Er schenkte das Kloster Tholey mit all' seinen Ländereien und Einkünften dem bischöflichen Stuhl von Verdun und erwirkte auch von dem Könige reiche Mithilfe zum Unterhalte der Geistlichen. Nach=dem Paulus 18 Jahre lang der Diözese Verdun vorgestanden und durch zahlreiche Wunder, durch Gelehrsamkeit und Heiligkeit die Herzen seiner Untergebenen an sich gezogen und für Gott gewonnen hatte, starb er hochbetagt am 8. Februar um das Jahr 650 und ward in der Kirche zum hl. Saturninus, die er zu Verdun hatte erbauen lassen, und die später seinen Namen erhielt, begraben. Seine Reliquien befinden sich jetzt im Dome zu Verdun; nur ein Teil des Hauptes war früher in dem Kloster zu Tholey, doch lassen sich heute keine Nach=richten mehr über den Verbleib dieser Reliquie finden.

Wissenschaft.

Die Zunge der Weisen zieret die Wissenschaft. Prov. 15, 2.

Der hl. Paulus war einer von den zahllosen fleißigen
Mönchen, die neben der Arbeit in der Seelsorge auch das
Studium der Wissenschaften eifrig betrieben. Es ist und bleibt
der Ruhm der katholischen Kirche, daß sie zu allen Zeiten die
liebevolle Hüterin der Wissenschaften war und zwar nicht nur
der religiösen Wissenschaften, sondern auch aller anderen, die
je ein Mensch betrieben hat. Geschichte, Naturwissenschaften,
Sprachenkunde, Erklärung der alten lateinischen und griechischen
Schriftsteller, Kunstgeschichte und Astronomie: nichts blieb ihr
fremd. Hätten wir die emsigen Mönche nicht gehabt, welche in
längst vergangenen Jahrhunderten in den stillen Klosterzellen
saßen, Tag für Tag über die kostbaren Handschriften gebeugt
und unverdrossen Zeile an Zeile auf die Pergamente schreibend,
wir wüßten heutzutage wenig mehr von der Geschichte der Völker.
Wie undankbar und ungerecht benehmen sich darum manche Leute
unserer Zeit, die mit verächtlichem Achselzucken oder gar mit
offenem Spott von jenen Klöstern sprechen, dabei aber verlangen,
daß vor ihrer eigenen Wissenschaft jeder sich beugen soll! Wie
klein sind doch solche hochmütige und oftmals recht einseitig
gebildete Menschen vor den ehrwürdigen Scharen ergrauter
Gelehrten, die einst unsere Klöster bevölkerten! Aber die katholische Kirche kümmert sich wenig um solchen Spott und Hohn.
Ihr genügt es, ruhig durch die Jahrhunderte fortzuschreiten,
Segen spendend, lehrend und helfend, denn während eine gott-
entfremdete Wissenschaft oft gründlich gedemütigt wird, hat die
Kirche für sich, und die ihr folgen, die göttliche Verheißung:
„Ich bin bei euch alle Tage bis ans Ende der Welt."
(Matth. 28, 20.)

3*

15. Februar.

Der heilige **Castor**, Priester.
† um 379.

Der heil. Castor war der Sohn einer vornehmen und frommen Familie in Aquitanien, einer Provinz des südlichen Gallien. Um zur christlichen Vollkommenheit zu gelangen, begab er sich nach Trier, wo damals der hl. Maximinus (332 bis 349) den bischöflichen Stuhl innehatte. Dieser erkannte bald die Frömmigkeit und Tugend seines gelehrigen Schülers und weihte ihn zum Diakon und einige Zeit darauf zum Priester. Nicht lange jedoch blieb Castor in dem geräuschvollen Leben der Stadt, vielmehr zog er, durch die Liebe zur Einsamkeit und zum beschaulichen Leben angetrieben, um das Jahr 351 mosel- abwärts und wählte sich zum Wohnort eine einsame Höhle in der Gegend, wo heute der Ort Karden an der Mosel liegt. Obschon es ursprünglich seine Absicht gewesen, jeglichem Verkehr mit den Menschen sich zu entziehen, führte doch sein Beispiel einige gleichgesinnte Genossen in seine Nähe, und das abgetötete Leben der frommen Einsiedler machte auf die heidnischen Be wohner der Umgegend einen solchen Eindruck, daß viele sich taufen ließen und allmählich eine kleine Christengemeinde zu Karden entstand. Auch durch die Kraft, Wunder zu wirken, war Castor von Gott ausgezeichnet. Als nämlich einst auf der Mosel ein mit Salz und anderen Waren befrachtetes Schiff hinauffuhr, und er vergeblich die Schiffer um ein wenig Salz gebeten hatte, entstand plötzlich, wie zur Strafe für deren Habsucht, ein gewaltiger Sturm, der das Schiff dem Sinken nahebrachte. Jetzt riefen die Schiffer die Hülfe des armen Einsiedlers an, und wirklich rettete dieser durch das Zeichen des hl. Kreuzes das sinkende Schiff und dessen hartherzige Bemannung. Lange Jahre wirkte so der Heilige in Karden, bis er etwa um das Jahr 379 in hohem Alter starb und unter großer Teilnahme des trauernden Volkes in der Kirche, die er selbst zu Karden erbaut hatte, begraben wurde.

Doch im Laufe der Jahre geriet auch sein Grab, wie das so vieler Heiligen, in Vergessenheit, sei es durch die Sorglosigkeit der Nachwelt, sei es durch die Verwüstungen der Völkerwanderungen, von denen im 5. Jahrhundert das Land an der Mosel heimgesucht wurde. Man wußte nicht einmal mehr den Ort seines Grabes anzugeben, und erst im achten Jahrhundert wurde dasselbe durch übernatürliche Offenbarung wieder aufgefunden. Einem frommen Priester, Namens Marcius, wurde nämlich in einem dreimal wiederkehrenden Traumgesichte die Begräbnisstelle bekannt gegeben und ihm aufgetragen, dies dem Bischofe von Trier Weomadus (753—791) mitzuteilen. Weomadus, hoch erfreut über diese Nachricht, fuhr dann in Begleitung von zahlreichen Priestern, Mönchen und Laien nach Karden hinab, wo sich auf sein Geheiß eine große Volksmenge versammelt hatte. Nachdem die Gläubigen drei Tage gefastet hatten und vom Bischof das hl. Meßopfer dargebracht war, begab man sich zu der von Marcius bezeichneten Stelle. Nach kurzem Nachforschen fand man den Körper des hl. Castor, der dann in feierlichem Zuge nach der Kirche des hl. Paulinus zu Karden übertragen wurde. Hier entstand bald das Kollegiatstift zum hl. Castor, welches in der Folgezeit zu großem Einfluß in der ganzen Gegend gelangte, und von dem auch die noch heute bestehende romanische Stiftskirche, jetzt die Pfarrkirche von Karden, erbaut wurde.

Die Reliquien des hl. Castor blieben aber nicht mehr lange in Karden, denn Erzbischof Hetti (814—847) übertrug sie zum größten Teil nach Koblenz, wo er zu Ehren des hl. Castor eine herrliche Kirche erbaut hatte. Am 12. November 836 konsekrierte der Erzbischof diese St. Castorkirche zu Koblenz und setzte dann die Reliquien unter großen Feierlichkeiten in derselben bei. Acht Tage später kam der deutsche Kaiser Ludwig der Fromme (814—840) von Aachen mit seiner

Gemahlin und seinen Kindern und brachte der Kirche kostbare Weihgeschenke. Auch bei ihr entstand bald ein großes Kolle- gium von Stiftsherren. Als um die Mitte des 12. Jahr- hunderts die altehrwürdige Basilika, wie es scheint, durch eine Feuersbrunst zerstört worden war, wurde die jetzige Stiftskirche, eine Perle der romanischen Baukunst in rheinischen Landen, errichtet. Sie enthält noch erhebliche Teile des alten Baues, besonders im Chor und in den Türmen. Die Gebeine des Heiligen ruhen in einem schönen Reliquiarium, welches auf dem Hochaltar links vom Tabernakel, also auf der Evangelienseite, steht; ein gleiches Reliquiarium auf der Epistelseite enthält Gebeine der sel. Rizza, deren Grabmal sich im linken Seiten- schiff der Kirche befindet. Das Haupt des hl. Castor ist ebenfalls in dem Hochaltar in einer besonderen Fassung unter dem Tabernakel eingeschlossen, wo es am Feste des Heiligen, sowie am ersten Sonntag im August zur Verehrung ausgestellt wird. Ein kleiner Teil der Reliquien, aus einem Armknochen bestehend, blieb 836 in Karden und wird noch jetzt in der dortigen Pfarrkirche aufbewahrt. Er befindet sich in einem spät- gotischen Reliquienschrein vom Ende des 15. Jahrhunderts, welcher in Kapellenform aus Holz gefertigt und mit zierlich ge- schnitzten Heiligenfiguren und Malerei geschmückt ist. Von den Pfarrkirchen der Diözese Trier sind diejenigen zu Karden, Koblenz, Forst, Kehrig, Lehmen, Macken, Miesenheim, Mörsdorf und Weiler (bei Mayen) dem hl. Castor geweiht; meist sind es Kirchen, die zu dem Besitztum des alten Kollegiatstiftes von Karden gehörten. Die Kirche zu Macken besitzt auch einige Reliquien des Heiligen; leider ist die zugehörige, in einem Visitationsprotokolle vom Jahre 1779 noch erwähnte Authentik jetzt nicht mehr vorhanden.

Feindesliebe.

Du sollst deinen Nächsten lieben wie dich selbst.   Matth. 22, 39.

Als der hl. Castor die hartherzigen Schiffer in Lebensgefahr sah, dachte er nicht feindselig an die von ihnen empfangene

Unbill, sondern er eilte ihnen zu Hülfe und rettete durch sein Gebet ihr Leben. Er gab damit ein schönes Beispiel christlicher Feindesliebe, jener herrlichen Tugend, die kein Volk der heidnischen Welt kannte, und die erst durch Christus als ein neues Gesetz den Menschen verkündigt ward. Freilich ist die Ausübung dieser Tugend nicht immer leicht, denn nichts fällt der Natur schwerer, als jene zu lieben, die uns Böses zugefügt. Hiergegen empört sich unser ganzes Innere, es widersetzt sich der gekränkte Stolz, es trotzt das Herz und will auf seinem Recht bestehen. So entsteht Groll, Haß, Feindschaft, und zwar oftmals um Dinge der geringfügigsten Art. Hier hat z. B. ein unvorsichtiges Wort uns wehe gethan, dort die Unterlassung einer Höflichkeitsbezeigung uns geärgert; eine kleine Gefälligkeit ward uns abgeschlagen, ein verdientes Lob uns vorenthalten, man hat uns vielleicht einmal übersehen, uns widersprochen oder durch einen Scherz uns verletzt: und die Feindschaft ist da, die Herzen sind entfremdet! O, wenn Gott in ähnlicher Weise empfindlich gegen uns wäre, wie würde es uns ergehen! Wie oft nehmen wir seine Milde und Langmut in Anspruch, und unser Nächster muß jede Übereilung so bitter büßen, wird schonungslos wieder gekränkt und zurückgewiesen. Wahrlich, hier ist der Punkt, wo wir zeigen können, daß wir würdige Jünger dessen sind, der am Kreuz noch für seine Feinde betete, hier ist Gelegenheit, wahren Edelmut zu beweisen in mutiger Selbstüberwindung und liebevollem Verzeihen. „Vergib dem Nächsten, wenn er dich beleidigt hat, dann werden auch dir, wenn du bittest, deine Sünden nachgelassen." (Ecc. 28, 2.)

15. Februar.

Der heilige Severus, Priester.
† um 530.

Der heil. Severus ward im sechsten Jahrhundert in der Provinz Valeria in Italien geboren. Nachdem er die Priesterweihe empfangen hatte, wurde er an einer Kirche der allerseligsten Jungfrau in einem Thale zwischen Rieti und Tivoli (nördlich von Rom) angestellt. Die Zeit, welche ihm von den Arbeiten der Seelsorge übrig blieb, verwendete er auf den Ackerbau und verteilte die geernteten Früchte oder deren Erlös mit großer Freigebigkeit an die Armen und Notleidenden. Da der Ruf seiner Frömmigkeit und Heiligkeit in der ganzen Gegend verbreitet war, so kamen viele Kranken zu ihm, und diejenigen, welche nicht zu ihm pilgern konnten, ließen sich ein Stücklein Brot oder irgend eine Speise von ihm segnen, weil durch den Genuß derselben häufig Kranke geheilt wurden.

Eines Tages war Severus damit beschäftigt, die Weinreben seines Gartens zu schneiden. Da kamen Leute und baten, daß er schnell zu ihrem Vater eilen möchte, welcher im Sterben liege und die heiligen Sakramente zu empfangen wünsche. Severus wollte noch seine kleine Arbeit zu Ende bringen, darum sagte er denen, die ihn gerufen hatten: „Gehet nur vor und meldet dem Kranken, daß ich alsbald kommen werde.“ Darauf schnitt er seine Reben fertig, trug sein Gartengerät in das Haus und machte sich auf den Weg. Aber kaum war er eine Strecke weit gegangen, da kamen die Leute ihm weinend entgegen und klagten: „Vater, warum hast du so lange gezögert, bemühe dich nun nicht weiter, denn siehe, der Kranke ist schon verschieden!“ Den Priester überfiel unsägliche Trauer bei dieser Nachricht. Er eilte zu der Leiche, warf sich zu Boden und rief unter Thränen aus, daß er die Seele dieses Menschen gemordet habe. Während er so in lauten Klagen die Barmherzigkeit Gottes für jene Seele und auch für sich selbst anrief, schlug plötzlich der Tote die Augen wieder auf, begann zu atmen und zu reden, sodaß alle Anwesenden von freudigem Staunen ergriffen wurden und laut Gott priesen, der dieses Wunder auf die Bitten seines Priesters gewirkt habe. Severus selbst war hingerissen von Freude und Dank gegen Gott. Mit größter Sorgfalt bereitete er den zum Leben Erwachten auf den Empfang der hl. Sakramente vor, hörte seine Beicht und spendete ihm allen priesterlichen Beistand, bis derselbe nach sieben Tagen zum zweiten Male, aber in bußfertiger und frommer Gesinnung verschied.

Die Reliquien des hl. Severus wurden im 10. Jahrhundert aus Italien nach Trier gebracht, und zwar wahrscheinlich durch den Trierer Erzbischof Ruotbert (930—956), welcher ein Schwager des deutschen Kaisers Otto I. (919—936) war und diesen auf einem seiner Heereszüge nach Italien begleitete. Ruotberts dritter Nachfolger, der thatkräftige Erzbischof Egbert (977—993), übertrug die Reliquien in die uralte berühmte Kirche des hl. Martinus zu Münstermaifeld bei Koblenz und erhob diese Basilika zu einer Kollegiatkirche, bei welcher Gelegenheit sie außer dem hl. Martinus auch den hl. Severus zum Patron erhielt. Weil alsbald zahlreiche Wunder zu Münstermaifeld geschahen, so strömten Scharen von Pilgern aus allen Gegenden dorthin, der Ort vergrößerte sich zu einer kleinen Stadt, und man mußte schließlich an den Bau einer neuen Kirche denken, weil die alte dem frommen Eifer der Gläubigen nicht mehr genügte. Um das Jahr 1225 begann die Erbauung der jetzigen großartigen Kirche, welche hundert Jahre später vollendet wurde und noch heute eine der herrlichsten gotischen Kirchen des Rheinlandes ist.

Das Haupt des Heiligen, welches sich in einer silbernen (?) Büste befand, wurde mit den anderen Kostbarkeiten des Kollegiat-stiftes beim Herannahen der französischen Truppen über den Rhein geflüchtet. Es kam später jedoch in einer hölzernen Büste zurück. Da hierdurch die Echtheit zweifelhaft geworden, so wurde es nicht mehr zur öffentlichen Verehrung ausgestellt.

Allerdings ist im Pfarrarchiv ein Protokoll vorhanden, in welchem zwei ehemalige Kanoniker des Stiftes die Echtheit anerkennen, doch wird die Entscheidung dieser Frage wohl eine eingehende Untersuchung erfordern.

Treue in den Berufspflichten.

In allem, was du thust, sei hervorragend.
Eccl. 33, 23.

Die kleine Nachlässigkeit, welche der hl. Severus sich zu schulden kommen ließ, als er nicht ungesäumt zu dem Kranken eilte, hätte ohne Gottes gnädige Hülfe beinahe schlimme Folgen für die ganze Ewigkeit einer Seele gehabt. Wir können daraus lernen, wie wichtig es ist, alle Pflichten unseres Berufes mit der größten Treue zu erfüllen. Nicht auf große, außerordentliche, vor der Welt glänzende Thaten kommt es an, denn diese können recht oft aus Ehrgeiz, Eigenwillen und Leidenschaft entspringen und sind vor Gott dann wertlos und nichtig. Auf unsere Gesinnung kommt es vor allem an. Mag eine Handlung noch so unansehnlich sein, geschieht sie aber für Gott, mit Gott, so ist sie groß und kostbar. Das ist das Geheimnis, mit dem die meisten Heiligen den Himmel gewannen. Gerade in den täglichen, stets wiederkehrenden Arbeiten unseres Berufes können wir die besten Verdienste sammeln, wenn wir diese Arbeiten in stete Beziehung zu Gott bringen, sie mit Liebe und Frische angreifen und trotz aller Schwierigkeiten getreu zu Ende führen. Es mag schwer scheinen, das immer Wiederkehrende mit stets neuem Eifer zu thun, aber Gott will es, und das ist genug. Selbst die vernunftlose Schöpfung, die Sterne des Himmels, die Tiefen des Meeres, die Pflanzen und Tiere, die Berge und Thäler verkünden die Herrlichkeit Gottes, und doch thun sie nichts Neues, nichts, was sie nicht schon Jahrtausende gethan hätten. Aber sie erfüllen Gottes Willen, sie erfüllen ihren Beruf, und damit ist ihr Zweck erreicht. Das kann auch für uns in Kleinmut und

Verzagtheit ein rechter Trost sein, zumal da uns verheißen ist: „Sei getreu bis in den Tod, und ich will dir die Krone des Lebens geben." (Apokal. 2, 11.)

17. Februar.

Der heilige **Bonosus**, Bischof.
† 373.

Um die Mitte des vierten Jahrhunderts war eine trübe Zeit für die Kirche Gottes gekommen. Das Zeitalter der Christenverfolgungen, welches kaum beendigt war, schien zurückzukehren, seit der alexandrinische Priester Arius die Irrlehre in die Welt geschleudert hatte, daß Jesus Christus nicht wahrer Gott von gleicher Wesenheit mit dem Vater sei. Wie ein Feuer, das vom Sturme angefacht wird, verbreitete sich diese Lehre über das ganze römische Reich, zumal da die Arianer den Kaiser Konstantius (337—361) auf ihrer Seite hatten. Eine große Zahl rechtgläubiger kath. Bischöfe ward verfolgt und verbannt, und besonders der hl. Athanasius, der furchtlos und mit apostolischer Kraft dem Kaiser entgegentrat, hatte Unsägliches zu leiden. Auf der Synode zu Arles (353) wußte der Kaiser es durch List und Gewalt sogar durchzusetzen, daß die katholischen Bischöfe sich von Athanasius losjagten. Nur Paulinus, der Bischof von Trier, widerstand. Er wollte keine Gemeinschaft mit der Irrlehre, keine Trennung von Athanasius; darum verbannte ihn der Kaiser nach Phrygien in Kleinasien, wo er unter Heiden und Montanisten leben mußte und 358 den Tod des Bekenners starb. Um der Bedrängnisse willen, die er für den hl. Glauben duldete, wird er als Martyrer verehrt.

Der Nachfolger dieses großen und mutigen Bischofs war Bonosus, der auch durch die arianische Streitigkeit viel zu leiden gehabt und sogar lange Kerkerhaft um seines Glaubens willen ertragen hatte. Er war schon hochbetagt, als er im Jahre 358 den bischöflichen Thron von Trier bestieg, aber seine Kraft war noch ungebrochen. Zu den unseligen Religionsstreitigkeiten, welche damals alle Gemüter erregten, kamen noch äußere Bedrängnisse, indem die heidnischen Völkerstämme der Alemannen, Franken und Sachsen von Norden her in das römische Reich am Rhein und an der Mosel eindrangen und schonungslos alles plünderten und zerstörten. Vierzig Städte waren niedergebrannt und ausgeraubt. Mainz, Speyer, Worms, Straßburg waren von der verheerenden Völkerflut überschwemmt, und in der Gegend von Trier hatten jene Stämme jahrelang ihr Heerlager aufgeschlagen.

Da kam Julian der Abtrünnige im Jahre 361 als Kaiser zur Regierung. Zwar stand er der katholischen Kirche schroff gegenüber, aber die Zustände wurden doch erträglicher, als sie bisher gewesen. Von Besançon herbeieilend, schlug er in langen Kämpfen die Feinde siegreich zurück, und da auch sein Feldherr Charietto die Guaden und Chamaven, welche wie Räuber in den Wäldern bei Trier hausten, verfolgte, so begann wieder Friede im Lande zu herrschen. Auch konnten jetzt die verbannten katholischen Bischöfe allmählich zurückkehren, und unter ihnen war es besonders der hl. Hilarius von Poitiers (✝ 368), der durch seinen heiligen Eifer und seine Gelehrsamkeit in Gallien die Irrlehre besiegte und den katholischen Glauben befestigte. Bonosus war mit ihm durch Gleichheit der Gesinnung und durch persönliche Freundschaft eng verbunden, und Hilarius sandte ihm zum Zeichen seiner Verehrung sein bedeutsames, in 92 Kapiteln abgefaßtes Werk über die Kirchenversammlungen.

Als der Kaiser Valentinian den Thron bestiegen hatte und vom Jahre 367 bis zu seinem Tode (375) seine Residenz in Trier nahm, begann für die Stadt eine gute Zeit. Der Wohlstand der Bevölkerung und die Freigebigkeit, mit der

Valentinian durch herrliche Bauwerke ein zweites Rom diesseits der Alpen schuf, werden von gleichzeitigen Schriftstellern
in begeisterter Schilderung besungen. Vor allem aber begann
auch christliche Zucht und Sitte wieder zu erwachen. Bonosus
erwirkte von dem Kaiser mehrere Gesetze zum Schutz der christlichen Religion; es wurden Schulen gegründet, Kirchen
gebaut. Damals kam auch Hieronymus, der später so berühmte Kirchenlehrer, seiner Studien halber nach Trier. Er
erzählt, daß er dort das ebengenannte Buch des hl. Hilarius
über die Kirchenversammlungen abgeschrieben und angefangen habe,
sich dem Dienste Christi zu weihen.

Mit welchem Eifer Bonosus sein bischöfliches Amt versah,
läßt sich auch daraus schließen, daß zu jener Zeit trierische
Priester dem Volke der Burgunder im Südosten des heutigen
Frankreichs das Evangelium verkündigten. Reich an Verdiensten,
starb der fromme Bischof am 17. Februar des Jahres 373 und
ward von alten Zeiten her als ein Heiliger verehrt. Seine
Gebeine ruhten in der Kirche St. Symphorian, welche an
der Nordseite von Trier am Moselufer lag; sie kamen, als
dieses Gotteshaus zerstört war, durch Erzbischof Eberhard
(1047—1060) in die St. Paulinskirche, wo sie noch jetzt
in einem Reliquiarium in der Gruft aufbewahrt werden.

Die christliche Schule.

> Gehet hin, lehret alle Völker . . . und
> lehret sie alles halten, was ich euch geboten
> habe. Matth. 28, 20.

Als bestes Mittel, in seiner Herde christliche Zucht und
Sitte wieder einzuführen, erkannte der hl. Bischof Bonosus
neben der Erbauung von Kirchen auch die Gründung christlicher Schulen. Er folgte darin nur dem Geiste der katholischen Kirche, dieser großen Erzieherin und Lehrerin der Völker,
die überall, wo sie festen Fuß gefaßt, neben die Kirchen auch
Schulen gebaut hat. Freilich hat es zu allen Zeiten Leute ge-

geben, und gibt es deren in unseren Tagen besonders viele, welche die Schule recht weit von der Kirche bauen möchten, Leute, welche nicht wollen, daß die Kinder zum Heilande oder der Heiland zu den Kindern kommen soll. Solche Leute, welche der sogenannten „konfessionslosen" Schule das Wort reden, sind bewußt oder unbewußt die Helfershelfer des Unglaubens. Wehe aber unserem Geschlecht, wehe unseren armen Kindern, wenn der Glaube an Gott und seine Gebote nicht mehr die Grundlage aller Erziehung bildet! Gewiß werden manchem dereinst die Augen aufgehen, wenn es zu spät ist, denn „wer Wind säet, wird Sturm ernten" (Os. 8, 7.). Glücklich aber fürwahr die Gemeinde, in der ein braver katholischer Lehrer, eine brave katholische Lehrerin wirkt! Solch' ein treuer Mitarbeiter des Heilands kann nicht hoch genug geachtet werden. Neben dem Priester der Gemeinde hat auch er ein wahrhaft apostolisches Amt, denn auch er streut Tag für Tag den Samen Gottes in das empfängliche Kinderherz. Seine Mühen und Sorgen, seine Leiden und Enttäuschungen sind oftmals groß genug, aber auch sein Lohn ist ihm verheißen in dem Worte des Heilands: „Wer immer sich demütigt wie ein Kind, der ist der Größte im Himmelreich. Und wer ein solches Kind in meinem Namen aufnimmt, der nimmt mich auf." (Matth. 18. 4, 5.)

19. Februar.

Der heilige Leontius, Bischof.
† um 409.

Der hl. Leontius, auch Leguntius genannt, stammte aus einer vornehmen Familie in Aquitanien und ward zur Zeit, als der hl. Paulinus Bischof von Trier war (349—358), unter die trierische Geistlichkeit aufgenommen. Da er sich durch

Frömmigkeit, Rechtschaffenheit und eine seltene Heiligkeit des Lebens auszeichnete, wurde er nach dem Tode des Bischofs Mauritius um das Jahr 407 auf den bischöflichen Stuhl von Trier erhoben.

Um diese Zeit war für das römische Reich das Ende herangenaht. Es hatte seine hohe Bestimmung, dem Christentum auf Erden die Wege zu bahnen, erfüllt, darum traten nun andere Völker an seine Stelle, die zwar noch roh von Sitten, aber jugendfrischer, naturkräftiger waren als die verweichlichten Nachkommen der römischen Weltbeherrscher. Daß diese Änderung der Dinge, bei der die Völker von halb Europa in Bewegung kamen, sich nicht in Ruhe und Frieden vollzog, sondern daß jahrzehntelang Kampf und Krieg, Raub und Mord, Brandstiftung und Verwüstung damit verbunden waren, ist leicht erklärlich.

Im Jahre 406 zogen die Vandalen unter ihrem Könige Godegisel mit den Alanen und Sueven aus den Donauländern nach Westen. Sie überschritten den Rhein, richteten in der Kirche zu Mainz ein fürchterliches Blutbad an, kamen von da nach Metz, mordeten und plünderten in der ganzen Gegend und überfielen schließlich auch Trier. Weil aber die Bewohner der Stadt sich in das Amphitheater geflüchtet hatten und dieses wie eine Festung verteidigten, verließen die Barbaren nach kurzer Zeit Trier und wendeten sich südlicher nach Gallien, von wo sie später nach Spanien und Afrika gelangten. Kaum war indessen diese Gefahr an der Stadt vorübergegangen, da drangen von Norden her die heidnischen Franken in Gallien ein und eroberten zweimal Trier. Bei dem ersten Überfalle scheinen sie nur geplündert zu haben, bei dem zweiten jedoch brannten sie alles nieder.

Die römischen Fürsten, welche einst zu Trier ihren Hof gehalten und in Prunk und Reichtum geschwelgt hatten, suchten sich, als die Tage der Trübsale kamen, eine andere Residenz, wo sie ihres Lebens sicher waren. Aber der fromme Bischof Leontius war bei seiner Herde geblieben und ließ nicht ab, durch unermüdlichen Zuspruch die Bewohner mit ihrem harten Los zu versöhnen und ihnen zu helfen, soviel in seinen Kräften stand. Sogar noch an fremde Not dachte Leontius, wie wir daraus ersehen, daß er den trierischen Diakon Julianus zum Bischof weihte und nach Aquitanien schickte, damit er das Volk der Benearnensen (die heutige Provinz Bearn im Südwesten Frankreichs) für das Christentum zurückgewänne. Er gründete daselbst das Bistum Novella (Lescar).

Leontius starb am 19. Februar um das Jahr 409 und ward in der Kirche der hl. Maria zu den Märtyrern beigesetzt. Später kamen seine Reliquien wahrscheinlich nach St. Paulin, doch läßt sich leider heute ihr Platz nicht mehr bestimmen.

Seeleneifer.

Wer seinen Bruder in Not sieht und verschließt sein Herz vor ihm, wie kann in einem solchen die Liebe Gottes wohnen?
1. Joh. 3, 17.

Der hl. Leontius, welcher nicht nur für seine eigene Herde, sondern auch für die Rettung weit entfernter Völker Sorge trug, gibt uns allen ein leuchtendes Vorbild heiligen Seeleneifers. Wohl sind im allgemeinen die Priester dazu berufen, für die Rettung der Seelen zu arbeiten, aber auch Laien jeglichen Standes und Alters können und sollen Seeleneifer haben. Gerade weil man in ihnen weniger den Apostel sucht, finden sie oft leichter den Zugang zum Herzen eines Hilfsbedürftigen. Ihr gutes Beispiel und ihr Gebet muß freilich an erster Stelle stehen, aber daneben gibt es auch Gelegenheit zu vielerlei Liebeswerken. Nur mögen sie die Regeln der Klugheit wohl beachten, sich insbesondere vor zudringlichem Predigen hüten und an das Wort eines weisen Mannes denken: „Willst du die Menschen für den Dienst Gottes gewinnen, so fange nicht damit an, sie zu langweilen." Einfache, ungesuchte Hülfeleistungen nützen am meisten. Hier ist es z. B. eine verderbliche Freund ſchaft, die man ſprengt, dort ein zorniger Charakter, den man durch mildes Weſen beruhigt; ein andermal hat man vielleicht Gelegenheit, in einer Geſellſchaft ein ſchädliches Vorurteil zu widerlegen, eine unziemliche Rede zu mißbilligen. Einem hilfsbedürftigen Freunde ſpielſt du etwa ein gutes Buch in die Hände, einen zweiten beredeſt du zu einem Werk der Barmherzigkeit, ein dritter geht vielleicht mit dir einmal zu den heil. Sakramenten. So gibt es Gelegenheiten Tag für Tag, und die Liebe macht erfinderiſch, wenn es gilt, neue zu entdecken. Heil dir, wenn es dir gelänge, eine Seele für Gott zu gewinnen, denn: „Wer einen Sünder von ſeinem Irrwege zurückführt, rettet deſſen Seele vom Tode und bedeckt die Menge ſeiner Sünden." (Jac. 5, 20.)

◈

25. Februar.
Der heilige Willigis, Erzbiſchof.
† 1011.

Der hl. Willigis war der Sohn eines Wagners zu Schöningen bei Helmſtädt in Braunſchweig. Mit vorzüglichen Geiſtesgaben und einem eiſernen Fleiße verband er kindliche Frömmigkeit, ſodaß er einer der kenntnisreichſten, aber auch tugendhafteſten Schüler jener Kloſterſchule war, in der er ſeine wiſſenſchaftliche Ausbildung erhielt.

Noch jung an Jahren, aber dem Wiſſen und der ernſten Beſonnenheit nach ein ausgereiſter Mann, ward er von dem deutſchen Kaiſer Otto II. (973—983), welcher damals zu Goslar reſidierte, an den Hof gezogen und mit der hohen Würde des Reichskanzlers betraut.

Nach dem Tode des Erzbiſchofs Ruotbert von Mainz wurde Willigis im Jahre 975 unter dem Jubel des Volkes auf den erzbiſchöflichen Stuhl von Mainz erhoben. Mit dieser Würde war zu damaliger Zeit auch ein großer Einfluß auf die Leitung der Reichsangelegenheiten verbunden, darum ärgerten sich die Adeligen, daß nicht einer von ihnen, sondern ein Mann aus geringem Stande so hoch emporgestiegen war. Sie spöttelten anfangs über ihn und zeichneten mit Kreide Räder an die Wände des bischöflichen Hauses. Aber Willigis schämte sich nicht des Standes, in dem sein Vater einst für ihn das tägliche Brot verdiente, darum nahm er das Rad in sein bischöfliches Wappen auf und fügte den Spruch hinzu: „Willigis, Willigis, deines Ursprungs nie vergiß!" So entwaffnete er seine Neider und gewann für sich selbst eine dauernde Mahnung zur Demut trotz aller Ehren, die ihm die Welt erwies. Die Stadt Mainz aber hat bis auf den heutigen Tag das Rad in ihrem Wappen behalten.

Nachdem Otto II. im Jahre 983 gestorben war, ging die Königswürde auf dessen dreijährigen Sohn Otto III. über. Um zu verhüten, daß die Reichsfürsten dem königlichen Kinde die Herrschaft streitig machten, ließ Willigis in seiner Eigenschaft als Reichskanzler den jungen König sofort in Aachen krönen, leitete dann viele Jahre lang mit großer Umsicht und Entschiedenheit seine Erziehung und verteidigte mit unerschütterlicher Treue seinen Thron und Länderbesitz. Als Otto im Alter von fünfzehn Jahren die Regierung selbst übernommen hatte, zog er in Begleitung seines treuen Lehrers und Beschützers Willigis nach Rom, wo er von Gregor V., dem ersten deutschen Papste, am 21. Mai 996 in der Peterskirche feierlich zum Kaiser gekrönt wurde. Leider waren dem jungen, von den besten Absichten und Plänen erfüllten Kaiser nur wenige Jahre beschieden; er starb 1002, kaum 22 Jahre alt.

Jetzt zeigte Willigis von neuem seine Umsicht und Kraft. Da nämlich völlige Verwirrung im Reiche zu entstehen drohte, weil unter dem niederen Adel überall Fehde herrschte und die Herzöge und Markgrafen nach Errichtung selbständiger Herrschaften strebten, so bewirkte Willigis, daß alsbald Heinrich II.

von den Fürsten zu Mainz zum Kaiser gewählt wurde. Am folgenden Tage ward der Erwählte im Dome zu Mainz von Willigis zum König gekrönt, und im Jahre 1014 erhielt er zu Rom aus der Hand des Papstes die Kaiserkrone. Heinrich II. führt in der Geschichte den Beinamen „der Heilige"; er war einer der vorzüglichsten und frommsten Herrscher Deutschlands und wurde später nebst seiner vortrefflichen Gemahlin Kunigunde von der Kirche in die Zahl der Heiligen aufgenommen.

Gleichwie nun Willigis durch seine Staatsklugheit dem deutschen Reiche so tüchtige Herrscher verschaffte, so sorgte er auch mit allem Eifer für fromme und hervorragende Kirchenfürsten. Nach Worms sandte er den eifrigen Bischof Burchard (1000—1025), den er selbst von frühester Jugend auf geleitet und zur Weisheit, zum Ernste, zur Ordnung und Heiligkeit des Lebens geführt hatte, welche Tugenden Burchard in seinem Amte und seinen Schriften später so herrlich an den Tag legte. Zu Verona in Italien weihte Willigis den hl. Adalbert (983—997) zum Bischof von Prag, jenen apostolischen Mann, der für die Ausbreitung des Christentums in Böhmen mit unermüdlichem Eifer thätig war und mit der Martyrerkrone geschmückt ist. Auch vielen anderen Kirchen und Klöstern versorgte er Oberhirten, die durch Gelehrsamkeit und Eifer ausgezeichnet waren. Er hielt auf strenge Kirchenzucht bei Klerus und Volk, war aber trotz aller Entschiedenheit ein milder Vater aller Notleidenden und Armen, deren er täglich dreißig an seinem Tische speiste.

Willigis war auch ein großer Freund und Kenner der kirchlichen Kunst. In Mainz erbaute er eine prachtvolle Basilika, und als dieselbe schon am Tage der Einweihung in Flammen aufging, begann er sogleich den Neubau des noch jetzt bestehenden herrlichen Domes. Ferner erbaute er dort eine Kirche zu Ehren des hl. Stephanus und stattete das Kloster zum hl. Viktor mit den nötigen Einkünften aus.

Außer vielen anderen Gotteshäusern, die seine Fürsorge an der Nahe und auf dem Hunsrücken, welche Gebiete damals zum Kirchensprengel von Mainz gehörten, entstehen ließ, brachte er besonders das auf dem Disibodenberge an der Nahe gelegene Mönchskloster zu neuer Blüte und schuf dort eine Kulturstätte, von deren Bedeutung in den folgenden Jahrhunderten noch heute die mächtigen Ruinen der Kirche und des Klosters uns erzählen.

Reich an Verdiensten starb der große Bischof am 22. Februar 1011 und ward in der St. Stephanskirche zu Mainz beigesetzt. 36 Jahre lang hatte er den Stuhl des hl. Bonifacius innegehabt, hatte an der Spitze der Reichsfürsten jahrzehntelang die Geschicke Deutschlands beeinflußt und zum Guten gelenkt, hatte aber die Demut sich bewahrt, weil er wußte, daß nur der Großes baut, welcher sich selbst für klein hält, nur der, welcher in allem spricht: „Nicht uns, o Herr, nicht uns, sondern deinem Namen gib die Ehre!"

Ehre die Eltern!

> Ehre deinen Vater und deine Mutter. Dies ist das erste Gebot mit der Verheißung: daß es dir wohl gehe, und du lange lebest auf Erden. Eph. 6, 2. 3.

Durch die kindliche Liebe, mit welcher der hl. Willigis seine in ärmlichen Verhältnissen lebenden Eltern ehrte, hat er nicht nur den Kindern, sondern vor allem den Erwachsenen ein schönes Beispiel in der Befolgung des vierten Gebotes gegeben. Wohl gilt dieses Gebot zunächst für die heranwachsende Jugend, aber auch in späteren Jahren ist kein Mensch davon befreit, mag er auch längst in der Welt selbständig seinen Beruf erfüllen. Das gebietet schon die Pflicht der Dankbarkeit, da nach Gott die Eltern unsere größten Wohlthäter sind. Wer zählt die Mühen und Sorgen, die eine Mutter um ihr Kind gehabt, die Nächte, die sie in banger Sorge durchwacht, die Thränen, die sie geweint, die Akte der Entsagung, die sie geübt hat! Wie hat der Vater sich geplagt und abgemüht, um

soviel zu verdienen, daß er Nahrung und Kleidung für die
Kinder beschaffen konnte? Vielleicht haben die Eltern sich selbst
das Nötigste entzogen, um ihre Kinder nicht darben zu lassen.
Aber leider ist es mit dem Dank in späteren Jahren oft
schlimm bestellt. Kaum sind die Kinder aus der Schule ent-
lassen, kaum verdienen sie selbst einiges Geld, so regt sich in ihnen
der Geist der Unabhängigkeit und des Eigenwillens. Ungehor-
sam, Widerspruch, Anmaßung, grobe Reden, Zank und Streit
mit den Geschwistern, Umgang mit schlechter Gesellschaft sind
die Folgen. Und wenn gar ein Kind in späteren Jahren seine
armen Eltern Not leiden läßt, oder wenn es sich ihrer Armut
und ihres schlichten Wesens schämt, seit es selbst zu Ehren und
hoher Stellung kam: was muß das ein Schmerz für einen
greisen Vater, für eine gebeugte Mutter sein! Ja, wenn einst
deren müde Augen für immer sich geschlossen haben, dann wird
am stillen Grabe geweint und um Verzeihung gebeten, aber
das Grab gibt keine Toten wieder. Das Leben ist die Zeit,
wo wir unseren guten Eltern durch treue Liebe danken sollen,
ihnen zur Freude, uns aber zum Segen. „Mein Kind," so sagt
die hl. Schrift, „nimm dich deines Vaters im Alter an
und betrübe ihn nicht, solange er lebt; denn die
Wohlthat, die du ihm erzeigst, wird nimmermehr vergessen." (Sir. 3, 14. 15.)

24. Februar.

Der heilige Mathias, Apostel.

Patron der Diözese Trier.

Nach der Himmelfahrt des Heilandes begaben sich die elf
Apostel mit Maria, der Mutter Jesu, in die oberen Räume
eines Hauses zu Jerusalem, wo sie einmütig im Gebete

verharrten und sich auf die verheißene Herabkunft des hl. Geistes vorbereiteten. Die kleine Christengemeinde zählte damals etwa 120 Personen, und als diese eines Tages versammelt waren, erklärte Petrus es als eine der ersten Aufgaben, daß nun die Stelle des gefallenen Judas ausgefüllt und die vom Herrn bestimmte Zwölfzahl der Apostel wiederhergestellt werde. Als das Haupt der Apostel und in der Ausübung seines Oberhirtenamtes erhob er sich also und sprach, wie die hl. Schrift berichtet, folgendes: „Ihr Männer, Brüder! Jene Schriftstelle, welche der heilige Geist durch den Mund Davids vorhergesagt hat, mußte in Erfüllung gehen an Judas, der denen, welche Jesum gefangen nahmen, Führer war, der uns beigezählet war und Anteil an diesem Amte erhalten hatte. Dieser hat nun einen Acker aus dem Lohne der Ungerechtigkeit erworben, und dann hat er sich erhängt, ist mitten entzwei geborsten, und alle seine Eingeweide sind ausgeschüttet worden. Dieses ist allen, die zu Jerusalem wohnen, bekannt geworden, sodaß jener Acker in ihrer Sprache Hakeldama, das ist Blutacker genannt wurde. Denn es steht im Buche der Psalmen geschrieben: Ihre Stätte soll wüste werden, und es sei keiner, der auf ihr wohne: und sein bischöfliches Amt erhalte ein anderer. Es muß also einer aus den Männern, welche uns beigesellt waren, während der ganzen Zeit, da der Herr Jesus unter uns aus- und eingegangen, von der Taufe des Johannes an bis zu dem Tage, da er von uns genommen ward, mit uns Zeuge seiner Auferstehung werden. Da stellten sie zwei vor, Joseph, genannt Barsabas, mit dem Zunamen der Gerechte, und Mathias. Und sie beteten und sprachen: Herr, der du die Herzen aller kennst, zeige an, welchen von diesen beiden du erwählet hast, die Stelle dieses Dienstes und des Apostelamtes zu empfangen, von welcher Judas entwichen ist, um hinzugehen an seinen Ort. Da warfen sie das Los über sie, und das Los fiel auf Mathias, und er ward den elf Aposteln beigezählet." (Apostelgeschichte 1, 16—26.)

Von dem weiteren Leben des hl. Mathias ist wenig bekannt. Der Überlieferung gemäß predigte er zuerst in Judäa seinen Landsleuten das Evangelium, zog aber, als er gegen die Verstocktheit des verblendeten Volkes nichts ausrichten konnte, zu den heidnischen Völkern. Er kam nach Mesopotamien und Kappadocien, sowie an die Ufer des kaspischen Meeres, wo er durch seine Lehre und die Wunder, die er wirkte, zahlreiche Anhänger für das Christentum gewann. Nachdem er diese weiten und öden Ländergebiete durchwandert hatte, kehrte er nach Jerusalem zurück, wurde aber alsbald von den Juden der Gotteslästerung angeklagt und zum Kreuzestode verurteilt. Da er aber auch vom Kreuze noch die Lehre Jesu Christi verkündigte, und es seinen Peinigern zu lange dauerte, bis er seine Seele aushauchte, ließen sie ihn steinigen und mit dem Beil enthaupten.

Die Reliquien des hl. Mathias wurden im 4. Jahrhundert durch die hl. Helena, die Mutter des Kaisers Konstantin (306—337), mit vielen andern Heiligtümern aus Palästina nach Rom gebracht und von da durch den Bischof Agritius (313—332) zum größten Teil nach Trier übertragen. Nur ein kleinerer Teil blieb wahrscheinlich damals in Rom und befindet sich jetzt daselbst in der Kirche Santa Maria Maggiore, der prächtigen säulen- und mosaikgeschmückten Basilika auf dem esquilinischen Hügel.

Der Ort, wo heute die St. Mathiaskirche südlich von Trier steht, ist nach sehr glaubwürdigen Überlieferungen die älteste christliche Kultus- und Kulturstätte diesseits der Alpen. Hier stand die alte Euchariuskirche, jenes ehrwürdige Gotteshaus, in welchem die Apostelschüler Eucharius, Valerius und Maternus zuerst das Christentum gepredigt, und in welchem sie nachher auch ihre Grabesstätte gefunden haben. Gewiß war kein Fleck deutscher Erde würdiger, einem der zwölf Apostel des Heilands zur Ruhestätte zu dienen, und darum entsprach Agritius seinem und seines Volkes sehnlichstem Wunsche, als er um das Jahr 313 die Reliquien des hl. Mathias in diese Kirche übertrug.

Als dieselbe in den Völkerwanderungen, welche von 411—440 die Stadt Trier mit dreimaliger Zerstörung heimsuchten, in Schutt und Trümmer gesunken war, erbaute der Bischof Cyrillus um das Jahr 450 eine neue Kirche, welche Bischof Nicetius (527—566) noch erweiterte, und bei der schon damals ein Kloster des hl. Eucharius bestand, das zu Anfang des 8. Jahrhunderts die Benediktiner-Regel annahm, eine stille trauliche Stätte, in welcher trotz aller Kriegsstürme und Völkerwirren der Funke der Wissenschaft immerfort glühte, und in welcher durch Opfer und Gebet dem christlichen Glauben die Wege zu den Herzen der Menschen gebahnt wurden. Leider brach im Jahre 882 der Normannensturm herein, welcher Kloster und Kirche nebst dem ganzen Schatze von Manuskripten, die in der Klosterbibliothek gesammelt waren, gänzlicher Zerstörung preisgab.

Aber der ebenso reiche wie fromme Erzbischof Egbert (977—993) konnte es nicht zugeben, daß diese heilige Stätte nun veröbet sein solle. Darum ließ er unter freigebiger Beisteuer des Kaisers Otto II. den Neubau der Kirche in Angriff nehmen, und bald stand ein neues Gotteshaus und ein neues Kloster an der früheren Stelle. Aber auch diese Kirche genügte dem frommen Eifer der Mönche noch nicht. Deshalb erbauten sie, durch reiche Güterschenkungen unterstützt, zu Anfang des 12. Jahrhunderts jene große romanische Basilika, welche noch heute steht und eine Zierde des ganzen trierischen Landes ist.

Was nun die kostbaren Reliquien der Kirche, insbesondere diejenigen der hl. Eucharius, Valerius, Maternus, sowie des hl. Apostels Mathias betrifft, so hatte sich zwar die Überlieferung erhalten, daß sie in jener Kirche beigesetzt seien, aber im Laufe der Jahrhunderte war der Ort, wo sie in der Tiefe der Erde ruhten, dem Gedächtnis der Menschen entschwunden. Erst im Jahre 1049 wurden die Reliquien des hl. Eucharius und Valerius aufgefunden, aber diejenigen des hl. Mathias blieben noch verborgen, und als Kaiser Heinrich III. den Erzbischof Eberhard von Trier (1047 bis 1066) bat, ihm für die neuerbaute Kirche zu Goslar einige Reliquien des hl. Mathias zu überlassen, mußte der Erzbischof erklären, er wisse leider nicht, wo der Leib dieses Heiligen sich befinde. Einige Zeit darauf weilte Eberhard in Rom. Hier fand er in einem alten Buche geschrieben, daß der Leib des hl. Mathias zu Trier neben Eucharius, Valerius und Maternus auf der linken Seite nach Nordosten beigesetzt sei. Hocherfreut über diese Nachricht kehrte Eberhard nach Trier zurück und stellte alsbald in Gegenwart seiner beiden Suffraganbischöfe Adalbero von Metz und Theodorich von Verdun um das Jahr 1060 eifrige Nachforschungen in der Euchariuskirche an. Und wie er gehofft hatte, so geschah es. Es kam ein bleierner Sarkophag zum Vorschein mit einer Marmorplatte, auf der in griechischen Buchstaben der Name des Apostels Mathias stand. Eberhard erhob indessen damals die Gebeine noch nicht, sondern ließ sie an ihrer ursprünglichen Stelle. Darum und weil er nur in Gegenwart weniger Zeugen die Nachgrabung angestellt hatte, gelangte die Auffindung vorläufig nur zur Kenntnis weniger und geriet nach einigen Jahrzehnten wieder in Vergessenheit.

Erst beim Neubau der Kirche im Jahre 1127 stieß man unter dem Altare des hl. Johannes des Täufers nahe beim Muttergottesaltare auf einen Sarg von Blei nebst einer Marmorplatte, welche die Inschrift trug „Corpus S. Mathiae. Helena dante ab Agritio Treverim translatum". (Der Körper des hl. Mathias. Als Geschenk der Helena durch Agritius nach Trier gebracht.) Diesmal wurde die Auffindung als eine hohe Gnade des Himmels überall verkündet. Von nah und fern strömten alsbald die Wallfahrer herbei, und zahlreiche wunderbare Hülfeleistungen und Heilungen, welche am Grabe des Apostels geschahen, trugen dazu bei, die Andacht und Verehrung des Volkes zu entflammen und bis auf den heutigen Tag lebendig zu erhalten. Leider zerstörte eine Feuersbrunst 1131 das Dach der kaum vollendeten Kirche und einen Teil der Klostergebäude, aber in kurzer Zeit war das Verlorene wieder hergestellt. Im November 1147 kam auf Einladung des Erzbischofs Albero (1132—1152) der Papst Eugen III. mit glänzendem Gefolge von 18 Kardinälen und vielen Bischöfen, sowie in Begleitung seines Lehrers und Freundes, des hl. Bernard von Clairvaux, nach Trier und konsekrierte am 13. Januar 1148 unter großen Feierlichkeiten die neue Kirche, welche ungefähr von dieser Zeit an nicht mehr Eucharinskirche, sondern Mathiaskirche (im Volksmund „Matheis") genannt wurde. Der Sarkophag mit den Reliquien des hl. Mathias hatte in ihr seinen Platz vor dem Gitter des Chores, etwa in der Mitte der Kirche, damit er hier den zahlreichen Wallfahrern jederzeit zugänglich sei. Er war ganz mit Silberblech umhüllt, mit Bildwerk und Inschrift geschmückt und blieb so vierhundert Jahre lang das schönste Kleinod der Kirche, bis die Soldaten des Markgrafen Albrecht von Brandenburg im Jahre 1552 ihn seiner kostbaren Umkleidung beraubten. Kurz nachher ward er indessen mit neuen goldenen Zieraten versehen und mit kleinen Statuen umgeben.

Unter dem thatkräftigen Abte Anton Leiwen, der von 1484—1519 dem Kloster vorstand, wurde die Kirche noch bedeutend verschönert, indem derselbe den dreiseitigen Chorabschluß errichten und das herrliche bildergeschmückte Netzgewölbe anbringen ließ, welches noch heute als ein Meisterwerk dieser Art unsere Bewunderung verdient. Auch vergrößerte er die Krypta und baute die mächtige, anfangs mit zwei Türmen geschmückte Westfaçade aus.

Im Jahre 1783 verwüstete ein Brand die Kirche, zerstörte das Dach sowie die Turmhelme und schmolz die Glocken. Die Reliquien des hl. Mathias wurden schnell nach dem Kloster St. Maximin geflüchtet, aber nach Wiederherstellung der

Kirche zurückgebracht. Damals ließ die Abtei für die Reliquien den Marmorsarkophag anfertigen, welcher von vier hohen freistehenden Marmorsäulen getragen wird und im Chor der Kirche seine Aufstellung erhielt. Derselbe hat bis heute keine Änderung erlitten.

Die französische Revolution brachte auch für St. Mathias große Umwälzungen, indem die Benediktiner-Mönche von der Stätte, wo sie so viele Jahrhunderte segensreich gewirkt hatten, vertrieben und ihre Klostergüter vom Staate eingezogen und verkauft wurden. Glücklicherweise wurde die Kirche trotz aller Verwüstungen gerettet und dem gottesdienstlichen Gebrauche erhalten; im Jahre 1803 ward sie durch Bischof Mannah (1802 bis 1816) zur Pfarrkirche für die umliegenden Ortschaften bestimmt.

Das Haupt des hl. Mathias befindet sich nicht in dem Sarkophag bei den übrigen Gebeinen. Schon im 14. Jahrhundert wurde es auf dem Schlosse zu Kobern an der unteren Mosel aufbewahrt, und jedenfalls steht die Erbauung der schönen romanischen Mathiaskapelle bei Kobern mit seiner Verehrung in Zusammenhang. Im Jahre 1368 kam es von Kobern nach Ehrenbreitstein und im Jahre 1422 nach Trier, wo es jetzt in der Schatzkammer des Domes aufbewahrt wird. Es befindet sich zugleich mit dem Haupte der hl. Helena in einer kostbaren, mit reicher Filigranarbeit geschmückten Metall-Kassette, welche aus dem Ende des 11. Jahrhunderts stammt.

Die Verehrung des hl. Mathias, welche bei der Wiederauffindung seiner Reliquien im Jahre 1127 einen neuen Aufschwung gewann, hat sich bis auf den heutigen Tag lebendig erhalten. Besonders findet dieselbe ihren Ausdruck in den althergebrachten Prozessionen, durch welche alljährlich tausende von Wallfahrern zum Grabe des Apostels geführt werden. In der Pfingstwoche treffen die frommen Scharen in Trier ein, ziehen betend und singend nach der herrlichen, hochgewölbten Kirche, wo im Chor der Sarkophag steht, von einem Kranze großer Opferkerzen umgeben, die jahraus jahrein hier brennen als Zeichen lebendigen Glaubens und nicht erkalteten Eifers des katholischen Volkes.

Der Beruf zum Priesterstande.

Niemand nimmt sich solche Ehre, sondern nur, wer berufen wird von Gott wie Aaron. Hb. 5, 4.

Nach der Erzählung der hl. Schrift, welche den Joseph Barsabas zuerst nennt, scheint es, daß die Gläubigen mehr auf ihn, als auf Mathias ihre Gedanken gerichtet hatten; denn seine Heiligkeit war so groß, daß man ihm den Beinamen „der Gerechte" gab, und außerdem gehörte er zu den Anverwandten Jesu Christi. Trotzdem bestimmte Gott durch das Los nicht ihn, sondern den hl. Mathias zum Apostel. Diese Erwählung ist ein treffendes Vorbild der Berufung eines jeden Priesters, denn wer immer zu diesem heiligen Stande auserkoren wird, der verdankt dies nicht eigener Kraft und eigenem Verdienst, sondern der Güte Gottes, die gleichsam von neuem das Los geworfen und unter vielen Gleichberechtigten oder gar mehr Berechtigten ihn auserwählt hat. Thöricht und grausam ist darum das Drängen mancher Eltern, welche schon in früher Jugend über einen Knaben bestimmen, „er soll geistlich werden" und ihn dann mit aller Gewalt zum Studium anhalten. Wohl mögen sie beten, daß Gott ihrem Kinde diese Gnade gebe, allein die Entscheidung haben nicht sie zu treffen, sondern Gott. Er gibt seinen Willen in mannigfacher Weise kund, und erleuchtete Seelenführer werden bald erkennen, ob ein Jüngling Beruf zum geistlichen Stande hat. Zunächst sind gewisse äußere Vorbedingungen zu berücksichtigen, besonders die Frage, ob genügende Anlagen zum Studium vorhanden sind, denn „des Priesters Lippen müssen Wissenschaft bewahren" (Ml. 2, 7.). Sodann aber kommt der Seelenzustand in Betracht. Ist ein Jüngling fleißig, pflichttreu, hat er Freude an geistlichen Dingen, liebt er Gebet, Sakramente, fromme Lektüre, Umgang mit frommen und geistlich gesinnten Personen, hat er wenig Gefallen an den lärmenden Freuden der Welt, weiß er Entsagung zu üben, besonders wo es sich um die Reinheit des Herzens handelt: so sind dies alles gute Zeichen. Besteht dabei in einem jungen Herzen der glühende Wunsch, einst als Priester Seelen zu retten, sie für Gott zu begeistern und zu gewinnen um jeden Preis, so kann mit großer Wahrscheinlichkeit auf das Vorhandensein des Priesterberufes geschlossen werden. Ernste, lange Prüfung ist freilich bei der Entscheidung nötig, denn von allen anderen Ständen kann man zurücktreten, hier gibt es keinen Rücktritt; das einmal gebundene bleibt gebunden. Glücklich der Jüngling, der nach gewissenhafter Überlegung und nach Besprechung mit seinem Beichtvater zu der Erkenntnis kommt: Gott will es! Ich will es! Sein Leben wird zwar ein Leben der Entsagung, der Arbeit und des Leidens sein, aber Gottes Schutz und Lohn ist ihm sicher, denn „die er vorherbestimmt hat, die hat er berufen: und die er berufen, die hat er gerechtfertigt: die er aber gerecht fertigt hat, die hat er auch verherrlicht." (Röm. 8, 30.)

---

25. Februar.

Der heilige Modestus, Bischof.

† um 486.

Der hl. Modestus bestieg als Nachfolger des hl. Miletus gegen Ende des fünften Jahrhunderts den bischöflichen Stuhl von Trier. Für die einst so herrliche Stadt waren damals traurige Zeiten gekommen, indem die von Norden und Osten einbringenden heidnischen Völker dieselbe wiederholt geplündert und niedergebrannt hatten. Trotz des grenzenlosen Elends, welches nach der Beschreibung des gleichzeitigen Schriftstellers Salvian damals herrschte, scheinen aber die Bewohner dem zügellofen Leben und der Sucht nach Vergnügungen jeder Art nicht entfagt zu haben, und es beburfte der ganzen Kraft der Bifchöfe, um nun auch dem geiftigen Elend entgegenzutreten. Obfchon Modeftus nur drei Jahre Bifchof von Trier war, gelang es ihm doch, das Bolk zur Befinnung und Befferung zu bringen und den niedergefchmetterten, verzweifelnden Bewohnern nach und nach neuen Mut einzuflößen. Er ftarb um das Jahr 486 und wurde in der Euchariuskirche, der jetzigen Mathiaskirche, bei Trier begraben, wo noch heute fein Haupt unter den Reliquien aufbewahrt wird. Modeftus fcheint ein befonderer Wohlthäter diefes heiligen Ortes gewefen zu fein, denn fein Bildnis findet fich in den Decken der ehemaligen Kloſterfäle und in dem fchönen Netzgewölbe der Kirche angebracht, wie denn auch den neu eintretenden Mönchen der dortigen Abtei vielfach fein Name gegeben wurde.

Der hl. Namenspatron.

In feinem Leben that er Großes, und auch nach feinem Tode wirkte er Wunder.
Sir. 48, 15.

Das Andenken des hl. Modeftus wurde in der Abtei von St. Mathias vorzüglich dadurch geehrt, daß man den neu eintretenden Mönchen vielfach feinen Namen gab. Diefe Beilegung eines neuen Namens in den Klöſtern ift eine alte fchöne Sitte, welche offenbar infolge des gleichen Brauches bei der Spendung der hl. Taufe entftanden ift. Durch die hl. Taufe hat nämlich der Menſch ein neues, übernatürliches, himmliſches Leben empfangen, und deshalb führt er von nun an auch einen neuen, himmliſchen Namen, den Namen eines Heiligen. Die Kirche nennt diefen Heiligen feinen Namenspatron, weil der fromme Chriſt ihn befonders verehrt und deshalb die Zuverficht hat, daß derfelbe ihm ein befonderer Patron, d. h. Befchützer und Gönner am Throne Gottes fein werde. Den Tag, welcher dem Andenken diefes Heiligen alljährlich geweiht ift, nennt man Namenstag, ein Tag, welcher freilich vielfach feine eigentliche

Bedeutung verloren hat und nur mehr als ein rein weltliches
Fest aufgefaßt wird. Gute Christen halten aber vor allem an
der religiösen Bedeutung ihres Namenstages fest. Sie feiern
ihn besonders durch Erneuerung des Taufbundes, durch eifrige
Anrufung der Fürbitte ihres Patrones, durch aufrichtiges Be-
dauern, bisher so wenig in die Fußstapfen desselben getreten
zu sein, und durch den frommen Vorsatz, in Zukunft getreuer
sein Tugendbeispiel nachzuahmen; viele empfangen auch an diesem
Tage die hl. Kommunion und begehen denselben überhaupt wie
einen Feiertag. Gewiß wird bei solch' gutem Willen der Segen
Gottes das beste Geschenk zum Namenstage sein. „Der Herr
hat Wunder gethan an seinem Heiligen: Der Herr
höret mich, wenn ich zu ihm rufe." (Pf. 4, 4.)

━◈━

5. März.

Die heilige **Kunigunde,** Kaiserin.

† 1039.

Die hl. Kunigunde war die Tochter des Grafen Sieg-
fried von Luxemburg, dessen Gebiet in damaliger Zeit zur
Diözese Trier gehörte. Von ihrer frommen Mutter Hedwig
erhielt sie eine sorgfältige Erziehung und eine solche Liebe zum
Dienste Gottes, daß sie schon in früher Jugend gelobte, als
Jungfrau zu leben und zu sterben. Ihr Entschluß ward auf
eine harte Probe gestellt, denn als der edle Herzog Heinrich
von Bayern inständig um ihre Hand anhielt, wurde sie auf
Wunsch der Eltern demselben zur Gemahlin gegeben. Doch
vor der Vermählung entdeckte sie ihrem Bräutigam ihr Gelübde
und bewog ihn, daß auch er das Versprechen steter Jungfräulichkeit ablegte, und daß nun eine jener seltenen Ehen geschlossen
wurde, die in der Ehe der allerseligsten Jungfrau mit dem
hl. Joseph ihr Vorbild haben.

Im Jahre 1002 wurde Heinrich auf Betreiben des
hl. Willigis, der damals Erzbischof von Mainz und Kanzler
des Reiches war, zum deutschen Könige gewählt und nebst
seiner Gemahlin Kunigunde feierlich gekrönt. Zwölf Jahre
später zogen dann beide nach Rom und empfingen dort aus
der Hand des Papstes Benedikt VIII. die deutsche Kaiserkrone. Aber trotz aller Ehren und äußerlichen Pracht blieben
die beiden Gatten einfach und anspruchslos, in treuer Liebe und
im Dienste Gottes eng verbunden. Kunigunde trug unter den
kaiserlichen Purpurgewändern ein rauhes Bußkleid, und ihre
liebste Erholung war es, wenn sie unbeobachtet Kranke und
Hülfesuchende unterstützen, pflegen, speisen und kleiden konnte.
Für den Bau und die Ausschmückung von Kirchen, Spitälern
und Klöstern hatte sie eine unerschöpfliche Freigebigkeit, und sie
beschränkte sich in ihren eigenen Bedürfnissen auf das Notwendigste, um anderen desto mehr spenden zu können.

Aber auch dieser tugendhaften Frau blieben die Tage des
Kummers nicht erspart. Es wurde nämlich durch verworfene
Menschen in der Seele des Kaisers der Argwohn erregt, daß
Kunigunde ihm die Treue verletzt habe, und obschon der Kaiser
sich anfangs mit Abscheu eines solchen Verdachtes erwehrte, ließ
er sich doch durch die fortgesetzten Ränke der Verleumder allmählich bethören und wurde von Tag zu Tag verschlossener
und mißtrauischer. Kunigunde schwieg und betete, aber sie
duldete Unsägliches. Endlich, als die Verleumdung sich immer
mehr verbreitete, trat die Kaiserin mutig hervor und erbot sich,
ihre Unschuld dadurch zu beweisen, daß sie, dem Gebrauche ihres
Zeitalters gemäß, sich einem sogenannten Gottesgerichte unterzog.
In Gegenwart des Kaisers und einer zahllosen Volksmenge
wurden glühende Pflugscharen in eine fünfzehn Schritt lange
Reihe gelegt, und nachdem Kunigunde sich mit dem hl. Kreuz-
zeichen versehen hatte, schritt sie unerschrocken mit bloßen Füßen
über den rotglühenden Pfad, ohne daß sie im geringsten verletzt wurde. Da brach das Volk in unbeschreiblichen Jubel

aus, der Kaiser warf sich ihr zu Füßen und bat sie um Verzeihung, und von nun an trübte kein Schatten mehr die Eintracht und Liebe dieser heiligen Gatten. Als Kaiser Heinrich
im Jahre 1024 auf dem Sterbebette lag, ergriff er die Hand
seiner Gemahlin und sprach zu den versammelten Verwandten:
„Eine Jungfrau habt ihr mir zur Gattin gegeben,
und als eine Jungfrau gebe ich sie euch jetzt zurück!"

Nach dem Tode ihres Gemahls legte Kunigunde die kaiserlichen Abzeichen ab und verwendete das ganze, ihr zur Verfügung
stehende Vermögen, um zu Kauffungen bei Kassel ein Kloster
für Nonnen vom Orden des hl. Benedikt zu bauen. Und als
dieses Kloster erbaut war, und am Jahrestag des Todes von
Kaiser Heinrich mehrere Bischöfe zu Kauffungen versammelt
waren, um feierlich die neue Kirche zu konsekrieren, begab sich
Kunigunde mit ihrem ganzen Hofstaate dorthin, trat zum Altare
und legte den kaiserlichen Schmuck ab. Dann ließ sie sich das
Haar scheren, zog ein rauhes Wollenkleid an und empfing aus
der Hand des Bischofs von Paderborn Schleier und Ring
zum Zeichen der Verlobung mit Jesus Christus. Fünfzehn
Jahre lang lebte sie darauf als Nonne zu Kauffungen und
unterschied sich durch nichts von den andern Schwestern als
durch die fürstliche Wohlthätigkeit, womit sie die ihr noch zu-
fließenden Mittel an Arme und Kranke verteilte.

Als dann der Tag ihres Todes herannahte, legten die
trauernden Schwestern kostbare, goldgewirkte Decken zurecht,
womit sie wenigstens nach dem Tode die Kaiserin noch schmücken
wollten. Aber jene hatte es bemerkt und wehrte den Schwestern,
indem sie mit heiterem Lächeln sprach: „Das ist nicht meine
Kleidung, hüllt mich vielmehr in mein armes Ordensgewand;
denn mit jenen goldstrahlenden Gewändern bin ich meinem
irdischen Bräutigam, mit diesem Ordenskleid aber dem himmlischen Bräutigam angetraut worden!"

So verschied sie unter dem Weinen und Wehklagen des
Volkes am 3. März 1039 und ward an der Seite ihres

Gemahls in dem von ihm gegründeten Dome zu Bamberg
beigesetzt. Kaiser Heinrich, der auch in der Weltgeschichte
den Beinamen „der Heilige" führt, wurde im Jahre 1145,
und seine fromme Gemahlin Kunigunde im Jahre 1200
wegen der vielen Wunder, die an ihrem Grabe geschahen, unter
die Zahl der Heiligen aufgenommen. Die Gebeine der heiligen
Gatten ruhen jetzt in einem prachtvollen steinernen Grabmal,
welches mitten im Hauptschiff des Domes zu Bamberg sich erhebt.
Das Grabmal wurde in den Jahren 1499—1513 von dem
berühmten Bildhauer Tilman Riemenschneider gearbeitet;
auf dem reichgeschmückten Sarkophagdeckel sind die ruhenden
Gestalten des Kaisers und der Kaiserin kunstvoll gemeißelt,
und an den Seiten befinden sich Bildwerke, welche Begebenheiten aus ihrem Leben darstellen.

Ertragen der Verleumdung.

Silber und Gold werden durch's Feuer
geprüft, die Lieblinge Gottes aber im Ofen
der Trübsal.   Sir. 2, 5.

Weder die allgemein bekannte Tugend der hl. Kunigunde,
noch die hohe Stellung, welche sie als Kaiserin einnahm, schützten
diese fromme Frau vor den Angriffen einer schamlosen Verleumdung. Was aber ihr geschehen ist, das ist schon vielen
Tausenden geschehen, und auch jeder von uns kann in ähnlicher
Weise einmal an Ehre und Frieden geschädigt werden. Gott
läßt zuweilen solche Prüfungen zu, aber er hat auch dann die
weiseste Absicht für das Heil unserer Seele. Zunächst haben
wir Gelegenheit, einen schönen Akt der Demut zu üben.
Die Menschen halten uns nämlich in vielen Stücken für besser,
als wir sind, denn sie wissen lange nicht alle unsere Sünden.
Wenn sie uns aber in einem anderen Stücke einmal für schlimmer
halten, so ist das eine Art von ausgleichender Gerechtigkeit,
die wir demütig hinnehmen mögen als Ersatz für vieles, was
man stillschweigend an uns übersehen hat. Gewiß ist uns die

Verteidigung gegen ungerechte Verleumdung nicht verboten, aber für das demütige Ertragen derselben um unserer anderen Sünden willen wird sicherlich auch ein Lohn im Himmel bereitet sein. Sodann aber tröstet uns bei solchen Heimsuchungen der Gedanke, daß diese Art von Leiden oft gerade den Lieblingen Gottes zugeteilt wird. Von dem Leben des Heilandes angefangen bis auf unsere Tage: welche Fülle von Hohn, Spott, Schimpf und Verleumdung ist in all' den Jahrhunderten über die Kirche und ihre treuesten Kinder ausgegossen worden! Aber die Kirche triumphiert und trotz aller Verleumdungen fährt sie fort, die Welt zu segnen und zu beglücken und ihre Kinder mit dem Worte des Heilands zu ermutigen: „Selig seid ihr, wenn euch die Menschen schmähen und verfolgen und alles Böse mit Unwahrheit wider euch reden um meinetwillen. Freuet euch und frohlocket, denn euer Lohn ist groß im Himmel." (Matth. 5. 11,12.)

4. März.

Der heilige Basinus, Bischof.

† um 698.

Der hl. Basinus stammte aus einer vornehmen Familie des Königreichs Austrasien. Nachdem er auf Wunsch seiner frommen Eltern sich eine vorzügliche wissenschaftliche Bildung angeeignet hatte, verließ er, durch die Stimme Gottes angetrieben, seine Heimat und begab sich nach Trier in das Kloster St. Maximin, wo er von den Mönchen freundlich aufgenommen wurde. Mehrere Jahre wirkte er hier in aller Demut und gewann sich so sehr die Liebe seiner Mitbrüder, daß diese ihn nach dem Tode des Abtes Herwin einstimmig zum Abt wählten, obschon er an Jahren noch einer der jüngeren Mönche war.

Aber die göttliche Vorsehung hatte ihn noch zu Höherem bestimmt. Als nämlich der Trierer Bischof Hildulph (666 bis 671) sein Amt niederlegte und sich in das von ihm gestiftete Kloster Mohenmoutier in den Vogesen zurückzog, wurde Basinus auf den bischöflichen Stuhl von Trier erhoben. Trotz der hohen Würde, zu der er nun emporgestiegen war, und trotz der zahlreichen Arbeiten und der öffentlichen Thätigkeit, welche das bischöfliche Amt erforderte, bewahrte Basinus sich die klösterliche Strenge und Abtötung, die Sorge für die Armen und Kranken, den Geist des Gebetes und des beschaulichen Lebens, wie er es einst als armer Ordensmann geübt und liebgewonnen hatte. So gewann er denn alsbald die Herzen seiner Untergebenen und streute reichen Segen aus in den vielen Jahren, in denen er den Hirtenstab des hl. Eucharius führte. Auch die Großen der Welt achteten und schätzten seinen Einfluß, wie wir daraus ersehen, daß Childebert, der König von Austrasien, auf seinen Wunsch die trierische Kirche mit reichen Schenkungen, die zum Unterhalt der Geistlichen nötig waren, bedachte. Als der hl. Willibrord in die Gegend von Trier kam und in Echternach ein Kloster gründen wollte, fand er bei Basinus bereitwillige Hilfe, und auf dessen Rat schenkte die hl. Irmina, eine Tochter des Königs Dagobert II., dem hl. Willibrord die Ländereien, welche zur Errichtung des dortigen Klosters nötig waren.

Besondere Freude erlebte Basinus an seinem Neffen Ludwinus. Dieser junge Edelmann, der auf das Zureden seiner Verwandten in den Ehestand getreten war, hatte nach dem Tode seiner Gattin der Welt entsagt, mit der Einwilligung seines Oheims Basinus das Kloster Mettlach an der Saar gegründet und lebte daselbst viele Jahre in stiller Zurückgezogenheit.

Nachdem Basinus 27 Jahre lang die Bürde des bischöflichen Amtes getragen hatte, legte er dieselbe aus Sehnsucht nach der Ruhe des klösterlichen Lebens nieder, und nun wurde

Ludwinus an seine Stelle zum Bischof von Trier gewählt. Basinus starb am 4. März um das Jahr 698 und wurde in der Gruft von St. Maximin beigesetzt, wo in der Folgezeit zahlreiche Wunder an seinem Grabe geschahen.

Als um die Mitte des zehnten Jahrhunderts der Abt Ogo an Stelle der alten Maximinkirche eine neue Kirche erbaut hatte, und diese im Jahre 942 durch Erzbischof Ruotbert konsekriert wurde, ward der Körper des hl. Basinus in der Gruft unter dem Hochaltar zur rechten Seite vor den Sarkophagen der hh. Bischöfe Agritius, Maximinus und Nicetius beigesetzt. Hier ruhte er bis 1621, in welchem Jahre wiederum eine neu erbaute Maximinkirche konsekriert wurde. Auf Anordnung des damaligen Erzbischofs Lothar von Metternich (1599—1623) fanden seine Reliquien ihre Stelle im Hauptschiff vor dem Chore auf der linken Seite, während auf der rechten Seite der hl. Weomadus beigesetzt war. Die Reliquien dieser beiden Heiligen waren in zwei Kapseln enthalten, die schachbrettartig mit Silber beschlagen sowie mit roter Seide bedeckt waren, und standen auf zwei Altären aus weißem Sandstein den Blicken der frommen Verehrer stets ausgesetzt. Leider sind dieselben in den Stürmen, welche später über die Maximinkirche hereinbrachen, gänzlich verloren gegangen.

Demut.

> Lernet von mir, denn ich bin sanftmütig und demütig von Herzen.
>
> Matth. 11, 29.

Gerade als ob mit der Tugend der Demut der Besitz jeder anderen Tugend von selbst gegeben wäre, will unser lieber Heiland vor allem in dieser Tugend unser Lehrmeister sein. Darum bemerkt auch ganz treffend der hl. Vincenz von Paul: „Die Demut ist die Tugend Jesu Christi, seiner hl. Mutter und der größten Heiligen; sie begreift in sich alle Tugenden, und wenn sie aufrichtig ist, führt sie dieselben alle ins Herz ein." Wenn hingegen die Demut wankt, dann wird bald, nach den Worten des hl. Bernhard, das ganze Gebäude der Vollkommenheit in Trümmer fallen, denn „die Demut ist das feste und sichere Fundament aller anderen Tugenden." Folge deshalb, mein Christ, dem hl. Abte und Bischof Basinus in der Tugend nach. Diese Tugend, die den Menschen so klein macht in seinen eigenen Augen, hat eine verborgene Hoheit im Angesichte Gottes, denn sie gibt dem Christen eine wunderbare Ähnlichkeit mit seinem göttlichen Lehrmeister, weshalb der hl. Augustin sie auch „die Hoheit der Tugenden" nennt. Die Demut ist ferner die beste Vorbereitung für den reichlichen Empfang der göttlichen Gnade. Bäche und Flüsse ergießen sich in Thäler, auf den Höhen der Berge haben sie keinen Halt; so schüttet auch Gott den Überfluß seiner Gnaden in demütige Herzen aus. Die Demut ist endlich unbedingt notwendig, um ins Himmelreich einzugehen. Hat nicht unser göttlicher Heiland seinen eigenen Aposteln die Demut des Kindes als unerläßliche Bedingung zur Erreichung ihrer ewigen Glückseligkeit ans Herz gelegt? Fürwahr! Der Himmel leidet keinen Hoffärtigen in seinen seligen Räumen, welche uns durch den demütigen Jesus sind erschlossen worden; er wirft sie aus wie Luzifer und seinen Anhang; der Eingang in den Himmel ist nicht bloß eng und schmal, sondern auch niedrig und läßt niemand mit hochgetragenem Haupte eingehen. Darum, mein lieber Christ, demütige dich vor deinem Gott, suche in allen Dingen nicht deine, sondern seine Ehre: vergiß nicht die Worte deines göttlichen Meisters: „Wenn ihr alles gethan habt, was euch befohlen war, so sprechet: Wir sind unnütze Knechte, wir haben nur gethan, was wir schuldig waren." (Luk. 17, 10.)

6. März

Der heilige **Quiriakus**, Priester.

um 530.

Der hl. Quiriakus war aus edlem Geschlechte zu Poitiers in Aquitanien geboren und kam zu Anfang des vierten Jahrhunderts mit Maximinus und Paulinus nach Trier, wohin der Ruf von den hohen Tugenden des hl. Agritius damals so viele gottbegeisterte Männer und Jünglinge führte.

Er wurde von Agritius zum Priester geweiht, und als nach dessen Tode Maximinus zum Bischof von Trier gewählt worden war, stand Quiriakus diesem als bischöflicher Kaplan bei dem Gottesdienste stets zur Seite.

Um seinem Wunsche nach stillem Gebete ungestört und unbeobachtet nachkommen zu können, pflegte er nachts die Kirchen der Stadt und die Grabstätten der Heiligen zu besuchen und dort in frommer Betrachtung zu verweilen. Dies benutzten einige ihm mißgünstig gesinnte Personen, um ihm zu schaden, und sie verklagten ihn bei dem Bischofe, daß er nachts umhergehe, nicht um zu beten, sondern um sich desto freier dem Laster ergeben zu können. Obschon Maximinus den Klägern keinen vollen Glauben schenkte, so entließ er doch Quiriakus aus seinem Dienste und löste das freundschaftliche Verhältnis, in welchem er bisher zu ihm gestanden hatte. Aber ein Engel teilte nach kurzer Zeit dem Bischofe mit, daß dem Priester Quiriakus Unrecht geschehen sei, und als auch die Ankläger eingestanden, daß sie den Heiligen nicht aus Eifer für Gott, sondern aus Mißgunst angeklagt hätten, erneuerten Maximinus und Quiriakus die frühere Freundschaft und blieben noch herzlicher als bisher vereint im Dienste Gottes.

Quiriakus starb am 6. März und ward in der Kirche zum hl. Johannes (der späteren St. Maximinkirche) bei Trier begraben. Gleichwie sein Leben durch Heiligkeit ausgezeichnet war, so wurde auch bald sein Grab von zahlreichen Wundern verherrlicht. Kranke aller Art besuchten dasselbe in solcher Zahl, daß die Kirchenthüren Tag und Nacht aufstehen mußten; Lahme und Preßhafte brachte man auf Wagen und Tragbahren herbei, und besonders wurden kranke Kinder auf den Armen ihrer Mütter dorthin getragen, damit sie durch die Fürbitte des Heiligen Genesung erlangen möchten. Da sich die Zahl der Wallfahrer und Hülfesuchenden stets vermehrte, wurden die Mönche des Klosters durch das Geräusch der Kirchenbesucher, das Schreien der Kinder, den Transport der Kranken sehr in ihrer heiligen Stille und in ihrem Gottesdienste gestört. Als im Jahre 768 Kunibert, der Enkel des Königs Pippin, am Grabe des hl. Maximinus Heilung fand, schenkte Pippin aus Dankbarkeit dem Kloster Maximin die beiden Ortschaften Remich und Taben a. d. Saar. Als man nun in Taben eine klösterliche Niederlassung gründete, übertrug man dorthin einen Teil der Gebeine des hl. Quiriakus nebst seinem Gewande und, wie am 20. August in der Lebensgeschichte des hl. Auctor erzählt wird, auch des letzteren Gebeine. So wurde ein Teil der Wallfahrt nach Taben abgelenkt und zugleich die neue Niederlassung unter den Schutz der beiden Heiligen gestellt. Dies geschah am 20. September des Jahres 769.

Die Wallfahrten nach St. Maximin bei Trier hörten freilich nicht auf. Einmal hatte das Volk ein unerschütterliches Vertrauen zu der heiligen Stätte, wo ihm so oft geholfen worden, und sodann hatte man auch in dem bisherigen steinernen Sarkophag des Heiligen einige seiner Reliquien zu St. Maximin zurückbehalten; dieser Sarkophag stand auf der rechten Seite des Chores neben dem Martinus-Altare. Bei der Zerstörung der Kirche durch die Franzosen im Jahre 1674 übertrugen die Mönche diese Reliquien in die Stadt; später wurden sie in die von Abt Alexander Henn neuerbaute Kirche (1684) zurückgebracht, sind aber jetzt spurlos verschwunden.

Taben an der Saar kam durch die Übertragung der Reliquien des hl. Quiriakus bald zu hohem Ansehen. Der Heilige setzte nämlich auch dort seine Wunderthätigkeit fort, und Scharen von Wallfahrern zogen zu seinem Grabe; besonders brachte man kranke Kinder dorthin, weil diese in unzähligen Fällen durch seine Fürbitte geheilt wurden. Die Reliquien ruhten in einer hölzernen Kiste eingeschlossen in einem prächtigen Marmorsarkophage, der hinter dem Hochaltar aufgestellt war. Um das Jahr 1720 wurde der Hochaltar niedergelegt und ein neuer über dem Marmorsarkophage aufgeführt. Die Reliquien fanden nun unter dem Tabernakel an der Rückseite des Altares ihren Aufbewahrungsort. Beim Ausbruch der französischen Revolution stellte man sie an ihren alten Standort in den Marmorsarkophag und vermauerte denselben. Im Jahre 1833 wurden sie von dem damaligen Pfarrer aufgefunden und in einem neuen wenig entsprechenden Behälter an der Seite des Schiffes geborgen.

Im Jahre 1890 am 20. Juni hat man sie nebst den Gebeinen des hl. Auctor im Beisein des hochwürdigsten Herrn Bischofs Michael Felix von Trier in kunstvolle Holzschreine eingeschlossen und in den alten, ehrwürdigen Marmorsarkophag zurückgestellt. Über demselben erhebt sich nun, Dank der Opferwilligkeit der Pfarreingesessenen, auf vier Marmorsäulen der neue, reichgezierte Hochaltar, sodaß um die gemeinsame Ruhestätte beider Heiligen eine würdige genannt werden kann und die Gläubigen zur Verehrung einladet. Alljährlich bei Gelegenheit des Kirchweihfestes werden die Reliquien und das hl. Gewand zur öffentlichen Verehrung ausgestellt, eine Feier, die gewiß für die Pfarrei und die ganze Umgegend zum Segen sein wird.

Liebe zu den Kindern.

Laſſet die Kindlein zu mir kommen und wehret ihnen nicht.   Matth. 19, 14.

Der hl. Quiriakus, der von dem gläubigen Volke besonders als Beschützer der Kinder verehrt wird, mag in seinem Leben ein

rechter Kinderfreund gewesen sein. Das hatte er sicherlich vom
Heilande gelernt, der für Kinder zumal nichts als Liebe und Güte
kannte. Wahrhaft ergreifend ist die schöne Scene, die uns der
hl. Evangelist Matthäus davon berichtet. Einst hatte nämlich,
so erzählt er, der göttliche Heiland, wie er es gewohnt war, den
ganzen Tag für das Heil der Menschen sich angestrengt, gebetet,
gepredigt, gearbeitet. Er war müde und matt und bedurfte
der Ruhe. Da kamen noch einige fromme Frauen und brachten
ihre Kinder, damit Jesus ihnen die Hände auflege, sie segne
und über sie bete. Die Jünger Jesu hatten es nicht gerne,
daß ihr Meister gar keine Ruhe haben sollte, und wollten die
Kinder wie die Mütter nicht zu ihm lassen. Als aber Jesus
dies hörte, sprach er mit unbeschreiblicher Milde und Liebe:
„Lasset die Kindlein zu mir kommen und wehret ihnen nicht;
denn ihrer ist das Himmelreich!" Und er schloß dann die Kinder
in seine Arme und segnete sie. Ein schönes Beispiel hat er
damit seinen Aposteln und all' seinen Priestern gegeben, ein
Beispiel, welches bis auf den heutigen Tag seine ermutigende
Kraft behalten hat. Wahrlich, wenn der Priester noch so sehr
niedergebeugt ist von den tausend Mühen und Sorgen seines
Amtes, und er kommt dann in seine Schule, wo ihm die un-
schuldigen Kinderaugen entgegenleuchten, dann fühlt er sich wieder
mutig und froh, und er vergißt vor ihnen alles Gezänke und
allen Kummer der Welt. In eben seiner Schule gilt noch das
Wort des Heilands: „Selig sind, die ein reines Herz
haben, denn sie werden Gott anschauen." (Matth. 5, 8.)

5. März.
Der heilige Theodulph, Einsiedler.
um 500.

Der heilige Theodulph war der überlieferung gemäß
der Neffe eines römischen Kaisers. Seine Eltern lebten in

Britannien (England), und Theodulph wurde schon als Knabe auf Geheiß seines kaiserlichen Oheims mit der Tochter des Königs von Britannien verlobt. Als er jedoch zum Jünglings-alter herangewachsen war, wollte er die ihm Verlobte nicht zur Gattin nehmen, denn ihm schien es besser, aus Liebe zu Gott auf alle irdische Liebe zu verzichten. Der König war über diesen Entschluß so erzürnt, daß er Theodulph verstieß und aus dem Lande verbannte.

Theodulph floh nach Gallien, etwa zur Zeit als Chlodwig (481—511) König der Franken war, und kam auf seinen Wanderungen schließlich nach Trier. Hier fand er in den Ruinen des römischen Kaiserpalastes, von dem noch jetzt umfangreiches Mauerwerk an der Südostseite von Trier zu sehen ist, eine willkommene Stätte, um fern von dem Geräusch der Welt ein frommes Einsiedlerleben zu führen. Gebet und Buß-übungen waren sein Tagewerk, als Bett hatte er eine Stein-platte, und auch sein Kopfkissen war ein Stein. Leider ist von seinem Leben uns nichts weiter überliefert worden, doch hielten ihn seine Zeitgenossen jedenfalls für einen Heiligen, wie wir aus der Inschrift seines im 13. Jahrhundert wiederaufgefundenen Grabes ersehen.

Als nämlich im Jahre 1240 die Bürger von Trier den größten Teil des römischen Kaiserpalastes niederlegten, damit er nicht im Kriege von den Feinden besetzt und als Festung benutzt werde, fanden sie an der Nordseite ein kleines, zur Kapelle eingerichtetes Gemach, in welchem ein Altar vom schönsten weißen Marmor stand. Neben diesem Altare befand sich ein Grabmal mit der lateinischen Inschrift: „Heiliger Theodulph, wir bitten, erbarme dich unser!" Als die Einwohner von allen Seiten zusammenströmten, kamen auch die Mönche des Dominikanerordens dorthin, und der Dominikaner Tho-mas Cantipratanus erzählt in einem seiner gelehrten Werke, er sei damals gerade in Trier gewesen und habe selbst gesehen, wie man nach Entfernung des Grabsteins den unverwesten Leib des hl. Theodulph gefunden habe. Mit Bewilligung des Trierer Erzbischofs Theoborich II. (1212—1242) wurden diese Reliquien dann am 15. März 1240 in die Dominikanerkirche zu Trier übertragen; nur die rechte Hand wurde vom Körper abgelöst und dem Dominikanerkloster zu Löwen in Belgien geschenkt. Viele wunderbare Heilungen und Gebetserhörungen trugen dazu bei, die Verehrung des hl. Theodulph beim christlichen Volke schnell zu verbreiten.

Die Dominikanerkirche zu Trier und das zugehörige Kloster lagen an der Stelle, wo heute das Justiz-Arresthaus hinter dem Dom ist. Das Gefängnis besteht noch jetzt aus den ehemaligen Klostergebäuden, aus denen die Mönche zu Anfang unseres Jahrhunderts vertrieben worden sind. Die Kirche wurde im Jahre 1812 niedergerissen. Bereits im Jahre 1802 hatte man aus ihr die zum Gottesdienst gehörigen Geräte entfernt und den Körper des hl. Theodulph in die Pfarrkirche St. Laurentius übertragen. Auch von dieser Kirche ist heute nichts mehr vorhanden; sie stand in der Nähe der jetzigen sog. Basilika am Palastplatz und wurde im Jahre 1803 niedergelegt. Die Pfarrei von St. Laurentius erhielt nun die Liebfrauenkirche neben dem Dom zur Pfarrkirche, und dorthin wurden auch die Reliquien des hl. Theodulph gebracht. Hier ruhen sie noch heute unter dem Altare, welcher im rechten Seitenschiff in der Nähe des Bildes des hl. Sebastian von Guido Reni steht. Der hl. Leib ist noch unverwest, wenn auch ganz eingetrocknet, und kann nach Entfernung der vorderen Altarbekleidung gesehen werden. So hat denn der jungfräuliche heilige Theodulph eine Ruhestätte gefunden, wie wenig andere Heilige eine schönere besitzen: in dem Tempel der jungfräulichen Gottesmutter, in jener herrlichen hochragenden Muttergotteskirche, die aus der Blütezeit der gotischen Baukunst als kostbares Erbteil uns überkommen ist und die in deutschen Landen an Schönheit nicht ihresgleichen hat.

Die heilige Reinigkeit.

O wie schön ist ein keusches Geschlecht im Tugendglanze unsterblich ist sein Andenken.   Weish. 4, 1.

Der hl. Theodulph verzichtete auf ein Leben fürstlichen Glanzes und königlicher Ehren, um die kostbare Tugend der Jungfräulichkeit, der Keuschheit zu bewahren und ganz mit Leib und Seele sich Gott dem Herrn zu weihen. Er wußte wohl, daß ein keusches Herz einen inneren Adel und einen Reichtum besitzt, mit dem kein irdischer Adel, kein vergänglicher Reichtum zu vergleichen ist. Denn worin besteht der wahre Adel des Menschen? Darin, daß unsere Seele ein Geist ist, ein Ebenbild Gottes, des ewigen Geistes. Durch nichts aber wird diese Würde unserer Seele herrlicher und erhabener gewahrt als durch die Tugend der Keuschheit. Während die Sünde der Unreinigkeit den Geist herabwürdigt zum Sklaven des Fleisches und den Menschen zum Tiere erniedrigt, erhebt ihn die Tugend der Keuschheit weit über alles, was irdisch und sinnlich ist, und stellt ihn in die Reihen der Engel, die den Thron Gottes umgeben. Daher die wunderbare Schönheit der keuschen Seele, weil sie das Bild Gottes so rein und klar wiederstrahlt. Daher auch der Reichtum der keuschen Seele. Denn sie ist ein Heiligtum, ein Tempel Gottes, den Gott wunderbar ziert mit seinen Geschenken und Gaben. Wer keusch ist, dessen Seele besitzt auch einen Schatz anderer Tugenden: sein Denken und Handeln ist wahr, edel und rein, sein Sinnen und Trachten ist nur auf Gott gerichtet, dem sein Herz geweiht ist. O glücklich der, dessen Herz noch geziert ist mit der Unschuld und Reinheit der Kinderjahre! er besitzt ein Kleinod, das er nicht ängstlich genug bewahren kann. Wer aber diesen Schatz verloren hat, der beweine ihn und suche mit den Thränen der Reue den verwüsteten Tempel Gottes in seinem Innern wiederherzustellen. Schon auf Erden wird das Leben des Keuschen ein Wandeln im Lichte Gottes genannt, im Himmel aber werden die reinen Seelen in ganz besonderer Nähe Gottes weilen, sie werden „dem Lamme

folgen, wohin es immer geht", und sie werden einer ganz be
sonderen Anschauung Gottes teilhaftig werden: „Selig sind,
die ein reines Herz haben, denn sie werden Gott
anschauen." (Matth. 5. 8.)

17. März.

Die heilige Gertrud, Äbtissin.
† 659.

Die heilige Gertrud stammte aus einer frommen fürst
lichen Familie. Ihr Vater, Pippin von Landen, war Haus
meier des Königs von Austrasien, und ihre Mutter Idnberga
oder Itta war eine Schwester des hl. Bischofs Modoaldus
von Trier. Schon in früher Jugend hatte Gertrud den Ent
schluß gefaßt, stets in gottgeweihter Jungfräulichkeit zu leben.
Als daher einst der König Dagobert und der Sohn des
Herzogs von Austrasien von ihrem Vater zu Tisch gebeten waren,
und der König für den jungen Herzog um Getrudens Hand
anhielt, gab diese, obschon sie erst zwölf Jahre zählte, die ent
schlossene Antwort: „Weder diesen, noch irgend einen anderen
Bräutigam will ich haben außer Christus!" Der König und
die Tischgenossen waren sehr erstaunt über diese freimütige
Antwort, sahen aber bald ein, daß jeder Versuch, den geäußerten
Entschluß abzuändern, erfolglos sei.

Nach dem Tode ihres Gemahls gründete Idnberga auf
Rat des hl. Amandus das Kloster Nivelles bei Brüssel,
zog sich dorthin mit ihrer Tochter Gertrud zurück und legte
mit ihr das Ordenskleid an. Als Gertrud zwanzig Jahre alt
war, wurde sie wegen ihrer hervorragenden Tugend und Tüchtig
keit zur Äbtissin des Klosters ernannt. Besondere Sorgfalt
verwendete sie auf die äußere Pracht des Gottesdienstes.
Die heiligen Gefäße wurden aus edelstem Metall beschafft, die

kirchlichen Gewänder waren aus kostbaren Stoffen und mit
kunstvollen Stickereien geschmückt, und im ganzen Gotteshause
herrschte eine solche Ordnung und Reinlichkeit, daß jeder Ein
tretende alsbald die Ehrfurcht erkannte, welche die Klostergemeinde
gegen Gott und sein heiliges Haus hegte. Ihren Reichtum
benutzte Gertrud sodann dazu, um auch an anderen Orten
Klöster, Kirchen und Hospitäler zu errichten. Bei dem Kloster
zu Nivelles bestand ein altes Pilgerhaus, und hier wurde
unter ihrer Leitung täglich den Armen und Reisenden Nahrung
gereicht und Pflege gespendet. Besondere Fürsorge wendete sie
den alten und kranken Schwestern ihres Klosters zu,
weil sie in ihnen nicht eine Last für das Kloster erblickte, son
dern glaubte, daß durch deren liebevolle Pflege und durch die
freudige Ertragung der damit verbundenen Schwierigkeiten der
Segen Gottes auf das ganze Haus herabgezogen werde.
Je milder und liebevoller sie aber gegen andere war, desto
größere Strenge übte sie gegen sich selbst, indem sie durch Buß
übungen und strenges Fasten die letzte Anhänglichkeit an die
Welt aus ihrem Herzen zu entfernen suchte.

Die Kraft zu all' diesen guten Werken schöpfte sie aus
dem betrachtenden Gebet und aus der Lesung frommer Bücher.
Nach dem Berichte eines Zeitgenossen hatte sie fast die ganze
hl. Schrift ihrem Gedächtnisse eingeprägt und konnte, vom hl.
Geiste erleuchtet, die dunkelsten Stellen derselben erklären. Durch
eigene Boten ließ sie aus Rom heilige Bücher kommen und rief
aus weiter Ferne gelehrte Männer herbei, welche ihr und den
Ihrigen die Psalmen erklärten und Anleitung zu frommer Be
trachtung gaben.

Nach dem Tode ihrer Mutter Jduberga, die ihr bisher
hülfreich zur Seite gestanden, lag die ganze Last der Leitung
des Klosters auf den Schultern der jungen Äbtissin Gertrud.
Da sie aber unermüdlich in der Arbeit war und ihre Kräfte
infolge des strengen Fastens und der Nachtwachen zusehends ab
nahmen, so gab sie nach einigen Jahren ihr Amt als Äbtissin

an ihre Nichte Wilsetrud ab und verwendete nun ihre ganze Sorge darauf, sich auf den Tod vorzubereiten. So starb sie in froher Erwartung ihres himmlischen Bräutigams am 17. März 659 im jugendlichen Alter von 33 Jahren. In ihrer Todesstunde erschien sie der zu Trier lebenden frommen Nonne Modesta, mit der sie seit langer Zeit befreundet war, und kündigte dieser an, daß sie nun zur ewigen Ruhe eingegangen sei.

Die hl. Gertrud wurde in ihrem Kloster zu Nivelles bestattet, wo später ihr zu Ehren eine prächtige Basilika erbaut wurde, und wo zahlreiche Wunder an ihrem Grabe geschahen.

Schmuck des Gotteshauses.

Herr, ich liebe deines Hauses Zier und den Ort der Wohnung deiner Herrlichkeit.
Ps. 25, 8.

Die liebevolle Sorgfalt für die Schönheit des Gotteshauses, welche an der hl. Gertrud so sehr gelobt wird, ist bis auf den heutigen Tag der Ruhm und Stolz unserer Frauenklöster geblieben. Wer je einen Blick in die Sakristeischränke eines solchen Klosters gethan oder den Schmuck des Altares betrachtet hat, der mag seine stille Freude gehabt haben an der Ordnung, Reinlichkeit und Schönheit, mit der hier für den Heiland im Tabernakel gesorgt wird. Leider ist es in vielen anderen Kirchen nicht so, und mit Trauer und Wehmut sieht man zuweilen, daß auch der verklärte Heiland dort noch der Ärmste der Armen ist. Wie schadhaft sind oft die heiligen Gewänder, wie abgenutzt die leinenen Altartücher, wie gering und nicht einmal stets blendend weiß das Korporale, dieses ehrwürdige Tuch, auf welchem die hl. Hostie liegt, und der Kelch mit dem hl. Blute steht! Hier könnten besonders die christlichen Frauen und Jungfrauen viel Gutes thun. Der Geistliche hat oft soviel andere Sorgen und Arbeiten, daß er allein wenig erreichen kann. Bieten sich ihm aber willige Hände an, so läßt sich viel erreichen. Große Geldmittel und besondere Kunstfertigkeit sind

gar nicht nötig, die Liebe zur Sache und der Wunsch, dem
Heiland sein Haus zu schmücken, sind die Hauptbedingung.
Wieviele Ausgaben werden in begüterten Familien für den
Schmuck der Wohnung und für die Kleidung gemacht! Könnte
man nicht auch einer armen Kirche in ähnlicher Weise gedenken?
Besonders wenn sich in einem Orte mehrere Frauen oder Jung=
frauen zusammenthun und gemeinschaftlich arbeiten, können sie
in einigen Jahren eine ganze Sakristei geradezu erneuern. Mit
dem Leinenzeug mögen sie anfangen und dann allmählich sich
der Meßgewänder annehmen. Die Buntstickerei auf Seide ist
nicht etwa das Vorrecht einzelner Künstlerinnen, sie läßt sich bei
einigem Geschick und gutem Willen bald erlernen. Bei der An=
fertigung dieser Dinge gehe man indes nicht eigenmächtig vor,
sondern richte sich nach dem Rate des Priesters; einmal damit
die kirchlichen Vorschriften bezüglich Form, Farbe und Stoff
gewahrt bleiben, sodann aber, damit man gute, kunstgerechte
Zeichnungen erhält. Nach veralteten geschmacklosen Mustern soll
nicht gearbeitet werden, denn wir haben an neuen künstlerisch
ausgeführten Entwürfen keinen Mangel. Welche Freude muß
es für fromme Frauen sein, wenn sie sehen, daß nach und nach
durch ihrer Hände Fleiß ihre Kirche geschmückt und der Gottes=
dienst verschönert wird! Gewiß gilt auch ihnen das Wort, mit
dem der Heiland Magdalena lobte, als sie ihm mit kostbarem
Nardenöl die Füße gesalbt: „Sie hat ein gutes Werk an
mir gethan." (Matth. 26, 10.)

26. März.

Der heilige Felix, Bischof.
† um 400.

Gegen Ende des vierten Jahrhunderts herrschten in Trier
traurige Verhältnisse. Es befand sich dort die Residenz des

römischen Kaisers Maximus, und an seinem Hofe sammelte sich eine Anzahl ausländischer Bischöfe, die durch ihren Eigenwillen, ihren Stolz und ihre Anmaßung verleitet wurden, lieber dem römischen Kaiser sich zu fügen, als ihren kirchlichen Vorgesetzten. An der Spitze dieser Hofbischöfe stand Ithacius aus Spanien, der von dort herübergekommen war, um in mißverstandenem Eifer die Macht des weltlichen Armes gegen die spanische Sekte der Priscillianisten anzurufen. Es war dies deshalb gänzlich ungehörig, weil die katholische Kirche auf der Synode zu Saragossa (380) die Irrlehre der Priscillianisten zwar verurteilt hatte, aber dennoch nicht wollte, daß nun mit äußerer Gewalt gegen die Irrlehrer vorgegangen werde. Trotzdem überredete Ithacius den Kaiser, daß dieser sich in die Sache mischte. Auf Befehl des Kaisers wurden die Ketzer nach Trier gebracht, und obschon der hl. Martinus, Bischof von Tours, dem Kaiser entschieden entgegentrat, ließ dieser acht derselben enthaupten.

Martinus wollte nun jede Gemeinschaft mit den Ithacianischen Hofbischöfen aufgeben, aber um weiteres Blutvergießen zu verhüten, ließ er sich dazu bewegen, wenigstens noch der Weihe des Bischofs Felix, den die Ithacianer nach dem Tode des Bischofes Brito für den bischöflichen Stuhl von Trier bestimmt hatten, beizuwohnen.

Nachdem Martinus notgedrungen seine Einwilligung gegeben hatte, ward am folgenden Tage Felix zum Bischof geweiht (386). Felix war ein ausgezeichneter, gottseliger Mann, der nach dem Urteil des gleichzeitigen Schriftstellers Sulpitius Severus „verdient hätte, zu einer besseren Zeit Bischof zu werden". Er trug schwer unter der Last der Verhältnisse; denn die rechtgläubigen katholischen Bischöfe hielten sich von ihm zurück, und selbst der hl. Martinus hatte am Tage nach der Weihe traurig und in seinem Gewissen beunruhigt Trier verlassen. Auch der hl. Ambrosius, der große Erzbischof von Mailand, der im Jahre 387 nach Trier kam, um mit dem Kaiser zu unterhandeln, beachtete den Bischof Felix nicht und besuchte nicht dessen Kirche. Desgleichen verweigerte das Konzil von Turin (398) ihm die kirchliche Gemeinschaft.

Felix suchte den Fehler, der bei seiner Weihe gemacht worden war, durch unermüdlichen Eifer und ein heiligmäßiges Leben gut zu machen, und mehrere Wunder, die er an Kranken wirkte, gaben Zeugnis, daß er in inniger Vereinigung mit Gott lebte. Das Volk war ihm mit großer Liebe zugethan, und man gewährte ihm gern die Bitte, daß auf Kosten der Provinz der Körper des hl. Paulinus aus Phrygien in Kleinasien nach Trier übertragen wurde. Aus Ehrfurcht gegen diesen heiligen Bischof, der in der Verbannung gestorben war, hatte Felix eine große Basilika zu Ehren der allerseligsten Jungfrau (an der Stelle der heutigen Paulinskirche) gebaut, und nachdem die Reliquien des hl. Paulinus in Trier angelangt waren, bestattete er sie feierlich in der Gruft unter dem Hochaltare. Auch die Gebeine der vor hundert Jahren gestorbenen trierischen Martyrer, die zum großen Teile auf dem Marsfelde ruhten, und deren Andenken dem trierischen Volke teuer und unvergeßlich war, übertrug er in diese Gruft.

Aber die Unruhen der Ithacianer hatten noch immer nicht ihr Ende gefunden, und da Felix nicht wollte, daß seinetwegen die Kirche Galliens gespalten sei, so legte er nach zwölfjähriger segensreicher Thätigkeit den bischöflichen Hirtenstab nieder und bestimmte den Mauritius zu seinem Nachfolger. Er selbst zog sich dann in das von ihm gegründete Paulinus-Kloster, welches bei der ebengenannten Kirche lag, zurück und lebte dort noch einige Jahre, indem er fern von dem Geräusch und dem Streit der Welt in Bußübungen und frommer Betrachtung sich auf den Tod vorbereitete. Er starb am 25. März um das Jahr 400 und ward in der von ihm erbauten Kirche beigesetzt und seit alters her als Heiliger verehrt. Seine alte Ruhestätte ist jetzt freilich zerstört, aber sein Haupt und seine Gebeine werden noch heute in der Paulinskirche aufbewahrt.

Zartes Gewissen.

Wer im geringsten treu ist, der ist auch treu im größern, und wer im kleinen ungerecht ist, ist auch ungerecht im größern. Luk. 16, 10.

Sicherlich hatte der eifrige Bischof Felix durch sein unermüdliches Wirken für Gott längst den Fehler gut gemacht, der bei seiner Weihe geschehen war; aber sein Gewissen kam dennoch nicht zur Ruhe, bis er durch Niederlegung des bischöflichen Amtes sich von allen Vorwürfen befreit hatte. Er besaß, wie man sieht, ein zartes Gewissen, jenes große Gut, mit welchem alle Heiligen begnadigt waren. Während nämlich das tote Gewissen die schwersten Sünden für nichts achtet, oder das laue Gewissen zwar die schweren Sünden meidet, aber die läßliche Sünde für etwas Geringes hält, sucht das zarte Gewissen auch die kleinste Sünde und Unvollkommenheit ängstlich zu meiden. Seelen dieser letzteren Art sind durchdrungen von der Erkenntnis, daß auch in der läßlichen Sünde eine solche Beleidigung Gottes liegt, daß zu ihrer Verhütung keine Mühe zu groß und kein Opfer zu schwer sein kann. Sie ergehen sich nach dem Beispiel der Heiligen nicht in Untersuchungen, was läßliche Sünde und was schwere sei, sondern mit aller Kraft ihres Willens suchen sie zu entfernen und zu meiden, was sie überhaupt als Gott mißfällig erkannten. Wohl finden auch sie allabendlich bei ihrer Gewissenserforschung, daß sie Fehler genug zu beklagen und zu bereuen haben, aber eine frohe Gewißheit, daß Gott ihnen nahe sei, weil sie selbst ihm immer näher kommen wollen, läßt sie stets freudig und mutig einen neuen Tag beginnen, bis der „Tag ohne Ende“ im Himmel ihnen beschieden ist. Für sie ist Gottes Gebot kein Gesetz der Furcht, sondern ein Gesetz der Liebe, und je genauer sie es befolgen, desto mehr verstehen sie das Heilandswort: „Mein Joch ist süß, und meine Bürde ist leicht.“ (Matth. 11, 30.)

19. April.

Der heilige Leo IX., Papst.

† 1054.

Der hl. Leo war aus dem im Elsaß sehr begüterten deutschen Geschlechte der Grafen von Dagsburg im Jahre 1002 geboren und erhielt in der Taufe den Namen Bruno. Zum Jüngling herangewachsen, erwählte er den geistlichen Stand, und kaum 24 Jahre alt, wurde er im Jahre 1026 von der Geistlichkeit und dem Volke zum Bischof von Toul erwählt. Als solcher zeichnete er sich durch Reinheit der Sitten und großen Seeleneifer so sehr aus, daß es ihm gelang, die vernachlässigte Kirchenzucht wieder herzustellen und das Bistum Toul zu neuer Blüte zu bringen. Auch beförderte er die Würde des Gottesdienstes und die Ausbildung des Kirchengesanges, da er Meister in der Musik war und selbst mehrere Musikstücke für die Feste der Heiligen verfaßte.

Nachdem er 22 Jahre lang sein Bistum vortrefflich verwaltet hatte, berief ihn Gott zu einem weit höheren Amte. Papst Damasus II. war nämlich im Jahre 1048 plötzlich gestorben, und die Römer baten durch eine Gesandtschaft den deutschen Kaiser Friedrich III., daß er die Wiederbesetzung des römischen Stuhles bewirken möge. Der Kaiser versammelte die deutschen Bischöfe auf dem Reichstage zu Worms, und diese wählten einstimmig Bruno zum Papste. Bestürzt und unter Thränen bat der fromme Bischof, daß man die Wahl rückgängig mache, und um seine Unwürdigkeit zu zeigen, legte er eine öffentliche Beichte vor dem ganzen Reichstage ab. Aber gerade dies bestärkte die Bischöfe in der Überzeugung, daß sie eine gute Wahl getroffen hätten, und so erklärte denn endlich Bruno auf ihr unablässiges Drängen sich zur Übernahme des hohen Amtes bereit, jedoch unter der Bedingung, daß auch der Klerus und das Volk von Rom ihn wählen würden.

Als Pilger im Bußkleide trat er mit dem Bischof Eberhard von Trier (1047—1066) und mit dem Mönche Hildebrand von Clugny, dem nachmaligen großen Papste Gregor VII., die Reise nach Rom an, wurde dort mit lautem Jubel begrüßt und am 2. Februar 1049 als Leo IX. feierlich auf den päpstlichen Stuhl erhoben.

In vollkommenster Weise entsprach Leo den Hoffnungen, die man auf ihn gesetzt hatte. Zunächst begann er einen ernsten Kampf gegen die Übel, die damals in der Kirche herrschten, gegen die Simonie, d. i. die Erwerbung geistlicher Ämter für Geld, gegen die Entheiligung der Ehe, sodann gegen die Erpressungen des mächtigen Adels und die blutigen Fehden, durch welche die Völker beständig in Unruhe und Aufregung gehalten waren. Aber er begnügte sich nicht damit, von Rom aus die nötigen Bestimmungen zu treffen, sondern er reiste selbst durch ganz Italien und zog auch dreimal über die Alpen, um persönlich die Sache der Kirche zu vertreten. In Teutschland und Frankreich hielt er mehrere Kirchenversammlungen, so besonders zu Reims, wo er 66, und zu Mainz, wo er 40 Bischöfe um sich versammelte. Der Bischof Eberhard von Trier war auf diesen Reisen sein beständiger Begleiter, und mit ihm kam Leo im Jahre 1049 auch nach Trier. Noch nie hatte Trier einen Papst in seinen Mauern beherbergt, und der Jubel des Volkes, das aus der ganzen Gegend zusammenströmte, um den Statthalter Christi zu sehen und sich von ihm segnen zu lassen, war deshalb leicht erklärlich. Am 7. September weihte der Papst unter großen Feierlichkeiten die wieder aufgebaute Paulinskirche ein und konsekrierte auch einen Altar in der Simeonskirche. Das Andenken an jenen Besuch hat sich bis auf den heutigen Tag in dem Namen eines Vorortes von Trier erhalten; man hatte nämlich für den Einzug des Papstes eine Brücke über den Bach zwischen der Stadt und St. Mathias schlagen lassen, welche danach Löwenbrücke (denn

Leo heißt zu deutsch Löwe) genannt wurde, und davon heißt der Vorort noch heute Löwenbrücken.

Nach Rom zurückgekehrt, berief Leo ein Konzil gegen den Irrlehrer Berengar, der die Gegenwart Christi im allerheiligsten Altarssakramente leugnete. Ferner schickte er wiederholt eine Gesandtschaft an den oströmischen Kaiser nach Konstantinopel, um das griechische Schisma zu beendigen, welches der Patriarch Michael von Konstantinopel durch seine Auflehnung gegen den römischen Stuhl veranlaßt hatte.

Um diese Zeit brachen die Normannen mit Feuer und Schwert in Italien ein, und der Papst, der ihnen mit einem kleinen Heere entgegengezogen war, fiel selbst in ihre Hände. Nachdem er neun Monate fern von Rom in der Gefangenschaft zugebracht hatte, fühlte er sein Lebensende herannahen, und die sonst so rohen Barbaren, waren von seinem Wunsche, nach Rom zurückzukehren, so gerührt, daß sie ihn in einer Sänfte dorthin trugen. Er ließ sich in die Peterskirche bringen, erteilte dem Volke und der Geistlichkeit die rührendsten Ermahnungen und betete für Freunde und Feinde. Wenige Tage später entschlief er zur ewigen Ruhe am 19. April 1054. Er ward in der Peterskirche bestattet, und da Gott sein Grab durch viele Wunder verherrlichte, bald nach seinem Tode unter die Zahl der Heiligen versetzt.

Das Papsttum.

Du bist Petrus, und auf diesen Felsen will ich meine Kirche bauen, und die Pforten der Hölle werden sie nicht überwältigen.
Matth. 16, 18.

Den heiligen Leo erblicken wir auf dem erhabensten und ehrwürdigsten Stuhle der Welt, auf dem Stuhle des Apostelfürsten Petrus, dem der göttliche Stifter der Kirche selber die Schlüssel des Himmelreiches für sich und seine Nachfolger in die Hand gedrückt hat. Der hl. Vater in Rom ist der sichtbare Stellvertreter des eingeborenen Sohnes Gottes auf Erden, ihm

ist die oberste Hirten= und Lehrgewalt über die ganze hl. Kirche
übertragen, ihm insbesondere die Gabe der Unfehlbarkeit ver=
liehen, damit er, ohne in Glaubens= und Sittenlehren irren zu
können, die Herde Jesu Christi nähre mit dem Worte des
ewigen Lebens. Wunderbar groß ist demnach die Gewalt des
Papstes: diese Gewalt ist unabhängig von jeder anderen
Gewalt auf Gottes weiter Erde; diese Gewalt wird nicht
eingeengt durch die Grenzen eines Landes, sie erstreckt sich
über die ganze Welt und reicht noch hinüber in die Ewigkeit:
diese Gewalt ist endlich nicht gebunden an irgend eine Zeit;
Jahrhunderte vermögen sie nicht zu vermindern, sie trägt den
Stempel der Ewigkeit. Mit welcher Ehrfurcht, Liebe und An=
hänglichkeit müssen wir, Kinder der Kirche, darum zu unserem
gemeinsamen Vater aufblicken; mit welcher Freudigkeit seine Vater=
stimme hören und mit welch' kindlicher Bereitwilligkeit ihr folgen!
Ihm, als dem obersten Lehrer, verdankt der Katholik ja
den unverfälschten christlichen Glauben; ihm, als dem obersten
Priester, die Bewahrung der göttlichen Heilsmittel; ihm, als
dem obersten Hirten, die Erhaltung und Pflege christlicher
Sitten und Tugenden. Rufen wir darum mit dem hl. Hieronymus
aus: „Ich gehöre dem an, der auf dem Stuhle des
hl. Petrus sitzt."

20. April.

Der heilige Wernerus, Martyrer.

† 1287.

Der hl. Wernerus war aus dem Dorfe Womrath
bei Kirchberg (Pfarrei Dickenschied) gebürtig. Er war armer
Leute Kind, aber seine Seele war reich geschmückt durch kind=
liche Frömmigkeit, engelgleiche Reinheit und eine solche Liebe
zu den Armen, daß er sein tägliches Brot, welches er schon

in früher Jugend durch harte Arbeit verdienen mußte, mit denen teilte, die noch ärmer waren als er selbst. So gewann der Knabe sich die Herzen aller, ausgenommen das seines Stief-vaters, welcher ihn auf alle Weise zu kränken und zu strafen suchte. Als er einst vor einer ungerechten Mißhandlung geflohen war und lange Zeit hungernd über die Felder irrte, boten ihm mitleidige Hirten ein Stück Brot an. Da aber weit und breit kein Wasser zu finden war, und die Hirten in der glühenden Sommerhitze sehr vom Durste geplagt wurden, stieß Wernerus unter Anrufung Gottes mit seinem Stocke auf den Boden, und es entsprang eine Quelle, die bis auf den heutigen Tag fließt und den Namen Wernerusquelle behalten hat.

Auf seiner weiteren Wanderung kam der Knabe nach Oberwesel, wo er aus Not bei Juden einen Dienst annahm und schwere Arbeit verrichten mußte. Als er einst am Grün-donnerstag aus der Kirche, wo er die hl. Kommunion empfangen hatte, zurückkehrte, lockten ihn die Juden in einen abgelegenen Raum, wo sie ihn mit dem Kopfe nach unten an einer Säule aufhängten, um die hl. Hostie zu erhalten und daran ihren Haß auslassen zu können. Da sie aber ihre Absicht nicht erreichten, so folterten sie das Kind auf die schauderhafteste Weise, bis Wernerus nach dreitägiger Marter und, nachdem er zur Unkenntlichkeit verstümmelt war, seine fromme Seele aus-hauchte. Er war etwa 12 Jahre alt, als er um des in der Brots-gestalt verborgenen Heilandes willen sein junges Leben hingab.

Die Juden trugen die Leiche zur Nachtzeit in ein Schiff und fuhren gegen Mainz den Rhein hinauf, um dieselbe an einen verborgenen Ort zu bringen. Doch gegen Morgen ver-mochten sie das Schiff nicht weiter zu lenken und deshalb warfen sie die Leiche in eine mit Dornengesträuch umgebene Schlucht unweit Bacharach. Hier wurde sie bald gefunden, weil ein wunderbarer Lichtschein sie umstrahlte, und in kurzer Zeit war die Kunde von dem Frevel in der ganzen Gegend verbreitet.

Die Einwohner Bacharachs brachten den Leichnam in die Kapelle des hl. Kunibertus, und als dann zahllose Pilger aus allen Gegenden zu dem Grabe des jugendlichen Martyrers strömten, erbaute man über demselben die herrliche gotische St. Wernerskapelle zu Bacharach, welche noch unvollendet bereits im J. 1293 durch Hermann, Bischof vom Samland, ihre erste Weihe erhielt. Hier ruhte der Heilige, weit und breit verehrt, über dreihundert Jahre lang, bis in den Kämpfen der Reformationszeit der katholische General Ambrosius Spinola die Reliquien ins Ausland flüchtete (1601); leider sind sie von dort nicht zurückgekehrt. Die Kapelle wurde 1689 sehr beschädigt, als die Franzosen die Burg Stahleck sprengten, und 1752 ließ man sogar den nördlichen Flügel abreißen. Die Überreste des Baues wurden seit 1847 durch die Fürsorge des Staates vor dem gänzlichen Verfall bewahrt und bilden noch jetzt ein so kostbares Denkmal der Vergangenheit, daß der Wunsch nahe liegt, es möchte dieses schöne und so malerisch am Rheinstrom liegende Gotteshaus in alter Pracht wiederhergestellt werden.

Die heilige Wegzehrung.

Gleichwie der Hirsch verlanget nach Wasser-quellen, so sehnt meine Seele sich nach dir, o Gott!
Pf. 41, 2.

Als der hl. Wernerus am Morgen des Gründonnerstags die hl. Kommunion empfing, ahnte er wohl nicht, daß dieselbe für ihn die hl. Wegzehrung war, welche ihn stark machen sollte, die fürchterlichen Qualen seines nahen Todes um Christi willen zu ertragen. Die meisten Menschen sterben eines weniger schmerzlichen Todes, als dieses heldenmütige Kind, aber trotzdem sind die Schrecken des Todes für einen jeden so groß, daß viele verzweifeln würden, wenn nicht ein treuer Freund in der ver-hängnisvollen Stunde ihnen Licht und Leben spendete. Dieser treue Freund ist Jesus Christus, den der Priester mit dem Gruße „Pax huic domui!" „Friede sei mit diesem

Hause!" in der hl. Wegzehrung zum Kranken bringt. Denn wie der Heiland ehemals auf Erden in die Häuser zu den Kranken ging und sie gesund machte, so will er auch jetzt noch tröstend und stärkend zu ihnen kommen, weil die Stunde naht, da menschlicher Trost nichts mehr vermag und menschliche Hülfe ohnmächtig ist. Niemand kennt besser als er die grenzenlose Beängstigung, welche das Ringen zwischen Leib und Seele bei dem Hinscheiden begleitet; und wenn schon er, der ohne Sünden war, im Ölgarten blutigen Angstschweiß vergoß und „betrübt war bis in den Tod", um wie viel mehr wird eine arme Menschenseele Grund zur Furcht haben, da sie an die vielen Sünden des vergangenen Lebens, an das kommende Gericht und an die ewig gültige Entscheidung zwischen Himmel und Hölle denkt. Das alles weiß der Heiland, und in seiner Liebe und Erbarmung gibt er nun das Höchste, was er hat, sein eigenes Fleisch und Blut der zagenden Seele zur Wegzehr für die Reise in die Heimat und tröstet sie mit der herrlichen Verheißung: „Wer mein Fleisch ißt und mein Blut trinkt, der hat das ewige Leben: und ich werde ihn auferwecken am jüngsten Tage." (Joh. 6, 55.)

━◆━

22. April.
Der heilige **Abrunculus**, Bischof.
† um 527.

Der hl. Abrunculus war der Nachfolger des Bischofs Jibitius auf dem bischöflichen Stuhle von Trier. Leider ist von den Ereignissen seines Lebens uns keine Nachricht erhalten; wir wissen nur, daß zur Zeit, da er Bischof war, die Stadt Trier von den Einfällen der Barbaren viel zu leiden hatte, und daß es der ganzen Kraft ihres Oberhirten bedurfte, um die verzweifelnden Bewohner mit ihrem harten Geschicke zu versöhnen.

Abrunculus starb um das Jahr 527 und wurde in der alten Symphorianskirche am Moseluser von Trier begraben. Von hier übertrug Erzbischof Eberhard (1047 bis 1066) seine Reliquien in die Paulinskirche, wo dieselben in einer kleinen Gruft unter dem Altar des hl. Clemens beigesetzt und durch folgende Inschrift ausgezeichnet wurden: „Hier liegt Abrunculus gesegneten Andenkens, ein Erzbischof dieses heiligen Stuhles, dessen Begräbnistag am 22. April gefeiert wird.“ Im Jahre 1107 brachte man einige seiner Reliquien nach Helmershausen in Westfalen, der größte Teil derselben wurde aber im Jahre 1136 durch Erzbischof Albero (1131—1152) in die neugegründete Abteikirche zu Springiersbach (im Dekanat Wittlich) übertragen. Diese Kirche dient heute als Pfarrkirche für die Orte Springiersbach und Bengel. Sie ist durch reichen Bilderschmuck ausgezeichnet und wurde vor einigen Jahren durch den Ortspfarrer würdig wiederhergestellt. Insbesondere wurden auch die Gebeine des hl. Abrunculus in ein schönes Reliquarium eingeschlossen. Das Pfarrarchiv besitzt noch die wertvolle Urkunde, welche bei der Übertragung im Jahre 1136 ausgefertigt wurde.

Der Heilige wird im Bistum Trier und in angrenzenden Gebieten viel vom Volke verehrt. Außer der Kirche zu Springiersbach war ihm zu Trier neben der Domkirche eine Kapelle mit Krypta geweiht: dieselbe bestand schon im Jahre 1185, wurde aber 1786 abgetragen. Die frühere Pfarrkirche zu Besselich, jetzt Filialkirche von Aach, hat den hl. Abrunculus zum Patron, desgleichen die Kirche zu Itzig bei Luxemburg.

Der Lohn des Priesters.

> Freuet euch und frohlocket, denn euer Lohn
> ist groß im Himmel.　　Matth. 5, 12.

Gar schön bezeichnet die Grabschrift des hl. Abrunculus denselben als einen Mann „gesegneten Andenkens“.

Während die Geschichte von seinen Thaten nichts zu berichten
weiß, sagt diese einfache Grabschrift das Beste, was über ein
Priesterleben gesagt werden kann, und spendet damit den schönsten,
aber auch einzigen Lohn, durch welchen der Priester auf dieser
Welt erfreut werden kann. Alles andere, womit die Welt sonst
ihren Wohlthätern zu danken pflegt, Geld und Gut, Ehre und
Macht, kann den Priester nicht beglücken, denn er hat darauf ja
längst verzichtet und ist freiwillig ein Mann des Opfers
geworden. Am Tage, da er seine ersten Weihen empfing, hat
er vor seinem Bischof knieend gesprochen: „Der Herr ist der
Anteil meines Erbes und meines Kelches. Du bist es, der
mir zurückgeben wird mein Erbe" (Pf. 15, 5). Nur von Gott
will er also dereinst seinen Lohn, die Krone des ewigen Lebens.
Es ist auch gut, daß er auf den Lohn der Welt nicht angewiesen
ist, denn er muß oft manches thun, wofür ihm die Welt wenig
dankt. Wie ein Prediger in der Wüste muß er mit ernster
Stimme sich dem Zeitgeist, der Genußsucht, der Zügellosigkeit und
der Sünde entgegenstellen, muß warnen und flehen, tadeln und
strafen. Er thut das alles nur für das Heil der Seelen, die
ihm anvertraut sind, und über die einst strenge Rechenschaft
von ihm gefordert wird. Freilich ist das Priesterleben auch
auf dieser Welt nicht arm an stillen Freuden. Wenn der
Priester sieht, wie der Same, den er ausstreut, doch nach und
nach Früchte zeitigt, wie seine Arbeit Seelen der Hölle entreißt
und sie für Gott gewinnt und begeistert, wie in ganzen Ge-
meinden still, aber stetig die Liebe zu Gott sich mehrt, wie doch
aus manchen Herzen seiner Kinder ein Gebet und ein Segens-
wunsch für ihn zum lieben Gott sich wendet: das ist genug,
übergenug des Lohnes und des Dankes auf dieser Welt. „Nicht
uns, o Herr, nicht uns, sondern deinem Namen
gib die Ehre!" (Pf. 113, 9.)

30. April.

Der heilige **Quirinus**, Martyrer.

† 130.

Zur Zeit des Kaisers Trajan lebte in Rom der heidnische Hauptmann Quirinus. Im Auftrag des Kaisers hatte er den früheren Statthalter Hermes, der zum Christentum übergetreten war, als Gefangenen zu bewachen, und durch ihn hörte er viel von der Wunderkraft des ebenfalls gefangenen Papstes Alexander. Quirinus hatte eine Tochter, Namens Balbina, die an einem schweren unheilbaren Halsübel litt, und er erbot sich, Christ zu werden, wenn seine Tochter durch Alexander geheilt werde. Dieser wurde durch einen Engel wunderbarerweise aus dem Gefängnis geführt, erschien in dem Hause des Hauptmanns und heilte Balbina, indem er ihr seine Ketten um den Hals legte. Alle waren von freudigem Staunen hingerissen, und der Hauptmann ließ sich taufen mit seinem ganzen Hause.

Er wollte nun allen in seiner Obhut befindlichen christlichen Gefangenen die Freiheit geben, aber diese weigerten sich, den Kerker zu verlassen, indem sie Gott dafür dankten, daß er sie zum Martyrium berufen habe.

Nicht lange dauerte es, da wurde auch Quirinus bei dem römischen Statthalter um seines christlichen Glaubens willen angeklagt. Dieser beschwor ihn, im Hinblick auf ihre frühere Freundschaft, dem Christentum zu entsagen, allein der Hauptmann blieb standhaft und erklärte, daß er bereit sei, lieber zu sterben, als seinen Glauben zu verleugnen. So wurde er denn zum Tode verurteilt und, nachdem man ihm die Zunge ausgeschnitten und Hände und Füße abgehauen hatte, mit dem Schwerte enthauptet. Seine Tochter, die hl. Balbina, erlangte ebenfalls bald nachher die Martyrerkrone.

Der hl. Quirinus wurde begraben in der Prätextat-
katakombe, welche südlich von Rom an der Via Appia liegt.
Im Jahre 1050 schenkte Papst Leo IX. seiner Schwester, der
Äbtissin Gepa von Dagsburg, die Reliquien des Heiligen.
Diese brachte sie nach Neuß am Niederrhein, wo sie bald
zu so großer Verehrung kamen, daß man daselbst die herrliche
Quirinuskirche erbaute, um den Pilgern zu genügen, welche zu
dem Grabe zogen. Der hl. Quirinus wurde zum Patron der
Stadt erwählt und hat ihr und ihren Bewohnern in vielen
Fällen seinen Schutz erwiesen.

Ein Teil seiner Reliquien kam nach der Kirche St. Mathias bei Trier und wird dort in einer silbernen Fassung
aufbewahrt. Bei dieser Kirche wurde im Jahre 1287 eine
Quirinuskapelle gebaut, welche später durch den Abt
Martin Feiden (1649—1675) erneuert und verschönert
wurde und noch heute steht. Viele Pilger besuchen alljährlich
diese freundliche Kapelle, und an dem Festtage des Heiligen
wird dort das Quirinuswasser geweiht, welchem das Volk
eine heilsame Wirkung für Kranke zuschreibt. Ein ähnlicher
Brauch und eine bedeutende Wallfahrt am 30. April besteht in
der Pfarrei Perl, wo sich eine im Jahre 1718 neu erbaute
Quirinuskapelle befindet. Von den Pfarrkirchen der Diözese
Trier sind diejenigen zu Langenfeld und Urschmitt dem Heiligen
geweiht; erstere bewahrt auch einige seiner Reliquien.

Gute Eltern: gute Kinder.

> Ist die Wurzel heilig, so sind es auch die
> Zweige.   Röm. 11, 16.

Das Beispiel des hl. Quirinus, der vor dem Schwert des
Henkers seinen Glauben nicht verriet, begeisterte auch seine
Tochter, die hl. Balbina zum Martyrium. Es war eine schöne
Bestätigung der alten und doch immer sich erneuernden Er-
fahrung, daß gute Eltern meist auch gute Kinder, schlechte Eltern
aber auch schlechte Kinder haben. Gewiß gilt dies nicht in allen

Fällen, denn jedes Kind hat einen freien Willen, sodaß das schlecht erzogene Kind nicht gezwungen ist, deshalb auch ein schlechtes Leben zu führen, und das gut erzogene nicht auch verderben könnte. Aber die Erfahrung zeigt, daß die meisten Menschen so werden, wie sie erzogen sind. Die Richtung, welche die Kinderseele in frühen Jahren annimmt, verbleibt meistens für immer, zum Guten oder zum Bösen, wie der Baum entweder krumm oder gerade wächst, je nachdem ihn der Gärtner gebunden hat. Deshalb ist es für Eltern und alle, die Einfluß üben können auf Kinder, eine hohe, heilige Pflicht, durch christliche Erziehung und vor allem durch gutes Beispiel sie für ein rechtschaffenes Leben vorzubereiten. Eine solche Erziehung ist wahrlich mehr wert, als viel Vermögen für die Kinder sammeln und dabei ihre Seele vernachlässigen. Zu den erschütterndsten Stellen der hl. Schrift gehören diejenigen, wo der Heiland den Fluch ausspricht über den, „der eines aus diesen Kleinen ärgert" (Matth. 18, 6.), zu den lieblichsten aber jene, wo er die Kinder segnend in seine Arme schließt und sagt: „Wer ein solches Kind in meinem Namen aufnimmt, der nimmt mich auf." (Matth. 18, 5.)

***

1. Mai.

Die heilige **Walburga**, Äbtissin.
† 779.

Die heil. Walburga war die Tochter des hl. Richard, Königs von England. Ihre Brüder waren der hl. Willibald und der hl. Wunibald, jene gottbegeisterten Männer, die im Verein mit ihrem Oheim, dem hl. Bonifacius, den christlichen Glauben in den deutschen Landen verkündigten. Walburga wurde auf Wunsch ihrer Eltern in dem Kloster Wimborn erzogen, und hier nahm sie auch selbst nach dem Tode ihres

Vaters das Ordenskleid. Inzwischen hatte der hl. Bonifacius in Deutschland mehrere Männerklöster nach der Regel des hl. Benedikt gegründet, und da er auch die Errichtung von Frauenklöstern dringend wünschte, so wandte er sich nach England, um aus den dortigen blühenden Klöstern gottgeweihte Jungfrauen für sein apostolisches Werk zu gewinnen.

Walburga folgte mit dreißig frommen Jungfrauen diesem Rufe und begann ihre stille, aber emsige Arbeit in Thüringen, wo ihr Bruder Wunibald sieben Klöster leitete. Einige Zeit darauf gründete derselbe ein großes Doppelkloster zu Heidenheim (bei Gunzenhausen in Bayern) und berief zur Leitung des Frauenklosters seine Schwester dorthin. Hier wirkte sie als Äbtissin zwanzig Jahre lang, ein leuchtendes Vorbild für ihre Mitschwestern, eine gute sorgsame Mutter für alle Armen und Kranken in der ganzen Gegend.

Sie starb im Jahre 779, und zahllose Wunder verherr- lichten ihr Grab. Im Jahre 840 übertrug der Bischof Olgar ihre Reliquien in seine Bischofsstadt Eichstätt (Bayern), wo auch Walburga's Bruder, der hl. Willibald, in der Domkirche seine Ruhestätte bereits gefunden hatte. Später wurde die St. Walburgiskirche zu Eichstätt erbaut, und in ihr ruht die Heilige noch heute in einem Sarkophag unter dem Hochaltar. Aus ihren Gebeinen fließt seit Jahrhunderten ein helles Öl, welches in einem silbernen Behälter, der unter dem Sarkophage angebracht ist, aufgefangen wird. Noch in den letzten Jahren ist diese wunderbare Thatsache durch die genauesten Untersuchungen erhärtet worden. Viele Kranke sind durch dieses Walburgisöl schon geheilt worden, und das Vertrauen des gläubigen bayerischen Volkes zeigt sich in herzerhebender Weise, wenn alljährlich am 1. Mai das Fest der hl. Walburga gefeiert wird. Dann ziehen von allen Seiten aus weiter Ferne die Landleute in ihrem Festtagsschmuck nach Eichstätt, und die große Walburgis- kirche ist kaum imstande, die Scharen derselben zu fassen. Die vielen Geistlichen der Diözese Trier, welche zur Zeit des

Kulturkampfes im Seminar zu Eichstätt liebevolle Aufnahme
fanden und von dem Hochwürdigsten Herrn Bischof Franz
Leopold dort zu Priestern geweiht wurden, haben die Verehrung für den heil. Willibald und seine heil. Schwester Walburga in ihre Heimat mit hinübergenommen.

Der Opfergeist.

Bereit ist mein Herz, o Gott, bereit ist es!
Was willst du, daß ich thun soll?
Pf. 107, 2; Ap. 9, 6.

Die heil. Walburga, welche mit dreißig frommen Jungfrauen
ihre Heimat verließ und in die unwirtlichen Gebiete Deutschlands zog, gibt uns ein schönes Beispiel christlichen Opfersinnes.
Wohl hätte sie auch in ihrem bisherigen Wirkungskreise, in
ihrem liebgewonnenen Kloster in England, viel für Gott wirken
und sich auch dort die Himmelskrone verdienen können, aber
nachdem einmal der Ruf zu noch schwererer Arbeit, zu noch
größerer Weltentsagung an sie ergangen war, zögerte sie nicht,
ihm freudig zu entsprechen. Das ist der wahre Opfergeist, jener
Geist, den die Welt so wenig kennt, weil man in ihr vor allem
der Bequemlichkeit, dem Wohlleben, dem Genießen zustrebt, aber
von freiwilligem Entsagen, Dulden, Leiden nichts wissen mag.
Nicht so die wahrhaft gottliebenden Seelen. Sie fühlen, daß
zwischen Gott und ihnen ein beständiger Austausch von ange-
botenen Gnaden und verlangten Gegenopfern stattfindet, und
daß dieser Gnadenstrom um so höher steigt, je mehr sie selbst
durch die Kreuzigung ihres Willens sich dafür empfänglich
machen. Mit Recht mißtrauen sie den leichten Tugenden, denn
sie wissen, daß die wahre Tugend da beginnt, wo das Opfer
beginnt, daß aber das Ziel erst dann erreicht wäre, wenn man
aus Liebe zu Gott keine Schwierigkeit mehr zu groß, keine
Entsagung zu hart, keine Demütigung zu tief, keine Arbeit mehr
zu mühsam fände. Das war das Geheimnis der Heiligen; sie
begnügten sich nicht damit, das Kreuz, welches die Vorsehung

ihnen schickte, dankbar anzunehmen, sondern sie wünschten sich noch andere Leiden und hatten deren nie genug. Was aber die Heiligen vermocht haben, das vermögen auch wir, denn die Gnade Gottes ist uns ebenso gewährt wie ihnen, wenn unser Opfergeist dem ihrigen ähnlich wird. „Das Himmelreich leidet Gewalt, aber die Gewalt brauchen, reißen es an sich." (Matth. 11, 12.)

❧

5. Mai.

Der heilige **Britonius**, Bischof.
† 386.

Der hl. Britonius, auch Britto genannt, wurde im Jahre 373 als Nachfolger des hl. Bonosus auf den bischöflichen Stuhl von Trier erhoben. Er wohnte 374 einer Kirchenversammlung zu Valence im südlichen Frankreich bei, desgleichen 382 der fünften römischen Synode des Papstes Damasus. Auf dieser Synode gaben der Papst und die abendländischen Bischöfe ihre Zustimmung zu den Beschlüssen der Konzilien von Nicäa und Konstantinopel, welche noch nicht für die ganze Kirche Gültigkeit besaßen, weil an denselben nur die Bischöfe des Morgenlandes teil genommen hatten. Diese Bischöfe hatten nun an die Mitglieder der römischen Synode ein großes Schreiben geschickt, und in demselben nennen sie den Bischof Britonius von Trier unmittelbar nach dem Papste und dem großen Erzbischof Ambrosius von Mailand. Wir ersehen also daraus, welches Ansehen damals der Bischof von Trier als Primas von Gallien in der ganzen Christenheit besaß.

Britonius stand in Trier schwierigen Verhältnissen gegenüber. Zwar hatte er mit Unterstützung des edlen Kaisers Gratian das auch nach Trier gedrungene Schisma der Luciferianer unterdrückt, allein die Streitigkeiten der Priscillianisten riefen dort große Unruhen hervor. Als der spanische

Bischof Ithacius nach Trier gekommen war und als eifriger Gegner der Priscillianisten von diesen heftig angegriffen und verleumdet wurde, verteidigte ihn Britonius, solange Ithacius sich rechtmäßiger Mittel zur Bekämpfung der Irrlehrer bediente. Als derselbe jedoch später die Hülfe der weltlichen Macht in dieser rein kirchlichen Sache anrief, und besonders als auf Betreiben seiner Anhänger der Kaiser Maximus acht Irrlehrer hinrichten ließ, widersetzte sich Britonius dieser frevelhaften That und ging keine Gemeinschaft mit den Ithacianern ein.

Zu damaliger Zeit kam auch der hl. Ambrosius zum erstenmal nach Trier (383), ferner der hl. Martinus, Bischof von Tours, der sich wiederholt in Trier aufhielt und dort viele Wunder wirkte.

Das prunkvolle Leben der römischen Kaiser, die damals in Trier Hof hielten, brachte es mit sich, daß die Einwohner der Stadt sich ebenfalls sehr der Vergnügungssucht ergaben und besonders dem Theater und den Spielen im Cirkus zugethan waren. Britonius hatte große Mühe, der hierdurch entstehenden Sittenlosigkeit entgegenzuwirken, aber er war unbeugsam in seinen Forderungen und wußte neben der Milde auch Strenge anzuwenden, wenn es für die Rettung der ihm anvertrauten Seelen notwendig war.

Reich an Verdiensten, starb er im Jahre 386, nachdem er 13 Jahre lang den bischöflichen Hirtenstab geführt hatte. Er wurde in der Kirche der allerseligsten Jungfrau, der jetzigen Paulinskirche, begraben.

Die Genußsucht.

> Das Fleisch gelüstet wider den Geist; denn sie sind einander entgegen, sodaß ihr nicht alles thun dürfet, was ihr wollet. Gal. 5, 17.

Es mag ein harter Kampf gewesen sein, den der hl. Britonius gegen die Genußsucht des verwöhnten Volkes führte, aber er hatte erkannt, daß hier die heiligsten Güter auf dem

Spiele standen, und darum beugte er sich nicht. Mäßige Erholung nach der Arbeit ist jedem Menschen Bedürfnis. Bliebe
sie ihm für längere Zeit versagt, so würde der Verfall seiner
geistigen und körperlichen Kräfte die unausbleibliche Folge sein.
Leider ist aber der Mensch nur allzusehr geneigt, das ihm not-
wendige Maß der Erholung zu überschreiten und in der Sucht,
zu genießen, alle Selbstbeherrschung preiszugeben. Setzt er
sich nicht mutig zur Wehr, so ist ihm bald kein Weg mehr zu
weit, keine Zeit zu kostbar, keine Ausgabe zu groß, wenn er
die Hoffnung hat, dadurch seinen unersättlichen Hunger nach
Sinnenreiz und Genuß zu befriedigen. Die Folgen bleiben
nicht aus, denn wo Gottes heiligste Absichten so leichthin
vereitelt werden, da schwindet auch bald der Friede des Herzens
und der Segen der Arbeit. Wie manche Familie, die ehedem
glücklich und froh war, hat alles Glück und alle Freude verloren, seit dem Vater seine bisherige Erholung nicht mehr genügt, seit er in immer größerer Sucht nach Genuß am Sonntag für die Mühen der Woche sich überreichlich entschädigt und
vielleicht wenig danach fragt, ob einmal bei Spiel und Trunk,
bei Tanz und Sünde ein ganzer Wochenlohn verpraßt wird.
Hier ist der Hauptpunkt, bei dem die weltbewegende soziale
Frage einsetzen muß, aber hier ist freilich auch „kein Heil als
nur im Kreuz zu finden". Wohl machen die sogenannten oberen
Klassen sich mancher Bedrückung des Arbeiters schuldig und
fordern durch ihre eigene Genußsucht vielfach seinen Haß heraus, aber kein Geld und Gut kann dem Manne des Volkes
Hülfe bringen, wenn er nicht durch Selbstbeherrschung und
christliches Leben sein eigenes Glück begründet. „Besser ist
Weniges mit Furcht des Herrn, als große Schätze
der Unersättlichkeit." (Prov. 15. 16.)

12. Mai.

Der heilige **Modoaldus**, Bischof.

† 640.

Der hl. Modoaldus stammte aus einem vornehmen Geschlechte in Aquitanien; er war ein Bruder der gottseligen
Itta oder Iduberga und ein Oheim der hl. Gertrud von
Nivelles, deren Fest am 17. März gefeiert wird. Obschon
er ein stilles, frommes Leben besonders liebte, war er doch
durch die hervorragende Stellung seiner Familie gezwungen, am
Hofe Dagoberts I., des Königs von Austrasien (622—633),
in Metz zu weilen. Hier trat er mit vielen ausgezeichneten
Bischöfen in Verkehr, so mit dem hl. Arnulph von Metz, dem
hl. Kunibert von Köln, dem hl. Remaklus von Tongern.

Nachdem um das Jahr 622 der Bischof Severinus II.
von Trier gestorben war, wurde auf Wunsch des Königs und
der Vornehmen des Reiches, besonders aber auf die einmütige
Entschließung der Geistlichkeit und zur Freude des ganzen Volkes
Modoaldus zum Bischof von Trier gewählt. Er bewies bald,
daß er ein würdiger Oberhirt war, der nicht nur demütig und
fromm, sondern auch furchtlos und thatkräftig sein hohes Amt
zu verwalten wußte.

Als König Dagobert, der anfangs in vortrefflicher
Weise die Regierung geführt hatte, sich später einem üppigen
und zügellosen Leben ergab und infolgedessen die Achtung
und Liebe seines Volkes, welche er früher in hohem Grade besessen hatte, immer mehr verlor, war es Modoaldus, der
durch eindringliche und unablässige Mahnung den König warnte
und viel dazu beitrug, daß derselbe später wieder auf bessere
Wege kam.

Da der König für kirchliche Zwecke sehr freigebig war, so
wurde Modoaldus durch reiche Schenkungen von ihm in stand

gesetzt, mehrere Kirchen und Klöster zu erbauen oder solche mit den nötigen Einkünften auszustatten. In Trier stiftete er das Frauenkloster St. Symphorian, welches am Moselufer etwas unterhalb von St. Martin lag, und ernannte seine Schwester Severa zur Äbtissin desselben. Von diesem Kloster, welches bereits im 9. Jahrhundert durch die Normannen zerstört wurde, hatten sich noch bis ins 17. Jahrhundert Reste erhalten; doch ist heute davon nichts mehr zu sehen.

Ferner gründete Modoaldus zu Trier das Kloster Oeren, so genannt von dem lateinischen Worte horrea (d. i. Getreide- magazin), da es in den königlichen Scheunen errichtet wurde. Später hieß dasselbe auch St. Irminen, weil die hl. Irmina, eine Tochter des Königs Dagobert II., dasselbe mit reichen Stiftungen beschenkte und dort viele Jahre (bis 710) Äbtissin war. Dieses Kloster Oeren oder St. Irminen, in welchem die Schwestern nach der Regel des hl. Benediktus lebten, bestand bis Ende des vorigen Jahrhunderts. Im Jahre 1804 schenkte Napoleon die umfangreichen Gebäude desselben der Stadt zur Errichtung der vereinigten Hospitien. Die alte Klosterkirche dient heute als Pfarrkirche von St. Paulus, und der vor ihr liegende Platz trägt noch jetzt den Namen Irmineufreihof.

Auch der Domkirche wandte Modoaldus mit Hülfe Dagoberts reiche Unterstützungen zu und erbaute ferner mehrere neue Kirchen wie z. B. die Kirche des hl. Martinus zu Münster- maifeld bei Koblenz.

Im Jahre 625 beteiligte er sich an dem Konzil zu Reims, wo man ihm besondere Verehrung erwies. Aber nicht nur die Großen und Vornehmen ehrten und schätzten ihn, sondern sein ganzes Volk war ihm in treuer Liebe zugethan, weil er ein eifriger Hirt der Seelen und ein stets zur Hülfe bereiter Vater aller Notleidenden und Bedrängten war. Hochbetagt starb er im Jahre 640, nachdem er 22 Jahre sein bischöfliches Amt segensreich verwaltet hatte. Er wurde in der eben genannten Symphorianskirche begraben, wo auch die Gebeine seiner

Schwester, der hl. Severa, ruhten, und ward frühe als Heiliger
verehrt.

Etwa zur Zeit des Erzbischofs Eberhard (1047—1066)
wurden die Reliquien des hl. Modoaldus in die Paulinskirche
übertragen, wo sie auf dem Kreuzaltar, welcher beim Chor-
eingang stand und später dem hl. Clemens geweiht war, in der
Weise beigesetzt wurden, daß man auf vier Säulen einen Baldachin
über dem Altar errichtete und unter demselben den von Holz
gefertigten Reliquienschrein an Ketten aufhängte, ähnlich wie
ehedem die Lade des hl. Paulinus in der Krypta gehangen hatte.
Bei dem großen Brande der Kirche im Jahre 1093 blieb der
Schrein unverletzt, obschon das Feuer die in der Nähe desselben
aufgestellten Marmortafeln sprengte. Da man dies allgemein als
ein Wunder ansah, so wuchs die Verehrung des hl. Modoaldus
noch immer mehr, und Kranke aller Art zogen hülfesuchend zu
seinem Grabe.

Im Jahre 1107 kam Tietmar, der Abt des Klosters
Helmershausen in Westfalen, mit zwei Mönchen nach Trier,
um aus den weitberühmten Reliquienschätzen der Stadt den
Körper eines Heiligen für sein Kloster zu erbitten. Nach langen
Unterhandlungen versprach ihm endlich Erzbischof Bruno (1102
bis 1124) die Reliquien des hl. Modoaldus, die dann unter
Beteiligung des ganzen Volkes feierlich erhoben und den Mönchen
übergeben wurden. Es ist uns der ausführliche Bericht eines
Augenzeugen über diese Feier erhalten, und man gewinnt daraus
ein anschauliches Bild von der gläubigen Begeisterung jener Zeit
und von der Hochschätzung, welche man damals den Überresten
der Heiligen erwies.

Modoaldus ruhte vierhundert Jahre lang in hoher Ehre
in der Kirche zu Helmershausen, bis die unseligen Kämpfe der
sogenannten Reformation auch in das dortige Kloster drangen.
Die Mönche verließen dasselbe, und das alte Gotteshaus fiel
in Trümmer; aber der Bischof Erich von Paderborn übertrug gegen 1520 die ehrwürdigen Überreste des hl. Modoaldus

in seine Kirche. Einige seiner Reliquien, die im Jahre 1107 in der Paulinuskirche zu Trier zurückbehalten wurden, werden noch jetzt dort aufbewahrt.

Reliquienverehrung.

Auch seine Gebeine wurden bewahrt und weissagten nach dem Tode. Sir. 49, 18.

Die feierliche Übertragung der Gebeine des hl. Moboaldus nach Helmershausen ist eines der schönsten Beispiele frommer Reliquienverehrung, ebenso ehrenvoll für den hl. Moboaldus selbst, als für das gläubige Volk, welches dadurch seine treue Anhänglichkeit an die Kirche und ihre Heiligen bekundete. Wie schon einem Kinde die Überreste seiner Eltern teuer sind, wie es z. B. das Gebetbuch, den Rosenkranz seiner seligen Mutter, das Kreuz, welches sie bei ihrem Tode umfaßte, hoch in Ehren hält, wie ferner die Welt alles sorgsam aufbewahrt, was große Männer, Könige, Feldherren, Schriftsteller hinterlassen haben, so erschienen auch die Leiber der Heiligen und die Gegenstände, welche in ihrem Gebrauche waren, den Christen stets ehrwürdig und teuer. Denn diese Leiber waren einst Tempel des heiligen Geistes, lebendige Glieder Christi, Werkzeuge seiner Allmacht und Gnade, und unzweifelhaft werden sie am Tage der Auferstehung zu neuem Leben und ewiger Verklärung erweckt werden. Gott selbst hat die Verehrung der Reliquien angeregt und gebilligt, indem er oftmals durch dieselben große Wunder wirkte, wie die hl. Schrift und die Kirchengeschichte aller Jahrhunderte unwiderleglich beweisen. Darum verehren wir die Reliquien, darum legt die Kirche sie in die Altäre, über denen das hl. Meßopfer dargebracht wird, darum billigt sie Wallfahrten zu den Gräbern der Heiligen und stellt an hohen Festen diese Heiligtümer zur öffentlichen Verehrung aus. Wir beten aber nicht zu den Reliquien, sondern wir beten zu den Heiligen, denen sie angehörten; wir erwarten keine Hülfe von diesen toten Gegenständen, sondern nur von der Fürbitte der Heiligen um der Verdienste Jesu Christi willen: „Ihre Leichname wurden im Frieden begraben, und ihr Name lebt von Geschlecht zu Geschlecht." (Eccli. 44, 14.)

15. Mai.

Der heilige Servatius, Bischof.

† 384.

Der hl. Servatius entstammt der Sage nach einer reichbegüterten Familie in Güls bei Koblenz und wurde Bischof der Diözese Tongern in Belgien. Er war einer der mutigen Kämpfer, die in den Streitigkeiten des Arianismus unerschrocken den katholischen Glauben verteidigten und sich weder durch die Gunst, noch durch den Zorn der mächtigen Kaiser von dem Wege des Rechtes verdrängen ließen. Mit gewaltiger Geisteskraft und hoher Gelehrsamkeit verband er eine außerordentliche Frömmigkeit und einen so heiligmäßigen Wandel, daß Gregor von Tours, der große Geschichtschreiber der Franken, in begeisterten Worten von ihm redet.

Im Jahre 343 verteidigte Servatius auf dem Konzil zu Sardica (dem heutigen Sofia in Bulgarien) den hl. Athanasius und die katholische Lehre. Sodann veranlaßte er die Berufung des Konzils von Köln (346), durch welches die Irrlehren des kurz vorher zum Arianismus abgefallenen Bischofs Euphrates von Köln im Entstehen rasch unterdrückt wurden. So berichten wenigstens namhafte Geschichtschreiber.

Auf Bitten des Kaisers Magnentius, der nach der Ermordung des Kaisers Konstans das abendländische Kaisertum an sich gerissen hatte, reiste Servatius mit dem hl. Bischof Maximinus von Trier zu Konstantius, dem morgenländischen

Kaiser, um für Magnentius einen friedlichen Ausgleich zu vermitteln. Auf dieser Reise traf er in Ägypten den hl. Athanasius, der ihn und Maximinus mit großer Freude und
Auszeichnung in seiner Bischofsstadt Alexandrien empfing.

Im Jahre 359 wohnte Servatius dem Konzil zu Rimini
(in Italien) bei, wo er mit Phäbadius, Bischof von Agen
in Südfrankreich, und achtzehn Getreuen dem mächtigen Ansturm
der Arianer widerstand.

Während so durch die religiösen Streitigkeiten die christlichen Völker in steter Aufregung gehalten wurden, und die
römischen Kaiser ihre Macht zum Kampfe gegen die katholische
Lehre mißbrauchten, begannen die gewaltigen Stürme der
Völkerwanderung aus dem fernen Osten über das römische Reich
hereinzubrechen. Als Servatius von Rimini nach Tongern
zurückkehrte, fand er sein ganzes Bistum in Furcht vor den
heranziehenden Hunnen; er flehte zu Gott um Hülfe und
zog selbst als Wallfahrer nach Rom zum Grabe des Apostelfürsten. Aber das Strafgericht, welches Gott über die Völker
verhängt hatte, war unabwendbar, und Servatius mußte bald
nach seiner Rückkehr seine Bischofsstadt verlassen, nachdem er
fast ein halbes Jahrhundert als Apostel der westlichen Maas-
gegend gewirkt hatte. Kurze Zeit nachher (384) starb er in
dem benachbarten Maastricht, wohin nun auch der Bischofssitz
verlegt wurde. Zu seinem Grabe ziehen bis auf den heutigen
Tag zahlreiche Pilger, weil das Volk großes Vertrauen zu der
durch viele Wunder bewährten Fürbitte des Heiligen besitzt.
Sowohl die alte romanische Kirche zu Güls wie die neue
Pfarrkirche daselbst sind dem hl. Servatius geweiht. Das
Servatiusstift zu Maastricht besaß auch seit alter Zeit
das Patronatsrecht über diese Kirche, und als die Besitzungen
derselben im zehnten Jahrhundert gefährdet waren, brachten
die Stiftsherren zu deren Schutz die Reliquien des Heiligen
984 dahin und nach Beseitigung der Gefahr in die Stiftskirche
zurück.

Das Wallfahrten.

*Kommet zu mir alle, die ihr mühselig und
beladen seid, und ich will euch erquicken.*
Matth. 11, 28.

Um die drohende Strafe von seinem Volke abzuwenden,
unternahm der hl. Servatius eine Wallfahrt nach Rom. Er
handelte damit ganz im Geiste der Kirche, welche es stets gebilligt hat, daß ihre Kinder an besonders bevorzugten Gnaden-
orten die Hülfe Gottes vertrauensvoll anrufen. Freilich muß
das Wallfahrten auch im Geiste der Kirche geschehen. Wer
durch eine Wallfahrt seine notwendigen Arbeiten versäumt oder
dabei nur weltliche Zerstreuung sucht, der soll besser zu Hause
bleiben, denn er wird sich nur Schaden statt Segen zuziehen.
Ist aber eine Wallfahrt im rechten Sinne unternommen, so
kann viel Gutes aus ihr hervorgehen. Gewiß ist Gott überall
gegenwärtig, und man kann überall zu ihm beten. Allein,
wer will es ihm wehren, wenn er an einem bestimmten Orte,
etwa an dem Grabe eines bestimmten Heiligen, bei der Verehrung einer bestimmten Reliquie besonders gern das Gebet der
Gläubigen erhört und wunderbare Hülfe spendet? Gar häufig
ist eine gute Wallfahrt schon der Anlaß zu einem neuen, gott-
gefälligen Leben geworden. Viele Menschen können in ihrem
Haus und Heimatsort sich niemals sammeln, sie sind immer
gestört durch ihre Geschäfte, ihre Umgebung und ihre Sorgen.
Geht aber ein solcher Mensch, der sich das ganze Jahr in schwerer
Arbeit plagt, einmal fort von Haus, so wird es in seiner
Seele wieder frischer und heller. Er sieht andere Menschen,
andere Gegenden, zahlreiche fromme Pilger an der Gnadenstätte, er hört vielleicht eine schöne Predigt, beichtet bei einem
fremden Priester und empfängt in frommer Stimmung die
hl. Kommunion. Mit neuen Vorsätzen, neuen Hoffnungen,
neuem Mut und neuer Kraft kehrt er zu den Seinigen zurück.
Wahrlich, wer Zeuge war, wie im Herbste des Jahres 1891
fast zwei Millionen Pilger zur Verehrung des **heiligen Rockes**

unseres Herrn Jesu Christi nach der alten Stadt Trier zogen,
der wird den Segen einer guten Wallfahrt freudig zu schätzen
wissen. „Die Kraft des Herrn war da, um sie zu
heilen. Und Staunen ergriff sie alle, und sie
lobten Gott." (Luk. 5. 17, 26.)

13. Mai.

Der heilige **Gangolph,** Martyrer.
um 760.

Der hl. Gangolph war zu Varennes (bei Langres
im nordöstlichen Frankreich) als Sohn einer vornehmen Familie
des Herzogtums Burgund geboren. Infolge der vortrefflichen
Erziehung, die er von seinen frommen Eltern erhielt, bewahrte
er sich auch in späteren Jahren als Mann eine kindliche Frömmigkeit und eine solche Liebe zu den Armen, daß er für dieselben
einen großen Teil seines reichen Besitzes verwandte. Er hatte
die Tochter einer fürstlichen Familie zur Gemahlin erhalten
und wünschte, daß sie durch eifrige Sorge für die Armen
seine Stelle vertrete, wenn er selbst auf den großen Jagden,
die er in seinen wildreichen Besitzungen öfters abhalten mußte,
von Hause abwesend war.

Als der fränkische König Pippin (751—768) in Friesland und Holland Krieg führte, wollte er, daß auch Gangolph
ihn begleite, weil er ihn für einen der tapfersten und erfahrensten
Männer seines ganzen Heeres hielt. Gangolph folgte dem
Rufe seines Königs. Als er jedoch nach Beendigung des Krieges
aus dem feindlichen Lande in die Heimat zurückkehrte, erwarteten
ihn traurige Verhältnisse in seinem eigenen Hause. Er erfuhr
nämlich, daß seine Gemahlin ihm die Treue nicht bewahrt habe
und mit einem andern Manne in Verkehr getreten sei. Da
sie ihm jedoch heuchlerisch ihre Schuldlosigkeit beteuerte, so

veranlaßte er sie, nach dem Gebrauche des Zeitalters sich einem Gottesgerichte zu unterziehen. Er forderte sie auf, von dem Grunde eines vorüberfließenden Baches einen kleinen Stein aufzuheben, aber sobald die treulose Frau ihren Arm in das Wasser getaucht hatte, war dieser bis auf den Knochen verbrannt, als ob sie in glühendes Metall gegriffen hätte. Mit tiefem Schmerze wandte sich nun Gangolph von ihr ab, schenkte ihr noch zum Lebensunterhalte die Besitzung, auf der sie bisher gewohnt hatte, zog aber selbst mit seiner Dienerschaft nach einem seiner entferntesten Güter bei Avallon, wo er sich von nun an ganz den Werken der christlichen Barmherzigkeit widmete. Aber auch hier war er vor den Ränken seiner Frau nicht sicher. Diese und ihr Genosse hatten nämlich den Wunsch, Gangolph aus dem Wege zu räumen, und als derselbe einst nachts in tiefem Schlafe lag, schlich sich der Verbrecher in das Gemach, ergriff das eigene Schwert Gangolphs und brachte ihm damit die tödliche Wunde bei. Gangolph lebte noch einige Tage, empfing die hl. Sakramente und übergab seine Seele dann in die Hand Gottes. Zwei fromme Frauen, Wildetrudis und Wildegosa, mit dem Verstorbenen nahe verwandt, begruben ihn in Begleitung der Geistlichkeit und des wehklagenden Volkes in der Kirche des hl. Petrus zu Varennes, welche Gangolph erbaut und mit großen Schenkungen ausgestattet hatte.

Man begann allerseits in ihm einen Martyrer zu verehren, der wegen der Heilighaltung des Sakramentes der Ehe sein Leben verloren hatte. Der Begriff „Martyrer" war nämlich in der vorkarolingischen Zeit geringer als in früheren Jahrhunderten. Ehedem hatte man nur jene Martyrer genannt, welche vor der heidnischen Obrigkeit für den Glauben Zeugnis ablegten und den Tod erlitten. Später erkannte man auch solche als Martyrer an, welche wegen einer gerechten Sache starben oder ermordet wurden.

Am Grabe des hl. Gangolph geschahen bald viele Wunder, und seine Verehrung wurde darum in den entferntesten Gegenden

bekannt. Zur Zeit der Normannenzüge flüchtete man seine
Reliquien nach der benachbarten Stadt Langres, und von
dort wurden später oftmals Teile derselben an befreundete
Kirchen und Klöster verschenkt. So befanden sich im Mittelalter größere Reliquien des hl. Gangolph in dem Kloster
Florennes in Belgien, und die dortige Klosterchronik berichtet
von vielen wunderbaren Heilungen und Gebetserhörungen. Abgesehen von belgischen und französischen Kirchen waren Reliquien
in Köln, Bonn, Trier, Prag u. s. w., das Haupt kam
1620 nach Eichstätt, ein Teil davon später nach Bamberg.
Die Domschatzkammer zu Trier besitzt noch jetzt einige Reliquien des Heiligen.

In Frankreich, Belgien, Holland und Deutschland haben viele
Kirchen den hl. Gangolph seit alters her zu ihrem Patron. In der
Diözese Trier sind ihm die Pfarrkirchen zu Differten, Mertloch,
Oberleuken, Trier (erste Stadt-Pfarrkirche) und St. Gangolph
(bei Mettlach an der Saar) geweiht.

In Mainz befand sich ehedem eine angesehene Stiftskirche zum hl. Gangolph, welche mit Trier in enger Beziehung
stand. Ihr Erbauer war der Mainzer Dompropst Theodorich,
den seine Tugenden später auf den erzbischöflichen Stuhl von
Trier erhoben (965—977). Kurfürst Daniel von Mainz
ließ 1570 auch eine Hofkirche St. Gangolph bauen mit einer
Krypta, in welcher die Herzen der Kurfürsten in silbernen
Kapseln aufbewahrt wurden. Zur Zeit der französischen Revolution ging aber alles zu Grunde.

Dem Heiligen sind ferner Kirchen geweiht zu Mendt bei
Montabaur, zu Heinsberg bei Aachen, zu Sternbach bei Frankfurt a. M., zu Dudenhofen bei Speyer und zu Bamberg. Die
letztgenannte Kirche stammt ihrer Gründung nach aus dem
Jahre 1063. Auch in der Schweiz wird er viel verehrt, und
der Ort St. Gingolph am Südufer des Genfer See's trägt
seinen Namen.

Die chriſtliche Ehe.

Dieſes Geheimnis iſt groß; ich ſage aber:
in Chriſto und ſeiner Kirche. Eph. 5, 32.

Das Glück und den Frieden in ſeiner Familie, ja, ſelbſt
ſein Leben, verlor der hl. Gangolph durch die Treuloſigkeit
ſeines Weibes. Weil man die Heiligkeit des Eheſtandes nicht
achtet, weil man die Ehe heutzutage ſo oft nur als eine Geld-
und Verſorgungsangelegenheit anſieht, darum ſoviel Unheil und
Unfriede in den Familien. Ganz anders belehrt uns über die
Ehe unſere hl. Kirche; ſie lehrt uns mit den Worten des
Völkerapoſtels, daß ſie ein großes Sakrament iſt in Jeſus
Chriſtus und ſeiner Kirche. Groß und heilig iſt die Ehe durch
ihren Zweck, der, wie der hl. Auguſtin ſagt, ein dreifacher
iſt: die Kinder, die eheliche Treue und das Sakrament. Groß
und heilig iſt die Ehe ferner durch die Pflichten, die ſie
auferlegt, ſowie durch die Gnaden, welche Gott mit ihr ver-
knüpft. Drei große Gnaden ſind es insbeſondere, welche Gott
den chriſtlichen Eheleuten ſchenkt, und die dem dreifachen Zwecke
der Ehe entſprechen: die Gnade nämlich, die Kinder gut
und heilig zu erziehen, die eheliche Treue unverletzt zu bewahren und das Band der Ehe, das
nur der Tod löſen kann, nie zu zerreißen. Glücklich
jene Eheleute, welche die Ehe im Lichte des Glaubens als eine
von Gott ſelbſt geheiligte, unauflösliche Lebensgemeinſchaft betrachten; welche ſtets mit Abſcheu alles von ſich weiſen, was die
Reinheit dieſer hl. Verbindung trüben könnte, und es nie ver-
geſſen, daß ihre Vereinigung ein Nach- und Abbild der Vereinigung Chriſti des Herrn mit ſeiner Kirche iſt. Dieſer Gedanke wird ſie in allen Anfechtungen ſtärken, ſie alle ihre Pflichten
lehren und endlich eine unverſiegliche Quelle überfließender,
göttlicher Gnaden und Segnungen ſein. „Dies ſind wahre Reichtümer und die beſten Güter im Eheſtande, wenn Mann und
Weib miteinander einig ſind." (Joh. Chryſ.)

◈

Der heilige **Rupertus**, Herzog.

† um 850.

Der hl. Rupertus wurde geboren zur Zeit des Kaisers Ludwig I. (814—840). Sein Vater, der Herzog Raboldus, war ein Heide, seine Mutter Bertha jedoch eine fromme christliche Frau. Sie war die Tochter eines Fürsten von Lothringen, und als ihr Gemahl Raboldus im Kriege gefallen war, begab sie sich mit ihrem erst drei Jahre alten Sohne auf eines ihrer Güter, welches gegenüber der Stadt Bingen, beim Einfluß der Nahe in den Rhein, lag.

Dort und auf ihren Besitzungen in dem nahegelegenen Dorfe Waldalgesheim erbaute sie Kirchen und begann ein stilles Leben im Dienste Gottes und der christlichen Nächstenliebe. Alle Anträge, die ihr von vornehmen Fürsten zur Wiederverheiratung gemacht wurden, wies sie zurück und widmete sich ganz der Erziehung ihres Sohnes Rupertus, des jungen Herzogs. Wegen seiner vortrefflichen Geistesanlagen und der Leichtigkeit, mit der er schon im Alter von 7 Jahren große Fortschritte in den Wissenschaften machte, schien derselbe für den geistlichen Stand berufen zu sein, allein die Mutter hätte lieber gesehen, daß er später an Stelle seines Vaters das Herzogtum übernommen und als christlicher Fürst die Sache der Kirche verteidigt hätte. Rupertus war indes dem weltlichen Glanze wenig zugethan. Ihm machte es größere Freude, den Armen und Kranken zu helfen, und wenn er sah, wie arme Knaben betteln gingen, brachte er sie zu seiner Mutter und sprach: „Mutter, siehe deine Kinder!" Sie aber freute sich im stillen, beschenkte die Armen und sprach zu ihrem Sohne: „Mein Kind, du hast recht, es sind deine Brüder!"

Später ließ Bertha am Ufer der Nahe mehrere Wohnungen erbauen, nahm darin zahlreiche Notleidende auf und

spendete ihnen mit eigener Hand Nahrung, Kleidung und Pflege.
Rupertus half ihr getreulich, und oftmals war er voll Freude
damit beschäftigt, den Armen die Füße zu waschen, ihnen
Speise und Trank zu reichen und ihre Lagerstätte zu bereiten.

So that der junge Herzog bis zu seinem fünfzehnten
Jahre. Aber je mehr er heranwuchs, desto mehr sah er ein,
daß der Reichtum seiner Familie und der Verkehr, den er mit
seinen vornehmen Verwandten unterhalten mußte, ihm einst
große Gefahren bereiten könnten. Darum wollte er, wie vordem der hl. Alexius zu Rom, seine Heimat und all sein Hab
und Gut verlassen, um unerkannt in der Ferne Gott desto
eifriger dienen zu können. Als Bertha von diesem Plane
Kenntnis erhielt, war sie sehr betrübt und suchte ihn durch
Bitten und Thränen davon abzubringen. „Mein Kind," sprach
sie, „siehe, ich habe soviel Sorge und Mühe auf deine Erziehung verwendet: unsere ganze Familie schaut mit Stolz und
Hoffnung auf dich, als den zukünftigen Herzog; wir sind noch
viel reicher, als du weißt, aber dieser ganze Reichtum soll dir
gehören, auf daß du damit Gutes thun kannst nach deinem
Wunsche. Bleibe bei uns und wirke als christlicher Fürst in
deiner Heimat!" Rupertus wurde durch die Bitten der Mutter
in seinem Entschlusse ein wenig wankend; als aber kurz darauf
einige seiner leichtlebigen Verwandten kamen und zu ihm
sprachen: „Was? du willst ein Bettler werden? du, dem
alle Freuden und Genüsse der Welt zu Gebote stehen?" da bestürmte er die Mutter mit Bitten, daß sie ihm wenigstens ge-
statte, eine Pilgerfahrt nach Rom zu machen und so vorläufig
dem weltlichen Treiben aus dem Wege zu gehen. Bertha
willigte ein, und Rupertus weilte längere Zeit in der ewigen
Stadt. Aber an den Gräbern der Apostel und Martyrer wurde
sein Entschluß, der Welt zu entsagen, noch fester als je zuvor.

Nach Hause zurückgekehrt, verwendete er zunächst seine
Einkünfte darauf, in der ganzen Umgegend auf seinen Besitzungen
eine Reihe von Kirchen zu erbauen und in gleichem Eifer die

Not der Armen zu lindern. Das sollte die Vorbereitung zu einem Leben der vollkommenen Armut sein. Aber Gott nahm den frommen Willen des Heiligen schon für die That: es befiel ihn ein heftiges Fieber, und nach wenigen Wochen entschlief er sanft in den Armen seiner untröstlichen Mutter zu einem besseren Leben. Er wurde begraben in der von seiner Mutter erbauten Kirche auf dem Rupertsberge (bei dem heutigen Bingerbrück), und alsbald geschahen zahlreiche Wunder an seinem Grabe. Auch die heilige Bertha wurde später hier bestattet, und im 12. Jahrhundert entstand bei der Kirche das berühmte Benediktinerinnen-Kloster, in welchem die hl. Hildegard, die gottbegnadigte Seherin, lange Jahre als Äbtissin lebte.

Als im dreißigjährigen Kriege (1618—1648) die Schweden das Kloster und die Kirche zerstörten, brachte man die Reliquien noch rechtzeitig in Sicherheit. Diejenigen der hl. Hildegard befinden sich jetzt in Eibingen bei Rüdesheim, die des hl. Rupertus und der hl. Bertha in der Pfarrkirche zu Bingen.

Auf der altehrwürdigen Stätte des Rupertsberges aber hat sich in unseren Tagen wieder eine Kirche erhoben. Am 15. Mai 1890 hat der hochwürdigste Herr Bischof M. Felix von Trier den Grundstein dazu gelegt, und Tausende von Gläubigen beteiligten sich an dieser großartigen Feier, zu deren Verherrlichung man in großer Prozession auch die Reliquien des hl. Rupertus und der hl. Bertha an die Baustelle gebracht hatte. Die neue Kirche ist die Pfarrkirche für den Ort Bingerbrück.

Die bösen Gelegenheiten.

Wer die Gefahr liebt, kommt in ihr um.
Sir. 3, 27.

Als der hl. Rupertus erkannte, welche Gefahren die genußsüchtige Welt ihm bereiten würde, wollte er lieber seine Mutter und seine Heimat verlassen, als sich diesen Gelegenheiten zur Sünde aussetzen. Seine Pilgerfahrt nach Rom war die Folge dieser heiligen Entschlossenheit, und sein früher Tod gewiß der

8°

Lohn, durch den auch Gott diese zarte Blume der Unschuld vor dem eisigen Hauche der Welt bewahrte. Es gibt kein besseres Mittel, um die Sünde und ihr Verderben zu meiden, als die Flucht vor den zahlreichen bösen Gelegenheiten, welche in mannigfacher Weise, je nach den äußeren Lebensverhältnissen, dem Stande und Alter des einzelnen Menschen sich darbieten. Für diesen ist es z. B. ein bestimmter Ort, für jenen eine Person, die ihm fast jedesmal zum Falle wird, für einen dritten eine Beschäftigung, ein Vergnügen, ein Spiel, ein Buch oder Ähnliches. Je nach der Größe der Gefahr und der vorauszusehenden Sünde besteht eine mehr oder weniger strenge Verpflichtung, jene Gelegenheiten zu meiden. Handelt es sich um eine solche, die schon öfters zur schweren Sünde führte, und die freiwillig aufgesucht wurde, so ist die erste Bedingung zur Erlangung der Lossprechung in der hl. Beichte, daß jener Gelegenheit durchaus entsagt, daß mit ihr vollständig gebrochen wird. Ohne dieses ernstliche Versprechen ist keine Verzeihung möglich, denn wer an der Gefahr zur Sünde festhält, will auch die Sünde selbst nicht preisgeben. Wohl mag es oft schwer sein, die liebgewonnenen Bande zu sprengen, allein je eher es geschieht, desto leichter wird es sein. Wohlan, mein Christ, ermanne Dich! „Mache dich auf, mache dich auf, zieh' deine Stärke an, Sion! Schüttle den Staub von dir und löse die Fessel deines Halses, du gefangene Tochter Sions!" (Ji. 52, 1. 2.)

29. Mai.

Der heilige **Maximinus**, Bischof.

† 349.

Der heil. Maximinus war zu Silly bei Poitiers in Aquitanien als Sohn einer vornehmen Senatoren-Familie geboren. Nachdem er in den weltlichen Wissenschaften eine

treffliche Ausbildung erhalten hatte, verließ er in der Blüte
der Jahre sein elterliches Haus und zog nach Trier, um dort
unter der Leitung des hl. Agritius dem Studium obzuliegen
und sich auf das Priestertum vorzubereiten. Dieser gab ihm
eine vorzügliche Erziehung, erteilte ihm die hl. Weihen und
nahm ihn in die Zahl der Geistlichen seines Bistums auf.

Nach dem Tode des Bischofs Agritius (332) wurde Maximinus einmütig von Geistlichkeit und Volk zu dessen Nachfolger erwählt, und da auch Gott ihn durch einen Engel als den
Würdigsten bezeichnet hatte, mußte er trotz seiner Demut dem
ehrenvollen Rufe Folge leisten. Er war eine Leuchte der Kirche
Galliens und einer der hervorragendsten Bischöfe des ganzen
römischen Reiches. Der hl. Hieronymus († 420) spricht von
ihm als „dem hochberühmten Bischofe von Trier", und Gregor
von Tours († 593) nennt ihn „mächtig in jeglicher Heiligkeit".
Freilich hatte Trier, die nordische Residenz der römischen Kaiser,
einen so thatkräftigen und charakterfesten Bischof nötig, denn die
Streitigkeiten des Arianismus hatten bereits begonnen, und
die Kaiser ließen sich in thörichter Verblendung von den
Irrlehrern bereden, in das innerste Rechtsgebiet der Kirche
einzugreifen.

Als der hl. Athanasius, der große Bischof von Alexandrien, infolge der Umtriebe der Arianer von dem Kaiser nach
Trier verbannt worden (336), nahm Maximinus ihn herzlich
auf, nicht als einen in Ungnade Gefallenen, sondern als einen
glorreichen Bekenner Jesu Christi. In gleicher Weise fand später
auch der hl. Paulus, Bischof von Konstantinopel, bei dem
Trierer Oberhirten Aufnahme. Über zwei Jahre lang lebte
Athanasius in Trier, und es knüpfte sich zwischen ihm und
Maximinus ein Band inniger Freundschaft. In seinen Schriften
lobt Athanasius die unermüdliche Wachsamkeit, die heldenmütige
Festigkeit und den musterhaften Lebenswandel seines Gastfreundes
Maximinus, der schon damals von Gott die Gabe der Wunder
erhalten hatte.

Nach dem Tode des Kaisers Konstantin (337) wurde sein Sohn Konstans bald Herrscher des Abendlandes und residierte oft und lange in Trier. Maximinus hatte großen Einfluß auf diesen vortrefflichen Kaiser, und als die Arianer vier Gesandte an denselben nach Trier schickten, um auch ihn zu gewinnen, enthüllte Maximinus dem Kaiser die verwerflichen Pläne der Irrlehrer und bewirkte, daß dieselben vom Hofe abgewiesen wurden.

Im Jahre 343 beteiligte sich Maximinus an dem Konzil zu Sardica, desgleichen im Jahre 345 an dem zu Mailand, wo er wieder mit dem hl. Athanasius zusammentraf und denselben im Kampfe mit den Arianern kräftig unterstützte. Er führte ferner den Vorsitz auf dem Konzil von Köln (346), welches nach dem Berichte namhafter Schriftsteller die Irrlehren des dortigen Bischofs Euphrates verurteilte.

Als nach Ermordung des Kaisers Konstans im Jahre 350 Magnentius das abendländische Kaisertum an sich gerissen und in Trier seine Residenz genommen hatte, bat er inständig den Bischof Maximinus, daß derselbe als Gesandter zu Konstantius, dem morgenländischen Kaiser, in den Orient reisen möge, um mit diesem einen friedlichen Ausgleich zu vereinbaren. Maximinus war schon gebeugt durch Alter und Arbeit, aber weil den gallischen Bischöfen viel daran gelegen war, neues Kriegsunglück und wiederholten Regierungswechsel von ihrem Lande abzuwenden, so entschloß er sich dennoch zu der großen Reise. Der hl. Servatius, Bischof von Tongern, begleitete ihn, und auf der Reise begrüßten beide in Ägypten wiederum den hl. Athanasius, der sie aufs liebevollste in Alexandrien aufnahm.

Nachdem Maximinus die Angelegenheit seiner Gesandtschaft bei dem Kaiser Konstantius erledigt hatte, verweilte er auf dem Rückwege mit Servatius einige Zeit in Rom und begab sich von da auf die Rückreise nach Trier. Allein er sollte seine Bischofsstadt nicht wiedersehen. Er besuchte nämlich auf dem Wege dorthin seine Heimat Aquitanien, um seine Verwandten noch einmal zu sehen, insbesondere seinen Bruder Maxentius, welcher Bischof von Poitiers war. Aber kaum bei den Seinigen angelangt, starb er nach wenigen Tagen zu Silly, seinem Geburtsorte, am 12. September 349.

Als die Nachricht von dem Tode des geliebten Bischofs in Trier ankam, entstand dort große Trauer, denn in den 17 Jahren seines Oberhirtenamtes hatte er sich aller Herzen gewonnen. Man erwählte seinen Freund Paulinus zu seinem Nachfolger, und dieser schickte alsbald den Priester Lubentius in Begleitung mehrerer Priester und Laien nach Aquitanien, um den hl. Leichnam abzuholen und nach Trier zu übertragen. Nur mit Mühe gelang es den Gesandten, die teuren Reliquien zu erlangen, und voll Freude zogen sie endlich mit denselben gen Trier. Schon auf der Reise dorthin geschahen auf die Fürbitte des hl. Maximinus mehrere Wunder. Als dann der Zug in die Nähe der Stadt Trier kam, strömten die Bewohner der ganzen Umgegend in Scharen herbei und geleiteten die Leiche ihres Bischofs bis zur Kirche des hl. Johannes, wo sie von Paulinus in der Krypta feierlich beigesetzt wurde.

Diese von Bischof Agritius († 332) errichtete Kirche, welche an der Nordseite von Trier lag, erhielt von nun an den Namen Maximinkirche und wurde einer der besuchtesten Wallfahrtsorte des ganzen deutschen Landes. Kranke aller Art wurden am Grabe des hl. Maximinus geheilt, Besessene kamen herbei und wurden befreit. Über dem Sarge ließ man häufig sogenannte Reinigungseide leisten, und falsche Eide, die daselbst geschworen wurden, bestrafte Gott mehrmals mit plötzlichem Tode. Besonders liebten es aquitanische Großen und Fürsten, hier zu beten und zu opfern, und auch Könige sah man dort ihre Andacht verrichten. Die trierischen Bischöfe aller Jahrhunderte knieten oft an dieser heiligen Stätte, um für sich und ihr Volk zu beten.

Neben der Kirche war schon von Agritius ein Kloster errichtet worden. Dasselbe nahm später die Regel des hl. Benediktus an und bestand als die weltberühmte und einflußreiche Abtei von St. Maximin bis zum Jahre 1802.

Die Kirche des hl. Maximinus, in welcher auch die heiligen Bischöfe Agritius, Nicetius (527—566), Basinus (671—695) und Weomadus (753—791) bestattet waren, hat im Laufe der Jahrhunderte eine wechselvolle Geschichte gehabt. Nicht weniger als siebenmal ist sie zerstört worden, aber immer wieder erstand sie neu aus den Trümmern.

Schon Bischof Hildulph (666—671) baute eine neue Maximinkirche, weil die alte sehr schadhaft wurde, und beim Steigen der Mosel wiederholt das Wasser in die Gruft gedrungen war. In dieser neuen Kirche befanden sich die Reliquien, als die Normannen hereinbrachen und in Trier alles plünderten oder zerstörten. Die Mönche hatten den Sarkophag noch recht zeitig verborgen, aber weil an ihnen ein solches Hinmorden verübt wurde, daß fast keiner am Leben blieb, so wußte man später das Grab des hl. Maximinus nicht mehr zu finden. Erst einige Jahrzehnte später wurde es beim Neubau der Kirche in einer kleinen Gruft wieder entdeckt, weil das schwache Gewölbe dieser Gruft unter der Last einer zufällig darauf gefallenen Steinplatte zusammenbrach. Der damalige Erzbischof Ratbodus (883—915) öffnete unter großen Feierlichkeiten den Marmorsarkophag und fand darin einen Sarg aus Cypressenholz, in welchem die Überreste des hl. Maximinus so unversehrt erhalten waren, als seien sie erst eben beigesetzt worden.

Die damals nur notdürftig wiederhergestellte Kirche wurde 934 durch einen gewaltigen Orkan umgestürzt, aber schon bald durch einen Neubau ersetzt. In der Folgezeit wurde sie noch viermal (1240, 1522, 1552, 1674) zerstört und wiederaufgebaut. Die noch heute bestehende, also achte Kirche ward 1680—1683 von dem ausgezeichneten Abte Alexander Henn errichtet. Sie blieb unverändert bis zur Aufhebung des Klosters im Jahre 1802. Später wurde sie ausgemauert und als Kaserne gebraucht, jedoch ließ der edle König Friedrich Wilhelm IV. die östliche

Hälfte zum Gebrauche des katholischen Militärs wieder in den früheren Zustand versetzen. Noch jetzt ist St. Maximin die Garnisonkirche von Trier.

Von den Reliquien des hl. Maximinus hatte Abt Norich von Eppelborn († 1411) dem Kaiser Karl IV. größere Teile gegeben, welche dieser nach Prag übertrug; ferner hat dieser Abt das Haupt des Heiligen aus dem Sarkophage erhoben und in einer kostbaren silbernen Einfassung zur öffentlichen Verehrung ausgestellt. Nach der Plünderung der Kirche kam es 1794 in die Pfarrkirche zu Pfalzel, wo es noch heute in einer Nische neben dem Hochaltar aufbewahrt wird. Auch der Stab des hl. Maximinus wird dort gezeigt. Die übrigen Reliquien, welche noch im Jahre 1805 in der Gruft der Maximinkirche waren, sind aber leider spurlos verschwunden. Wahrscheinlich sind sie 1805 bei der damals herrschenden allgemeinen Verwirrung und Gesetzlosigkeit mit vielen anderen Kostbarkeiten der Kirche geraubt oder zerstört worden. Im Jahre 1870 ließ der Divisionspfarrer Vollmar im Chore Nachgrabungen anstellen; man fand die Gruft mit Schutt angefüllt und aller Reliquien beraubt.

Die Verehrung des hl. Maximinus, welche in früheren Zeiten alljährlich Tausende von Pilgern zu seinem Grabe führte, hat sich auch weit über die Grenzen der Diözese Trier erhalten. In Köln war einst eine Pfarrkirche zum hl. Maximinus, und gegenwärtig sind deren u. a. noch in Sens und in Metz, wo das Bild des Heiligen in einem prächtigen Farbenfenster über dem Hochaltar der schönen romanischen Kirche angebracht ist. In dem Dorfe Torpet bei Besançon ist eine Kapelle zu Ehren des hl. Maximinus, zu welcher alljährlich am 29. Mai eine große Prozession von Wallfahrern zieht. Möge der Heilige für uns auch fürderhin das sein, was er schon im 6. Jahrhundert gemäß den Worten Gregors von Tours war: „ein mächtiger Fürbitter des trierischen Volkes!"

Der Eid.

Du sollst schwören in der Wahrheit, recht
und gerecht.
Jer. 4, 2.

Welch' hohe Ehre man dem Andenken und den Reliquien des hl. Maximinus erwies, läßt sich daraus ersehen, daß auf Anordnung der geistlichen oder weltlichen Obrigkeit im Mittelalter häufig sogenannte Reinigungseide an seinem Grabe geschworen wurden. Dies geschah nur an den Ruhestätten berühmter Heiligen und wurde in der Weise ausgeführt, daß ein Angeklagter, welcher seine Unschuld eidlich beteuern sollte, während des Schwörens seine rechte Hand auf das Grabmal des Heiligen legte. Nach den alten Berichten war es stets eine überaus feierliche Handlung, wie denn überhaupt der Eid in allen Jahrhunderten seine ehrfurchtgebietende Stellung behalten hat. Es gibt verschiedene Arten des Eides: am bekanntesten ist dem Volke der Zeugeneid, welcher vor Gericht geschworen wird und folgendermaßen lautet: „Ich schwöre bei Gott dem Allmächtigen und Allwissenden nach bestem Wissen die reine Wahrheit zu sagen, nichts zu verschweigen und nichts hinzuzusetzen. So wahr mir Gott helfe!" Dieser Schwur ist eine hochheilige Sache, ein großes feierliches Glaubensbekenntnis, eines der Fundamente, auf denen Treue und Glauben der ganzen menschlichen Gesellschaft beruht. Darum ist auch der Meineid, das heißt der mit Wissen und Willen geschworene falsche Eid, eine schreckliche Sünde. Die weltliche Gesetzgebung stellt den Meineidigen vor das Schwurgericht und bestraft ihn mit Zuchthaus bis zu zehn Jahren, die Gerechtigkeit Gottes aber wird von dem Frevler eine Sühne verlangen, an die nur mit Entsetzen gedacht werden kann. Denn Gott hat gesagt, er lasse seiner nicht spotten (Gal. 6, 7). Ist es aber nicht frevelhafter Spott, vor die Augen des Allwissenden hinzutreten, ihn feierlich zum Zeugen anzurufen und dann zu lügen? „Der Fluch, spricht der Herr der Heer

ſcharen, wird kommen über das Haus deſſen, der
falſch ſchwört bei meinem Namen; und bleiben
wird er mitten in ſeinem Hauſe und es verzehren,
ſogar das Holz davon und die Steine." (Zach. 5, 4.)

---

1. Juni.

Der heilige **Simeon**, Einſiedler.

† 1035.

Der heilige Simeon war geboren zu Syrakus in
Sizilien. Im Alter von ſieben Jahren wurde er von ſeinem
Vater, welcher von griechiſcher Herkunft war, nach Konſtantinopel, der Hauptſtadt des Morgenlandes, gebracht, damit
er dort in den Wiſſenſchaften unterrichtet werde. Der lern-
begierige Knabe entſprach den kühnſten Erwartungen und ſetzte
ſeine Lehrer beſonders durch die Leichtigkeit in Staunen, womit
er ſich fremde Sprachen aneignete. Es wird berichtet, daß er
griechiſch, lateiniſch, ägyptiſch, ſyriſch und arabiſch fließend
geſprochen habe. Trotz der gelehrten Studien ließ er aber die
Frömmigkeit, zu der ihn ſeine Eltern angeleitet hatten, nicht
erkalten, und da im Laufe der Jahre das Verlangen nach
einem Leben als Einſiedler in ihm ſtets lebendiger wurde, ſo
verließ er Konſtantinopel und zog zunächſt nach Jeruſalem.

Hier lernte er einen frommen Mann Namens Hilarius
kennen, der ſich in Jeruſalem niedergelaſſen hatte, um den
Pilgern zu Dienſten zu ſein. Simeon ſchloß ſich an denſelben
an und unterſtützte ihn ſieben Jahre lang in der Führung der
Pilger, wobei ihm ſeine große Sprachenkenntnis gut zu ſtatten
kam. Aber das immerhin unruhige Leben befriedigte ihn auf
die Dauer nicht. Darum zog er an den Jordanfluß, wo in
einem alten Turme ein tugendhafter Einſiedler wohnte, dem
er von nun an in Liebe und Unterwürfigkeit diente, und von

dem er in den Anfängen des geistlichen Lebens unterwiesen wurde. Als der Einsiedler jedoch später an eine entlegenere Stelle zog und sich weigerte, irgend einen Menschen künftig in seiner Nähe zu haben, mußte Simeon zurückbleiben und war nun ratlos sich selbst überlassen.

Wohl war er entschlossen, ein Einsiedlerleben zu führen, doch wußte er nicht recht, wie er es anzustellen habe. Weil er aber in den Lebensbeschreibungen der Altväter gelesen hatte, daß keiner als Einsiedler in der Wüste sich selbst vorstehen könne, der nicht vorher in einem Kloster gehorchen gelernt habe, ging er nach Bethlehem an die Geburtsstätte des Erlösers und ließ sich in dem dortigen Marienkloster als Mönch aufnehmen. Nach zweijähriger klösterlicher Übung kam er in ein anderes befreundetes Kloster am Berge Sinai und zog von dort später mit Erlaubnis seines Abtes in eine Felsenhöhle am roten Meere, wo er zwei Jahre, entfernt von allen Menschen, lebte.

Aber der Abt des Klosters hatte ihm inzwischen eine andere Aufgabe zugedacht. Richard II. nämlich, Herzog der Normandie (in Frankreich), pflegte an viele Klöster des Morgenlandes reichliche Almosen zu geben, und auch das Kloster des Sinai schickte jährlich zwei Mönche nach Frankreich, um die Gaben Richards in Empfang zu nehmen. Jetzt waren nun aber diese beiden reisekundigen Mönche gestorben, und infolge allgemeiner Beratung wurde Simeon wegen seiner Sprachenkenntnisse beauftragt, unter Begleitung eines Bruders nach Frankreich zu gehen.

Kaum hatte er die Reise angetreten, als Widerwärtigkeiten aller Art ihm begegneten. Das Schiff, auf welchem er von Kairo den Nil hinab nach dem mittelländischen Meere fuhr, fiel Seeräubern in die Hände, und Simeon war der einzige von der ganzen Bemannung, der dem Tode entrann. Nach vielen Mühseligkeiten langte er endlich zu Antiochien an, wo er von den Christen liebevoll aufgenommen wurde. Hier traf er im Jahre 1022 die beiden Äbte Eberwein von Tholey und Richard von Verdun, welche auf einer Pilgerreise nach dem heiligen Lande begriffen waren. Es wurde verabredet, daß Simeon zunächst die beiden Äbte begleiten und dann mit ihnen ins Abendland zu Herzog Richard reisen sollte. Die Pilgerfahrt ging glücklich von statten, aber auf dem Rückwege wurde Simeon durch den Fürsten von Belgrad gezwungen, sich von den beiden Äbten zu trennen und nach Konstantinopel zurückzukehren. Von hier schiffte er indes über das mittelländische Meer nach Italien, besuchte Rom, pilgerte über die Alpen und kam endlich 1026 nach Rouen, dem Ziele seiner Reise.

Dort erfuhr er die traurige Kunde, daß der gütige Herzog Richard vor kurzem gestorben sei, und niemand ihm das Almosen geben könne. In seiner Niedergeschlagenheit erinnerte er sich der beiden Äbte und reiste darum von Rouen nach Verdun, wo ihn Richard freundlich aufnahm. Später kam er nach Trier. Der dortige Erzbischof Poppo (1016–1047) hegte schon lange den Wunsch, eine Wallfahrt nach Jerusalem zu machen, und da er nun einen so kundigen Führer in der Nähe hatte, führte er die Reise in Begleitung Simeons aus, brachte denselben aber später wieder mit nach Trier zurück.

Poppo stellte ihm frei, in seinem Erzstifte sich eine Stelle auszusuchen, und Simeon erwählte sich zum dauernden Aufenthaltsorte den östlichen Turm der sogenannten Porta Nigra an der Nordseite von Trier. Hier ließ er sich 1028 von Poppo im Beisein des Klerus und des Volkes feierlich als Reclusus einschließen und führte nun, von allem menschlichen Umgang abgeschieden, ein strenges Leben der Abtötung und des beschaulichen Gebetes. Er starb im Jahre 1035 und wurde in der Zelle begraben, in welcher er gelebt hatte.

Das Volk strömte von allen Seiten zu seinem Grabe, und wegen der wunderbaren Heilungen, welche in rascher Folge daselbst geschahen, wurde Simeon auf Antrag Poppo's bereits im Jahre 1042 von Papst Benedikt IX. heilig gesprochen.

Erzbischof Poppo begann nun sofort damit, die Porta
Nigra in eine Kirche umzuwandeln. Dieses altersgraue Bau
werk (auch Marsthor, Römerthor, Simeonsthor genannt) wurde
wahrscheinlich von den Römern im vierten Jahrhundert nach
Christus erbaut, um als Thor und Befestigungswerk der Stadt
mauer zu dienen. Zwischen zwei aus mächtigen Steinblöcken
errichteten Türmen erhebt sich der Mittelbau in drei mit zahl=
reichen Bogenöffnungen versehenen Stockwerken, und die beiden
obersten dieser Stockwerke richtete nun Poppo zu einer Doppel=
kirche ein. In der Oberkirche befand sich das Grab des
hl. Simeon, zu dessen Füßen auch später Poppo beigesetzt wurde.

Mit der Kirche verbunden war das Simeonsstift,
eine Vereinigung regulierter Chorherren, welcher zahlreiche
berühmte Männer unseres Bistums angehörten; das Stift bestand
bis 1802.

Im Jahre 1400 eröffnete man den Sarkophag des heiligen
Simeon und fand seine Gebeine noch wohlerhalten. Mit Be=
willigung des Erzbischofs Werner (1388—1418) erhob man
das Haupt und einen Teil des linken Armes und setzte diese
Reliquien in einem silbernen Behälter zur Verehrung aus.
Bei dem Einrücken der Franzosen brachte man im Jahre 1803
den Sarkophag mit den Reliquien des hl. Simeon in die
St. Gervasiuskirche zu Trier, wo er jetzt in dem rechten
Seitenschiffe neben dem Altare steht. Auf der Deckplatte des
Sarkophages ist aus grauem Marmor der Heilige dargestellt,
wie er in halb aufgerichteter Stellung in einem Buche liest.
Sein Haupt, sein Bußhemd und eine seiner Sandalen
sind in einem Schreine an der Wand rechts neben dem Hoch=
altare aufbewahrt und stets sichtbar. Das in griechischer Sprache
auf Pergament geschriebene Evangelienbuch des Heiligen
befindet sich jetzt in der Schatzkammer des Domes; außerdem
bewahrt man dort seine Kopfbedeckung, nämlich eine aus Kameel
haargewebe und Leinen bestehende Mütze, wie solche noch jetzt
von den orientalischen Mönchen getragen werden.

Die Simeonskirche besteht heute nicht mehr, weil Napoleon im Jahre 1804 die Weisung gab, alle baulichen Zu-
thaten aus späterer Zeit von der Porta Nigra zu entfernen.
Der Befehl wurde ausgeführt, und das alte Römerthor hat
seine frühere Gestalt wiedererhalten. Nur die romanische Apsis
an der Ostseite wurde verschont, und im Innern sieht man noch
eine Anzahl von Denkmälern, welche einst die Doppelkirche
schmückten.

Die göttliche Vorsehung.

Der Herr sieht die Wege des Menschen und
gibt acht auf alle seine Schritte. Prov. 5, 21

Es dürften sich wohl selten in einem Menschenleben so
vielerlei Beschäftigungen, Ortsveränderungen, Beschwerden und
Gefahren finden wie in dem Leben des hl. Simeon. Unter
Gottes gnädiger Leitung gelangte er dennoch zu seinem Ziel.
So wird es auch uns gehen, wenn wir immer und überall
von der Vaterhand Gottes uns führen lassen. Wie oft hat
der Herr uns seine Liebe beteuert, seinen Schutz verheißen, seine
Barmherzigkeit gezeigt! Was kann uns also noch fehlen, wenn
wir selbst Gott den Herrn nicht verlassen? Er ist allmächtig:
wer oder was vermag ihm zu widerstehen? Er ist allwissend
und allweise: vor seinem Auge liegen offen alle Wege, die er
uns führt, und deren Ausgang. Er ist gütig: was wir bedürfen,
gibt er uns: keine Bürde legt er uns auf, die unsere Kräfte
übersteige. Er ist wahrhaft und getreu: darin liegt die sichere
Bürgschaft, daß er seine Verheißungen erfüllt. Manchmal will
es uns nun doch scheinen, als habe Gott sich von uns entfernt.
Kummer befällt alsdann das Herz: alles zeigt sich uns in trüben,
düsteren Farben, leichte Dinge, Kleinigkeiten drücken uns darnieder, und größeres Leid benimmt uns vollends allen Mut.
Und doch hat Gott uns nicht vergessen, seine Vaterliebe ist uns
nicht entzogen, er ist und bleibt in unserer Nähe. Seine Wege
sind gar oft geheimnisvoll, aber sie sind sicher und führen alle

zum guten Ziel, auch wenn wir es nicht begreifen. Darum vertraue! Der Herr sorgt für das Würmlein im Staube und für den Sperling auf dem Dache; soll teer nun deiner vergessen, deiner zeitlichen Bedürfnisse und der Angelegenheiten deiner Seele, wenn du ihm vertraust? Nie und nimmer: denn „gut ist der Herr, und er stärkt am Tage der Trübsal und kennt, die auf ihn hoffen." (Nahum 1, 7.)

3. Juni

Die heilige **Chlotilde**, Königin.

† 545.

Die hl. Chlotilde war die Tochter des Königs Chilperich, welcher gemeinschaftlich mit seinem Bruder Gundobald das Königreich Burgund regierte. Als der letztere jedoch aus Verlangen nach der Alleinherrschaft seinen Bruder ermordet und dessen Gemahlin in der Rhone hatte ertränken lassen, kam die elternlose Chlotilde an den Hof ihres Oheims Gundobald. Obgleich derselbe der arianischen Irrlehre zugethan war, konnte Chlotilde doch ihren katholischen Glauben bewahren, und sie führte nun ein stilles frommes Leben im Dienste Gottes und der zahlreichen Armen, die sich hülfesuchend an sie wandten.

Nach einigen Jahren gab Gundobald sie dem heidnischen Frankenkönig Chlodwig (486—511) zur Gemahlin, und Chlotilde begann nun unermüdlich an der Bekehrung ihres Gatten zu arbeiten. Dieser hielt jedoch den Gott der Heiden für mächtiger als den der Christen, weil die heidnischen Heere überall die Oberhand über das damals zusammenbrechende christliche Reich der Römer gewannen. Es war somit schon ein großer Erfolg der frommen Gattin, daß Chlodwig die Taufe des ersten Sohnes Ingomar zuließ. Aber das Kind starb noch im Taufkleide, und nun beteuerte der König in seinem

Unwillen, daß dies eine Strafe von seiten seiner heimatlichen Götter sei. Als dann im nächsten Jahre Chlotilde ihm wieder einen Sohn schenkte, und auch dieser nach der Taufe erkrankte, glaubte er, auch dessen Tod erwarten zu müssen, aber auf das inständige Gebet der Mutter genas das Kind zur Freude der Eltern in kurzer Zeit.

Chlodwig blieb zwar vorläufig noch Heide, aber das liebevolle Zureden seiner Gattin, die großartige Erscheinung des Christentums, die vielen Wunder, welche damals in Gallien am Grabe des hl. Martinus von Tours geschahen, die ehrwürdige Schar trefflicher Bischöfe, welche ringsum Segen über das Land verbreiteten, alles dies blieb auf ihn nicht ohne Einfluß. Darum bedurfte es nur des letzten Antriebs der göttlichen Gnade, daß er in der fürchterlichen Schlacht bei Zülpich (496) sich hülfesuchend an den Gott der Christen wandte und gelobte, Christ zu werden, wenn er siegen würde. Und wie er gehofft hatte, so geschah es; er gewann die fast verlorene Schlacht. Aber er hielt auch sein Gelübde und zur unaussprechlichen Freude seiner Gattin ließ er sich mit 3000 Franken am Christfeste 496 in der Kirche zu Reims von dem hl. Remigius feierlich taufen.

Die Kirche gewann an dem kräftigen Frankenkönige einen mutvollen Verteidiger, welcher der arianischen Ketzerei bald ein Ende machte und der katholischen Lehre unter den deutschen Völkern die Wege bahnte. Er erbaute auch viele Klöster und Kirchen, so besonders auf Wunsch seiner Gemahlin die Basilika des hl. Petrus zu Paris, in welcher er später auch sein Grab erhielt.

Chlotilde übernahm nach seinem Tode gewissenhaft alle Pflichten einer christlichen Witwe. Sie zog nach Tours und wohnte von nun an in dieser durch das Grab des hl. Martinus geheiligten Stadt. Gebet und Wohlthun war ihr Tagewerk, und mehrere Kirchen und Klöster erstanden infolge der Freigebigkeit, mit der die Königin ihre Einkünfte denselben zuwandte. Aber auch die Tage des Kummers blieben ihr nicht erspart, da unter ihren Söhnen große und blutige Kämpfe

wegen der Thronfolge entstanden. Nachdem sie viele Jahre ihr
Leid standhaft getragen und dadurch immer mehr zur Vereinigung
mit dem göttlichen Willen gelangt war, starb sie als Heilige
im Jahre 545 zu Tours.

Ihr Leichnam ward in großer Prozession und unter Psalmen=
gesang nach Paris gebracht und in der ebengenannten Kirche
des hl. Petrus (jetzt St. Geneviève) an der Seite Chlodwigs
feierlich beigesetzt. Im Jahre 1641 befanden sich ihre Reliquien
daselbst noch in einem silbernen, mit kleinen Statuen geschmückten
Reliquiarium. Als jedoch in der französischen Revolution zu
Ende des 18. Jahrhunderts zahllosen Kirchen die Zerstörung
bevorstand, verbrannte man mit vielen anderen Reliquien auch
die Gebeine der hl. Chlotilde, um sie vor Entweihung zu
schützen. Die Asche wurde jedoch sorgfältig gesammelt und be=
findet sich jetzt in der Kirche der hh. Lupus und Ägidius
zu Paris.

Wert des Leidens.

Selig sind die Trauernden, denn sie werden
getröstet werden!   Matth. 5, 5.

Gleichwie die hl. Chlotilde schon in früher Jugend von
schmerzlichem Kreuz heimgesucht worden war, indem man Vater
und Mutter ihr hingemordet hatte, so waren auch ihre letzten
Lebensjahre durch die blutigen Kämpfe ihrer Söhne stets mit
Kummer erfüllt. Ihr Leben war somit eine Bestätigung der
alten Wahrheit, daß vom Kreuztragen niemand, und sei er noch
so hoch gestellt, ausgeschlossen bleibt; ja, oft scheint es sogar,
als ob Gott mächtigen, reichen, hochgestellten Personen und
Familien ein besonders schweres Kreuz auferlege. Welche
Wohlthat und welche Liebe erweist er ihnen damit! Denn
während dauerndes Glück und Wohlergehen den Menschen oft=
mals zur Gottvergessenheit führen, weil sie ihn übermütig auf
eigene Kraft vertrauen lassen, erhalten Kreuz und Leiden die
Seele in Demut. Von dem Irdischen, Vergänglichen, welches

in den Tagen der Trübsal keinen wahren Trost gewährt, richten die Leiden den Blick des Schwergeprüften zum Himmel empor und klammern seine Hoffnung an Gott. Vielleicht hatte das Herz bisher den Dingen der Welt einen höheren Wert beigelegt als sie besitzen, nun schälen Kreuz und Leiden es los von den äußeren Gütern und zeigen ihm Schätze, die in Ewigkeit dauern. Wohl mag es schwer werden, statt den Becher der Freude den Kelch des Leidens zu trinken, allein der Heiland hat diesen Kelch zuerst getrunken, er hat das Kreuz zuerst getragen. Was macht uns ihm ähnlicher als das Leiden? Wahrlich eine Ehre ist's, teil zu haben an seiner Schmach, an seinen Schmerzen, an seinem Kreuze, und mit Recht ruft der Apostel in heiliger Begeisterung aus: „Mir aber sei's ferne, mich zu rühmen, außer in dem Kreuze unseres Herrn Jesu Christi, durch welchen mir die Welt gekreuzigt ist, und ich der Welt!" (Gal. 6, 14.)

8. Juni.

Der heilige **Medardus**, Bischof.
† um 545.

Der hl. Medardus war geboren zu Salency bei Noyon im nördlichen Frankreich. Schon als Kind zeigte er große Frömmigkeit und eine solche Liebe zu den Armen, daß er ihnen oft seine eigene Nahrung gab und einst einem Blinden das Gewand schenkte, welches ihm die Mutter kurz vorher angefertigt hatte. Auch in späteren Jahren bewahrte er sich dieses mildthätige Herz, und als er z. B. einst einen Dieb ertappte, der in seinem Garten eine große Menge Trauben gestohlen hatte, machte er ihm zwar die verdienten Vorwürfe, schenkte ihm aber dann die entwendeten Trauben. Nachdem er später Priester geworden, wirkte er fast 40 Jahre lang segensreich in seiner

Heimat, und es werden uns auch mehrere Wunder berichtet, durch die er Kranken und Notleidenden zu Hülse kam.

Als um das Jahr 530 der Bischofsstuhl von Vermand (nördlich von Noyon) verwaist war, wünschte die Geistlichkeit und das Volk, daß man den frommen Priester Medardus erwähle, und obgleich derselbe bereits 70 Jahre zählte und sich für gänzlich unwürdig zu einem solchen Amte erklärte, wurde er doch zu Reims vom hl. Remigius zum Bischof von Vermand geweiht. Er fand in seiner Diözese traurige Verhältnisse, denn die ganze Gegend war von den Hunnen und Vandalen verwüstet worden, und wegen der noch immer drohenden Kriegsgefahr sah er sich genötigt, seinen Bischofssitz nach der besser befestigten Stadt Noyon zu verlegen. Auch über die Grenzen seines Bistums hinaus wirkte er für die Ausbreitung der christlichen Religion, und als sein Freund, der Bischof Eleutherius von Tournay, gestorben war, mußte er auf die Bitten des Königs Chlotar I. und des hl. Remigius auch die Leitung der Diözese Tournay übernehmen. In der zu diesem Kirchensprengel gehörigen Grafschaft Flandern gab es noch viele Heiden, aber in den fünfzehn Jahren, die der greise Bischof noch zu eifriger Thätigkeit verwenden konnte, gelang es ihm, durch apostolische Predigt und durch ein heiligmäßiges Opferleben Flandern für den christlichen Glauben zu gewinnen. Reich an Verdiensten und von den Bewohnern seiner beiden Diözesen tief betrauert, starb er im Jahre 545. König Chlotar trug abwechselnd mit der Geistlichkeit auf seinen Schultern den hl. Leichnam nach Soissons, wo er feierlich beigesetzt wurde. Chlotar begann alsbald über dem Grabe eine prächtige Kirche zu bauen, und nachdem sein Sohn Sigebert dieselbe vollendet hatte, entstand bei ihr die später so berühmte, dem hl. Medardus geweihte Benediktinerabtei.

Das Grab des Heiligen war nach dem Zeugnisse des hl. Gregor von Tours durch viele Wunder verherrlicht, und von altersher genießt derselbe in Belgien, Nordfrankreich und dem westlichen Deutschland eine große Verehrung. Von seinen Reliquien kam ein Armknochen in die Pfarrkirche St. Jakob zu Köln, andere Teile übertrug Kaiser Karl IV. nach Prag, und in Trier wurden solche in einem Altar der St. Mathias-kirche eingeschlossen. In der Nähe von St. Mathias lag auch eine alte, dem hl. Medardus geweihte Pfarrkirche, welche zwar jetzt nicht mehr besteht, nach der aber die umliegende Ortschaft St. Medard noch bis heute den Namen behalten hat. Von den Pfarrkirchen der Trierer Diözese sind diejenigen zu Bendorf, Esch, Mehring und Neuforweiler dem hl. Medardus geweiht.

Die Sanftmut.

Selig sind die Sanftmütigen, denn sie werden das Erdreich besitzen! Matth. 5, 4.

Die Art und Weise, wie der hl. Medardus einen auf frischer That ertappten Dieb behandelte, war ein Ausdruck jener liebenswürdigen Sanftmut, durch welche er auch in seinem späteren Leben so viele Seelen für Gott gewann. Wir arme Menschen handeln aber oft ganz anders als dieser Heilige. Hat einer unserer Nebenmenschen ein größeres Vergehen sich zu Schulden kommen lassen, so erwacht in uns sofort der Gedanke an Strafe und Rache. Unbarmherzig suchen wir demselben Geltung zu verschaffen, indem wir uns einreden, daß ein so schlechter Mensch keine Schonung und Rücksicht, sondern nur Verachtung verdiene. Wie grausam und unchristlich handeln wir aber durch solche Ge-sinnung! Wohl sollen wir die Sünde des Nebenmenschen hassen und verabscheuen, aber ihn selbst dürfen wir von unserer Liebe nicht ausschließen, denn seine Seele ist mit dem Blute Jesu Christi ebenso erlöst wie die unsrige, und der christlichen Liebe ist er um so bedürftiger, je tiefer er in seinem Unglück gefallen ist. Mit kalter Strenge erreicht man wenig, mit schonender Milde aber hat man oft großen Erfolg. Gilt dieses nun sogar bei größeren Vergehen, bei wirklichen Sünden des Nebenmenschen, um wie viel mehr wird es ihm gegenüber gelten, sobald es sich

nur um Kleinigkeiten, um unbedeutende Versehen handelt. Und
doch, wie leicht lassen wir uns von Heftigkeit und Zorn hinreißen, wenn nicht alles nach unserem Willen geht, besonders
wenn unsere Untergebenen infolge ihrer Unbeholfenheit, ihrer
mangelhaften Kenntnisse oder gar wegen körperlicher Gebrechen
an der pünktlichen Erfüllung kleiner Pflichten etwas fehlen lassen.
In solchen Fällen wollen wir recht an den Heiland denken, der
mit den Sündern stets so nachsichtig war, der sogar an seinen
Aposteln so viel menschliche Schwäche stillschweigend ertrug, und
der zu seiner Nachfolge uns ermutigt mit den Worten: „Lernet
von mir, denn ich bin sanftmütig und demütig
von Herzen.“ (Matth. 11, 29.)

18. Juni.

Die heilige Elisabeth von Schönau.
† 1165.

Etwa 3½ Stunden landeinwärts von St. Goarshausen,
in der Mitte zwischen diesem Städtchen und Langenschwalbach
in Nassau, liegen in einem Wiesengrunde, von Bergen und
Hügeln umgeben, die von der Kirche überragten Gebäude des
ehemaligen Klosters Schönau. Mönche des Benediktiner-
Ordens hatten in dieser von der Welt abgeschiedenen „schönen
Au“ im 12. Jahrhundert ein Kloster errichtet, und Hildelin
war der erste Abt desselben. Bei diesem Mönchskloster entstand
bald nach der Gründung ein Nonnenkloster desselben Ordens,
nur durch eine Straße von dem ersteren getrennt. Es stand
unter der Leitung des Abtes der Mönche, hatte keine eigentliche
Äbtissin, sondern wurde von einer sog. Meisterin verwaltet.
Beide Klöster lagen in der damaligen Erzdiözese Trier,
deren Grenzen sich früher viel weiter als heute ausdehnten.

Die Geschichte würde des kleinen Frauenklosters Schönau,
welches nur bis 1606 bestand, vielleicht kaum Erwähnung thun,

wenn es nicht als Wohnstätte der hl. Elisabeth, die, wie ihre Zeitgenossin und Freundin Hildegard, durch Visionen ausgezeichnet war, zu besonderer Berühmtheit gekommen wäre. Elisabeth war um das Jahr 1129 aus einer edlen am Mittelrhein ansässigen Familie geboren. Ein Bruder von ihr Namens Egbert war Kanonikus am Kassiusstifte zu Bonn, und andere Glieder der Familie lebten in rheinischen Städten und Klöstern wie Andernach, Dietkirchen, Köln u. s. w. Im Alter von 12 Jahren kam Elisabeth (1141) in das vor kurzem gegründete und noch arme Kloster Schönau, wo sie Unterricht und Erziehung erhielt und 1147 eingekleidet wurde. Sie war von Jugend auf ein stilles frommes Kind, und trotz ihrer schwächlichen Gesundheit gab sie sich mit ganzer Seele der strengen Ascese des Klosters hin. Im Alter von 23 Jahren (1152) begannen bei ihr Zustände des höheren Seelenlebens, sogenannte Ekstasen, einzutreten, welche besonders an Sonn und Festtagen nun fast regelmäßig wiederkehrten und bis zu ihrem Tode (1165) dauerten.

Elisabeth zeichnete diese Visionen teils in deutscher, teils in lateinischer Sprache flüchtig auf und gewährte ihrem Bruder Egbert Einblick in dieselben. Derselbe hatte nämlich bald nach Empfang der hl. Priesterweihe den Ordensstand erwählt und war auf Elisabeths Zureden in das Mönchskloster Schönau eingetreten. Da ihm die Mitteilungen seiner frommen Schwester von Gott zu kommen schienen, begann er, dieselben in Zusammenhang zu bringen und sie gemäß den mündlichen Angaben Elisabeths zu ergänzen. So entstanden mehrere Bücher Visionen, welche ein anschauliches Bild von der stufenweise fortschreitenden Entwicklung im Seelenleben Elisabeths gewähren.

Es begann zunächst für sie eine Zeit schwerer Beängstigungen und Versuchungen, in denen sie scheinbar von Gott verlassen und der ganzen Macht des Teufels preisgegeben war. Das Leben war ihr eine Qual, Speise und Trank konnte sie kaum zu sich nehmen, und nur mit äußerster Anstrengung hielt sie sich aufrecht. Jedoch die Tröstungen Gottes blieben nun auch nicht aus. Zur Zeit der hl. Messe schaute sie in der Ekstase die allerseligste Jungfrau, von der sie gesegnet und ermutigt wurde. An Freitagen sah sie das hl. Kreuz am Himmel strahlen, und je nach den Zeiten des Kirchenjahres stellten sich entsprechende Erscheinungen von Engeln und Heiligen ein, mit denen sie über göttliche Dinge und die Auslegung der hl. Schrift verhandelte. Bald sah sie Christum in höchster Glorie strahlend, bald in tiefster Erniedrigung leidend und blutend, wie er den Menschen zeigt, was er aus Liebe für sie gethan. In der hl. Fastenzeit durchlebte sie die ganze Leidensgeschichte des Herrn, bis sie ihn am Pfingstfeste thronend zur Rechten des Vaters sah. Die Visionen dieser Art wiederholten sich fünf Jahre lang, worauf dieselben dann einen andern Charakter annahmen. Hatten sie nämlich bisher der eigenen Belehrung, Tröstung und Läuterung Elisabeth's gedient, so begann nun die Zeit, da Elisabeth als Lehrerin des geistlichen Lebens für andere thätig wurde. Sie erhielt Offenbarungen zur Mitteilung an die verschiedenen Stände und Lebensalter, für Kinder, Jünglinge, Eheleute, Witwen, für Einsiedler, Priester und Ordensleute. Noch jetzt können manche dieser schönen und leichtverständlichen Schriften als treffliche Darstellung der ewigen Wahrheiten gelten.

Trotzdem Elisabeth's Ansehen stets höher stieg, blieb sie selbst demütig und zurückgezogen. Die Gnadenerweisungen Gottes waren für sie immer ein Grund zu heiliger Furcht, und nur mit Mühe konnte sie zu Aussagen darüber bestimmt werden. Um das Jahr 1157 wurde sie zur Meisterin ihres Klosters gewählt, weil sie allen ihren Mitschwestern durch Heiligkeit und Entsagung voranleuchtete. Sie machte auch einige Reisen, so zu der hl. Hildegard nach dem Rupertsberg bei Bingen, vielleicht auch nach Köln und Mainz. Mit hochgestellten geistlichen Personen von Köln, Mainz und Trier, sowie mit mehreren Äbten, Abtissinnen, Mönchen und Nonnen stand sie in geistigem

Verkehr, wie ihre uns erhaltenen Briefe zeigen, in denen oftmals der Schmerz über die Gebrechen der damaligen Zeit einen
ergreifenden Ausdruck findet.

Obschon Elisabeth während ihres ganzen Lebens leidend
war, so mehrten sich doch nach dem Pfingstfeste des Jahres 1165
die Krankheitserscheinungen in solchem Maße, daß über die
Nähe ihres Todes kein Zweifel mehr war. Sie selbst sah klar
in die Zukunft. Sie ließ ihren geistlichen Vater, den Abt
Hildelin, herbeirufen und alle Schwestern sich versammeln. Dann
bat sie alle um Verzeihung, richtete gottbegeisterte feierliche Ermahnungen an die Anwesenden und ernannte noch selbst ihre
Nachfolgerin für die Verwaltung des Klosters. Am 18. Juni 1165,
im jugendlichen Alter von 36 Jahren, übergab sie ihre heilige
Seele in die Hände des Schöpfers.

In der dem hl. Florin geweihten Abteikirche zu Schönau
ward ihr von den Mönchen die Grabstätte beim Hochaltar bereitet. Später wurden ihre Gebeine erhoben und in einer mit
der Kirche verbundenen Elisabethkapelle beigesetzt. Das kleine
Nonnenkloster Schönau wurde im Jahre 1606 aufgehoben, seine
Gebäude verfielen bald, und seine Güter wurden dem Mönchskloster Schönau überwiesen. Letzteres bestand noch im vorigen
Jahrhundert: seine Gebäude sind zum Teil noch bis heute
erhalten, insbesondere auch seine alte Abteikirche, welche jetzt
als katholische Pfarrkirche dient, obschon die Bevölkerung
der Umgegend zum größten Teil protestantisch ist. Die Reli
quien der hl. Elisabeth wurden wahrscheinlich im dreißigjährigen
Kriege (1618—1648) von den Schweden vernichtet: nur ihr
Haupt ist gerettet worden und wird jetzt in einem Glasschreine
in der Kirche zu Schönau als wertvolle Reliquie aufbewahrt.

Gleichwie Elisabeth bei Lebzeiten in großem Ansehen stand,
so fanden auch nach ihrem Tode ihre Schriften bald große Verbreitung. Sie wurden im Mittelalter vielfach abgeschrieben und
in befreundeten Klöstern als geistliche Lesung benutzt. Später
gab man sie mehrmals in Druck und übersetzte sie auch in fremde

Sprachen. Wenngleich Elisabeth nicht feierlich von der Kirche heilig gesprochen wurde, so ist sie doch von ihr in das römische Martyrologium als Heilige aufgenommen worden. Und wenn gleich keine Verpflichtung besteht, die in ihren Schriften enthaltenen Visionen als von Gott geoffenbart anzuerkennen, so kann der Leser derselben sich doch nicht des Eindruckes erwehren, daß hier ein reichbegnadigtes Leben an seinem Geiste vorüberzieht. Das zwölfte Jahrhundert war eine Zeit schwerer Kämpfe in Welt und Kirche. Aber eben darum ließ es Gott auch nicht an besonders bevorzugten Seelen mangeln, die durch ihr stilles Wirken, ihr Gebet und ihr Leiden mahnend, lehrend und versöhnend in die Zeitgeschichte eingriffen. Eine solche war Elisabeth von Schönau.

Segen der Krankheit.

Weil du angenehm warst vor Gott, mußte die Prüfung dich bewähren. Tob. 12, 13.

Die hl. Elisabeth war fast beständig krank und von heftigen Leiden heimgesucht, aber wie geduldig hat sie diese lange Prüfung ertragen und mit welchem Eifer und welcher Freudigkeit Gott gedient! Die Krankheiten, mein lieber Christ, sind stets ein Beweis der besonderen Vaterliebe deines Gottes, der diejenigen züchtigt, die er liebt. Dadurch will er zunächst dein Herz von allzugroßer Anhänglichkeit an die vergänglichen Güter dieser Erde frei machen und deinen Blick mehr nach oben lenken. Er will sodann deine Seele durch die Geduld und Gottergebenheit stets mehr und mehr veredeln und läutern, ihren Wert und ihre Schönheit erhöhen. Er will endlich dir die schönste und beste Gelegenheit bieten, die reichsten Verdienste für die Ewigkeit zu sammeln. Höre die beredten Worte des hl. Johannes Chrysostomus: „Wenn dir Gott die Macht verleiht, die Toten zu erwecken, so schenkt er dir weit weniger, als wenn er dir Kreuz und Leiden schickt; denn um der Wundergabe willen verbleibst du sein Schuldner, durch das Leiden aber wird Gott dein Schuldner." Darum verlangten die lieben Heiligen mit der größten Sehnsucht nach Leiden, darum fürchteten sie, von Gott vergessen zu sein, wenn ein Tag hinging ohne irgend ein Leiden; darum flehten sie mit heiliger Beharrlichkeit zu Gott um das Gnadengeschenk der Leiden. Betrachte auch du, mein lieber Christ, die Krankheiten und Leiden, die Gott dir schickt, als Teilchen des Kreuzes Christi, als einige Tröpflein aus dem Leidenskelche, den dein Heiland für dich getrunken. Vergiß nicht die trostreichen Worte: „Die mit Thränen säen, werden mit Frohlocken ernten. Sie gehen und streuen weinend ihren Samen aus, aber sie kommen mit Jubel und tragen ihre Garben heim." (Ps. 125.)

21. Juni.
Der heilige Alban, Martyrer.
† 406.

Der hl. Alban kam zur Zeit des Kaisers Theodosius (392—395) von der Insel Namsia (vielleicht Naxos, östlich von Griechenland) nach Mailand. In seiner Begleitung befanden sich Theonestus und Ursus, welche wie er ebenfalls Priester waren. Da der hl. Ambrosius, der damalige Erzbischof von Mailand, die Begeisterung und den Mut der frommen Männer bald erkannte, forderte er sie auf, nach Gallien zu ziehen und dort an der Ausbreitung des Christentums zu arbeiten. Freudig machten sie sich auf den Weg, und nachdem Ursus bereits zu Aosta (südlich vom großen St. Bernard in den Alpen) den Martyrertod erlitten hatte, kamen Alban und Theonestus nach Mainz, wo die Arianer vor kurzem den Bischof Aureus vertrieben hatten. Derselbe kehrte zwar in sein Bistum zurück, ward aber ergriffen und getötet. Theonestus und Alban fürchteten sich jedoch nicht und predigten unerschrocken das Wort Gottes, bis eines Tages die Irrlehrer auch den Albanus ergriffen und enthaupteten. Dies geschah im Jahre 406, in demselben Jahre, in welchem die Vandalen die Stadt zerstörten und das ganze Land verwüsteten.

Die Stelle, wo Alban den Tod erlitt, lag nördlich vor der Stadt, etwa da, wo heute die sog. Rheinallee am Sicherheitshafen endigt. Die Christen bestatteten jedoch den Leib des Heiligen nicht an dem Orte seines Martyriums, sondern an der entgegengesetzten Seite der Stadt, etwa ¼ Stunde südlich von Mainz, wo der altrömische bürgerliche Begräbnisplatz lag.

Sein Grab war durch die Verehrung der Gläubigen, sowie durch viele Wunder ausgezeichnet, und nachdem man zunächst über demselben eine kleine Kapelle errichtet hatte, begann 787 der Erzbischof Richolf auf Wunsch Kaiser Karls des Großen den Bau einer prachtvollen Albanskirche und eines mit ihr verbundenen Benediktinerklosters. Das letztere erblühte bald zu einer besonderen Stätte der Frömmigkeit und Wissenschaft, wie die zahlreichen Namen seiner gelehrten Mönche und mehrere kostbare, uns noch erhaltene Handschriften aus der Karolingerzeit beweisen. Wie groß die Verehrung war, die man dem hl. Alban und seiner Kirche erwies, geht besonders daraus hervor, daß in der Albanskirche während des 9. und 10. Jahrhunderts die Mainzer Erzbischöfe ihre Grabstätte erhielten. Auch viele Personen fürstlichen Standes waren dort bestattet, so u. a. Fastrada, die Gemahlin Karls des Großen. In dem Kloster wurden mehrere Kirchen- und Reichsversammlungen abgehalten, und der Dänenkönig Heriold empfing daselbst 826 mit seiner Gemahlin und einer großen Schar seiner Landsleute die hl. Taufe.

Im Jahre 1419 wurde das Kloster in ein Ritterstift umgewandelt. Als jedoch im Jahre 1522 der Markgraf Albrecht von Brandenburg mit seinen Truppen das Land verwüstete, ging auch St. Alban zu Grunde und erstand nicht wieder aus den Trümmern. In dem gewaltigen Festungsgürtel, der jetzt die Stadt Mainz umzieht, erinnert nur noch die „Albansschanze" an die ehedem so berühmte Stätte der Kirche und des Klosters.

Die Reliquien des Heiligen, insbesondere sein in eine silberne Kapsel gefaßtes Haupt hatte man 1522 beim Herannahen der Kriegsgefahr in die St. Ignatiuskirche zu Mainz geflüchtet. Hier befanden sie sich noch im Jahre 1602, doch ist es jetzt unbekannt, wohin sie später gekommen sind. Im 14. Jahrhundert hatte Kaiser Karl IV. einen großen Teil vom Körper des hl. Alban zum Geschenk erhalten und nach Prag übertragen.

Der Heilige steht seit altersher in der Diözese Mainz in hoher Verehrung, aber auch in entfernteren Gegenden hat man sich vielfach seinem durch zahlreiche Wunder bewährten Schutze empfohlen. So bestand zu Trier (etwa 300 Schritte vor dem Neuthor, links gegen die Anhöhe nach Heiligkreuz zu) eine alte ihm geweihte Kapelle, an welche Erzbischof Balduin (1307—1354) das Karthäuserkloster St. Alban anbauen ließ. Dasselbe bestand bis 1673, in welchem Jahre die Franzosen es vollständig zerstörten. Auch die Pfarrkirchen zu Perscheid, Schillingen und Thalexweiler im Bistum Trier sind dem Heiligen geweiht.

In Köln befindet sich neben dem Gürzenich die schöne aus dem 12. Jahrhundert stammende Kirche St. Alban, welche auch noch eine Reliquie des Heiligen besitzt. Die Stadt Göttingen ferner ist dadurch entstanden, daß sich die Bewohner des Landes um eine alte Albanskapelle ansiedelten; die jetzige Kirche ist aus spätgotischer Zeit.

Der hl. Alban ist ferner Patron des Bistums Namur in Belgien, und der Dom von Namur ist ihm geweiht.

Besondere Verehrung genießt der Heilige aber in Süddeutschland, wie seine von zahlreichen Wallfahrern besuchten Kirchen beweisen. Solche befinden sich insbesondere zu St. Alban am Ammersee, Stillnau und Assaltern (bei Donauwörth), Honsolgen (bei Buchloe), Döllwang (Bistum Eichstätt), Hallertau (bei Freising), Peterskirchen (bei Traunsee) und Taubenbach am Inn. Man verehrt ihn dort meistens als hülfreichen Fürbitter, um die Befreiung von Fallsucht, Gicht und Kopfleiden zu erlangen.

Glaubensmut.

Wer mich vor den Menschen bekennen wird, den will auch ich vor meinem Vater bekennen, der im Himmel ist.   Matth. 10, 52.

Ein unerschrockener Bekenner Jesu Christi, seines himmlischen Königs, ist der hl. Albanus gewesen, und freudig gab er für den sein Leben hin, der zuerst für ihn aus lauter Liebe gestorben ist. Das Opfer des Lebens wird zwar von uns heutzutage nicht mehr gefordert, aber wohl ein mutiges, mannhaftes Eintreten für unseren hl. Glauben, für die Kirche Gottes auf Erden, für Tugend und gute Sitte. Das ist zunächst Gottes Wille, der sich keineswegs damit begnügt, daß wir unseren Glauben bloß im Herzen tragen, sondern unbedingt verlangt, daß wir ihn auch äußerlich bekennen. Wollen wir darum, daß Christus der Herr uns am jüngsten Tage als seine Jünger anerkennt, die Anspruch auf das Himmelreich machen können, dann dürfen wir uns hienieden seiner nicht schämen, dann müssen wir uns auch schon hier als seine Jünger zeigen, für seine Lehre und seine Ehre öffentlich auftreten. Das verlangt aber auch die Dankbarkeit gegen unsere Mutter, die hl. Kirche, von uns. Ihr, die auf Erden die erhabene Bestimmung hat, das Erlösungswerk ihres göttlichen Meisters an einem jeden Menschen zu vollenden, verdanken wir nach Gott alles, was wir in übernatürlicher Gnadenordnung sind und haben. Sie begleitet uns mit ihren Segnungen von der Wiege bis zum Grabe, steht uns bei in jeder geistigen Not, und da sollten wir, Kinder der Kirche, dieser unserer Mutter uns schämen, nicht mutig und unerschrocken für sie, ihre Lehren und Gebräuche einstehen, wenn frevelnde Zungen sie angreifen und lose Spötter

Steine auf sie werfen? Beherzigen wir oft das schöne Wort des großen Völkerapostels: „Ich schäme mich des Evangeliums nicht, denn es ist eine Kraft Gottes für jeden, der daran glaubt!" (Röm. 1, 16.)

27. Juni.

Der heilige Adelbert.

um † 753.

Gegen Ende des 7. Jahrhunderts entfaltete der hl. Egbert in Irland eine segensreiche Thätigkeit für die Ausbreitung des christlichen Glaubens. Zahlreiche Schüler hatten sich um ihn geschart und wurden von ihm mit Begeisterung für die kirchliche Wissenschaft und für die Wirksamkeit im Dienste Gottes erfüllt. Von dem Wunsche beseelt, daß auch den heidnischen Völkern im Norden Deutschlands das Evangelium gepredigt werde, schickte Egbert den frommen und gelehrten Mönch Wigbert zu dem Volke der Friesen, welches im Norden des heutigen Hollands seine Wohnsitze hatte. Nach zweijähriger vergeblicher Arbeit kehrte Wigbert zwar in die Heimat zurück, allein Egbert war hierdurch nicht entmutigt und sandte bald darauf den hl. Willibrord mit zwölf Begleitern wiederum nach Friesland. Unter diesen war einer der tüchtigsten Adelbert, der auch in der Schule Egberts erzogen worden war.

Nach beschwerlicher Seefahrt landeten die Glaubensboten an der Mündung des Rheines und kamen im Jahre 690 nach Utrecht in Holland, wo sie von Pippin von Heristal, dem Majordomus des fränkischen Königs, mit großer Freude aufgenommen wurden. Derselbe hatte in langen Kämpfen die heidnischen Friesen besiegt und wünschte, daß nun auch die Herzen der Bewohner durch das Christentum gewonnen würden. Als Willibrord einige Zeit darauf in Rom weilte, um sich den Segen

des hl. Vaters für sein Werk zu erbitten, wurde er von Papst
Sergius zum Erzbischof geweiht, worauf er nach Holland
zurückkehrte und nun seine ganze Kraft der Bekehrung dieses
Landes und der umliegenden Gebiete widmete.

Er schickte seine Gefährten in die benachbarten Lande und
überwies dabei dem hl. Adelbert das sogenannte Kennemerland, welches sich nördlich von Haarlem zwischen dem Meere
und der Zuidersee erstreckt. Die alten Geschichtschreiber schildern
Adelbert als einen Mann von apostolischem Eifer, der die Herzen
aller an sich zog, weil er die Gebote des Christentums nicht
nur predigte, sondern sie auch durch seinen eigenen heiligmäßigen
Lebenswandel auf das treueste erfüllte. Unermüdlich wirkte er
in der ganzen Gegend, baute Kirchen, errichtete Schulen, sorgte
für die Armen und Kranken und gewann so einen großen Teil
der noch fast ganz heidnischen Bevölkerung für den christlichen
Glauben. Der Ort seiner eifrigsten Thätigkeit war Egmond
(1 Stunde westlich von Alkmaar in Holland), wo ein angesehener
Mann Namens Eggo seine Freundschaft suchte und ihn gastlich
in seinem Hause aufnahm. Pippin von Heristal, der im Jahre 751
zum König der Franken erhoben wurde, hatte große Hochschätzung für Adelbert, wie wir aus einer Urkunde vom Jahre 752
ersehen, welche besagt, daß Pippin auf Adelberts und des
hl. Bonifacius Bitten die Kirche von Cröv an der Mosel nebst
ihren Gütern der Abtei Echternach geschenkt habe. Diese Abtei
war vom hl. Willibrord gestiftet worden, und auch Adelbert
scheint in ihr öfters verweilt zu haben.

Reich an Verdiensten und über achtzig Jahre alt, starb
Adelbert in Holland am 25. Juni um das Jahr 753. Über
seinem Grabe wurde ein Kirchlein erbaut, wo ihm die neu-
bekehrten Christen große Verehrung erwiesen. Weil dasselbe
aber nahe an der Meeresküste lag und auch von den Normannen
wiederholt verwüstet worden war, ließ Dietrich I., Graf von
Holland, die Gebeine des hl. Adelbert erheben und in der Kirche
des vor kurzem gestifteten Frauenklosters zu Egmond beisetzen.

Eine fromme Legende erzählt, daß bei der Erhebung der Reliquien aus dem Grabe eine Quelle entsprungen sei, die bis auf den heutigen Tag noch fließe.

Dietrich II. (985) errichtete statt der bisherigen aus Holz gebauten Kirche eine große Basilika aus Stein, die dem hl. Adelbert geweiht wurde; auch verwandelte er das Frauenkloster Egmond in eine Abtei von Benediktinermönchen. An dem Grabe des hl. Adelbert geschahen zahlreiche Wunder, und aus den entferntesten Gegenden zogen Wallfahrer dorthin. Dietrich II. hatte einen Sohn Namens Egbert, welcher als Subdiakon in dem Kloster lebte, aber an einem langwierigen Fieber erkrankt war. Er wurde auf die Fürbitte des Heiligen wunderbar geheilt; desgleichen erhielt seine Schwester Erlinda, die an einem Auge erblindet war, das volle Augenlicht wieder. Egbert wurde später Erzbischof von Trier (975—993) und war einer der ausgezeichnetsten Oberhirten, welche die Diözese gehabt hat.

Dem Wirken des hl. Adelbert, seinem Grabe zu Egmond und den Wundern, die dort geschahen, hat Egmond seine Berühmtheit in der Geschichte des Mittelalters zum größten Teil zu verdanken. Die Abtei war jahrhundertelang eine hervorragende Stätte der Wissenschaft und ein Mittelpunkt der geistigen Bestrebungen des ganzen Landes. In der Nähe lag auch Schloß Egmond, der Stammsitz jener in der niederländischen Geschichte so berühmten Familie: viele Grafen von Holland waren in der Abteikirche begraben.

Doch in den unseligen Kämpfen der sogenannten Reformation ging auch dieser Ort zu Grunde, da im Jahre 1572 die Bilderstürmer hereinbrachen und die einst so prächtigen Gebäude vollständig zerstörten. Auch die Reliquien des hl. Adelbert, welche in einem kostbar geschmückten Schreine ruhten, sind damals der Vernichtung anheimgefallen. Nur unbedeutende Trümmer der alten Abteikirche erinnern noch heute bei dem kleinen Orte „Egmond op den Hoef" an eine der denkwürdigsten Stätten aus Hollands bewegter Vergangenheit.

Das gute Beispiel.

In allen Dingen erweise dich selbst als Vorbild guter Werke.   Tit. 2, 7.

Mit Recht bemerken die alten Geschichtschreiber, daß der hl. Adelbert deshalb so Großes wirkte, weil er die christliche Lehre nicht nur predigte, sondern sie auch selbst aufs gewissenhafteste befolgte und dadurch seinem Volke ein herrliches Beispiel gab. Das gute Beispiel hat eine große Macht, und in vielen Fällen wirkt es mehr als die schönsten Zusprüche und die besten Predigten. Es ist eben selbst eine Predigt und zwar eine solche, die jeder Mensch halten darf und halten kann. Dies geht vor allem die Eltern an, denn nirgends hat gutes Beispiel eine größere Wirkung als in der Familie, weil die Kinder mehr mit den Augen lernen als mit den Ohren. Erfüllt der Vater gewissenhaft seine Pflicht, geht er öfters zu den hl. Sakramenten, so werden es auch die Söhne thun; ist die Mutter fromm, tugendhaft, fleißig, so werden auch die Töchter ehrbar, gottesfürchtig und arbeitsam sein. Wo hingegen die Eltern ein böses Beispiel geben, da mögen sie ihre Kinder noch so sehr belehren, ermahnen, warnen, strafen: es wird nichts nützen. Das gilt aber auch von allen sonstigen Vorgesetzten in der Welt, wenn sie das Gute zwar an andern befördern, es aber an sich selbst vernachlässigen. Um wieviel verdienstlicher handelt vielleicht mancher ihrer Untergebenen, etwa eine arme Magd, die still und eifrig ihre Arbeit thut, mit ganzer Seele ihre religiösen Pflichten erfüllt, aber durch diese treue Gewissenhaftigkeit ihre stolze Herrin beschämt und unbewußt auf bessere Wege bringt. Wieviele Bekehrungen mögen gerade durch das gute Beispiel solcher einfältigen Personen schon gewirkt worden sein, die nicht mit vielen Worten, sondern durch die That die Mahnung des Apostels erfüllten: „Sei ein Vorbild für die Gläubigen im Wort, im Wandel, in der Liebe, im Glauben und in der Keuschheit." (1. Tim. 4, 12.)

5. Juli.

Der heilige Numerian, Bischof.
† 666.

Der hl. Numerian entstammte einer trierischen Senatoren-familie und war der Nachfolger des hl. Modoaldus auf dem bischöflichen Stuhle von Trier. Leider ist von den Ereignissen seines Lebens uns keine Nachricht erhalten mit Ausnahme einer Urkunde, die zwar vielfach als unecht ange-fochten wird, für deren Echtheit aber doch auch gute Gründe sprechen. Gemäß dieser Urkunde erteilte Numerian dem Kloster Junkturä bei der heutigen Stadt St. Dié in den Vogesen mehrere Privilegien. Der hl. Deodat, ehedem Bischof von Nevers an der Loire, hatte nach Niederlegung seines bischöflichen Amtes dieses Kloster gegründet und wahr-scheinlich die Bestätigung Numerians nachgesucht, weil das Kloster in dem Bistum Toul lag und dieses als Suffragan-bistum dem Bischof von Trier unterstellt war.

Nach segensreicher Thätigkeit starb Numerian am 5. Juli 666 und wurde in der Kirche zu Euren, eine halbe Stunde oberhalb Trier, jenseits der Mosel, beigesetzt. Eine Sage erzählt, diese Kirche sei von der hl. Helena, der Mutter des Kaisers Konstantin, erbaut worden; nach einer anderen Überlieferung soll jedoch Numerian sie erbaut haben. Jedenfalls war er ein besonderer Wohlthäter derselben, und noch jetzt besitzt das dortige Pfarrgut eine Wiese an der Mosel, den sog. Kirchenwehr bei Monaise, welche von der Tradition als ein Geschenk des Bischofs zur Dotation der Kirche bezeichnet wird.

Als das alte Gotteshaus baufällig geworden, ward eine neue Kirche erbaut und 1075 von Erzbischof Udo eingeweiht. Das Grab des hl. Numerian befand sich unter dem Hochaltare, und eine in lateinischen Versen abgefaßte Inschrift daselbst be-sagte: „In diesem Sarge sind die Überreste Numerians, des würdigen Bischofs der Trierer, wieder gesammelt. Er ging am 5. Juli zum Himmel ein und ist für ewige Zeiten mit den Heiligen vereinigt."

Diese Kirche ist wahrscheinlich in der Fehde, welche Graf Heinrich von Luxemburg im Jahre 1300 mit der Stadt Trier hatte, und in welcher er alle Häuser und Gärten in und bei Euren zerstörte, zu Grunde gegangen. Später wurde sie wieder-hergestellt. Die jetzige schöne Pfarrkirche von Euren ist erst vor wenigen Jahren errichtet worden (eingeweiht am 8. April 1882). Sie ist in gotischem Stil aus rotem Sandstein erbaut. Auf der Epistelseite des Hochaltars steht die Statue des hl. Numerian neben derjenigen des hl. Mathias; auch bewahrt man dort noch einige Reliquien des hl. Numerian, welche an seinem Feste zur Verehrung ausgesetzt werden. Ferner befinden sich Reliquien des Heiligen in dem sog. Hubertushorn, einem kostbaren, aus dem 12. Jahrhundert stammenden Kunstwerke, welches die Pfarrkirche zu Ronn-weiler bei Hermeskeil besitzt.

Reichliches Almosen.

Selig wirst du sein, weil die Armen dir nicht vergelten können; denn vergolten wird dir werden bei der Auferstehung der Gerechten.

Luc. 14, 15.

Von den Thaten des hl. Bischofs Numerian ist alles der Vergessenheit anheimgefallen mit Ausnahme der Nachrichten über seine große Wohlthätigkeit gegen Kirchen und Klöster. Die Erinnerung daran hat also selbst bei den Menschen schon ein Jahrtausend überdauert, um wie viel getreuer wird sie bei Gott fortbestehen! Nicht jedermann kann freilich durch solche große Schenkungen den Heiligen nachahmen, denn die meisten Menschen müssen ihr Brot im Schweiße des Angesichtes verdienen und können gewöhnlich nur kleinere Almosen spenden. Aber daneben gibt es in allen Gegenden auch solche Personen und Familien, die von Gott mit Glücksgütern reichlich beschenkt wurden und

hierdurch eine wahre Quelle des Segens für ihr eigenes
Seelenheil und das Seelenheil anderer schaffen könnten. Außer
dem Almosen für einzelne Arme kann man ihnen aber nichts
dringender empfehlen als die Fürsorge für größere kirchliche Zwecke. Da ist z. B. eine arme Kirche, die seit
Jahr und Tag für einen Neubau bettelt, ein armes Kloster,
in dem die Ordensfrauen Not leiden, ein Waisenhaus,
in dem man nicht weiß, wie man die hungrigen Kinder sättigen
soll, eine Missionspfarrei in protestantischer Gegend, die
eine Scheune als Kirche benutzt, eine Simultankirche, in
der nicht einmal das Allerheiligste Sakrament aufbewahrt werden darf, ein wohlthätiger Verein, der im Winter fast ratlos
ist, wie er Brot und Kohlen für die Ärmsten der Armen beschaffen soll. O welche Freude, welches Glück, welche Be-
seligung muß es für wohlhabende Menschen sein, still und
ungenannt in ihren Reichtum hineinzugreifen und mit vollen
Händen davon auszuteilen! Sie werden dadurch nicht ärmer,
das ist eine alte Erfahrung. „Das Almosen des
Menschen ist wie ein Siegelring bei Gott gegenwärtig: und die Güte des Menschen bewahret er
wie seinen Augapfel." (Sir. 17, 18.)

8. Juli.

Der heilige **Kilian**, Märtyrer.
† 689.

Der hl. Bischof Kilian war einer der zahlreichen Glaubensboten, die im 7. Jahrhundert von Irland über das Meer
zogen, um in Deutschland an der Ausbreitung des Christentums
zu arbeiten. Mit seinen Gefährten, dem Priester Koloman
und dem Diakon Totnan, kam er in die Gegend von Würzburg am Main, wo damals die Franken allmählich die

Oberhand über die dort ansässigen Thüringer erlangten. Als
Kilian sah, daß fast die ganze Bevölkerung noch heidnisch sei,
beschloß er, diesen Landstrich zur Stätte seiner Wirksamkeit zu
erwählen, pilgerte aber erst mit seinen Begleitern nach Rom,
um sich den Segen des Papstes für sein Werk zu erbitten.
Papst Conon (686—687) nahm ihn liebevoll auf, versah ihn,
nachdem er seinen Glauben geprüft hatte, mit den nötigen Voll=
machten und sandte ihn nach Thüringen zurück.

Kilian und seine Gefährten begannen nun in Würz=
burg mit apostolischem Eifer die Lehren des Christentums zu
verkündigen, und es gelang ihnen, durch ihre eindringliche Predigt
und durch die Wunder, welche sie wirkten, dem christlichen
Glauben zahlreiche Anhänger zu gewinnen. Sogar der thüring=
ische Herzog Gosbert ließ sie an seinen Hof rufen und ward
von Kilians begeisterten Worten so ergriffen, daß er sich am
nächsten Osterfeste mit vielen Vornehmen seines Hofes und einer
großen Menge Volkes taufen ließ.

Gosbert hatte nach einer altdeutschen Sitte Geilana,
die Witwe seines Bruders, zur Gemahlin. Nachdem Kilian
ihn hinlänglich im Glauben befestigt sah, teilte er dem Herzoge
mit, daß diese Ehe nach den Grundsätzen des Christentums nicht
statthaft sei, und daß er sich von seiner Gemahlin trennen
müsse. Gosbert war zwar anfangs über diese für ihn sehr
harte Forderung betrübt, versprach aber endlich doch, sich der=
selben zu fügen.

Inzwischen hatte aber auch Geilana Kenntnis davon
erhalten, und da sie sich nicht in den Gedanken finden konnte,
den herzoglichen Hof zu verlassen, so beschloß sie, Kilian und
seine Gefährten aus dem Wege zu räumen. Zu einer Zeit,
da Gosbert auf einem Heereszuge von Hause abwesend war,
gewann sie durch eine große Geldsumme zwei heidnische Diener,
welche sich bereit erklärten, die Glaubensboten zu ermorden.
Als diese nun eines Morgens in dem Betsaale des Schlosses
die kirchlichen Tagzeiten beteten, drangen die Mörder mit

gezückten Schwertern ein und durchbohrten Kilian, Koloman
und Totnan; dann verscharrten sie auf Befehl der Herzogin
die Leichen und zugleich damit alle kirchlichen Gewänder, Kelche,
Bücher und das Kreuz.

Als Gosbert zurückkehrte und nach seinen Freunden fragte,
versicherte ihm Geilana, daß dieselben in eine andere Gegend
gezogen seien; jedoch schon nach kurzer Zeit kam das Verbrechen
ans Tageslicht, da die gedungenen Mörder in Raserei verfielen und in lauten Schreckensrufen die That verkündigten.
Von Gewissensbissen gepeinigt, starben sie bald nachher, und
auch Geilana wurde durch einen schnellen Tod hinweggerafft.

Die hl. Leichname der drei Märtyrer wurden erst fünfzig
Jahre später aufgefunden und von dem hl. Bischof Burchard
von Würzburg († 753) in der bischöflichen Kapelle auf dem
Marienberge gegenüber von Würzburg beigesetzt. Als
Burchard später in der Stadt seine Kathedrale an der Stelle
erbaute, wo heute noch das Neumünster neben dem Dom
steht, wurden die Reliquien dorthin übertragen. Jetzt befinden
sich dieselben im Dome zu Würzburg. Die Stadt und das
Bistum verehren den hl. Kilian als ihren Patron und preisen
ihn mit Recht als den Apostel der Franken, aber auch in weiter
entfernten Gegenden ist seine Verehrung verbreitet, und viele
Kirchen Teutschlands sind ihm geweiht.

Qual des bösen Gewissens.

Trübsal und Angst über eines jeden Menschen
Seele, der Böses thut.   Röm. 2, 9.

Die Mörder des hl. Kilian und seiner Gefährten wurden,
von der Angst des Gewissens getrieben, ihre eigenen Ankläger.
Es ist eine geheimnisvolle und oft furchtbare Fügung Gottes,
daß durch das Gewissen die Sünde selbst zur Strafe des Sünders
wird. Der Mensch hat gesündigt: er findet auf Erden oft
niemand, der ihn anklagt, niemand, der ihn richtet, da erhebt
sich in seinem eigenen Herzen ein finsterer Ankläger, ein strenger
Richter und hält ihm seine Sünde vor, und diese anklagende

Stimme wird für seine Seele eine Geißel, die ihn entsetzlich
quält. Denn welche Anklage könnte genauer, welches Gericht
könnte strenger sein! Und dieser Anklage, dieser Richterstimme
im eigenen Herzen vermag niemand zu entgehen. „Vor allem
kannst du fliehen, o Mensch," sagt der hl. Augustinus, „nur vor
deinem Gewissen nicht!" Vielleicht sucht der Sünder durch den
Rausch weltlicher Freuden, durch neue Sünden die Stimme des
Gewissens zu betäuben, aber das gelingt ihm nur für Augenblicke, in einsamen Stunden muß er wieder die furchtbare Anklage
hören, die ihn quält, da steht vor seiner Seele wieder die Sünde
in ihrer ganzen schrecklichen Gestalt. Daher flieht jeder Friede,
jede wahre echte Freude von der Seele des Sünders, die fortwährend Gewissensqual treibt ihn oft zur Verzweiflung. Es
ist, als sei bereits der finstere Geist der Hölle in die Seele des
Sünders eingezogen, jener Geist ewiger Friedlosigkeit, ewiger
Verbitterung gegen Gott, ewiger Sünde und ewiger Qual. Das
böse Gewissen ist der Anfang des göttlichen Zornes, aber nur
der Anfang, zugleich ist es auch ein Beweis seiner unendlichen
Barmherzigkeit; denn auch das böse Gewissen ist die Stimme
Gottes, die ernste, strenge Stimme unsers Vaters. Er will
den Sünder, der seine Güte und Liebe mißachtete, durch diese
Gewissensqualen von den Wegen der Sünde abschrecken und zu
sich in seine Vaterarme zurückführen, um ihm den Frieden wieder
zu geben. „Tag und Nacht lag schwer auf mir deine
Hand; und in meinem Elende habe ich mich bekehrt,
während der Stachel in mir haftete." (Pf. 31, 4.)

❧

9. Juli.
Der heilige Disibodus, Mönch.
† um 600.

Der heil. Disibodus verließ, dem Beispiele zahlreicher
Landsleute folgend, seine Heimat Irland und kam gegen Ende

des 7. Jahrhunderts mit seinen Gefährten Giswald, Clemens und Sallust in die Gegend am Rheine. Wahrscheinlich wirkte er auch einige Zeit in Trier, denn er wird von alten Berichten (den sog. Gesta Trevirorum) der großen Zahl vortrefflicher Priester beigezählt, „die unter Bischof Magnericus (573—596) die trierische Kirche mit ihrem Ruhme umgaben."

Von dort zog er mit seinen Gefährten in die noch wenig bebaute Gegend an der unteren Nahe, wo er am östlichen Abhang des heutigen Disibodenberges ärmliche Wohnungen baute und mit seinen Schülern ein strenges Einsiedlerleben führte. Dieser Berg liegt in der bayerischen Pfalz am Zusammenlauf des Flüßchens Glau mit der Nahe und gewährt eine herrliche Rundsicht über die ganze Gegend. Disibodus errichtete auch später auf der Höhe des Berges für seine Schüler ein Kloster nach der Regel des hl. Benediktus, blieb jedoch selbst in seiner ursprünglichen Zelle wohnen. Den zahlreichen Mönchen, die sich seiner Leitung übergaben, war er ein guter Vater, den Bewohnern der Umgegend ein wahrer Apostel Christi, weil er gegen sich selbst streng, aber gegen andere so milde war, daß er auch die rohesten Gemüter gewann. Trotz der vielen Abtötungen und des strengen Fastens, womit er seinen Leib dem Geiste unterthan machte, erreichte er ein Alter von 81 Jahren. Er starb am 2. Juli und wurde von den Mönchen in der Kapelle auf dem Berge beigesetzt.

Das Kloster war lange Zeit eine Quelle des Segens für die ganze Umgegend, denn während der Wohlstand der heidnischen Bevölkerung durch die Belehrung der ackerbaukundigen Mönche schnell gehoben wurde, gewann vor allem das Christentum immer weiteren Boden in diesen unwirtlichen Gebieten. Hier war eine jener alten Kulturstätten, die ein Chronist des 12. Jahrhunderts so meisterhaft in seiner Beschreibung des Klosters Clairvaux schildert: „Mitten am Tage," so sagt er, „herrscht hier das Schweigen der Nacht, unterbrochen nur von dem Schlage der Axt und dem Gesange der frommen Arbeiter, dermaßen rührend für den Reisenden, daß niemand es wagen dürfte, sich hier von leichtfertigen Dingen zu unterhalten."

Nachdem das Kloster im Laufe der Zeit eingegangen war, gründete Erzbischof Willigis nach seiner Erhebung auf den bischöflichen Stuhl von Mainz (975) auf dem Disibodenberge ein Chorherrenstift, welches jedoch unter Erzbischof Ruthard im Jahre 1108 wieder in ein Benediktinerkloster verwandelt wurde. In der bayerischen Fehde (1504) wurden die umfangreichen Gebäude desselben so schwer heimgesucht, daß gemäß dem Berichte des Geschichtschreibers Trithemius bei der Plünderung „nicht einmal ein Löffel mehr übrig blieb". Es wurde zwar dürftig wiederhergestellt, ging aber nach einigen Jahrzehnten in der sog. Reformation völlig zu Grunde. In der Nähe des Mönchsklosters bestand auch etwa seit dem Jahre 1000 ein Frauenkloster, in welchem die hl. Hildegard ihre Jugend verbrachte: sie verlegte dasselbe 1149 auf den Rupertsberg bei Bingen. Jahrhundertelang war der Disibodenberg der Schauplatz zahlreicher Wunder, die am Grabe seines Heiligen geschahen, und noch jetzt zeugen mächtige Ruinen von der Pracht und Kunstherrlichkeit des Klosters und dem frommen Sinn seiner zahlreichen Mönche.

Arbeitsamkeit.

Der Mensch ist geboren zur Arbeit wie der Vogel zum Flug.

Job. 5, 7.

Wie alle Klöster des hl. Benedikt, so war auch das Kloster des hl. Disibodus nicht nur eine Stätte eifrigen Gebetes und stillen Verkehrs mit Gott, sondern auch ein Sammelpunkt emsiger Arbeit. Damals, als unser Stammvater Gottes Gebot vermessen übertreten, wurde einem jeden Kinde Adams vom Herrn der Natur selbst die Arbeit als unvermeidliches Erbe mitgegeben. Seitdem ist die Arbeit durch Gottes Willen geboten, und kein Mensch darf sich ihr entziehen. Sie ist zwar ein Joch, aber dieses Joch ist süß, seit der Sohn Gottes selbst als a r m e r A r b e i t e r in der Werkstätte von Nazareth gestanden und bis zu seinem dreißigsten Jahre mit seiner Hände Arbeit sein tägliches Brot sich mühsam verdient hat. Leicht und süß wird insbesondere die Arbeit im Hinblick auf den überreichen ewigen Lohn, den die gottgefällige Arbeit dem emsigen Arbeiter im Weinberge des Herrn einbringt. Wann aber arbeitest du, mein lieber Christ, im Weinberge des Herrn? Zunächst, wenn du dein Herz rein bewahrst vor der Makel der schweren Sünde, die dem Menschen ja das übernatürliche Leben und damit die Möglichkeit jedes übernatürlichen, ewigen Verdienstes raubt. Sodann, wenn du für Gott arbeitest, d. h. durch die gute Meinung dein tägliches Wirken, deine Mühen und Arbeiten Gott dem Herrn aufopferst. Dann wird auch deine Arbeit ein beständiger Gottesdienst, ein ununterbrochenes Gebet werden, dann wirst auch du einstens am Abende, wenn die ewige Ruhe beginnt, aus der Hand des himmlischen Verwalters deinen Denar empfangen. Wer so arbeitet, dem gilt das Wort des königlichen Propheten: „Die da in Thränen säen, in Jubel ernten sie. Sie gehen weinend hin und her und streuen ihre Samen; doch jauchzend kommen sie alsbald und tragen ihre Garben." (Ps. 125, 5. 6.)

* * *

11. Juli.

Der heilige Hildulph, Bischof und Abt.
† 707.

Ueber das Vaterland des hl. Hildulph lassen sich keine sicheren Angaben machen. Nach einigen Berichten soll er mit seinem Bruder Erhard aus Irland oder Scotia gekommen sein, nach anderen war er zu Regensburg in Bayern als Sohn einer vornehmen Familie geboren und erhielt in einem dortigen Kloster seine wissenschaftliche Ausbildung. Erhard wurde später Bischof von Regensburg, Hildulph aber ward um das Jahr 666 als Nachfolger des hl. Numerian auf den bischöflichen Stuhl von Trier erhoben.

In dieser einflußreichen Stellung suchte er besonders auf die Errichtung tüchtiger Klöster hinzuwirken, weil er mit scharfem Blick in ihnen die wirksamste Hülfe zur Ausbreitung und Befestigung des christlichen Glaubens erkannte. Seine Hauptsorge galt hierbei der alten Kirche St. Maximin bei Trier, welche so schadhaft geworden war, daß das Wasser beim Steigen der Mosel wiederholt in die Gruft drang und dort eine Elle hoch stand, allerdings ohne das Grab des hl. Maximin zu berühren. Hildulph erbaute eine neue Maximin-kirche, und im Verein mit seinen Chorbischöfen Clemens und Lothbertus übertrug er in dieselbe unter großen Feierlich-keiten die Reliquien der alten Kirche. Auch brachte er borthin aus einer alten Kapelle jenseits der Mosel die Körper von 300 Thebäischen Martyrern und ihres Anführers Boni-facius. Sodann erneuerte und vergrößerte er die Gebäude des neben der Kirche liegenden Klosters St. Maximin und vermehrte durch freigebige Spenden die Einkünfte desselben so sehr, daß in ihm hundert Mönche leben konnten. Vor allem aber ordnete er die innere Einrichtung und das klöster-liche Leben nach der Regel des hl. Benediktus mit solcher Umsicht und Entschiedenheit, daß die Maximiner Chronisten ihn als den zweiten Stifter ihres Hauses bezeichnen und der Geschichtschreiber Trithemius (1462—1516) ihn geradezu den Gründer des Klosters nennt.

Hildulphs Liebe für das klösterliche Wirken ging aber noch weiter. Es war ihm nicht genug, anderen dasselbe ermöglicht zu haben, er wollte auch selbst an ihm teil nehmen. Darum legte er im Jahre 671 sein bischöfliches Amt nieder und beschloß, von nun als armer Mönch sein Leben Gott zu weihen. Sein Blick richtete sich auf die gallische Thebaïs, die Vogesen, wo damals schon mehrere Klöster bestanden. Für eines derselben, das Kloster Junctura, hatte sein Vorgänger

Numerian mehrere Privilegien verliehen, und Hildulph selbst hatte zur Zeit, da er noch Bischof von Trier war, diese Privilegien neu bestätigt. Nun kam er selbst um das Jahr 671 in diese Gegend und erwählte sich das Thal am Zusammenfluß der Meurthe und des Rabadeau zum Aufenthalt. Bald sammelten sich zahlreiche Schüler um ihn, und nachdem ihm die benachbarten Klöster Senones und Estival ein beträchtliches Stück Land abgetreten hatten, begann er ein Kloster zu erbauen. Er nannte dasselbe Medianum Monasterium d. i. Kloster der Mitte (heute Moyenmoutier), weil es in der Mitte von vier anderen Klöstern lag: im Osten von ihm lag Senones, im Westen Estival, im Süden Juncturä, im Norden Bon=Moutier.

Es scheint, daß trotz des beschränkten Raumes ziemlich umfangreiche Gebäulichkeiten von Hildulph aufgeführt wurden. Auch hatte das Kloster wie die meisten Klöster jener Zeit bald mehrere Kirchen. Die erste war der allerseligsten Jungfrau, die zweite dem hl. Petrus, die dritte dem hl. Johannes dem Täufer geweiht; letztere lag außerhalb der Klostermauern und war hauptsächlich für das Volk bestimmt. Als sich die Zahl der Mönche noch immer weiter vermehrte, und der Raum für dieselben nicht mehr ausreichte, erbaute Hildulph in der Umgegend acht neue Wohnungen, sogenannte Zellen, deren Mönche aber mit dem Kloster Moyenmoutier dieselbe Gemeinschaft bildeten. In einer dieser Niederlassungen lebte Spinulus, ein begeisterter Schüler Hildulphs, der mit den Mönchen Johannes und Benignus aus dem Maximinkloster von Trier dem Heiligen gefolgt war. Auf einem Hügel nördlich vom Kloster errichtete Hildulph noch eine vierte, dem hl. Georg geweihte Kirche und legte um dieselbe den Kirchhof für die Mönche an. Hier bestattete er später auch seinen Schüler Spinulus, der im Rufe der Heiligkeit gestorben war, und dessen Grab bald durch viele Wunder verherrlicht wurde. Weil nun aber Scharen von Menschen dorthin zogen,

und die für die geistliche Ruhe bestimmten Klöster dadurch zu
sehr gestört wurden, so befahl, wie die Legende berichtet,
Hildulph, kraft des Gehorsams dem hl. Spinulus, fernerhin
keine Wunder mehr zu wirken, ein Wunsch, den dieser auch
sogleich erfüllte. Immerhin blieb Moyenmoutier das Ziel
zahlreicher Pilger aus allen Ständen, weil die Kunde von dem
abgetöteten Leben und segensreichen Wirken der Mönche,
insbesondere ihres heiligmäßigen Abtes, sich weit ins Land
verbreitete. Auch Hildulphs Bruder, der heilige E r h a r d von
Regensburg, wird unter den Besuchern genannt, und wahrscheinlich taufte einer der beiden Brüder damals die heilige
O d i l i a, eine Tochter des elsässischen Grafen E t i c h o, und
heilte sie von der Blindheit.

H i l d u l p h war mit dem hl. D e o d a t, dem Stifter und
Abt des benachbarten Klosters Juncturä, eng befreundet. Darum
übernahm er nach Deodats Tode auch die Leitung des dortigen
Klosters und soll noch 28 Jahre daselbst gewirkt haben. Ein
Muster der Selbstverleugnung und Demut, leuchtete er allen
voran, und viele von denen, welche sahen, wie er allen ein
Diener war, ahnten gewiß nicht, daß einst die bischöfliche
Mitra sein Haupt geschmückt. Fast 300 Mönche hatten sich
im Laufe der Zeit um ihn geschart. Reich an Verdiensten,
starb er im Jahre 707 und wurde auf dem Georgskirch-
hofe zu M o y e n m o u t i e r begraben.

Dort blieben seine Überreste bis 795, worauf sie in die
Marienkirche übertragen und unter einem gewölbten, gold-
geschmückten Denkmal von Stein beigesetzt wurden. Als die Kirche
im 10. Jahrhundert einzustürzen drohte, erhob man die Reliquien
und bewahrte sie bis 1139 in einem einfachen hölzernen Sarge.
Dann aber fertigte man für sie einen kostbaren Reliquienschrein, dessen kunstvolle aus Silber getriebenen Platten Darstellungen aus dem Leben des Heiligen enthielten. Leider hat
man denselben 1618 verstümmelt und in eine Form gebracht,
welche dem Geschmacke der damaligen Zeit mehr zusagte, als die

ruhige Schönheit der romanischen Kunst. Viele Wunder verherrlichten Hildulphs Grab, und bis zur Mitte des 17. Jahrhunderts bestand die schöne Sitte, daß alljährlich am Donnerstag
nach Pfingsten die Mönche von Junctura mit den Reliquien
des hl. Deodat, die Mönche von Moyenmoutier aber mit
denen des hl. Hildulph sich entgegenzogen und bei einer in der
Mitte des Weges liegenden Kapelle sich trafen, wo dann unter
Beteiligung des ganzen Volkes ein feierlicher Gottesdienst zur
Verehrung der beiden Heiligen gehalten wurde.

Die Verehrung Mariä.

Siehe da: deine Mutter!
Joh. 19, 27.

Der hl. Hildulph war offenbar ein besonderer Verehrer
der allerseligsten Jungfrau, denn ihr weihte er die erste Kirche,
welche er bei der Gründung seines Klosters in den Vogesen erbaute.
Er hatte sich damit eine gute Schutzpatronin erwählt, denn
unter allen Engeln und Menschen gibt es niemand, der so
hoch geehrt wird als Maria, niemand aber auch, der so
mächtige Fürbitte bei Gott einlegen kann als sie. Alle
Jahrhunderte, alle Völker, alle Sprachen verkünden ihr Lob.
Ihr zu Ehren werden zahlreiche Festtage im Kirchenjahr gefeiert, ihr zu Ehren hat man prächtige Dome erbaut; in
Kirchen, wo mehrere Altäre sind, findet man gewöhnlich auch
einen Altar, auf dem ihr Bildnis steht. In jeder hl. Messe
wird sie mehrmals genannt, in jeder Vesper wird das Magni-
fikat, der Lobgesang Mariä, gesungen. Sooft der Katholik
das „Vater unser" betet, betet er auch das „Gegrüßet seist du
Maria", und wenn in hunderttausend Kirchen täglich morgens,
mittags und abends die Glocke erschallt, so beten viele
Millionen Christen in allen Ländern der Erde: „Der Engel
des Herrn brachte Maria die Botschaft." Wer
möchte sich ausschließen von diesem Loben und Preisen, wer
möchte auf die großen Gnaden verzichten, welche die Andacht

zur lieben Mutter Gottes so Unzähligen gebracht hat und auch
einem jeden von uns bringen muß? Alle Tugenden, deren wir
bedürfen, sind in Maria, dem „Spiegel der Gerechtigkeit", vereinigt, vor allem die Tugend der Demut, der hl. Reinheit und des geduldigen Leidens. Niemand kennt besser
als Maria den hohen Wert derselben, niemand wird also
auch so hülfsbereit sein wie sie, wenn wir in ernstlichem
Ringen mit der Welt um jene Tugenden kämpfen. Heilige
Maria, Mutter Gottes, bitte für uns Sünder,
jetzt und in der Stunde unseres Todes. Amen.

―❖―

24. Juli.
Der heilige Goar, Einsiedler.
† 575.

Der hl. Goar gehört zu den ältesten christlichen Missionaren
am Mittelrhein. Er stammte aus einer angesehenen Familie
Aquitaniens, verließ nach Empfang der hl. Priesterweihe im
Alter von 24 Jahren seine Heimat und zog zur Zeit des
fränkischen Königs Childebert I. (511—558) an den Rhein,
um der dort noch vielfach heidnischen Bevölkerung das Evangelium
zu verkündigen. Die ums Jahr 839 von dem Mönche Wandel-
bert von Prüm auf Grund einer ältereren Aufzeichnung
geschriebene Legende schildert ihn als „einen ruhmwürdigen
Mann, von stattlichem Äußeren, gütig, enthaltsam, stark im
Glauben, vollkommen im Wandel, begnadigt mit der Gabe der
Wunder und dem prophetischen Blicke in die Zukunft." Mit
Erlaubnis des trierischen Bischofs Fibicius erbaute er zwischen
Oberwesel und Boppard an einem der schönsten Punkte des
Rheingaues eine Zelle und ein Kirchlein und legte so den Grund
zu der späteren Stadt St. Goar, die schon durch ihren Namen
ein dauerndes Denkmal von des Heiligen segensreicher Wirksamkeit

geblieben ist. Täglich las er die hl. Messe, verrichtete mit großer Andacht sein priesterliches Stundengebet und predigte mit Eifer den Landleuten die Lehre des Kreuzes. Da er gegen alle sehr gütig und liebevoll war und auch auf wunderbare Weise mehrere Kranken heilte und Besessene von ihren Leiden befreite, so faßten die Heiden Vertrauen zu ihm, und viele ließen sich taufen.

Mit dem Eifer für das Heil der Seelen verband er aber auch die Sorge um das zeitliche Wohl der Bevölkerung. Darum unterrichtete er sie in der Bebauung des Landes, und wo ehedem undurchdringliche Waldgründe sich ausdehnten, entstanden nun bald fruchtbare Äcker und wohlgepflegte Weinberge. Deshalb verehren ihn noch jetzt die Winzer als ihren Patron. Alle Notleidenden fanden bei ihm Hülfe; die müden Wanderer, welche an seiner Zelle vorbei des Weges zogen, hieß er eintreten, speiste sie um Christi willen und gab ihnen Obdach; mehrere Arme der Umgegend waren täglich seine Tischgenossen.

Nachdem er viele Jahre so zugebracht und bereits große Verehrung erworben hatte, wurde er bei dem Bischof Rusticus von Trier verleumdet, daß er ein Schwelger und Prasser sei, der schon früh morgens an der Tafel sitze und mit allerlei Gesindel vertraulich umgehe. Der Bischof schickte deshalb zwei Diener ab, welche die Sache untersuchen und Goar nach Trier bringen sollten, damit er dort zur Verantwortung gezogen und bestraft werde.

Als die argwöhnischen Gesandten zu Goar kamen, nahm derselbe sie freundlich auf und wollte sie mit dem Besten bewirten, was er hatte. Allein diese erklärten das für eine sträfliche Verschwendung, wiesen die angebotene Mahlzeit höhnisch zurück und verlangten, daß der Einsiedler schon am anderen Tage mit ihnen nach Trier aufbrechen solle. Auf der Reise dorthin wären sie jedoch beinahe vor Hunger und Durst verschmachtet, wenn nicht der Heilige drei Hirschkühe herbeigerufen und mit deren Milch seine Begleiter erquickt hätte. So übte

er Barmherzigkeit an seinen Gegnern, und diese sahen nun auch
allmählich ein, daß sie dem frommen Manne Unrecht gethan
hatten. In Trier angelangt, erstatteten sie dem Bischofe genauen
Bericht und lobten Goar ebenso sehr, wie sie vorher beabsichtigt
hatten, ihn anzuklagen.

Trotzdem empfing Rusticus den Heiligen sehr unfreundlich,
und es würde über ihn eine große Strafe wegen Unmäßigkeit
und Heuchelei verhängt worden sein, wenn nicht ein erst drei
Tage altes Kind wunderbarerweise zu reden begonnen und nicht
den hl. Goar, sondern den Bischof Rusticus selbst eines
Verbrechens beschuldigt hätte. Alle waren bestürzt über diese
unerwartete Wendung der Dinge, Rusticus aber fiel dem frommen
Einsiedler zu Füßen, bat ihn um Verzeihung und versprach,
für sein Vergehen große Buße zu thun. Er legte auch wirklich
sein bischöfliches Amt nieder und sühnte seinen Fehltritt in
einem Kloster zu Trier durch so strenge Buße und ein so abgetötetes Leben, daß ihn die trierische Kirche später in die
Zahl ihrer Heiligen aufgenommen hat.

Die Legende berichtet weiter, daß König Siegbert von
Austrasien auf die Kunde von dem Vorgefallenen den hl. Goar
nach Metz kommen ließ und ihn bestürmte, den bischöflichen
Stuhl von Trier einzunehmen. Goar widersetzte sich diesem
Wunsche des Königs mit aller Entschiedenheit, mußte aber
schließlich versprechen, daß er noch während 20 Tagen die Sache
sich überlegen wolle. Inzwischen kehrte er in seine Zelle zurück
und bat Gott, daß er ihn vor der Übernahme des bischöflichen
Amtes bewahren möge. Seine Bitte ward erfüllt, denn es
befiel ihn eine heftige Fieberkrankheit, welche ihn nun sieben
Jahre lang an das Krankenlager fesselte. Alle Leiden opferte
er für den reumütigen Rusticus auf, damit Gott ihm um so
eher verzeihe. Unterdessen blieb das Bistum Trier erledigt,
und als Goar nach Verlauf der sieben Jahre wieder gesund wurde,
bot ihm Siegbert dasselbe zum zweiten Male an. Allein Goar
ließ dem Könige sagen, er möge sich keine weitere Mühe geben,

denn er sei entschlossen, seine Zelle nicht anders zu verlassen
als im Sarge. So wurde denn Abrunculus auf den bischöflichen Stuhl von Trier erhoben, Goar aber lebte noch drei
Jahre in weiteren Leiden und unter Übungen der christlichen
Nächstenliebe in seiner Zelle am Rheine. Hier starb er im
Jahre 575 und ward unter großem Zudrang des Volkes in
seiner Kapelle beigesetzt. Viele Wunder verherrlichten sein Grab,
und die Zahl der frommen Pilger mehrte sich in solchem Grade,
daß allmählich das liebliche Städtchen St. Goar entstand.

Nach dem Tode des Heiligen lebten in seiner Zelle einige
Kleriker, deren Einkünfte jedoch so gering waren, daß sie die
Gastfreundlichkeit für Arme und Wanderer nicht mehr in der
Weise des hl. Goar ausüben konnten. Als König Pippin
(751—768) hiervon Kunde erhielt, übertrug er 765 dem
Abte Assuerus von Prüm die Zelle mit allem Zubehör,
damit dieser nun besser für die heilige Stätte sorge. Reiche
Schenkungen ermöglichten es dem Abte, die Zelle zu einem
Kloster von Benediktinermönchen zu erweitern und eine große
romanische Kirche zu erbauen, welche im Jahre 781 durch Erzbischof Lullus von Mainz konsekriert wurde. Die Reliquien
des hl. Goar wurden in die Gruft derselben übertragen, nachdem
man sie aus dem Grabe in der ursprünglichen Kapelle feierlich
erhoben hatte. Letztere Kapelle stand noch jahrhundertelang
mitten auf dem Kirchhofe, wurde später als Beinhaus benutzt
und erst 1772 gänzlich abgebrochen.

Gegen Ende des 11. Jahrhunderts verwandelte sich das
Benediktinerkloster in ein Chorherrenstift. Die von Assuerus
erbaute Kirche brannte 1137 ab, wurde aber durch einen Neubau
ersetzt, an dessen Stelle dann in den Jahren 1444—1469 die
noch jetzt bestehende gotische Stiftskirche trat. Die ehrwürdige
romanische Gruft dieser Kirche ist noch jetzt die ursprünglich von
Assuerus erbaute. Sie war jahrhundertelang das Ziel der
Wallfahrt zahlloser Pilger aus allen Ständen und Gegenden,
und u. a. haben König Pippin sowie die Kaiser Karl der

Große (798—814), Ludwig der Fromme (814—840), Heinrich IV. (1056—1106) und Karl V. (1519—1558) dort am Grabe des hl. Goar ihre Gebete verrichtet.

Wegen der beständigen Kriegsunruhen flüchtete man im 13. Jahrhundert die Reliquien des hl. Goar in die Stiftskirche zu Karden an der Mosel, wo sie blieben, bis Erzbischof Balduin von Trier im Jahre 1320 befahl, diesen Schatz der Kirche am Rheine zurückzugeben und mit gebührender Feier dorthin zu übertragen. So geschah es auch bald darauf, und die Gläubigen strömten wiederum von nah und fern nach St. Goar zu dem Grabe ihres großen Heiligen.

Der Verehrung des hl. Goar, dem alten Kollegiatstifte und dem tausendjährigen Bestande des katholischen Kultus wurde jedoch ein jähes Ende bereitet, als 1527 der Landgraf Philipp von Hessen, an den die Schutzherrschaft von St. Goar gekommen war, seine Macht mißbrauchte, um die Reformation einzuführen und keinen katholischen Gottesdienst mehr zu dulden. Seitdem befindet sich die herrliche Stiftskirche im Besitze der Protestanten, und erst nach dem Jahre 1652 erlangten die Katholiken wieder die Freiheit zur Ausübung ihrer Religion. Sie konnten zunächst noch Gottesdienst in der Krypta unter der Stiftskirche halten, bauten sich aber 1660 vor der Stadt die noch jetzt bestehende katholische Pfarrkirche. Dieselbe ist klein und unansehnlich und zudem nun so schadhaft geworden, daß die eifrigen Bestrebungen des gegenwärtigen Pfarrers, sie durch ein würdiges, großes Gotteshaus zu ersetzen, die frei= gebigste Unterstützung verdienen.

Die einst so hochverehrten Reliquien des hl. Goar sind aus der Krypta der Stiftskirche verschwunden, und niemand weiß, wohin sie gekommen sind. Gemäß einem Berichte der Bollandisten sollen sie im Jahre 1626 nach Darmstadt ge= flüchtet worden sein und sich vielleicht noch dort befinden; doch läßt sich darüber keine Gewißheit gewinnen. Nur ein Arm des hl. Goar war schon seit alter Zeit in den Besitz der

St. Castorkirche zu Koblenz gekommen und wird noch jetzt
dort aufbewahrt; auch verehrt diese Kirche den Heiligen als ihren
zweiten Schutzpatron. Außer der Kirche zu St. Goar ist noch
diejenige zu Beltheim (im Dekanat Simmern) demselben geweiht.

Geist des Glaubens.

Der Gerechte lebt aus dem Glauben.
Gal. 2, 4.

Indem der Chronist vom hl. Goar sagt, derselbe sei
„stark im Glauben" gewesen, will er offenbar hervorheben,
daß der fromme Einsiedler den katholischen Glauben nicht nur
kannte, sondern daß er auch sein ganzes Leben nach diesem
Glauben einrichtete und in ihm seine beste Hülfe und Stärke
fand. Leider ist es bei vielen Menschen anders damit bestellt.
Sie kennen zwar den katholischen Glauben, weil eine fromme
Mutter, ein braver Lehrer, ein seeleneifriger Priester denselben
einst in ihr junges Herz gepflanzt, aber im späteren Leben
ernten sie keine Früchte von dieser himmlischen Saat. Dies
gilt zunächst von jenen Unglücklichen, welche ihren Glauben
förmlich verleugnen, welche von ihm abgefallen sind und ihn
sogar bekämpfen, es gilt aber auch von vielen Tausenden,
welche äußerlich die Verbindung mit der Kirche aufrecht erhalten,
ihre kirchlichen Pflichten erfüllen, vielleicht sogar auf den Namen
eines „guten Katholiken" Anspruch erheben, aber trotzdem in
ihrer Seele fast nichts von der belebenden erwärmenden Kraft
des Glaubens verspüren. Ihnen fehlt der Geist des Glaubens.
Glücklich der Mensch, der diesen Geist besitzt, das heißt, der
von den Wahrheiten unseres hl. Glaubens dergestalt durchdrungen ist, daß sie ihm bei allem Thun und Lassen vorschweben
und als Richtschnur dienen. In allen Versuchungen und Gefahren, in allen Zweifeln und Schwierigkeiten, in allen Leiden
und Kümmernissen, in den täglichen Berufsgeschäften und Unter-
nehmungen: überall handelt er nach den Grundsätzen seines
Glaubens und damit nach Gottes Wort, nach Jesu Beispiel.

Er weiß, daß ihm nichts zustoßen kann, was Gott von ihm fernhalten will, und je gläubiger er sich diesen tröstlichen Gedanken vergegenwärtigt, desto fruchtbringender und verdienstlicher gestaltet sich sein ganzes Leben. Er kann in Wahrheit mit dem Apostel sprechen: „Ich weiß, an wen ich geglaubt habe, und ich bin überzeugt, daß er mächtig ist, meine guten Werke zu bewahren für jenen Tag." (2. Timoth. 1, 12.)

25. Juli.

Die heilige Glodesindis, Abtissin.
† um 609.

Die hl. Glodesindis war die Tochter des Grafen Wintro, eines vornehmen Beamten am Hofe des austrasischen Königs Childebert II. (576—596). Ihre Mutter hieß Godita und war ebenfalls aus edler Familie entsprossen. Schon in früher Jugend fühlte sich Glodesindis zum jungfräulichen Leben im Ordensstande hingezogen, allein die Eltern waren damit nicht einverstanden und verlobten sie mit einem vornehmen Jünglinge Obolenus. Schon war alles für die Hochzeit vorbereitet, als Obolenus plötzlich an den Hof des Königs gerufen, dort wegen mehrerer Beschuldigungen ins Gefängnis geworfen und nach einem Jahre hingerichtet wurde.

Glodesindis sah dies als ein Zeichen von Gott an, ihren ersten Entschluß ausführen zu sollen, und als die Eltern sie abermals verloben wollten, entfloh sie heimlich aus dem väterlichen Hause und eilte nach Metz in die dem hl. Stephanus geweihte Domkirche. Ihr Vater Wintro ließ ihr nachsetzen und 6 Tage lang den Ausgang der Kirche bewachen, damit man sie ergreife, wenn sie wegen Mangels an Nahrung die Kirche verlassen würde. Jedoch Glodesindis harrte betend und fastend aus, bis am siebenten Tage, wie die Legende berichtet, ein Mann von engelgleichem Antlitz in Begleitung zweier Jünglinge erschien, in Gegenwart zahlreicher Gläubigen einen Schleier über Glodesindis ausbreitete und dann wieder den Augen der Menge entschwand. Man betrachtete dies als eine himmlische Erscheinung, und die Eltern widersetzten sich nun auch nicht mehr dem Eintritt ihrer Tochter in den Ordensstand.

Wintro hatte eine fromme Schwester Rotlinde, welche zu Trier in dem Kloster Oeren lebte und der dortigen Ordensgenossenschaft als Äbtissin vorstand. Zu dieser ihrer Tante begab sich Glodesindis, um bei ihr das Ordensleben und die Regel des hl. Benediktus zu erlernen. Nachdem sie die ganze Einrichtung des Hauses kennen gelernt hatte, kehrte sie nach Metz zurück und erbaute auf einem von den Eltern ihr übergebenen Familiengute ein Kloster nach derselben Form, die sie in Trier gesehen und liebgewonnen hatte. In kurzer Zeit sammelten sich dort gegen 100 Jungfrauen, und Glodesindis stand ihnen 6 Jahre lang als Äbtissin vor. Erst dreißig Jahre alt, starb sie um das Jahr 609, tiefbetrauert von ihren Mitschwestern, denen sie ein leuchtendes Vorbild gewesen war.

Gemäß ihrem Wunsche wurde sie in dem gemeinsamen Begräbnisplatze der Schwestern in der Kirche der hl. Apostel, welche südlich vor der Stadt Metz lag und später den Namen St. Arnulph erhielt, zur Erde bestattet. Nach 25 Jahren erhob man jedoch ihren noch unverwest befundenen Leichnam und übertrug ihn in eine neuerbaute, zum Kloster gehörige, aber außerhalb der Klostermauern liegende Marienkirche. Hier blieben die Reliquien bis 830, in welchem Jahre Bischof Trogo von Metz sie feierlich in die von Glodesindis erbaute Hauptkirche des Klosters übertrug, welche ehedem dem hl. Sulpitius geweiht war, von nun aber den Namen St. Glodesindis erhielt. Die hl. Gebeine wurden in einem kunstvollen Grabmal hinter dem Hochaltar beigesetzt, und zahlreiche Pilger zogen nun unaufhörlich zu dieser heiligen Stätte, welche durch viele Wunde von Gott verherrlicht wurde. In der französischen Revolution

gelang es den Nonnen des Glodesindis-Klosters, die Reliquien
ihrer hl. Stifterin in Sicherheit zu bringen. Jetzt befinden sich
dieselben in einem schönen Reliquiarium der Glodesindis-Kirche,
welche an der Südseite von Metz neben dem bischöflichen Palais
liegt und als bischöfliche Kapelle dient. Eine angrenzende
Straße trägt auch den Namen der hl. Äbtissin.

Heilige Jugend.

*Gedenke deines Schöpfers in den Tagen deiner
Jugend.*   Pr. 12, 1.

Erst 30 Jahre alt, starb Glodesindis; früh vollendet, hatte
sie trotzdem, nach den Worten der hl. Schrift, „viele Jahre
erreicht". Auch in der Jugend kann man schon heilig sein.
Wer möchte daran zweifeln? Gott verlangt es ja von der
Jugend nicht weniger als vom Alter. Oder macht unser göttlicher Heiland etwa mit der Jugend eine Ausnahme, wenn er
sagt, wir sollten heilig sein, wie unser Vater im Himmel heilig
ist? Ganz gewiß nicht! Er kann auch keine Ausnahme machen,
denn auch in der Jugendzeit ist er unser Herr, der keine Sünde
duldet. Du kannst in der Jugend heilig werden, denn Gott
hilft dir durch reichlichere Gnaden. Gleichwie ein
kluger Gärtner auf das Bäumchen die größte Sorgfalt verwendet, wenn es noch klein und der Nachhilfe am meisten be-
dürftig ist, so verwendet auch Gottes Liebe und Weisheit die
rührendste Sorge auf den Menschen in seiner Jugend. Nicht
allein, weil ihm diese Zeit die liebste und angenehmste, nicht
allein, weil sie die wichtigste des ganzen Lebens ist, die dem
Lebenswege des Menschen für gewöhnlich seine dauernde Richtung
gibt, sondern auch weil dann die meisten Gefahren drohen.
Denn um diese Zeit beginnen in dem jungen Herzen die Stürme
wilder Leidenschaften, die Kämpfe zwischen Geist und Fleisch;
um diese Zeit die fürchterlichsten Verführungskünste schlechter
Kameraden; um diese Zeit die zahlreichsten und stärksten Ver-
führungen des Teufels. Aber Gott der Herr, der dir Dasein

und Leben gegeben und sein Herzblut für dich vergossen hat, will dich auch nicht verlieren, darum verdoppelt er seine Gnade und Huld, und je größer die Anstrengungen der Hölle sind, um so bewunderungswürdiger ist die Sorge Gottes um dich. Ja! du kannst in deiner Jugend ein Heiliger werden, das rufen dir alle die vielen jugendlichen Heiligen zu, die in den seligen Räumen des Himmels den Lohn für ihre fleckenlose Jugend bereits empfangen. „Gut ist's dem Manne, wenn er das Joch des Herrn getragen von Jugend an." (Thren. 3, 27.)

27. Juli.

Der heilige **Magnericus,** Bischof.
† 596.

Um die Mitte des 6. Jahrhunderts zierte den bischöflichen Stuhl von Trier der hl. Nicetius. Er war einer der größten Bischöfe, welche die Diözese Trier und vielleicht ganz Deutschland je gehabt haben, eine wahrhaft apostolische Erscheinung, ein Mann, dem keine Schwierigkeit zu groß war, und den keine menschliche Furcht schreckte, wenn es galt, den Willen Gottes auszuführen. Auch ihm blieben freilich die Tage des Leidens nicht erspart. Als er nämlich den blutschänderischen König Chlotar (511—561) mit der Strafe des Kirchenbannes belegt hatte, vertrieb dieser ihn aus dem Lande, und der Bischof mußte mit Schmerz erfahren, daß die meisten seiner bisherigen Freunde ihn jetzt im Unglück mutlos verließen. Nur einer war durch nichts von ihm zu trennen, das war Magnericus, ein edler Jüngling, den Nicetius zu den Studien angeleitet und später zum Diakon geweiht hatte. Um ihn zu prüfen, sprach der Bischof: „Willst du nicht lieber mit den anderen halten und dich jetzt auch von mir trennen, da ja der Zorn des Königs auf mir ruht und ich dir nichts mehr bieten kann?" Aber voll heiligem Eifer rief Magnericus aus: „Nein, so wahr Gott lebt, das will ich nicht! Ich werde dich nicht verlassen, solange noch Leben in meinen Gliedern ist!" Da lächelte Nicetius und sprach: „So wisse denn, daß unsere Verbannung nicht lange dauern soll, denn Gott hat mir geoffenbart, daß ich schon morgen mein bischöfliches Amt zurückerhalten werde." Und so geschah es. Denn Chlotar war inzwischen gestorben, und königliche Eilboten brachten in der Frühe des folgenden Tages ein Sendschreiben von König Siegbert (561—575), worin dieser dem Bischofe mitteilte, daß er die Regierung nun übernommen habe und mit ihm in Eintracht zu leben wünsche. Infolgedessen kehrte Nicetius alsbald in sein Bistum zurück. Er starb nach ausgezeichneter Wirksamkeit im Jahre 566.

Es mochte wohl schwer erscheinen, für die Stelle eines so großen Mannes einen würdigen Nachfolger zu finden, allein man traf eine gute Wahl, als man Magnericus, den treuen Freund des Verstorbenen, nun zu der hohen Würde des Bischofs von Trier erhob. Der Dichter Venantius Fortunatus, zuletzt Bischof von Poitiers (530—ca. 605), welcher mit Nicetius und Magnericus in freundschaftlichem Verkehr stand und oft bei ihnen weilte, schildert unsern Heiligen in einem begeisterten lateinischen Gedichte, dessen Übersetzung (von Dr. J. Ecker) folgendermaßen lautet:

„Würdiger Jünger des hohen Nicetius, o Magnericus,
    Preis dir! Ja, du bist groß, wert deines Namens bist du;
Herrlich in heiligem Wirken, geschult von dem trefflichen Lehrer,
    Den du ersetzest im Amt, sicher des göttlichen Lohns.
Folgst ihm treulich im Wandel, verehrend die heiligen Stapfen,
    Selber den andern zur Lehr', leuchtend in löblichem Thun
Wie, um zu wachsen, der Vater geschieden, so ließ er dich wachsen,
    Steigend zum Himmel empor, räumt er den Platz dir der Ehr'!
Brot für den Hungrigen, Fremden ein Obdach, Kleid für den Nackten,
    Müden die Stätte der Ruh', Hoffnung dem Pilgrim bist du."

In ähnlicher Weise spricht sich der hl. Bischof Gregor von Tours (538—593) aus, welcher ebenfalls mit Magnericus aufs innigste befreundet war und wichtige Handlungen öfters gemeinsam mit ihm unternahm.

Die alten Berichte rühmen es mit Recht, daß für Magnericus eine Hauptsorge des bischöflichen Amtes die Armenpflege bildete, und sie bestätigen durch dieses Lob die Thatsache, daß in den fast ununterbrochenen politischen Kämpfen jener Zeit immer noch die Kirche sich als die gute Mutter aller Notleidenden und Bedrückten erweisen mußte und erwies. Aber auch in allem anderen entfaltete der Bischof eine eifrige Thätigkeit. Wie er durch Gebet und Opfer sich selbst heiligte, so förderte er durch christlichen Unterricht und begeisterte Predigt das Seelenheil seiner Untergebenen. Öfters reiste er in seinem Bistum umher, damit er die Geistlichkeit und das Volk kennen lerne und ihre Wünsche erfahre. Für die Ausstattung der Kirchen war er mit Eifer thätig. So erneuerte er in Trier die Kirche des heiligen Kreuzes, welche durch den hl. Martinus von Tours († 400) in dem Hause des Senators Tetradius errichtet, aber in der Völkerwanderung des 5. Jahrhunderts war zerstört worden. Überhaupt besaß Magnericus eine große Verehrung für den hl. Martinus, dessen Grab in der Domkirche von Tours damals durch zahlreiche Wunder verherrlicht wurde. Ihm weihte er insbesondere eine Kirche zu Trier am Moselufer, berief an dieselbe Benediktinermönche aus der Schule des hl. Maurus in Gallien und gründete so die später weitberühmte Abtei St. Martin, welche trotz wechselvoller Schicksale bis zum Anfang unseres Jahrhunderts (1802) bestand. Ferner erbaute er dem hl. Martinus eine Kirche auf dem Marsberge östlich von Trier, an der Stelle, wo später ein Frauenkloster des Dominikanerordens entstand, und wo seit 1844 die dem Konvikt gehörige Kapelle „auf dem Kreuzchen" steht. Eine dritte Kirche erbaute er auf dem Berge bei Karden an der Mosel und eine vierte bei der Stadt Ivoi, dem heutigen Carignan, südlich von Sedan in Frankreich.

Bei den fränkischen Herrschern stand Magnericus in hohem Ansehen. Insbesondere hatte der König von Austrasien Childebert II. (575—596) eine solche Verehrung für ihn, daß er ihn zum Taufpaten seines Sohnes Theodebert II. gewann. Magnericus benützte diesen Einfluß öfters, um Bedrängten Hülfe zu schaffen. Einst hatte Childeberts Oheim, der König Guntram von Burgund (561—593), den frommen Bischof Theodor von Marseille, der verleumderisch des Hochverrats beschuldigt worden war, aus seiner Bischofsstadt verbannt und ließ ihn in strenger Haft zu König Childebert führen, damit auch dieser das Verbannungsurteil über ihn spreche. Guntram hatte strenge befohlen, daß niemand den Bischof Theodor sprechen dürfe, und man suchte darum das Schiff, auf welchem derselbe sich befand, heimlich an Trier vorbei zu leiten. Allein Magnericus hatte Kunde davon erhalten und eilte sofort an die Mosel zu dem Verbannten, tröstete ihn und beschenkte ihn mit Kleidungsstücken. Bald darauf reiste er mit Gregor von Tours nach Koblenz, wo sich König Childebert gerade aufhielt, rechtfertigte den Bischof Theodor und bewirkte, daß derselbe freigelassen und wieder in seine Stelle eingesetzt wurde.

Aber auch Unwürdige nahmen zuweilen ihre Zuflucht zu Magnericus. Ein vornehmer Franke Namens Guntram Bojo war von den Königen wegen mehrfacher Verbrechen zum Tode verurteilt worden. Als man ihn ergreifen wollte, floh er in die Wohnung des Bischofs Magnericus, riegelte die Thüre hinter sich zu, zog das Schwert und rief: „Bischof, ich weiß, daß du viel bei dem Könige vermagst, denn du bist ja der geistliche Vater des königlichen Prinzen. Keine Bitte wird dir abgeschlagen, darum wirst du jetzt auch mich durch deine Fürsprache retten. Weigerst du dich aber, so wirst du lebend dieses Gemach nicht mehr verlassen, denn ich werde dich mit diesem Schwerte töten, ehe ich selbst sterbe.“ Magnericus war bestürzt, aber er verlor seine Geistesgegenwart nicht. „Wohlan,“ sprach er, „ich

will zu den Königen gehen und Fürbitte für dich einlegen; viel=
leicht erbarmen sie sich deiner." Aber Guntram Bojo weigerte
sich, den Ausgang freizugeben, und verlangte, daß Magnericus
einige seiner Geistlichen als Vermittler zu den Königen schicke.
Da erscholl plötzlich Waffenlärm und Kriegsgeschrei um das
Haus: eine Schar Soldaten hatte es umringt und warf Brand=
fackeln hinein, um so den Verbrecher herauszutreiben. Mag=
nericus schwebte in der größten Gefahr, bis einige Priester
die Thüren erbrachen und ihn mit Gewalt befreiten. Er entkam
unversehrt, Guntram Bojo aber fiel sogleich unter den Streichen
der Soldaten. Gern hätte Magnericus auch diesem Elenden das
Leben gerettet, aber Gottes Gericht war seiner Güte zuvor=
gekommen.

Den Gesta Trevirorum zufolge war Magnericus von
einem ganzen Kranze heiliger Eremiten umgeben: Paulus,
Ingebertus, Disibodus, Wendelinus, Carilesus, Beatus und
Bantus, Wulfilaicus. Der letztere hatte sich bei Jvoi (jetzt
Carignan bei Sedan) niedergelassen und eine hohe Säule errichtet,
um wie Simeon der Stylite darauf zu wohnen und ein
übermäßig strenges Leben zu führen. Da indes Magnericus
diese auffallende Lebensweise nicht für zweckmäßig hielt, fügte
sich Wulfilaicus seiner Anordnung und lebte fürderhin in
frommer Gemeinschaft mit seinen anderen Gefährten.

Nachdem Magnericus 23 Jahre lang das bischöfliche Amt
segensreich verwaltet hatte, starb er, tiefbetrauert von seinem
Volke, am 25. Juli des Jahres 596 und ward gemäß seinem
Wunsche auf dem Kirchhof bei der von ihm gegründeten
Martinuskirche begraben. Um das Jahr 941 erhob Erz=
bischof Ruotbertus die Reliquien, übertrug sie in die Kirche
und setzte sie unter dem Altar der Gruft bei, wo viele Wunder
auf die Fürbitte des Heiligen geschahen. Leider ist sein Grab
bei den Verwüstungen der Kirche und des Klosters zu Ende
des vorigen und zu Anfang dieses Jahrhunderts zu Grunde
gegangen.

Freundschaft.

Glücklich, wer einen wahren Freund
gefunden hat.   Sir. 25, 12.

Die Lebensgeschichte des hl. Magnericus, der seinen Bischof
in der Verbannung nicht verlassen wollte, zeigt uns ein an-
ziehendes Bild heiliger echter Freundschaft. Denn im Unglück,
im Leiden wird die echte, wahre Freundschaft erprobt. Wie
mancher hat nicht schon mit Schmerz erfahren müssen, daß diejenigen, die er seine Freunde nannte, im Unglück sich von ihm
zurückzogen. Es waren eben falsche Freunde. Ein wahrer
Freund, der auch im Unglück treu bleibt, ist selten, aber „ein
großer Schatz, mit dem nichts zu vergleichen ist", wie die
hl. Schrift sagt. Denn was kann es tröstenderes geben, als
einen treuen Freund, der uns in den Stunden zur Seite steht,
wenn das Leben traurig und der Ausblick in die Zukunft trübe
und finster ist, der dann mit herzlichem Mitleid, mit seiner
treuen Hülfe Trost und Licht in unsere gedrückte Seele gießt!
Solche heilige Freundschaften gibt es aber nur zwischen Seelen,
die von Gottesfurcht und Gottesliebe erfüllt sind. Nur jenes
Feuer der Freundesliebe ist frei von Selbstsucht, rein, edel und
heilig, das angezündet ist an dem heiligen, reinen Feuer der
Liebe zu Gott, unserm höchsten Gut. Wie herrlich ist dann
eine solche Freundschaft! In beiden Seelen glüht dieselbe Flamme
heiliger Gottesliebe, beide sind geeint in den höchsten Bestrebungen,
die eines Menschen Herz begeistern können, geeint in demselben
Glauben, im Streben nach dem Himmel, der eine führt und
stützt den andern auf dem beschwerlichen Wege zu diesem
hohen Ziele. Wie weit sind diese geistigen Freundschaften
erhaben über alles, was in der Welt Freundschaft genannt wird,
über jene Vereinigungen unter Menschen, deren Band oft nur
Leidenschaft, Sinnlichkeit und Selbstsucht ist! Niemals kann
der ein wahrer Freund sein, der uns trennt von Gott, unserm
ewigen Freunde. Nur jene Freundschaft ist wahr und rein, die

uns ein Mittel ist, Gott mehr und mehr zu lieben. „Ein treuer Freund ist wie ein Heilmittel für Leben und Unsterblichkeit, und die Gott fürchten, finden einen solchen." (Sir. 6, 16.)

30. Juli.

Der heilige Cyrillus, Bischof.

† 458.

Unter allen Städten des römischen Galliens ragte besonders hervor das uralte Trier. Schon Julius Cäsar schildert es als eine angesehene Stadt, und seit der Zeit des Kaisers Augustus, unter dessen Regierung der Heiland geboren wurde, war es eine wichtige Station der römischen Truppen zum Schutze des Reiches gegen die deutschen Völkerschaften jenseits des Rheines. Noch höher stieg die Bedeutung der Stadt, als unter Kaiser Diokletian das römische Reich geteilt wurde und der Kaiser des Abendlandes, Maximianus Herkulens, im Jahre 287 zu Trier seine Residenz aufschlug. Alle Pracht und Herrlichkeit, welche die Würde eines römischen Imperators erforderte, ward nun dorthin übertragen, und ganz nach dem Muster von Rom erhielt Trier seinen Senat, seine Paläste, Thermen, Basiliken, Tempel, Götterbilder, Triumphbogen, ein Amphitheater, ein Kapitol, eine Münzstätte und dergleichen, sodaß es mit Recht im vierten Jahrhundert ein zweites Rom genannt wurde. In späterer Zeit kam ihm diese Bevorzugung freilich teuer zu stehen, denn als das römische Reich seinem Untergang nahe war und die barbarischen Völkerschaften immer kühner den Rhein überschritten und ganz Gallien verwüsteten, war die reiche Stadt Trier einer der ersten Angriffspunkte, an denen sie ihre Zerstörungswut ausließen. In der ersten Hälfte des 5. Jahrhunderts ist die Stadt durch die Barbaren viermal geplündert und verbrannt worden, und nur noch ein Schatten der früheren Herrlichkeit ist ihr nach diesen Verheerungen geblieben. Salvian von Marseille, ein Kirchenschriftsteller des 5. Jahrhunderts, der wahrscheinlich zu Trier oder Köln geboren war, jedenfalls aber längere Zeit in unseren Gegenden gelebt hat, gibt eine ergreifende Schilderung des Elends, das er in der früher „vornehmsten und reichsten Stadt Galliens" mit eigenen Augen gesehen hat. Er schaut die Straßen geschwärzt, keinen Teil verschont, überall Brandstätten, Aschenhaufen und blutige Leichen, von denen ein todbringender Hauch ausgeht. Alle öffentlichen Gebäude, der Palast, der Dom, die Klöster, die kunstgeschmückten Villen gingen damals in Flammen auf, verlassen und herrenlos standen die mächtigen Ruinen. Daß Salvian mit dieser Schilderung nicht übertrieben hat, läßt sich noch heute nachweisen, denn wo immer innerhalb der Stadt Trier der Boden aufgegraben wird, stößt man auf mehrere Aschenschichten, von denen eine Schicht, sieben Fuß unter der jetzigen Erdoberfläche, die ganze Stadt durchzieht und sich bis ins Amphitheater erstreckt. Diese Aschenschicht ist gemäß den Nachforschungen des gelehrten Domkapitulars v. Wilmowsky († 1880) 2 und 4, sogar 6 Zoll hoch, und in ihr begraben liegen die Trümmer der ehemaligen römischen Kaiserstadt.

Infolge dieser großen Verheerungen ist die trierische Geschichte des 5. Jahrhunderts in dichtes Dunkel gehüllt, und wir kennen kaum mehr als die Namen der damaligen Bischöfe. Einer von diesen, über den wir etwas Näheres wissen, ist der hl. Bischof Cyrillus. Alte Berichte (die Gesta Trevirorum) erzählen, er habe nach dem Sturm der Völkerwanderung um das Jahr 455 die zerstörte und verlassene Euchariuskirche wiederhergestellt, sodann nicht weit von der früheren Stelle bei ihr ein Kloster errichtet und dorthin die Körper des hl. Eucharius und seiner Nachfolger, die bis dahin auf dem benachbarten Kirchhofe geruht hatten, übertragen. Auch in den Annalen des gelehrten Jesuiten Brower († 1617) sind uns alte lateinische Verse

erhalten, die über diese Thätigkeit des hl. Cyrillus berichten:
sie lauten in der Übersetzung folgendermaßen:

> Siehe, wie göttliche Macht vereint die Gefährten im Leben,
> Ehrenvoll birgt diese Stätte der beiden Priester Gebeine,
> Nennend mit Ruhm Eucharius' und Valerius' Namen.
> Freudig bettet Cyrill die zum Leben berufenen Glieder,
> Bauend diesen Altar allhier den heiligen Brüdern,
> Ehrte gar herrlich der heilige Meister die Hütte des Körpers.

Der französische Gelehrte Le Blant, einer der größten Altertumsforscher der heutigen Zeit, hält diese Verse für eine Inschrift, die schon im 5. Jahrhundert sich in der Eucharinskirche befand und somit eines der wichtigsten Dokumente für die älteste trierische Geschichte bildet.

Weit schwieriger aber als die Wiederaufrichtung der zerstörten Gebäude war die Herstellung geordneten Lebens und christlicher Sitte unter den übriggebliebenen Einwohnern. Salvian entwirft ein düsteres Bild von der Sittenlosigkeit und Genußsucht, die trotz aller Heimsuchungen noch in Trier herrschte, und betrachtet die immer noch zunehmenden Trangsale als Strafgerichte Gottes für die ausgeartete Bevölkerung der einst so glücklichen Stadt. Hier griff Cyrillus mit fester Hand ein. Während die römischen Fürsten längst die verödete Stadt verlassen hatten, war er bei seiner Herde geblieben, denn jetzt galt es, die ganze Macht des Christentums zu entfalten und neuen Mut in den Herzen der verblendeten unglücklichen Einwohner zu erwecken. Auch mußte es seine Sorge sein, die neu eingewanderten heidnischen Franken, welche nun die Herrschaft in Trier übernommen hatten, dem Christentum günstig zu stimmen, weil er gewiß einsah, daß dieses zwar rohe, aber doch urkräftige Volk den Plänen Gottes von nun an besser dienen könne als die entnervten Nachkommen der römischen Weltbeherrscher.

Nach kurzer, aber segensreicher Thätigkeit starb Cyrillus um das Jahr 458 und ward in der Eucharinskirche bestattet, wo er sich schon zu Lebzeiten ein Grabmal neben der Gruft der

hh. Eucharius und Valerius hatte bereiten lassen. Die Euchariuskirche, welche seit der Mitte des 12. Jahrhunderts den Namen
Mathiaskirche erhielt, hat im Laufe der Zeit viele Veränderungen erfahren, doch besitzt sie noch jetzt bedeutende Reliquien
des hl. Cyrillus, welche in einem Reliquienschreine südlich neben
der Kommunionbank aufbewahrt werden. Ein anderer beträchtlicher
Teil der Reliquien des Heiligen ist im Jahre 1372 durch Kaiser
Karl IV. nach Prag übertragen worden, wie Thomas Johannes
Pessina in seinem Diarium von Prag berichtet.

Gottvertrauen.

Habe Vertrauen auf den Herrn aus deinem
ganzen Herzen. Pr. 3, 5.

Der hl. Cyrillus wußte, daß für ihn und sein Volk ein
lebendiges Gottvertrauen das einzige Mittel sei, um die schweren
Schläge der Vergangenheit zu überwinden. Es mochte ihm
freilich schwer fallen, die Seinigen zu diesem starken Gottvertrauen
zu erheben, denn wir arme Menschen legen im Leiden nur allzu
schnell mutlos die Hände in den Schoß. Besonders bei länger
dauerndem und nicht mehr gut zu machendem Unglück, bei großen
Verlusten, bei jahrelanger Krankheit will es uns scheinen, als
ob wir von Gott geradezu verlassen seien. Aber hat Gott uns
denn je bisher verlassen? Ist nicht jeder Atemzug uns ein
Beweis, daß er noch immer über unser Leben wacht und es
gütig erhält? Wie undankbar sind wir also, wenn wir durch
engherziges Mißtrauen ihm gleichsam zu verstehen geben, daß er
fürderhin nicht mehr stark genug sei, uns zu helfen, er, der
ewige, unwandelbare, allmächtige Gott! Wie thöricht handeln
wir aber auch gegen uns selbst, wenn wir durch mutlose
Unthätigkeit unsere beste Kraft lähmen, jegliche Ausdauer uns
rauben, alle Freudigkeit und allen Aufschwung unserer Seele
vernichten. Denn ein trauriges Herz ist meistens auch ein
kraftloses Herz. Sursum corda „empor die Herzen", das ist
darum die beste Losung in allem Kummer und Kreuz. Empor

die Herzen von dem armseligen Betteln um menschlichen Trost und irdische Hülfe, empor von den täglichen Sorgen, und seien sie noch so groß, empor zu Gott, dem Gott unserer Kindheit, dem Gott, auf den unsere Väter gehofft und gebaut haben! So schreiten wir getrost voran, denn der Name unseres Gottes heißt „Herr der Heerscharen", er ist noch derselbe, von dem der Apostel sagt: „Alles vermag ich in ihm, der mir Stärke gibt!" (Phil. 4, 13.)

31. Juli.

Der heilige Germanus, Bischof.

† 448.

Der hl. Germanus wurde als Sohn einer vornehmen Familie um das Jahr 378 zu Auxerre in Frankreich geboren. Er widmete sich zunächst der Rechtswissenschaft, trat später in den Heeresdienst und wurde vom Kaiser Honorius zum Statthalter der römischen Provinzen Aremorica und Nervicanum ernannt. Seine Lebensweise war anfangs sehr weltlich und ungeordnet, bis durch den Einfluß des Bischofs Amator von Auxerre sich eine solche Sinnesänderung bei ihm vollzog, daß er sich zum Eintritt in den geistlichen Stand entschloß. Nachdem Amator gestorben war, wurde Germanus zum Bischof von Auxerre geweiht, und er führte nun bis zu seinem Tode ein überaus strenges und abgetötetes Leben. Während er selbst lange Zeit nur Wasser und Brot genoß und auf einem mit Asche bestreuten Brett schlief, fanden die Armen und Kranken bei ihm eine unerschöpfliche Freigebigkeit und oft wunderthätige Hülfe.

Um diese Zeit richtete die Irrlehre des Pelagius großen Schaden in der Christenheit an. Besonders England war schwer heimgesucht; darum kamen im Jahre 429 Gesandte von dort nach Gallien, um einige tüchtige Priester zur Bekämpfung der

Irrlehrer zu erbitten. Die Bischöfe Galliens erwählten zu diesem Amte Germanus von Auxerre und Lupus von Troyes, worauf diese gottbegeisterten Männer nach England reisten und dort mit solchem Erfolge predigten, daß die Pelagianer gänzlich überwunden wurden. Als die letzteren sich später wieder erhoben, kam Germanus im Jahre 446 nochmals nach England. Diesmal begleitete ihn der Bischof Severus von Trier, und wiederum war der Erfolg ihrer Predigten überaus wohlthätig.

Nach Auxerre zurückgekehrt, wurde Germanus von dem Völkerstamm der Aremoricaner, welcher sich gegen die Herrschaft der Römer empört hatte, gebeten, als Vermittler bei dem römischen Kaiser Fürsprache einzulegen. Der stets hülfsbereite Bischof willfahrte diesem Wunsche und reiste nach Italien, wo er überall mit den größten Ehren aufgenommen wurde. Zu Ravenna traf er den jungen Kaiser Valentinian (425—455), und es gelang ihm, denselben günstig für die Aremoricaner zu stimmen. Aber noch ehe er die Rückreise in sein Bistum antreten konnte, erkrankte er plötzlich und starb zu Ravenna am 31. Juli 448, nachdem er 30 Jahre lang sein bischöfliches Amt ruhmvoll verwaltet hatte.

Sein Leichnam ward auf Kosten des Kaisers und in Begleitung zahllosen Volkes nach Auxerre gebracht und dort feierlich beigesetzt. Bei seinem durch viele Wunder verherrlichten Grabe entstand später das berühmte Benediktinerkloster St. Germain, welches jahrhundertelang eine gesegnete Thätigkeit entfaltete, bis es gegen Ende des 16. Jahrhunderts von den Hugenotten verwüstet und zerstört wurde. Leider sind damals auch die in hoher Verehrung stehenden Reliquien des Heiligen spurlos verschwunden.

Der hl. Germanus wird auch außerhalb Frankreichs vielfach verehrt, und in dem Trierer Bistum ist die im Jahre 1250 konsekrierte Pfarrkirche zu Niederziffen (Dekanat Remagen) ihm geweiht.

Außer dem hl. Germanus von Auxerre wird in der Diözese Trier noch ein anderer hl. Germanus, Abt und Martyrer, verehrt. Derselbe war aus senatorischer Familie zu Trier geboren und wurde in der Schule des hl. Modoaldus († 640) zu Wissenschaft und Heiligkeit herangebildet. Mit Erlaubnis des Bischofs trat er im Alter von 17 Jahren in das Kloster Remiremont (am Westabhang der Vogesen) und bewog auch seinen Bruder Numerian, den nachmaligen Bischof von Trier († 666), ihm zu folgen. Später kam Germanus in das Kloster Luxeuil, wo er zum Priester geweiht und nach einigen Jahren zum Abt des neugegründeten Klosters Münster (franz. Moutier-Grandval) am Fuße des Juragebirges erwählt wurde. Als er hier in stiller, aber emsiger Thätigkeit mit seinen Mönchen wirkte, wurde er von den rohen Soldaten des Herzogs Chatiq, der dem Kloster feindlich gesinnt war, im Jahre 666 ermordet. Er ward in der Klosterkirche begraben und bald als Martyrer verehrt. Als in der Reformationszeit 1531 das Kloster verwüstet wurde, flüchtete man seine durch viele Wunder verherrlichten Reliquien nach Delsberg im Berner Jura, wo sie noch heute in der Pfarrkirche verehrt werden.

Südlich von Trier bestand ehedem ein Frauenkloster St. German, welches wahrscheinlich diesem hl. Martyrer geweiht war. Es lag an der Mosel in der Nähe des Dorfes Feyen, an der Stelle, die früher „ad undas" hieß und jetzt vom Volke „am Hund" genannt wird. Im Jahre 1286 wurde das Kloster wegen der Kriegsunruhen in die Stadt verlegt an die Stelle, wo die Germansgasse in die Neustraße mündet, und daselbst die Germanskirche erbaut. Später ward das Haus in ein Männerkloster verwandelt. Seine im Jahre 1768 neu erbaute Kirche dient jetzt als Kirche der Pfarrei St. Gervasius.

Vorbereitung auf den Tod.

Des Todes Stachel ist die Sünde. 1 Kor. 15, 56.

Der hl. Germanus starb plötzlich, fern von der Heimat, zu einer Zeit, da er den Tod wohl kaum erwartete. Ihn traf

der Tod wohlvorbereitet und führte ihn darum zu einem besseren
Leben. Wann wird der Tod an uns herantreten? Meistens
kommt er früher, als man meint, und wenn er sich einstellt,
dann ist er unerbittlich. Es kümmert ihn nicht, ob unser Gewissen in Ordnung ist oder nicht; er wartet nicht, bis wir unsere
Geschäfte geregelt oder das Testament gemacht haben; ihm ist
es einerlei, ob man auf der Welt uns noch brauchen oder entbehren kann. Gar schrecklich ist es, wenn ein Mensch sterben
muß, ohne vorbereitet zu sein. Wie läßt sich in einigen Minuten
ersetzen, was man das ganze Leben hätte thun sollen, was man
aber aus Leichtsinn oder Bosheit versäumte? Wie soll man auf
einmal Gott lieben können aus ganzem Herzen, aus ganzer Seele,
aus ganzem Gemüt, aus allen Kräften, wenn man wenig an
Gott dachte, ihn oft und schwer beleidigte? Darum sieh dich
vor, mein Christ, wenn du gut sterben willst. Denke oft
und ernstlich an dein Ende; so vieles erinnert dich ja an
den Tod. Halte deine Seele rein von Sünden, oder wenn du
so unglücklich warst zu sündigen, so mache die Seele schnell
wieder rein, wenigstens durch eine vollkommene Reue. Thue
Gutes, soviel du kannst: sammle täglich Vorrat an Werken, die
du verrichtest aus Liebe zu Gott und dem Nächsten. An Gelegenheit wird es dir nicht fehlen. Der Tod verliert dadurch
seine Schrecken, denn „kostbar in den Augen des Herrn
ist der Tod seiner Heiligen". (Pf. 115, 15.)

❧

5. August.

Der heilige **Oswald**, König u. Martyrer.

† 642.

Nachdem Ethelfried, der heidnische König von Northumbrien, eines Reiches, das etwa die jetzigen Provinzen
Northumberland und York in England umfaßte, im Jahre 617

auf dem Schlachtfelde getötet worden war, flohen seine drei
Söhne Eanfried, Oswi und Oswald nach Schottland. Dort
fanden sie in dem von irischen Mönchen geleiteten Kloster auf
der Insel Hy, später Jona genannt (an der Westküste
Schottlands), liebevolle Aufnahme, erhielten Unterricht in der
christlichen Religion und empfingen auch die heilige Taufe.

Nach mehreren Jahren konnten die drei Brüder in ihre
Heimat zurückkehren und wieder von ihrem Lande Besitz ergreifen,
doch wurde Eanfried bald von dem heidnischen König Cadwallader
ermordet, und Oswald übernahm nun den größten Teil des
Reiches. Er sammelte schnell ein Heer und rückte dem Könige
Cadwallader entgegen, weil dieser mit großer Truppenmacht immer
weiter in Northumbrien eindrang und alles mit Feuer und Schwert
verwüstete. Bei dem Orte Dilston trafen im Jahre 634 die
Heere aufeinander, aber es schien, daß für Oswald die Übermacht der Feinde zu groß sein werde. Allein am Abend vor
der Schlacht ließ der fromme König ein großes hölzernes Kreuz
fertigen, das er mit eigener Hand aufpflanzte, und vor dem er
mit seinem ganzen Heere auf die Kniee sank und Gott um Schutz
und Sieg anflehte. Alle Soldaten wurden ermutigt, die Scharen
stürzten aufeinander, und Oswald erfocht einen glänzenden Sieg
über Cadwallader, welcher selbst tot auf dem Schlachtfelde blieb.
Der Ort, wo man das Kreuz errichtet hatte, wurde Heaven-
field, zu deutsch Himmelsfeld, genannt. Das Kreuz, dieses
erste in Northumbrien errichtete Siegeszeichen des Christentums,
wurde später sehr berühmt. Beda der Ehrwürdige, der
Geschichtschreiber der Angelsachsen († 735), erzählt, daß man zu
seiner Zeit kleine Stücke davon schnitt und ins Wasser warf,
und daß viele Kranke, welche von diesem Wasser tranken oder
damit besprengt wurden, die Gesundheit zurückerlangten. Auch
Alcuin († 804), der gelehrte Freund Karls des Großen, berichtet
die nämliche Thatsache.

Nachdem Oswald durch diesen Sieg seinen Thron befestigt
hatte, begann er, mit allem Eifer die Bekehrung seiner Unterthanen

zum christlichen Glauben zu befördern. Auf seine Bitten kam aus dem Kloster Hy ein frommer irischer Mönch, der hl. Bischof Aidan, nach Northumbrien, um das Volk in den Lehren des Christentums zu unterweisen. Oswald zog oftmals mit ihm von Dorf zu Dorf und diente ihm sogar im Anfange der Mission als Dolmetscher, weil Aidan die Sprache des Landes noch nicht genügend kannte, um von dem Volke verstanden zu werden. Aller Orten errichtete der König Kirchen, Klöster, Schulen und unterstützte mit solcher Glaubensfreudigkeit den Bischof Aidan und die Priester, welche dieser kommen ließ oder selbst weihte, daß Northumbrien bald ein christliches Land wurde.

Wie groß die Fürsorge des Königs für die Armen war, erhellt aus einer schönen Erzählung, die uns Beda aufgezeichnet hat. Einst saß, so berichtet er, der König am Ostertag mit seinen Großen beim festlichen Mahle, und auch Aidan, der Bischof, war unter den Tischgenossen. Da meldete ein Diener dem Könige, daß eine Menge von Armen am Schloßthore stehe und um Almosen bitte. Der König wußte Hülfe. Er nahm eine große, mit Speisen gefüllte silberne Schüssel von der Festtafel, gab sie dem Diener und trug ihm auf, nicht nur die Speisen den Armen zu geben, sondern auch die kostbare silberne Schüssel ihnen zu schenken. Da stand Aidan auf, trat zu dem Könige, erfaßte dessen rechte Hand und sprach vor allen Gästen: „Möge diese Hand nie verwesen!" Dieser schöne Wunsch ging in Erfüllung, denn, wie Beda weiter berichtet, blieb der rechte Arm des hl. Oswald, der nach seinem Tode von dem Körper getrennt worden, unverweslich. Er wurde lange Zeit in dem königlichen Schlosse zu Bamborow aufbewahrt, kam später nach Peterborough, ist aber im 16. Jahrhundert mit so vielen anderen Reliquien verloren gegangen.

Nachdem Oswald acht Jahre lang glücklich regiert hatte, wurde er von Penda, dem heidnischen König von Mercien, angegriffen. Sein Heer vermochte der Übermacht des Feindes nicht standzuhalten und wurde in einer blutigen Schlacht am

5. August 642 vollständig aufgerieben; Oswald selbst ward von den Soldaten Pendas getötet. Der Sieger verstümmelte den Leichnam auf die grausamste Weise. Er ließ Haupt und Arme vom Rumpfe trennen und auf hohe, im Boden stehende Stangen stecken. Erst nach längerer Zeit wurden die Überreste ehrenvoll gesammelt und beigesetzt. Man verehrte Oswald bald als Martyrer, da er wegen der eifrigen Verbreitung des Christentums das Leben verloren hatte. Seine Reliquien standen jahrhundertelang in hoher Verehrung, bis zu der unglücklichen Zeit, da England den Glauben seiner Väter verließ und mit Gewalt dem Protestantismus zugeführt wurde. Ein Teil des Hauptes kam durch den hl. Willibrord in das Kloster Echternach. Besondere Verehrung genießt der hl. Oswald in der St. Mathiaskirche bei Trier. Dort ist im südlichen Querschiff unter den bildergeschmückten Schlußsteinen des schönen Gewölbes auch eine Darstellung des hl. Oswald: eine aufrechtstehende, nur um die Hüften bekleidete Figur mit ausgespannten Armen, während eine Kette oder ein Strick Hände und Füße fesselt. Die Verehrung des hl. Oswald in St. Mathias hat ihren Grund darin, daß man Reliquien von ihm hier besitzt, nämlich Teile von seinen Gebeinen und seinen Gürtel. Dieselben kamen zu Ende des 15. Jahrhunderts durch Schenkung an das Kloster. Der Gürtel wurde anfangs des 16. Jahrhunderts, nachdem er 52 Jahre lang in der Verborgenheit gelegen hatte, unter Abt Eberhard von Kamp wieder aufgefunden; er befindet sich noch jetzt zu St. Mathias in der Schatzkammer, in welcher so viele kostbare Heiligtümer, insbesondere die große Kreuzpartikel, aufbewahrt werden.

Lohn der Barmherzigkeit.

Selig sind die Barmherzigen, denn sie werden Barmherzigkeit erlangen. **Matth. 5, 7.**

Die rechte Hand des hl. Oswald, die im Leben so mildthätig den Armen spendete, blieb nach dem Tode unverwest. Dieses Wunder ist gewissermaßen ein Sinnbild jenes Lohnes, den Gott

allen denen geben wird, welche Barmherzigkeit üben gegen die
Armen: denn alles, was wir für die Armen und Bedrängten
thun, jedes Erbarmen unseres Herzens, jede Wohlthat, jedes
Almosen, das wir um Jesu willen geben, wird für uns zu
himmlischen Schätzen, die uns der Tod nicht raubt, die uns
bleiben werden, wenn unser Leib längst verwest, unser Andenken
bei den Menschen längst erloschen ist. Deshalb ist der der
Weiseste, der sich möglichst viele solcher ewigen Schätze sammelt,
und der ist thöricht und wahrhaft arm, der sein Herz den Armen
verschließt, der ängstlich seine irdischen Reichtümer zusammenhält,
damit ihm in diesem Leben nichts davon verloren gehe; der
Tod nimmt ihm alles, und in der Ewigkeit hat er nichts zu
erwarten als vielleicht ein strenges Gericht. Denn wie soll der
auf Barmherzigkeit hoffen, der selbst unbarmherzig gewesen ist!
Wer aber mit reichem Herzen und vollen Händen seinen Mit=
menschen zu Hilfe kommt, den werden schon in diesem Leben
die eigenen guten Werke, die gespendeten Almosen mit geheimnis=
voller Macht zum Himmel hinziehen. Denn „das Almosen, das
im Herzen des Armen verschlossen ist, wird bitten für den
Barmherzigen" und wird die Liebe und Gnade Gottes auf ihn
herabrufen. Wie sollte auch Gott dem seine Gnade versagen,
der diese so göttliche Tugend der Barmherzigkeit übt! Ist ja
doch ein solcher wahrhaft ein Kind des himmlischen Vaters, der
seine Sonne aufgehen läßt über Gerechte und Ungerechte, dessen
Herz mit weiter, unermeßlicher Vaterliebe, mit unbeschreiblicher
Barmherzigkeit uns alle umfaßt! Wollen wir Kinder dieses Vaters
sein, dann müssen auch unsere Herzen groß und weit sein im
liebevollen Erbarmen für alle Menschen. Ja, göttlich ist die
Tugend der Barmherzigkeit, und göttlich ist ihr Lohn. Denn
der hl. Geist sagt: „Wohlthätigkeit ist gleich dem
Paradiese an Segnungen, und Erbarmen währet
in Ewigkeit." (Sir. 40, 17.)

9. August.

Der heilige **Emygdius**, Martyrer.

† um 303.

Der hl. Emygdius war zu Trier geboren. Seine
Eltern, welche noch dem Heidentum angehörten, waren vornehme
Franken und ließen ihrem Sohne eine sorgfältige Erziehung
geben, damit er später im Heeresdienste eine hervorragende
Stelle bekleiden könne. Aber die christliche Lehre, welche nun
immer siegreicher auch nach Gallien und Germanien drang, war
dem strebsamen Jünglinge nicht unbekannt geblieben, und je
mehr er von ihr erfuhr, desto fester reifte in ihm der Entschluß,
ihr beizutreten. Trotz des Widerstrebens seiner Eltern ließ
Emygdius im Alter von 23 Jahren sich taufen und veranlaßte auch einige seiner Freunde, den Euplus, Germanus
und Valentinus, sich ihm anzuschließen. Durch die Stimme
Gottes angetrieben, zog er nach einiger Zeit mit seinen Gefährten nach Italien und verweilte zunächst 3 Jahre in
Mailand, wo er zum Priester geweiht wurde und sich mit
heiligem Eifer an der Ausbreitung des Christentums beteiligte.

Damals wüteten gerade in Italien die Christenverfolgungen
des römischen Kaisers Diokletian, und Emygdius sah sich
zu seinem Schmerze dadurch gezwungen, den Ort seiner erfolgreichen Thätigkeit zu verlassen. Er zog gen Süden und kam
nach langer Wanderung in Rom an, wo ein vornehmer heidnischer Kriegsmann mit Namen Gratian ihm gastliche Aufnahme gewährte. Gratian hatte eine Tochter, die schon seit
5 Jahren krank darniederlag, ohne daß die Ärzte ihr zu helfen
vermochten. Emygdius gewann die ganze Familie für das
Christentum, taufte sie und heilte dadurch die Tochter Gratians
auch von ihrem körperlichen Leiden.

Schnell verbreitete sich die Kunde davon in Rom, und als
er gar noch einem Blinden am anderen Tage das Augenlicht

wiedergab, strömte das Volk zusammen und rief laut, daß Aeskulap, der heidnische Gott der Heilkunde, plötzlich in Rom erschienen sei. Man führte ihn auf die Tiberinsel, wo an der Stelle der jetzigen Kirche San Bartolomeo damals der Aeskulaptempel stand, und wollte dem unter den Menschen erschienenen Gotte hier Weihrauch streuen und Opfer darbringen. Als Emygdius die Menge versammelt sah, hielt er eine begeisterte Predigt an dieselbe, worin er sich als den Diener Jesu Christi, des einzigen wahren Gottes, bekannte. Alle lauschten seinen hinreißenden Worten, und als er dann vor den Augen des Volkes wieder mehrere Kranken heilte, die seit langer Zeit vergeblich die Hülfe Aeskulaps angerufen hatten, kannte der Jubel der Menge keine Grenzen mehr. Mehr als tausend Römer ließen sich von ihm taufen; dann zerstörten sie die nahen Götzenaltäre, und Emygdius warf mit eigener Hand die Statue des Aeskulap in den Tiberfluß. Sogar die heidnischen Priester, welche ihm anfangs großen Widerstand geleistet hatten, gewann er für das Christentum.

Inzwischen war die Kunde von dem Vorgefallenen zu den Ohren des Stadtpräfekten Posthumius Titianus gedrungen. Dieser ließ Emygdius alsbald vor seinen Richterstuhl führen und stellte ihm die schwersten Strafen in Aussicht, wenn er nicht innerhalb dreier Tage dem Christentum abschwöre. Emygdius war zum Martyrium bereit, aber gemäß der Aufforderung, die ihm Gott durch einen Engel zukommen ließ, ging er erst zu dem Papste (Marcellus?), um dessen Rat und Segen zu erhalten. Der Papst wünschte, daß dieser seeleneifrige Mann vorerst der Kirche noch erhalten bleibe, darum weihte er ihn zum Bischof und entsandte ihn nach Asculum, damit er die Leitung der dortigen Christengemeinde übernehme.

Asculum (das heutige Ascoli in der Mark Ancona, nordöstlich von Rom) war eine mächtige und reiche Stadt, aber das Christentum hatte in ihr noch wenig Anhänger gefunden. Schon auf der Reise dorthin wirkte Emygdius in der Stadt

der Pictaver (Ancona?) wiederum mehrere Wunder, so daß
viele Heiden sich taufen ließen. Als er sich dann der Stadt
Asculum näherte, begannen die bösen Geister, die in den zahlreichen Götzentempeln dort hausten, ein lautes Wehegeheul und
entflohen von den Stätten, an denen sie so lange die Huldigung
der Einwohner empfangen hatten. Ein fremder Mann, so schrieen
sie, ziehe in die Stadt ein und verursache ihnen namenlose
Qual. Als die Heiden erfuhren, daß Emygdius dieser Mann
sei, erregten sie eine große Bewegung im Volke und wollten
ihn gleich dem Tode überliefern. Sie führten ihn zu dem
Stadtpräfekten Polymius, der die Befehle des Kaisers
Diokletian zur Verfolgung der Christen mit großer Grausamkeit
handhabte. Vergebens suchte dieser den Bischof zum Abfall vom
Christentum und zur Anbetung des Jupiter und der Angaria,
einer zu Asculum sehr verehrten Göttin, zu bewegen, ja, er
versprach ihm sogar seine eigene Tochter Polysia zur Gemahlin, wenn er den Gesetzen des Kaisers sich unterwerfe.
Emygdius antwortete auf dieses Ansinnen in der Weise, daß er
noch eifriger als bisher die Lehre des Gekreuzigten predigte,
und er bewirkte dadurch sowie durch zahlreiche wunderbare Krankenheilungen einen solchen Umschwung in der Stimmung des
Volkes, daß etwa 1060 Menschen sich taufen ließen, darunter
auch Polysia, die Tochter des Stadtpräfekten. Als dieser die
unerwartete Wendung der Dinge sah, ward er von solcher Wut
ergriffen, daß er den Bischof Emygdius durch die Lictoren ergreifen
und sogleich enthaupten ließ. Dies geschah um das Jahr 303.

Sobald das Volk die Kunde von dem Tode seines Wohl-
thäters erfuhr, strömte es zusammen, zog zu dem Palaste des
Statthalters und zerstörte das große Gebäude mit solcher Gewalt,
daß nur mehr ein Trümmerhaufen davon übrig blieb. Noch
jetzt werden die mächtigen Ruinen desselben zu Ascoli gezeigt.

Den Leichnam des hl. Martyrers Emygdius aber bestattete die so schnell entstandene Christengemeinde in einer zu
seiner Ehre erbauten Kapelle zu Ascoli, an deren Stelle

später eine prächtige Kirche aufgeführt wurde. Durch all' die folgenden Jahrhunderte hindurch ist das Grab des Heiligen eine hochverehrte, durch viele Wunder verherrlichte Stätte des Gebetes geblieben, zu der bis auf den heutigen Tag die Bewohner der ganzen Provinz in gläubigem Vertrauen und dankbarer Verehrung pilgern.

Gehorsam.

Gehorsam ist besser als Opfer.
1. Kön. 15, 22.

In Rom schon hätte der hl. Emygdius die Martyrerpalme gerne errungen, allein er verzichtete darauf in demütigem Gehorsam gegen den Papst, Christi Stellvertreter, welcher ihn zu weiterer Thätigkeit bestimmte und darum nach Ascoli entsandte. Welch' großen Wert legte also der Heilige auf den Gehorsam! Mit Recht, denn der Gehorsam ist die Ordnung Gottes, ihm ist alles unterworfen, hinauf bis zu Gott. Oder kennst du, mein Christ, irgend einen Menschen, der seinen Willen und sein Urteil andern niemals unterwerfen, d. i. gehorchen müßte? Selbst die höchsten Herrscher dieser Erde sind vom Gehorsam gegen die Gebote Gottes nicht entbunden, ja, sie müssen oft genug auch andern Menschen ihren eigenen Willen unterordnen. Im christlichen Gehorsam üben wir aber die schönsten Tugenden. Wir zeigen unsern Glauben an Gottes Herrschaft über uns, unser Vertrauen auf seine Verheißungen, wir üben Demut und Selbstverleugnung, die zwar vor den Menschen uns erniedrigen können, in den Augen Gottes aber höheren Wert verleihen. Liebe und übe darum den Gehorsam gegen Gott; halte seine Gebote, unterwirf dich seinen Schickungen und Zulassungen, die immer weise, immer heilig sind. Gehorche den Geboten der hl. Kirche, ihre Gebote sind Gottes Gebote. Teine Eltern vertreten Gottes Stelle an dir, höre auf sie, laß dir raten von ihnen, gehorche ihnen. So will es Gott. Auch deinen weltlichen Vorgesetzten leiste Gehorsam, dazu fordert dich der Weltapostel auf, indem er sagt: „Gehorchet euren

Vorstehern und seid ihnen unterthänig, denn sie wachen für eure Seelen als solche, die Rechenschaft geben werden, damit sie dies mit Freuden thun und nicht mit Seufzen." (Hebr. 13, 17.)

11. August.

Der heilige **Gaugericus,** Bischof.
† um 619.

Der hl. Gaugericus (französisch St. Gery genannt) wurde geboren zu Jvoi, einem Städtchen, welches früher zum Bistum Trier gehörte; jetzt trägt dieser, südlich von Sedan in Frankreich gelegene Ort den Namen Carignan. Unter den Augen frommer Eltern wurde der Knabe in den Wissenschaften und in den Übungen der Tugend mit solchem Erfolge heran- gebildet, daß er die Aufmerksamkeit des Trierer Bischofs Mag- nericus (566—596) erregte, als dieser sich einst auf einer Reise durch sein Bistum zu Jvoi aufhielt. Zur Belohnung erteilte Magnericus schon damals dem strebsamen Knaben die Tonsur und weihte ihn auch nach einigen Jahren zum Diakon. Gaugericus aber verdoppelte noch seinen Eifer in der Aus- übung guter Werke und widmete sich mit unermüdlichem Fleiße der Erfüllung seiner Standespflichten, insbesondere dem Unter- richt der Gläubigen und der Pflege der Armen. Später wurde er Priester.

Trotzdem er in seiner Demut stets dem Lobe der Welt aus dem Wege ging, verbreitete sich der Ruf seiner Tugenden und seiner Kenntnisse weit über die Grenzen seiner Heimat, und als um das Jahr 580 der Bischof Vedulfus von Cam- brai (in Nordfrankreich) gestorben war, bat der Klerus und das Volk dieser Diözese den König Childebert II. von Austrasien (575—596), daß man ihnen Gaugericus zum

Bischof geben möchte. Childebert war mit diesem Wunsche durchaus einverstanden, und auf seine Bitten wurde Gaugericus von Ägidius, dem Erzbischofe von Reims, zum Bischofe geweiht und nach Cambrai entsandt.

Die Legende erzählt, daß beim Einzuge in die festlich geschmückte Stadt Gaugericus an dem Gefängnisse vorbei gekommen sei, wo zwölf Verbrecher in Ketten lagen. Diese hätten mit lautem Rufen seine Fürbitte angefleht, und da der Stadtpräfekt ihre Begnadigung nicht zugeben wollte, habe Gaugericus, indem er über sie betete, auf wunderbare Weise ihre Fesseln gesprengt. Die Arbeit in der Diözese war groß, denn seit dem Tode des hl. Vedastus (539) war der Bischof von Cambrai zugleich auch Bischof der Diözese Arras und hatte somit fast das ganze Gebiet der Provinz Brabant zu verwalten. Das Heidentum war in diesen Gegenden noch immer mächtig, aber Gaugericus ruhte nicht, bis er dasselbe durch apostolische Predigt und unerschöpfliche Wohlthätigkeit so weit wie möglich verdrängt hatte. Die Geistlichkeit und das Volk waren ihm mit großer Liebe zugethan, aber auch die Könige zollten ihm hohe Verehrung. König Chlotar II. († 628) übertrug ihm die freie Verfügung über die ganze Summe von Almosen, welche alljährlich aus den Kassen des Hofes für die Armen gespendet wurde.

Nachdem Gaugericus 39 Jahre lang sein bischöfliches Amt segensreich verwaltet hatte und auch schon bei Lebzeiten durch die Gabe der Wunder von Gott ausgezeichnet worden war, starb er hochbetagt zu Cambrai am 11. August um das Jahr 619. Er fand sein Grab in der Kirche des hl. Medardus, die er selbst auf einer Anhöhe bei Cambrai erbaut hatte. Als diese Kirche im Jahre 1545 niedergerissen wurde, weil Kaiser Karl V. (1519—1558) an ihrer Stelle die Citadelle (Festung) aufführen ließ, zogen die Kanoniker in die Stadtpfarrkirche des hl. Vedastus, wohin sie auch die Reliquien des hl. Gaugericus übertrugen. Infolgedessen erhielt auch die letztere Kirche den Namen St. Gery.

In dem großen Werke der Bollandisten (2. Augustband)
findet sich die Abbildung eines vergoldeten Silberschreins, der
seit dem Jahre 1245 die Gebeine des hl. Gaugericus umschloß:
daneben wurden das Haupt, die Kinnlade und ein Arm in besonderen silbernen Behältern aufbewahrt. Nach den Abbildungen
zu schließen, müssen es herrliche Werke romanischer Goldschmiede-
kunst gewesen sein, allein sie sind in den Zeiten der französischen
Revolution spurlos verschwunden, und zugleich mit ihnen sind
die Reliquien des Heiligen verloren gegangen. Auch die ebengenannte Kirche St. Gery wurde damals zerstört. Doch hat
man später einer anderen Pfarrkirche zu Cambrai den Namen
des Heiligen gegeben. Seine Verehrung in der dortigen Gegend
ist sehr groß, und 17 Pfarrkirchen der Erzdiözese Cambrai
sind ihm geweiht.

Die Beichte.

*Was ihr auf Erden lösen werdet, soll auch
im Himmel gelöset sein.* Matth. 18, 18.

Nach der Legende sprengte der hl. Gaugericus durch sein
Gebet die eisernen Fesseln der Gefangenen und erregte dadurch
das Staunen und die Bewunderung des Volkes. Ein viel
größeres Wunder wirkte er, und wirken alle Priester im hl. Buß-
sakramente unzähligemal an den Seelen der Menschen, indem
sie durch ihr Wort die geistigen Ketten der Sünde sprengen.
Denn was ist die Sünde anders als eine Fessel, eine Kette
der Seele, und zwar eine furchtbare Fessel; wie mancher hat
schon die Qual dieser Fessel empfunden, wenn er Todsünden
auf dem Gewissen hatte. Dann hat die Seele das Licht des
Himmels, die heiligmachende Gnade, verloren, sie ist gewissermaßen zusammengekettet mit finstern, unreinen Geistern, die sie
von Begierde zu Sünde, von Sünde zu Begierde und so immer
weiter bis an den Rand des Abgrundes treiben. Kommt der
sündigen Seele der Gedanke an Gott, dann kann sie nicht zu
ihm, dem Reinen, sich erheben, sie fühlt sich ausgeschieden von
allem, was gut und rein ist, wie eine Gefangene in Sünde

und Elend versunken. Da kommt zu dem Sünder der Priester
als Gesandter Gottes und mahnt ihn zur Reue; mit Zerknirschung
fällt der Sünder dem Priester zu Füßen, bekennt seine Sünden,
und dann spricht der Priester im Namen Gottes das erlösende
Wort: „Deine Sünden sind dir vergeben". In einem Augenblicke sind die Fesseln gelöst, die Seele fühlt sich wieder rein
und frei, schaut wieder freudig auf zu dem himmlischen Vater,
der das verlorene Kind liebreich in seine Arme nimmt, die
bösen Geister weichen zurück vor dem göttlichen Lichte der
Gnade, das die Seele wieder durchdringt. Ist das nicht ein
größeres Wunder, als irdische Ketten zersprengen? Wie müssen
wir Gott danken, der seinen Priestern so herrliche Gewalten
verliehen hat, um den armen Sündern zu helfen, und mit
welchem Vertrauen müssen vor allem die Sünder zu dem sich
wenden, der gesagt hat: „Mit ewiger Liebe liebe ich
dich; darum erbarme ich mich deiner und ziehe
dich zu mir." (Jer. 31,3.)

15. August.

Die selige Gertrud von Altenburg, Äbtissin.
† 1297.

Auf der Wartburg bei Eisenach lebte zu Anfang des
13. Jahrhunderts Ludwig VI., der mächtige Landgraf von
Hessen und Thüringen. Seine Gemahlin war die heilige
Elisabeth, die fromme Königstochter aus Ungarn, die schon
als Kind dem jungen Landgrafen verlobt worden war, dann später
mit ihm in so glücklicher Ehe lebte und nach seinem frühen Tode
so unsägliches Leid zu tragen hatte. Aber dieses Leiden war
für sie der Weg zum Himmel, und darum verklärte es ihr kurzes
Leben schon auf dieser Welt, dieses wunderbar schöne Leben,
das sich liest wie ein Jubelhymnus über die Güte Gottes, wie

ein großes herzinniges Gedicht aus der glaubensfrohen Zeit des
Mittelalters. Elisabeth ist die Lieblings-Heilige Deutschlands
geworden, und wenn auch heute die Stufen um ihr Grab in
der hochragenden Kirche zu Marburg nicht mehr von den
Knieen der Beter ausgehöhlt werden wie ehedem, weil im
16. Jahrhundert der protestantisch gewordene Landgraf Philipp
von Hessen das Grab seiner eigenen Ahnfrau entweihte und ihre
Reliquien aus dem kostbaren Sarkophage herausriß: die Erinnerung an „die liebe heilige Elisabeth", wie die Chronisten
sie nennen, ist unvergänglich geblieben. Und all' die Gegenden
Deutschlands, wo sie geweilt, und all' die Personen, die ihr im
Leben nahe gestanden, haben auch für sich selbst einen Abglanz
des Lichtes behalten, das die Gestalt dieser heiligen Fürstin
verklärt. Eine der lieblichsten Erscheinungen aber aus dieser
Umgebung Elisabeths ist diejenige ihrer jüngsten Tochter, der
seligen Gertrud von Altenburg.

Als Landgraf Ludwig im Jahre 1227 von seiner Gemahlin schmerzlichen Abschied nahm, um mit dem Heere der
Kreuzfahrer ins Morgenland zu ziehen, hatte Gertrud das
Licht der Welt noch nicht erblickt. Aber die frommen Eltern
hatten schon das Gelöbnis gemacht, das Kind, welches sie
erwarteten, in einem Kloster Gott zu weihen. Elisabeth erhielt
eine Tochter, Gertrud, und ihrem Versprechen gemäß brachte
sie das Kind, als es anderthalb Jahre alt war, in das Frauenkloster Altenburg, welches auf einem Berge an der Lahn
unweit der Stadt Wetzlar lag. Das Kloster war von der Abtei
Rommersdorf (bei Neuwied) aus gegründet worden und
befolgte wie dieses die Prämonstratenser-Regel. Elisabeth wurde
oftmals von Edelleuten darüber getadelt, daß sie das junge land-
gräfliche und königliche Kind in das arme und entlegene Kloster
gethan, aber sie antwortete voll heiterer Zuversicht: „daß ihr dieses
altenburgische Kloster vom Himmel für ihre Tochter sei offenbart
worden, und sollte dieses Kloster durch sie in geistlichen und
weltlichen Dingen zum Herrlichsten gezieret und befördert werden."

Die Erwartungen der frommen Mutter gingen in Erfüllung, wenngleich es ihr selbst nicht mehr beschieden war, sich an dem Glücke ihrer Tochter zu erfreuen. Denn in einer Nacht, so berichtet die Legende, schrak das Kind plötzlich aus dem Schlafe auf und sagte zu den Schwestern: „Ich höre das Totenglöcklein von Marburg läuten: jetzt wird wohl meine liebe Mutter verschieden sein." Und eben in dieser Nacht war Elisabeth zu Marburg gestorben. Gertrud war erst vier Jahre alt, aber die frommen Schwestern ersetzten ihr liebevoll den harten Verlust. Das Kind war freilich ein getreues Abbild seiner großen Mutter und übte besonders die Tugenden, durch welche jene einst so sehr geschmückt war, nämlich Güte und Barmherzigkeit gegen die Nebenmenschen und Strenge gegen sich selbst. So wuchs es heran unter den gleichalterigen Edeltöchtern wie eine Blume im Garten Gottes, geliebt und verehrt von allen.

Es war darum leicht erklärlich, daß nach dem Tode der Meisterin Christina von Biel (1248) alle Augen und Herzen sich der erst einundzwanzigjährigen Gertrud zuwandten, und daß man sie einstimmig zur Meisterin erwählte. Aber um so strenger wurde nun ihr eigenes Leben. Die ganze Fastenzeit hindurch bis zum Palmsonntag schlief sie auf Stroh, die Karwoche hindurch aber auf Scherben, und fortwährend kreuzigte sie ihren Leib durch Fasten und Wachen. Diese Heiligkeit und die grenzenlose Güte, mit der sie allen Schwestern entgegenkam, übten in Verbindung mit dem Glanz ihrer Abkunft und dem Andenken an ihre Mutter eine solche Anziehungskraft aus, daß viele Töchter aus den benachbarten Dynastengeschlechtern sich in das Kloster aufnehmen ließen. Manche brachten ein beträchtliches Vermögen mit, und da auch Gertrud von ihrer Schwester Sophia, Herzogin von Brabant, und von ihrem Onkel Heinrich, Markgraf von Meißen, große Summen erbte, so konnte sie die Klostergebäude sehr erweitern und besonders die prachtvolle Klosterkirche erbauen, die noch jetzt als ein herrliches Denkmal des frühgotischen Stiles die Bewunderung aller Besucher

erregt. Ferner erbaute sie, ganz nach dem Geiste ihrer verklärten
Mutter, bei dem Kloster ein K r a n k e n h a u s zur Aufnahme
von Aussätzigen und freute sich, wenn sie die niedrigsten Dienste
darin verrichten konnte. Und als die Idee der K r e u z z ü g e
damals ganz Europa begeisterte und Tausende edler Kämpfer
das Kreuz und das Schwert ergriffen, da ließ auch Gertrud
auf die Stirnbinde der Schwestern das Kreuz sticken und ordnete
tägliche Gebete und gute Werke für alle an, um so dem Unter=
nehmen der Kreuzfahrer den Segen Gottes zu erflehen.

Mit päpstlicher Genehmigung führte sie schon im Jahre 1270
das F r o n l e i c h n a m s f e s t im Kloster ein und feierte es mit
höchster Pracht. An diesem Tage zogen die Schwestern, die
sonst in strenger Abgeschiedenheit von der Welt lebten, aus dem
Thore des Klosters; und angethan mit weißen Kleidern, Blumen=
kränze um das Haupt, umgingen sie betend und singend den
Berg, auf dessen Höhe ihre stille Klause lag. Mehrere Jahr=
hunderte lang erhielt sich dieser Triumphzug durch das blumen=
geschmückte Berggelände, bis er seit der Reformationszeit auf
das Innere des Klosters beschränkt wurde, weil die Bevölkerung
der ganzen Umgegend vom katholischen Glauben abgefallen war.

Gleichwie die adeligen Geschlechter der damaligen Zeit einen
Wahlspruch hatten, den sie auf ihr Wappen und Siegel schrieben,
und der in ihren Familien als die Richtschnur für jegliches
Unternehmen galt, so hatte Gertrud sich das schöne Wort erwählt:
„Je höher und edler du bist, desto mehr erniedrige dich in allen
Dingen!" Das war der Grundsatz, dem jede Handlung ihres
Lebens entsprach, und den sie ihren Mitschwestern, besonders
den Töchtern aus vornehmem Stande, als die Mahnung des
Heilands und das würdigste Ziel aller Wünsche pries. Es wird
erzählt, sie habe eine fast wunderbare Fähigkeit besessen, Feind=
schaften zu schlichten, erbitterte Gegner zu versöhnen, langjährige
Familienzwiste beizulegen: jener Grundsatz erklärt uns leicht,
warum sie das vermochte. Denn die altadelige Devise „Noblesse
oblige" (Adel legt Pflichten auf) war in ihr gleichsam ver=

körpert, und in allem Streit und Hader mochte sich manch'
fürstlicher Kämpfer sagen, daß er an Edelmut nicht zurückstehen
dürfe hinter der demütigen Klosterfrau.

So hat sie 49 Jahre lang die Leitung des Klosters in
ihrer Hand gehabt, sich selbst heiligend und über andere Segen
verbreitend. Das Kloster war wohlbestellt nach innen und
außen, und 70 Schwestern traten wehklagend und weinend an
ihr Lager, als sie hochbetagt am 13. August des Jahres 1297
zur ewigen Seligkeit hinüberging.

Aber ihr Geist lebte fort in den Räumen, welche durch
ihre und ihrer Mutter Gegenwart gesegnet worden. Trotz der
Stürme der folgenden Jahrhunderte und trotz aller Drangsale,
welche die sogenannte Reformation und der dreißigjährige Krieg
über die ganze Gegend brachten, haben die Schwestern des Klosters
Altenburg stets mutig und standhaft am katholischen Glauben
festgehalten, bis dann im Jahre 1803 auch ihr Kloster mit so
vielen anderen aufgelöst wurde. Noch stehen die alten Kloster=
gebäude. Sie gehören jetzt der fürstlichen Familie Solms=
Braunfels und dienen zu landwirtschaftlichen Zwecken, während
der ehemalige Klostergarten in einen prächtigen Park verwandelt
worden ist. Noch steht auch, wenngleich verödet und unbenutzt,
die herrliche gotische Kirche, die Gertrud einst gebaut, und im
Chor der Kirche ein kunstvoller Steinsarg, worauf in Lebensgröße
das Bild einer Klosterfrau gemeißelt ist: das ist Gertruds
Grab. Hier wurde einst viel gebetet, denn Papst Clemens VI.
hat im Jahre 1349 auf Grund mehrerer Wunder nach Gertruds
Tode dieselbe selig gesprochen, d. h. die kirchliche Verehrung
derselben im Kloster Altenburg erlaubt. Diese Verehrung hat
sich dann allmählich im ganzen Orden der Prämonstratenser
verbreitet. Das Gebiet von Wetzlar nebst der Umgegend, in
welcher auch Altenburg liegt, gehört als ein Teil der Rhein=
provinz zur Diözese Trier, und darum hat die selige Gertrud
ein eigenes Fest in dem Brevier und Meßbuch der Trierer Kirche.
Wie sehr aber auch bei Andersgläubigen ihr Gedächtnis nach

Jahrhunderten noch gesegnet blieb, erhellt aus der von Alban
Stolz berichteten Thatsache, daß die protestantische Fürstenfamilie
von Braunfels noch vor wenigen Jahren jedesmal auf Gertrudis=
tag einen feierlichen katholischen Gottesdienst in der Klosterkirche
abhalten ließ und demselben beiwohnte.

Das hl. Fronleichnamsfest.

Das ist der Tag, den der Herr gemacht
hat; lasset uns frohlocken und freudig sein
an ihm.   Pf. 117, 24.

Es ist leicht erklärlich, daß eine Ordensfrau, die für alles
Edle so empfänglich war wie die sel. Gertrud, mit ganzer
Liebe und Begeisterung den erhabenen Gedanken des Fron =
leichnamstages erfaßte. Denn an diesem Tage wird die
Einsetzung des allerheiligsten Altarsakramentes uns in die Er=
innerung gerufen, und was gäbe es Höheres für eine gottliebende
Seele, als dankbar in das Loben und Preisen zur Ehre des
eucharistischen Heilandes einzustimmen. Zwar ist eigentlich der
Gründonnerstag der Tag, welcher an jene Einsetzung erinnert,
allein der Gründonnerstag ist zugleich ein Tag der Trauer,
weil mit ihm das Leiden des Herrn begann. Die Kirche kann
sich an ihm nicht mit ganzem Herzen der Freude hingeben,
sondern sie beschränkt sich darauf, in stiller Anbetung dem Heiland
zu huldigen. Aber nachdem die Tage des Leidens vorüber
sind, nachdem sie durch das Osterfest, das Pfingstfest, das Fest
der hl. Dreifaltigkeit ihren verklärten Abschluß gefunden haben,
da kann die Kirche ihren Jubel nicht länger zurückhalten, und
zur Feier des Fronleichnamsfestes bietet sie nun das Höchste
und Beste auf, womit sie ein Fest begehen kann. Die Mauern
der Kirche sind an diesem Tage zu eng, darum ziehen nach dem
feierlichen Hochamt die Gläubigen in festlicher Prozession
aus dem Gotteshause, und in ihrer Mitte trägt der Priester
das allerheiligste Sakrament in der Monstranz durch die ge=
schmückten Straßen, durch die im Frühlingskleid prangenden
Felder und Fluren. Das ist fürwahr ein Tag der Freude

für jedes Christenherz, ein Tag, an dem wir vor der ganzen Welt unseren Glauben an das hochheilige Sakrament bekennen. Es ist aber auch ein Tag der Sühne, denn nirgends hat der Heiland größere Beleidigungen zu erdulden als in dem Sakrament der Liebe, und darum soll dieser öffentliche, feierliche Triumphzug ein Akt der Abbitte und Genugthuung sein. „Lobsinget ihr Himmel und frohlocke du Erde, ertönet ihr Berge von Lob; denn getröstet hat der Herr sein Volk, und seiner Armen hat er sich erbarmt." (Is. 49, 13.)

14. August.

Die heilige Severa, Äbtissin.

† um 640.

Die hl. Severa entstammte einem vornehmen Geschlechte Aquitaniens und war eine Schwester der sel. Itta oder Idu=berga, sowie des hl. Bischofs Modoaldus von Trier († 640). Durch des letzteren Beispiel angetrieben, entsagte auch sie der Welt, und als Modoaldus im Jahr 630 zu Trier das Frauen=kloster zum hl. Symphorian gründete, ward Severa von ihm zur ersten Äbtissin desselben eingesetzt. Das Kloster erhielt die Regel des hl. Benediktus, und in treuer Ausübung derselben leitete Severa die ihr anvertrauten Schwestern mehrere Jahre lang, bis sie reich an Verdiensten um das Jahr 640 eines gott=seligen Todes starb. Sie fand ihr Grab in der Symphorians=kirche, in welcher später auch Modoaldus beigesetzt wurde.

Das Symphorianskloster lag unterhalb St. Martin an der Mosel, etwa dort, wo jetzt die ersten Häuser von Zurlauben stehen. Es wurde im Jahre 882 durch die Normannen ver=wüstet und hat seit dieser Zeit keine Klosterfrauen mehr beherbergt. Die Gebäude standen noch längere Zeit, insbesondere die Kirche,

welche der Abtei St. Martin zugefallen war. Seit Anfang des
11. Jahrhunderts wurde die Kirche nicht mehr benutzt und ging
dann schnell dem Verfall entgegen. Die Reliquien des hl. Modoaldus kamen in die Paulinskirche, diejenigen der hl. Severa
übertrug man zur Zeit des Erzbischofs Ludolph (993—1008)
in die Mathiaskirche, wo sie noch jetzt aufbewahrt werden.
Das Haupt befindet sich in einem Reliquienschreine nordwärts
neben der Kommunionbank.

Segen der Klöster.

*Eine Jungfrau ist auf das bedacht, was des
Herrn ist, damit sie an Leib und Geist heilig sei.
1. Kor. 7, 34.*

Im siebenten Jahrhunderte traten im fränkischen Reiche,
gleich der hl. Severa, sehr viele Töchter aus königlichem
Geblüte und aus andern vornehmen Familien in den Ordensstand. Nicht wenige aus ihnen sind aufgenommen worden in
das Verzeichnis der Heiligen wegen der hervorragenden Tugenden,
mit denen sie ihr Leben schmückten. Unermeßlichen Segen verbreiteten die Klöster im ganzen Reiche: Belehrung, Bildung,
Gesittung, Wohlfahrt ergoß sich von diesen gottgeweihten Stätten
über das ganze Land und beglückte dessen Bewohner. Auch heute
im 19. Jahrhundert sind die Klöster noch immer eine Quelle
des Segens für die Welt. Die Ordensmänner und Ordensfrauen beten nicht für sich allein; sie beten auch für uns, und
ihr Gebet macht den Herrn geneigt, uns seine Erbarmung zuzuwenden. Groß ist der Segen, den die Ordenspriester spenden
durch die Missionen; zahllosen Menschen geben sie den längst
entbehrten Seelenfrieden wieder. Wer kennt nicht die Segnungen,
welche fromme Ordensfrauen verbreiten? Sie lassen der Welt
ihre Freuden und erwählen für sich die Thränen der Waisen,
um sie zu trocknen, die Wunden der Kranken, um sie zu heilen,
die Schwäche der Greise, um sie zu stützen, das Elend der Armen,
um es zu lindern, die Unerfahrenheit der Jugend, um sie zu
lehren und zu leiten. Für sich selbst beanspruchen sie nichts als

das Recht, andern zu dienen und Gutes zu erweisen; dafür bieten sie alles: Trost, Kraft, Liebe, Segen. Wenn du daher, mein lieber Christ, selber von Gott berufen werden solltest zum hl. Ordensstand, oder wenn an deinen Sohn oder deine Tochter dieser Ruf des Herrn ergeht, dann widersetze dich nicht; sondern folge demselben mit freudigem Herzen und sprich mit dem königlichen Propheten: „Ich weiß, o mein Gott, daß du die Herzen prüfest und die Einfalt liebst; darum habe ich auch in der Einfalt meines Herzens freudig dies alles geopfert." (Paral. 29, 17.)

16. August.

Der heilige Rochus.
† um 1327.

Der hl. Rochus wurde zu Montpellier im südlichen Frankreich (am mittelländischen Meer) um das Jahr 1295 geboren. Nach dem Tode seiner Eltern verteilte der zwanzigjährige Jüngling all sein Geld den Armen, übertrug die Verwaltung seiner Güter, die er gemäß den Familiensatzungen nicht verkaufen durfte, seinem Oheim und pilgerte nach Italien. Hier wütete damals bereits die Pest, auch „der schwarze Tod" genannt, jene fürchterliche Krankheit, die aus dem Morgenlande nach Europa verschleppt worden war und nun in allen Ländern etwa ein Drittel sämtlicher Bewohner dahinraffte. Rochus begab sich in die am meisten heimgesuchte Gegend und widmete sich in den Spitälern mit beispielloser Hingabe der Pflege der Pestkranken. Begann die Krankheit an einem Orte zu weichen, so wanderte er weiter dorthin, wo neue Hülfe notwendig war. Insbesondere wirkte er zu Aquapendente und Cesena, dann drei Jahre lang zu Rom, dann zu Rimini am adriatischen Meere, zu Novara in der Lombardei und zuletzt zu Piacenza am Po-

Die verlassensten Kranken, die kein Mensch mehr berühren mochte, suchte er vor allem auf, und viele von ihnen errettete er durch Gebet und Kreuzeszeichen vom sicheren Tode.

Endlich ward er zu Piacenza selbst von der Seuche ergriffen, aber um seinen Mitmenschen nicht noch größere Last zu machen, als sie ohnedies hatten, verließ er die Stadt und begab sich in einen Wald bei dem Dorfe Sarmato an der Trebia, wo er schwerkrank in einer verlassenen Hütte ein Obdach fand. An ihn, der so vielen geholfen hatte, dachte jetzt niemand mehr, und gewiß hätte der Hungertod ihn bald von seinen Schmerzen erlöst, wenn nicht ein Jagdhund ihn aufgespürt und ihm ein Stück Brot gebracht hätte. Hierdurch wurde der Besitzer des Hundes, ein Edelmann Namens Gotthard, auf den Heiligen aufmerksam und nahm sich seiner an, bis er die Gesundheit wiedererlangt hatte.

Nach seiner Genesung kehrte Rochus in seine Vaterstadt Montpellier zurück, aber wegen der langen Abwesenheit und seines veränderten Aussehens wurde er dort nicht mehr erkannt, ja, man warf ihn sogar ins Gefängnis, weil man ihn für den Spion eines feindlichen Heeres hielt. Sein eigener Oheim soll als Richter der Stadt ihn verurteilt haben. Fünf Jahre brachte Rochus im Gefängnisse zu, ohne ein Wort zu äußern, das ihn hätte befreien können, und starb auch daselbst um das Jahr 1327. Erst nach seinem Tode wurde seine hohe Abkunft bekannt, man gab ihm ein ehrenvolles Begräbnis, und da mehrere Pestkranke an seinem Grabe Heilung fanden, fing man an, ihn als Beschützer gegen die Pest zu verehren.

Die Kunde davon verbreitete sich auch nach entfernteren Gegenden, und als im Jahre 1415 die Seuche in Konstanz am Bodensee ausbrach, gerade zu der Zeit des dort tagenden Konzils, ordneten die dort versammelten Kirchenfürsten einen feierlichen Bittgang zu Ehren des hl. Rochus an, worauf dann die Pest in Konstanz sogleich erlosch. Die Folge davon war, daß die Bischöfe nach der Rückkehr in ihre Diözesen auch dort die Verehrung des hl. Rochus beförderten, und daß nun bald in allen von der Seuche heimgesuchten Ländern Europas Kirchen und Klöster zu seiner Ehre erbaut, Bittgänge veranstaltet und Bruderschaften gegründet wurden.

Unter den letztern ist am berühmtesten die Rochusbruder= schaft von Venedig. Diese reiche und mächtige Stadt unter= hielt im Mittelalter einen bedeutenden Handel mit dem Orient, war aber eben deshalb auch der Ansteckung durch morgenländische Krankheiten besonders ausgesetzt. Man wandte sich darum mit großem Vertrauen an den hl. Rochus und errichtete unter seinem Namen eine Bruderschaft, der die angesehensten Bürger der Stadt, die Mitglieder des Senates, der Adel und selbst der Doge beitraten. Unter der besonderen Gunst der Staatsverwaltung und infolge zahlreicher Schenkungen konnte diese Bruderschaft die Armen aufs freigebigste unterstützen und bei jedem neuen Aus= bruche der Pest zahllosen Kranken Hülfe bringen. Im Jahre 1485 erhielt sie durch Roberto Sanseverino, den Ober= befehlshaber der venetianischen Truppen, einen Teil der Reliquien des hl. Rochus und erbaute nun zu seiner Ehre die noch jetzt bestehende prächtige Kirche San Rocco. Hier wurde alljährlich der Rochustag mit größter Pracht gefeiert, und inmitten des Volkes, das dort zusammenströmte, erschien in der Kirche auch der Doge der Republik, gekleidet in roten Sammt, geschmückt mit der goldenen Halskette und gefolgt von den Vertretern der höchsten Adelsfamilien. Heutzutage ist freilich von Venedigs alter Herrlichkeit und Größe nur mehr ein Schatten geblieben, aber noch immer gehört der Rochustag zu den besuchtesten Kirchen= festen der schönen Lagunenstadt.

Die Reliquien des hl. Rochus wurden im Jahre 1372 zum größten Teil von Montpellier nach der benachbarten Stadt Arles übertragen und dort in der Kirche der Trinitarier bei= gesetzt. Von hier kam infolge wiederholter Bittgesuche später ein Teil des Hauptes nach Marseille, ein anderer nach Douai, kleinere Gebeine nach Rom und Turin. Außerdem finden sich Reliquien in drei Kirchen zu Antwerpen, in sechs zu Rom, in mehr als zehn zu Paris, in Kirchen zu Brüssel, Prag, Düren, Luxemburg, Orleans, besonders aber auch in der Rochuskapelle bei Bingen am Rhein.

Es gibt in Deutschland keinen Ort, wo der hl. Rochus mehr verehrt wird, als in dieser letztgenannten Kapelle, die ebenfalls in den Zeiten der Pest zu seiner Ehre errichtet wurde. Als nämlich im Jahre 1666 die fürchterliche Seuche auch in den Rheingegenden ausbrach und besonders in Bingen zahlreiche Opfer forderte, gelobte der Rat dieser Stadt im Namen aller Bewohner dem hl. Rochus eine Kapelle und ließ noch im nämlichen Jahre auf dem benachbarten Berge den Bau beginnen. Das Vertrauen wurde reichlich belohnt, denn wie eine Urkunde aus jener Zeit berichtet, „nachdem nun das Bauwerk wohl fortgegangen und bestermaßen zusammengefügt, auch bis an die First gekommen war, alsdann hat der Allmächtige uns von dieser zugeschickten Pest erledigt.“ Seitdem galt die Rochuskapelle dem katholischen Volk an Rhein und Nahe und weithin auf dem Hunsrück als ein Gnadenort, als eine fromme Wallfahrtsstätte, wo für Bedrängte und Hülflose aller Art Trost und Heilung zu finden war. Im Jahre 1732 erhielt die Kapelle aus Fulda einige Reliquien des hl. Rochus, und im Jahre 1754 errichtete man bei ihr die noch jetzt bestehende große Rochusbruderschaft. In den Kriegsstürmen zu Ende des vorigen Jahrhunderts wurde die Kapelle zwar zerstört (1795), aber das Volk war dieser Stätte mit solcher Liebe zugethan, daß man nach wie vor in großen Prozessionen auf den Rochusberg zog und am Rochusfeste sogar in den Ruinen der Kapelle den feierlichen Gottesdienst hielt. Im Jahre 1814 war die Kapelle wieder aus den Trümmern erstanden, und es wurde bei ihrer ersten Benutzung ein großes Fest gefeiert. Wir haben darüber eine schöne und ausführliche Beschreibung von Goethe, der trotz seiner sonst ungläubigen Gesinnung sich doch nicht dem Eindrucke entziehen konnte, den hier die Pracht des katholischen Gottesdienstes und die Begeisterung des frommen Volkes in seiner Seele erregten.

Nach der Aufhebung des Klosters Eibingen bei Rüdesheim brachte man (1814) von dort die Reliquien des hl. Rupertus, der hl. Bertha und des hl. Wipertus in die Rochuskapelle; sie wurden im Jahre 1879 in einen kostbaren neuen Schrein gelegt. Leider zerstörte am 12. Juli 1889 ein Blitzstrahl die Kapelle, doch wird dieselbe in nächster Zeit noch herrlicher als zuvor wieder aufgebaut sein. Der Grundstein zu diesem Neubau wurde am 18. Mai 1891 unter großen Feierlichkeiten von dem hochw. Herrn Bischof Paulus Leopold Haffner von Mainz gelegt, und der hochw. Herr Bischof Michael Felix Korum von Trier hielt dabei die große Festpredigt. Etwa 60 Geistliche waren anwesend, und eine unzählbare Volksmenge wohnte freudig bewegt der erhebenden Feier bei. Wie alljährlich vordem, so besuchen besonders von jetzt an am Rochusfeste wieder Tausende von Gläubigen diese heilige Stätte, und in Verbindung von geistlicher und weltlicher Feier gestaltet sich dann dort ein Volksfest, wie es schöner und herzlicher wohl an keinem Orte des Rheinlandes zu finden ist.

Sorge für die Kranken.

Laß die Weinenden nicht ohne Trost und traure mit den Trauernden. Laß dich nicht verdrießen, einen Kranken zu besuchen, denn das wird dir Liebe gewinnen. Sir. 7, 38. 39.

Ein warmer Freund der armen Kranken war der hl. Rochus, der für sie sein eigenes Leben freudig zum Opfer gebracht hätte. Die Sorge für die Kranken entspringt aus der christlichen Liebe, die uns antreibt, mit emsiger Ausdauer für das leibliche und geistige Wohl derselben zu wirken. Diese Sorge ist zunächst das beste Zeichen einer wahrhaft uneigennützigen Nächstenliebe. Was du für deine Mühe erntest, ist ja nur höchstens der Dank und die Liebe des armen Kranken. Sie bekundet ferner eine großmütige Liebe, die keine Arbeit scheut, sondern jeden, auch den niedrigsten Dienst dem leidenden Mitbruder mit Freuden leistet. Sie legt endlich Zeugnis ab von einer heiligen und höchst verdienstlichen Liebe. Wer in christlicher Gesinnung und im Geiste des Glaubens die Kranken bedient, der sieht in ihnen nicht ihre elende Gestalt, sondern die Brüder, ja das Bild des leidenden Gottmenschen selbst. Wie heilig muß aber eine solche Liebe sein, die bei den Diensten der Barmherzigkeit, die sie leistet, nur den Erlöser im Auge hat? Und welche Reichtümer von Verdiensten wird sie für die lange Ewigkeit sammeln, da sie in der Person des Kranken nur den König der Herrlichkeit selber sah? Sorge darum, mein lieber Christ, soviel in deinen Kräften steht, für die Verpflegung der armen Kranken, besonders für diejenigen, welche am verlassensten sind. Sage ihnen bei deinem Besuche ein stärkendes, aufrichtendes Wörtchen, und sei vor allem darauf bedacht, daß sie zu rechter Zeit mit den Tröstungen der hl. Religion erquickt und gestärkt werden. Dein Heiland selbst wird dir am jüngsten Tage vor Himmel und Erde dafür seinen Dank aussprechen mit den Worten: „Ich bin krank gewesen, und ihr habt mich besucht . . . . Was ihr dem geringsten meiner Brüder gethan habt, das habt ihr mir gethan.“ (Matth. 25, 36. 40.)

18. August.

Die heilige Helena, Kaiserin.
† um 330.

Die hl. Helena, die Mutter des Kaisers Konstantin des Großen (306—337), wurde um die Mitte des 3. Jahrhunderts geboren. Über das Land und den Ort ihrer Geburt läßt sich keine Gewißheit erlangen, weil drei verschiedene Orte, nämlich Trier, Britannien und Trepanum in Bithynien, diese Auszeichnung für sich in Anspruch nehmen.

Die erste Ansicht, daß nämlich Trier ihre Geburtsstadt sei, vertritt Almannus, ein Mönch der Abtei Hautvilliers, welcher im 9. Jahrhundert das Leben der hl. Helena geschrieben hat. Derselben Meinung schließen sich später an Gottfried von Viterbo, ein sächsischer Chronist des 12. Jahrhunderts, und der etwa gleichzeitige Otto von Freising; auch Brower († 1617) verteidigt sie in seinen Annalen. Als Hauptbeweis wird ferner das sogenannte Silvesterdiplom angeführt, doch ist die Frage nach dem ursprünglichen Wortlaut dieser Urkunde noch nicht entschieden. Daß schließlich außer Trier auch der benachbarte Ort Euren als Geburtsstätte Helenas genannt wird, beruht wohl nur auf volkstümlicher Überlieferung.

Für die Abstammung Helenas aus Britannien sind die meisten englischen Geschichtschreiber des Mittelalters, insbesondere Wilhelm von Malmesbury († 1143) und Beda Venerabilis († 735). Den Beweis dafür erblicken sie in einer uns erhaltenen Lobrede auf die Vermählung Konstantins, worin gesagt wird, derselbe habe Britannien „oriendo" geadelt. Dieses Wort (vom lateinischen oriri, anfangen, entstehen) bedeutet nach ihrer Meinung soviel als „durch seine Geburt", während es sich jedoch ebensogut auf die in Britannien erfolgte Erhebung Konstantins zur Kaiserwürde beziehen kann. Nach der weiteren Tradition soll Helena die Tochter des Fürsten Coilns gewesen und in Colchester geboren sein. Letztere Stadt rühmte sich mit großer Entschiedenheit dieser Ehre und nahm zum Wappen ein knotiges Kreuz zwischen vier Kronen stehend, zum Andenken an die durch Helena geschehene Auffindung des hl. Kreuzes. Aber auch die Stadt York beansprucht ein gleiches Recht, wie englische Redner auf den Konzilien zu Konstanz (1414—1418) und Basel (1431) versicherten.

Die dritte Ansicht endlich stützt sich auf das Zeugnis des Prokopius, eines Schriftstellers des 6. Jahrhunderts. Er sagt, es sei in Bithynien eine Stadt, die nach der Helena, der Mutter des Kaisers Konstantin, benannt sei. Hier sei Helena geboren worden, als der Ort noch unbedeutend war, aber Konstantin habe später ihre Geburtsstätte zur Würde einer Stadt erhoben und derselben den Namen seiner Mutter gegeben. Aus Eusebius

von Cäsarea († um 340) geht hervor, daß Trepanum in Bithynien
diese Stadt war, die von Konstantin den Namen Helenopolis
erhielt. Andere Schriftsteller schließen sich derselben Meinung an.

Welche von den drei Ansichten die richtige sei, läßt sich,
wie gesagt, nicht entscheiden, doch mag die letztgenannte immerhin
die größte Wahrscheinlichkeit für sich haben, weil das Zeugnis
des Prokopius die früheste unzweideutige Nachricht ist. Läßt
man die Tradition der englischen Schriftsteller außer Betracht,
so gelangt man auch zur Übereinstimmung mit der mehrfach
berichteten Angabe, daß Helena nicht aus fürstlichem Geschlechte,
sondern von geringer Abkunft war. Nach dem hl. Ambrosius
soll sie eine stabularia, eine Gastwirtin, gewesen sein und den
Konstantius Chlorus, als er noch Offizier war, durch ihre
Schönheit und Liebenswürdigkeit so sehr eingenommen haben,
daß er sie zu seiner Gemahlin erhob. Als solche wurde sie im
Jahre 274 die Mutter Konstantins. Ebenso wie ihr Gemahl
gehörte sie aber noch dem Heidentum an.

Um die ferneren Schicksale dieser für die ganze Weltgeschichte hochbedeutsamen Personen zu verstehen, muß man einen
Blick auf die damaligen Zeitverhältnisse werfen.

Im Jahre 284 wurde Diokletian durch die Wahl der
Soldaten zum Kaiser des römischen Reiches erhoben. Er war
ein kluger, entschlossener und thatkräftiger Mann, aber sein Leben
ist in den Blättern der Kirchengeschichte mit Blut geschrieben,
weil von ihm eine der grausamsten Christenverfolgungen ins
Werk gesetzt wurde. Um die Provinzen des ungeheuren Reiches
besser überwachen und jede Empörung der unterdrückten Völkerschaften verhüten zu können, wählte er im Jahre 286 seinen
Freund Maximian zum Nebenkaiser und bestimmte ihm Mailand
in Italien zur Residenz, während er selbst zu Nikomedien in
Kleinasien sich aufhielt.

Aber auch diese Teilung der Herrschaft genügte noch nicht,
denn es wankten bereits die Grundfesten des Kaisertums. Darum
ernannte er im Jahre 292 noch zwei weitere Stellvertreter,

sogenannte Cäsaren: für sich den Galerius und für Maximian den Konstantius Chlorus. Somit war das Reich in vier große Ländergruppen geteilt, doch blieb Diokletians Wille für alle das höchste Gesetz. Galerius war es vor allem, der dem anfangs gerechten Kaiser den Haß gegen die Christen beibrachte und die fürchterlichen Gesetze hervorrief, kraft deren jeder des Todes sein solle, der nicht dem Kaiser, sondern dem Gotte der Christen die höchste Verehrung erwies. Anders war Konstantius Chlorus, der Gemahl Helena's, gesinnt. Zwar sollte auch er die Gesetze des Kaisers in den ihm unterstellten Provinzen Gallien, Spanien und Britannien ausführen, allein er verhinderte die Anwendung derselben, wo er es nur konnte. Allerdings erlitten in Gallien und Spanien zu seiner Zeit viele Christen den Martyrertod, aber die Schuld daran trifft nicht ihn, sondern die einzelnen Statthalter, die sich an die Edikte Diokletians hielten, und deren blutdürstigem Eifer Konstantius wegen der großen Entfernungen nicht immer Einhalt thun konnte. Es steht fest, daß in seinem eigenen Palaste christlicher Gottesdienst gehalten wurde, und Eusebius berichtet, daß er nie einen Befehl zur Verfolgung der Christen gab.

Für Helena hatte die Erhöhung ihres Gemahls zur Cäsaren= würde freilich schmerzliche Folgen, denn der Kaiser verlangte, daß Konstantius seine Gemahlin verstoße und Theodora, die Tochter Maximians, heirate. So edel auch sonst Konstantius gesinnt war, hier ließ er sich durch das Glück verblenden und entsprach dem Willen des Kaisers. Helena zog sich in die Verborgenheit zurück und mußte sich sogar von ihrem einzigen Sohne, dem achtzehnjährigen Konstantin, trennen, weil Diokletian denselben an sein Hoflager nach Nikomedien berief unter dem Vorwande, ihn dort ausbilden zu lassen, in Wirklichkeit aber, damit der Sohn ihm Bürge für die Treue des Vaters sei. Konstantin zeichnete sich an Diokletians Hofe vor allen anderen Jünglingen aus. Seine edle schöne Gestalt, sein leutseliger Umgang, seine Gewandtheit des Geistes und kluge mutige Entschlossenheit gewannen ihm die Achtung des Kaisers und die

Liebe des Heeres in solchem Grade, daß schon mancher in ihm den einstigen Weltbeherrscher voraussehen mochte. So kam es in der That. Im Jahre 305 legten nämlich Diokletian und Maximian die Kaiserwürde nieder und zogen sich in's Privatleben zurück. Alsbald wurden die bisherigen Cäsaren Konstantius Chlorus und Galerius an Stelle jener gewählt und Galerius zu Nikomedien, Konstantius aber zu Mailand als Kaiser aus= gerufen. Auch der junge Konstantin konnte nun zu seinem Vater zurückkehren. Leider sollte ihr freudiges Zusammensein nicht lange dauern, denn nach kaum 15monatlicher Regierung erkrankte Konstantius Chlorus und starb am 25. Juli 306 zu Eboracum in Britannien. Sterbend hatte er verordnet, daß sein Sohn nun die Regierung übernehmen sollte, denn er kannte die Stimmung des Heeres und täuschte sich nicht. Mit seltener Einmütigkeit riefen die Soldaten den Konstantin zu ihrem Imperator Augustus (Kaiser) aus, und auch Galerius sah sich gezwungen, ihn als Mitregenten anzuerkennen.

Jetzt begann auch Helena's Glückssonne wieder zu steigen. Da nämlich der Kaiser mit inniger Liebe an seiner Mutter hing, so zog er sie aus dem Dunkel hervor und berief sie an seinen Hof nach Trier, welche Stadt er zu seiner Hauptresidenz sich erwählt hatte. Hier lebte er mit ihr wahrscheinlich vom Jahre 306—316. Er umgab sie mit der ganzen Pracht der kaiser= lichen Würde und überwies ihr einen eigenen Palast zur Wohn= stätte. Auch erhob er sie mit seiner Gemahlin Fausta zur Würde einer Augusta (Kaiserin), erweiterte ihren Namen in Flavia Julia Helena und gab ihr das Recht, Münzen mit ihrem Bildnis prägen zu lassen. Man hat über 80 verschiedene Arten dieser Münzen. In Trier wurden davon etwa 20 geprägt, die übrigen in Konstantinopel, Antiochien, Alexandria, Karthago, Heraclea, Sirmium, London und Arles: ein Beweis, daß die Verehrung, die Konstantin seiner Mutter zollte, auf die ent= ferntesten Gegenden des Reiches ausgedehnt wurde. In größeren Münzsammlungen sind diese Stücke noch jetzt zu sehen, auch werden bei Ausgrabungen gelegentlich neue zu Tage gefördert. Sie zeigen auf der Vorderseite das mit Lorbeerkranz und Perlschnur geschmückte Brustbild der kaiserlichen Mutter meistens mit der Umschrift FL. IVL. ELENA. AVG., auf der Rückseite einen Stern von einer Myrthenkrone umgeben oder eine den Oelzweig haltende allegorische Figur mit der Umschrift Securitas (Sicherheit) oder Pax (Friede).

Um den Frieden hatte Konstantin freilich schwere Kämpfe zu bestehen. Zwar blieb in den Ländern nördlich der Alpen seine Herrschaft von Anfang an gefestigt, aber von Süden her und vom Oriente aus wurden stets neue Versuche gemacht, ihm dieselbe zu entreißen. Besonders suchte Maxentius, der Sohn des ehemaligen Kaisers Maximian, die Ansprüche, auf welche sein Vater einst verzichtet hatte, wieder geltend zu machen. Er führte in Rom eine wahre Schreckensherrschaft und war eben im Begriffe, den Feldzug gegen Konstantin zu eröffnen, als dieser ihm zuvorkam und schleunigst mit seinen Truppen ihm entgegenrückte. Bei der Milvischen Brücke, eine halbe Stunde nördlich von Rom, kam es am 28. Oktober 312 zur Schlacht, und obschon die Truppenmacht des Maxentius bei weitem stärker war als diejenige Konstantins, errang der letztere den Sieg und trieb die Soldaten seines Gegners in die Flucht. Viele ertranken in den Fluten des Tibers, darunter auch Maxentius, ihr Befehlshaber. Dieser Sieg vermehrte Konstantins Machtbereich durch Italien und Afrika so sehr, daß er von nun an als Alleinherrscher des weströmischen Reiches galt. Das Volk jubelte dem wegen seiner Großmut berühmten Sieger zu, der den Grausamkeiten des sittenlosen Maxentius ein Ende gemacht hatte, und der Senat ließ ihm zu Ehren den prächtigen Konstantinsbogen erbauen, der noch jetzt zu Rom neben dem Kolosseum steht.

Wichtiger aber als diese äußeren Veränderungen waren diejenigen, welche in dem Herzen Konstantins sich vollzogen. Er war dem Christentum zwar schon seit vielen Jahren günstig gesinnt, aber die Schlacht gegen Maxentius war für ihn ein besonderer Erweis der Gnade Gottes. Eusebius von Cäsarea († um 340) berichtet nämlich, daß Konstantin ihm erzählt und mit einem Eidschwur bekräftigt habe, es sei vor Beginn des Kampfes ihm am Himmel ein glänzendes Kreuz erschienen mit der Umschrift: „In diesem wirst du siegen!", und in der Nacht darauf habe der Heiland in einem Traumbild ihm aufgetragen, jenes Zeichen auf die Banner seines Heeres zu setzen. Lactantius (4. Jahrh.) und der Heide Nazarius bestätigten dieselbe Thatsache. Konstantin folgte dem Rufe Gottes, ließ das Labarum seiner Truppen mit dem Kreuze versehen und schrieb diesem Umstande mit solcher Überzeugung den Sieg zu, daß er fortan die weitgehendsten Begünstigungen dem christlichen Glauben zu teil werden ließ.

In diese Zeit (312) fällt nun auch der Übertritt seiner bis dahin noch heidnischen Mutter Helena zum Christentum. Für sich selbst verschob Konstantin zwar noch den Empfang der hl. Taufe, aber es ist kein Zweifel, daß er es vor allem war, der seine Mutter zur Annahme der christlichen Religion bewog. Eusebius berichtet, er habe sie „so fromm gemacht, daß es schien, als sei sie von dem Heilande selbst unterrichtet worden".

Nach dem Siege über Maxentius verlegte Konstantin seine Hauptresidenz nach Rom, und dorthin folgte ihm auch seine geliebte Mutter. Während der Kaiser durch äußere Begünstigungen das Christentum ehrte, indem er die beschlagnahmten Güter und Gotteshäuser der Kirche zurückgab, Christen in die höchsten Staatsämter berief und alle gegen die christliche Religion gerichteten Gesetze aufhob, widmete sich Helena besonders den stillen, aber nicht minder wichtigen Werken der Frömmigkeit und des Wohlthuns. Rufinus von Aquileja († 410) nennt ihren Glauben „unvergleichlich", und Gregor der Große († 604) versichert, daß sie das Feuer der christlichen Liebe, von welchem sie selbst glühte, in den Herzen der Römer entflammt habe.

Mit großer Bestimmtheit behauptet auch die trierische Tradition, daß auf Helena's Wunsch damals (313) der An-

tiochenische Priester Agritius vom Papste Silvester zum Bischof
geweiht und nach Trier entsandt worden sei. Da ferner Kon=
stantin ihr die Schätze des Reiches in freigebigster Weise zur
Verfügung stellte, war es ihr möglich, in vielen Provinzen
christliche Kirchen zu erbauen und auszustatten. Daß sie dabei
die Gegenden Deutschlands, in denen sie einst gelebt hatte, und
deren Verhältnisse ihr gut bekannt waren, nicht vergaß, ist
leicht erklärlich. Die Kirchen und Stiftskapitel des hl. Cassius
zu Bonn, des hl. Gereon zu Köln und des hl. Victor zu
Xanten, welche sämtlich den hl. Thebäischen Martyrern geweiht
waren, führen ihre Stiftung und ihre ersten Schenkungen auf
die hl. Helena zurück. Mehr aber noch rühmt sich Trier ihrer
besonderen Fürsorge, die Stadt, in der die Kaiserin schon früher
lange gewohnt und auch nach ihrem Übertritt zum Christentum
wohl mehrmals geweilt hat. Gemäß der uralten Tradition und
der Erzählung fast aller alten Schriftsteller Triers soll Helena
dem Bischofe Agritius ihr Haus überwiesen und dieser es zur
Kirche eingerichtet haben. Eine ähnliche Verwendung der Paläste
vornehmer christlicher Familien wird auch anderweitig vielfach
berichtet. Man machte sich eine Ehre daraus, die alten Fürsten=
häuser zu diesem Zwecke herzugeben, und sie eigneten sich vor=
trefflich dazu, weil sie meistens einen großen Prachtsaal hatten,
der leicht zur Kirche umgewandelt werden konnte. Was Trier
betrifft, so hat man bis zum Jahre 1872 an der Überlieferung
festgehalten, daß in dem Mittelbau des Domes ein Palast
Helena's zu erblicken sei. Erst in dem ebengenannten Jahre
suchte der † Domkapitular von Wilmowsky auf Grund eines
Münzfundes nachzuweisen, daß der römische Teil des Domes
nicht vor dem Jahre 367 erbaut sein könne. Viele Gelehrten
haben sich damals seiner Meinung angeschlossen, aber nach den
Untersuchungen, die neuerdings P. Beissel angestellt hat, ist es
ebenso zulässig, an der alten Tradition auch fernerhin festzuhalten.
Der betreffende älteste Teil des Domes, der etwa von der
großen Chortreppe bis in die Hälfte des Schiffes reicht, ist

noch jetzt leicht als römisches Bauwerk zu erkennen. Der Hauptsaal desselben bestand aus einer großen quadratischen Halle, deren Decke von vier aus einem einzigen grauen Granitblock gehauenen 45 Fuß hohen Säulen getragen wurde. Diese Säulen sind noch vorhanden. Drei von ihnen wurden zur Zeit des Erzbischofs Poppo (1016—1047) zum Zweck der Verstärkung mit Mauerwerk umgeben, die vierte, schadhaft gewordene, wurde entfernt und an ihrer Stelle ein dem Mauerwerk der anderen entsprechender Pfeiler aufgeführt. Der größte Teil dieser vierten Säule liegt jetzt vor dem Westportal des Domes, wo er als der sogenannte „Domstein" ein Wahrzeichen von Trier bildet. Außer der bischöflichen Kirche errichtete Helena gemäß den Gesta Trevirorum „einen großartigen und reichgeschmückten Bau zu Ehren des heiligen Kreuzes in Kreuzesform". Wahrscheinlich verwendete sie für diese Kirche einen der großen Räume in dem von Konstantin neu erbauten Kaiserpalast, dessen malerische Ruinen noch jetzt an der Südostseite von Trier zu sehen sind. Auch die Johanniskirche bei Trier, woraus später die Abtei St. Maximin entstand, soll von ihr erbaut worden sein. Ferner soll Helena in dem benachbarten Euren einen Palast gehabt haben, eine Annahme, deren Wahrscheinlichkeit dadurch erhöht wird, daß vor einigen Jahren in der Nähe der neuen Kirche Reste eines großen Gebäudes aus konstantinischer Zeit aufgegraben wurden.

Im Jahre 324 besiegte Konstantin seinen Schwager Licinius, der vom Morgenlande aus stets neue Unruhen erregte. Auch in diesen Schlachten wurde wiederum das mit dem Kreuze geschmückte Labarum den Truppen vorangetragen, und wo immer es erschien, wichen die Feinde zurück. Konstantin wurde durch diese glücklichen Kämpfe auch Herr des Morgenlandes und vereinigte also nun unter seinem Scepter das ganze römische Reich. Für die Ausbreitung des Christentums war dies von größter Bedeutung. Schon im Jahre 325 berief er die katholischen Bischöfe zu einem allgemeinen Konzil nach Nicäa, damit die katholische Lehre gegen den sich mächtig erhebenden Arianismus

geschützt werde. Auf diesem Konzil verhandelte er auch mit
dem Bischofe Makarius von Jerusalem und beauftragte ihn, an
der heiligen Stätte, wo der göttliche Heiland für uns den
Kreuzestod erlitten, eine prachtvolle Kirche erbauen zu lassen.
Begeistert von diesem Plane entschloß sich die Kaiserin Helena,
trotzdem sie beinahe achtzig Jahre alt war, nach Jerusalem zu
reisen und das Werk selbst in die Hand zu nehmen. Zugleich
war es ihr sehnlichster Wunsch, das Kreuz, an welchem der
Heiland gestorben war, aufzufinden, ein Verlangen, dessen Erfüllung ihr Gott auch gnädig gewährte. Der heidnische Kaiser
Hadrian (117—138) hatte nämlich in blinder Wut gegen das
Christentum alle heiligen Stätten des Kalvarienberges zerstört,
dann den Berg mit einer Masse Erde überschüttet und auf der
Höhe von Golgatha einen heidnischen Venustempel erbauen lassen.
Im Verein mit dem Bischof Makarius ließ Helena den Berg
sofort von allen Spuren des Götzendienstes reinigen, und bald
hatte sie das Glück, die Felsengruft des heiligen Grabes zu
entdecken. Kurz nachher (325) fand man auch nahe dabei drei
Kreuze, sowie die Nägel, womit der Heiland angeheftet worden,
und ein Brett mit der Kreuzesinschrift. Da man aber nicht
erkannte, welches das Kreuz Christi sei, so betete Makarius zu
Gott um Erleuchtung und ließ dann eine vornehme Frau, die
damals in Jerusalem in den letzten Zügen lag, die Kreuze in
Gegenwart Helena's und des Volkes berühren. Bei den zwei
ersten geschah dies ohne alle Wirkung, sowie die Sterbende aber
das dritte berührte, erhob sie sich von ihrem Lager und war
plötzlich gesund. Die zuverlässigsten Schriftsteller des Altertums,
wie Cyrillus von Jerusalem, Ambrosius, Paulinus von Nola,
Hieronymus u. s. w. bezeugen die „Kreuzauffindung" mit ihren
wunderbaren Nebenumständen.

Helena schickte einen Teil des hl. Kreuzes und zwei Nägel
an ihren Sohn, den Kaiser, der damals zu Konstantinopel seine
neue Residenz einrichtete. Konstantin empfing die Reliquien mit
großer Ehrfurcht und schrieb sogleich dem Bischofe Makarius,

daß die Kirche auf dem Kalvarienberge mit einer Pracht erbaut
werden sollte, die alles überträfe, was man bis dahin Herrliches
gesehen hätte. Den Statthaltern der morgenländischen Provinzen
befahl er zugleich, alles Kostbare, was dazu erforderlich sei,
nach Jerusalem abzuliefern.

Einen zweiten Teil des hl. Kreuzes und die Kreuzinschrift
schenkte Helena der Stadt Rom, wo diese kostbaren Reliquien
in der Kirche Santa Croce in Gerusalemme noch heute aufbewahrt werden. Den größten Teil aber ließ sie in Silber
fassen und übergab ihn dem Bischof von Jerusalem, auf daß
er in der neuerbauten Kirche der Nachwelt aufbewahrt werde.
In späteren Jahrhunderten kamen kleine Teilchen dieser kostbaren Reliquie, sogenannte „Kreuzpartikeln", in viele Kirchen
der ganzen Welt, und überall verehrt das Volk sie in gläubiger
Erinnerung an den Tod des Heilandes. Zahlreiche Wunder
sind auch durch Berührung und Verehrung dieser Reliquien an
allen Orten geschehen. Eine der größten Kreuzpartikeln, die
außer Rom in Europa zu finden sind, ist diejenige in der
Schatzkammer der Mathiaskirche bei Trier. Dieselbe wurde im
Jahre 1207 durch den Ritter Heinrich von Uelmen bei seiner
Rückkehr vom vierten Kreuzzuge aus der Sophienkirche zu
Konstantinopel in die rheinische Heimat gebracht und den
Mönchen von St. Mathias geschenkt. Sie ist in Form eines
Kreuzes mit zwei Querarmen in eine überaus kostbare, mit
Filigranarbeit, Emails und Edelsteinen geschmückte Reliquientafel
eingefügt. Derselbe Ritter schenkte eine ansehnliche Partikel vom
hl. Kreuz dem Kloster Sponheim, von wo dieselbe später in die
Karmeliten-, jetzige Pfarrkirche zum hl. Nikolaus in Kreuznach
kam. Im Jahre 1501 erhielt sie eine überaus reiche Fassung
in einem massiv-silbernen Reliquiar, in welchem sie noch jetzt
an dem Feste des hl. Kreuzes ausgestellt und viel verehrt wird.
Ebenso erhielt von Ritter Heinrich von Uelmen die Abtei Laach
eine Kreuzpartikel, deren Verbleib nach Aufhebung des Klosters
unbekannt ist.

Während diese Reliquie erst in späterer Zeit nach Trier kam, besitzt der Dom eine Anzahl von Heiligtümern, die als unmittelbare Geschenke der hl. Helena bezeichnet werden. Die uralte Tradition berichtet nämlich, daß die Kaiserin dem Bischofe Agritius folgende Reliquien für die trierische Kirche übergab: den ungenähten Rock des Herrn, einen hl. Nagel vom Kreuz Christi, die Gebeine des hl. Mathias, einen Zahn des heil. Petrus, Sandalen des hl. Andreas, das Haupt des hl. Cornelius u. a. Die drei letztgenannten und der hl. Nagel befinden sich in der Schatzkammer des Domes, die Gebeine des hl. Mathias in der nach ihm benannten Kirche bei Trier, der hl. Rock aber in der Domkirche. Er ist die vom Volke am meisten verehrte Reliquie, und bei der letzten Ausstellung desselben im Herbste des Jahres 1891 sind fast 2 Millionen Pilger zu seiner Verehrung nach Trier gewallt.

Außer dem Kalvarienberge suchte Helena auch alle anderen Orte auf, welche Jesus Christus durch seine Gegenwart geheiligt hatte. An verschiedenen derselben gründete sie Kirchen, so in Bethlehem über der Geburtsstätte des göttlichen Kindes und auf dem Oelberge, wo der auferstandene Heiland gen Himmel fuhr. Sie begnügte sich aber nicht damit, ihre Macht und Schätze zu äußeren Zwecken der Gottesverehrung zu gebrauchen, sondern sie übte auch selbst die Tugenden, die sie bei anderen befördern wollte. Eusebius berichtet, daß sie in einfacher und bescheidener Kleidung die Kirchen besuchte und mitten unter den Frauen des Volkes dem Gottesdienst beiwohnte. Von ihrer Demut und Gastfreundschaft aber sagt Rufinus folgendes: „Die verehrungswürdige Kaiserin lud öfters die gottgeweihten Jungfrauen, die sie in Jerusalem traf, zu einem Mahle ein und sorgte dann für dieselben mit solcher Herablassung, daß sie sich von keinem aus ihrer Dienerschaft dabei helfen ließ; sondern wie eine Magd gekleidet, reichte sie ihnen mit eigenen Händen Speise und Trank, goß ihnen Wasser über die Hände, und obschon sie die Kaiserin der Welt und die Mutter des Reiches war betrachtete sie sich als die Dienerin der Dienerinnen Christi." So ist es leicht erklärlich, daß sie überall, wohin sie kam, vom Volke verehrt und geliebt wurde. Zahllose Arme und Hülflose fanden bei ihr Unterstützung und reichliches Almosen, mehrere Verbannte rief sie ins Vaterland zurück, und vielen Gefangenen, die entweder im Kerker schmachteten oder zur Arbeit in den Bergwerken verurteilt waren, gab sie die Freiheit.

Im Jahre 327 kehrte Helena aus Palästina zu ihrem Sohne zurück, wahrscheinlich nach Nikomedien, wo derselbe häufig residierte, um die Anlage der neuen Reichshauptstadt Konstantinopel zu leiten. Kurz vor ihrem Hinscheiden unterhielt sie sich noch lange mit ihm über seine Herrscherpflichten und über die Mittel, durch welche er auf eine Gott wohlgefällige Weise sein Reich beherrschen sollte.

Fast achtzig Jahre alt, starb dann die fromme Kaiserin eines gottseligen Todes; sie schied von dieser Welt in dem frohen Bewußtsein, daß Gott sie und ihren Sohn als besondere Werkzeuge zur Ausbreitung der christlichen Religion erwählt hatte. Über das Jahr ihres Todes herrscht einige Meinungsverschiedenheit, doch dürfte dasselbe 329 oder spätestens 330 sein, weil nach dem letztgenannten Jahre keine Münzen mehr mit dem Bilde Helena's geprägt wurden.

Auch über die Begräbnisstätte der Kaiserin und die spätere Geschichte ihrer Reliquien ist keine volle Klarheit zu gewinnen. „Ihre Leiche," so berichtet Eusebius, „wurde mit ansehnlichem Kriegsgefolge nach der Hauptstadt (in urbem regiam) gebracht und in dem königlichen Grabmal beigesetzt." Mehrere Schriftsteller wie Zonoras und Sokrates verstehen unter der „Hauptstadt" das neugegründete Konstantinopel, wo Konstantin allerdings die von ihm erbaute Kirche der hl. Apostel zur Ruhestätte der kaiserlichen Familie bestimmt hatte. Aber im Jahre 330 war von Konstantinopel noch so wenig erbaut, daß man ihm wohl kaum den Namen „Hauptstadt" ohne jede nähere Bezeichnung gegeben hätte.

Wahrscheinlicher ist es, daß wir an Rom, die uralte Hauptstadt der Welt, zu denken haben, und daß Helena's Leichnam
bald nach ihrem Tode dorthin übertragen wurde. In der
römischen Campagna, etwa eine Stunde südlich vor den Mauern
der ewigen Stadt, liegt an der uralten Via Labicana eine
einsame Ruine, die von der Überlieferung als das ehemalige
Grab der heil. Helena · bezeichnet wird. Es ist ein großer
Rundbau aus konstantinischer Zeit, der einst durch eine Kuppel
gedeckt war und im Innern einen prächtigen Porphyrsarkophag
enthielt. Daß die Gebeine der hl. Helena darin beigesetzt waren,
bezeugen die alten Itinerarien, sowie Ado, Beda und Anastasius
Bibliothekarius. In unmittelbarer Nähe befindet sich die noch
heute zugängliche Katakombe der hh. Petrus und Marcellinus.
Wenn also in einigen Berichten gesagt wird, die hl. Helena sei
in der Kirche der hh. Petrus und Marcellinus beigesetzt worden,
so ist dabei an diesen Ort vor der Stadt zu denken, nicht aber an
die gleichnamige Kirche in Rom, weil in den ersten Jahrhunderten
n. Chr. innerhalb der Stadtmauern keine Toten begraben wurden.

Wie lange die sämtlichen Gebeine Helena's in diesem
Grabmale ruhten, läßt sich nicht feststellen. Nicephorus Kalistus
behauptet, sie seien bereits zwei Jahre nach der Beisetzung (also
etwa 382) von Rom nach Konstantinopel gebracht worden, und
Petrus de Natalibus erzählt, daß sie von dort später nach
Venedig gekommen seien. Diese doppelte Übertragung erscheint
wenig glaubwürdig.

Besser bezeugt ist die um das Jahr 849 (oder 840) erfolgte
Übertragung der Reliquien nach der Abtei Hautvilliers in der
Diözese Reims; Theogisus, ein Geistlicher dieser Diözese,
hatte die Reliquien zu Rom erhoben und nach Hautvilliers
gebracht. Ein Mönch dieser Abtei, der obengenannte Almannus,
schrieb im Jahre 1095 die Geschichte dieser mit großer Pracht
gefeierten Übertragung und erwähnt, daß bei den Reliquien der
hl. Helena mehrere Wunder geschahen, von welchen er Augen-
zeuge war. Zahlreiche Wunder, die in den folgenden Jahr-

hunderten daselbst geschahen, sind bei den Bollandisten ausführlich erzählt. Zur Zeit der französischen Revolution flüchteten die Mönche der Abtei die Reliquien nach Paris, wo sie noch jetzt in der Kirche des hl. Lupus (St. Leu) aufbewahrt und verehrt werden. Hautvilliers hatte ohne Zweifel einen großen Teil der Reliquien, aber auch zu Rom waren solche sicherlich zurückgeblieben. Denn Aringhi berichtet, daß im Jahre 1140 Papst Innocenz II. (1130—1143) die Gebeine der hl. Helena von der Via Labicana nach der Marienkirche Ara Celi auf dem Kapitol zu Rom übertrug. Dort werden dieselben noch heute verehrt. Sie befinden sich im linken Querschiff der Kirche in einer antiken Porphyrwanne, welche von einem freistehenden tempelartigen Kuppelbau überragt ist. Der ursprüngliche Sarkophag aus dem Grabmal an der Via Labicana aber wurde 1154 von Papst Anastasius IV. nach dem Lateran gebracht und steht jetzt in dem Museum des Vatikans. Er ist etwa 3 Meter lang und 2 Meter hoch, mit dem Brustbilde Helena's und ihres Sohnes, sowie mit erhabenen Skulpturen reich geschmückt: 25 Steinmetzen sollen 9 Jahre lang daran gearbeitet haben.

Das Haupt der hl. Helena befindet sich als kostbare Reliquie in der Schatzkammer des Domes zu Trier. Es wurde dorthin im Jahre 1211 oder nach anderen Nachrichten erst unter Erzbischof Kuno (1362—1388) gebracht und wird zusammen mit dem Haupte des hl. Mathias in einer kunstvollen aus dem 12. Jahrhundert stammenden Kassette aufbewahrt. Die hl. Helena genießt in der Diözese Trier große Verehrung, und ihr Fest wird im kirchlichen Offizium mit einer Oktav gefeiert. Von den Pfarrkirchen der Diözese sind diejenigen zu Ehrenbreitstein, Euren, Lasel und Wahlen ihr geweiht.

Der dienende Stand.

> Der Menschensohn ist nicht gekommen, daß er sich bedienen lasse, sondern daß er diene. Mark. 10, 14.

Die hl. Kaiserin machte sich eine Ehre daraus, in einem Kloster zu Jerusalem die Dienste einer Magd zu verrichten.

In der Schule des göttlichen Lehrmeisters hatte sie erkannt, daß sie manche Tugenden leichter im Dienen als im Herrschen üben könne. Sie hat sich nicht geirrt. Wer dient, hat täglich und stündlich Gelegenheit zur Tugend des Gehorsams, der vor Gott so hohen Wert hat, daß der Sohn Gottes durch sein eigenes Beispiel uns die Übung dieser Tugend ans Herz legte. Wer dient, hat viele Gelegenheit, sich zu demütigen; er könnte sich oft entschuldigen und darf es nicht, er verdient oft Anerkennung und findet sie nicht. Dadurch ist aber der Dienst die Schule der Demut, der Grundlage aller übrigen Tugenden. Wer dient, hat viele Gelegenheit, Geduld zu üben. Hier soll er schnell, dort langsam sein; hier beginnen und zugleich dort vollenden; hierher kommen und auch dort bleiben. Die Geduld ist aber gar wertvoll; sie macht den Menschen vollkommen. Wer dient, kann sich fortwährend auszeichnen in der Nächsten= liebe. Was thut die Nächstenliebe anders als dienen, stützen, helfen, tragen? Die Nächstenliebe hat Gott aber zu einem großen Gebot erhoben und ihr herrlichen Lohn verheißen. Wenn dir also, mein lieber Christ, Gott dein Herr und Vater, deinen Platz im dienenden Stand angewiesen hat, so sei des= halb nicht unzufrieden und verdrießlich. Nicht Stand und Stellung geben dem Menschen seinen wahren Wert, sondern die guten Werke und die Tugend. Solche aber kannst du viele üben und deshalb groß werden in den Augen Gottes und aller edlen Menschen. Vernimm, was der Heiland gesagt hat: „Wer unter euch groß sein will, der sei euer Diener, und wer unter euch der Erste sein will, der sei euer Knecht." (Matth. 20, 26. 27.)

19. August.

Die heiligen **Beatus** und **Banthus**, Priester.

† um 640.

Das siebente Jahrhundert war im fränkischen Lande überaus reich an Beispielen, daß Personen aus königlichem Geschlechte und anderen vornehmen Familien in den Ordensstand eintraten, daß Priester und Laien aus mächtigem Drang nach höherer Vollkommenheit sich als Einsiedler in stille Einöden zurückzogen. Insbesondere war der Trierer Bischof Magnericus (566—596) gemäß den Gesta Trevirorum von einem ganzen Kranze heiliger Eremiten umgeben: Paulus, nachher Bischof von Verdun, Ingebertus, Disibodus, Wendelinus, Carilefus, Wulfilaicus, Beatus und Banthus.

Die beiden letztgenannten waren Brüder, und obschon sie als Priester bereits eine segensreiche Thätigkeit entfaltet hatten, glaubten sie doch, für das Reich Gottes als Einsiedler noch mehr wirken zu können. Sie zogen sich darum in die Berge bei dem Dorfe Zewen, welche man zu den Vogesen rechnete, zurück und führten dort ein strenges Leben in Gebet und Abtötungen. Über die Einzelheiten ihres Wirkens ist leider nichts Näheres bekannt; daß sie aber schon bei den Zeitgenossen sich eines hohen Rufes erfreuten, beweist das aus dem Jahre 633 stammende Testament des Diakons Grimo, eines nahen Verwandten des fränkischen Königs Dagobert (622—638), worin dem trierischen Priester Banthus, solange er lebt, jährlich 100 Scheffel Weizen und andere Lebensmittel vermacht werden. Diese Rente hatte der Haupterbe Grimos, das Agathenstift zu Longuion, dem genannten Priester immerdar auszuzahlen. Der Tod der beiden Brüder fällt etwa in das Jahr 640.

In der Folgezeit stieg ihr Ansehen noch mehr, und Eberwein von Tholey († 1040) zählt sie unter den berühmten Heiligen auf. „An den Gräbern derselben," so sagt er in seinem Leben des hl. Magnericus, „sind öfters Wunder und Heilungen geschehen. Denn wir haben gesehen, daß viele Fieberkranke dort schnell gesund wurden, ja, wir haben sogar diese Gnade Gottes an uns selbst erfahren und sie im Glauben erlangt."

Der hl. Beatus wurde nach alten Berichten zu St. Marien an der Mosel begraben, und seine Gebeine ruhten dort unter einer großen Marmorplatte hinter dem Hochaltar. Ein Teil derselben wurde in der Klosterkirche St. Martin auf einer Anhöhe bei Trier aufbewahrt und verehrt. Zur Zeit des Erzbischofs Albero (1131--1152) übertrug man erstere in das Kloster auf der Karthause bei Koblenz, und seitdem erhielt der Berg auch den Namen Beatenberg. Die ältere Klosterkirche daselbst wurde 1241 zu Ehren der allerseligsten Jungfrau, des hl. Beatus und des hl. Servatius, von dem ebenfalls bedeutende Reliquien dort waren, konsekriert und 1381 unter Erzbischof Kuno (1362 bis 1388) erneuert. Als bei der Aufhebung des Klosters im Jahre 1802 die Geistlichkeit von Koblenz es versäumte, die Reliquien desselben in Empfang zu nehmen, kamen die Gebeine des hl. Beatus mit denen des hl. Servatius nach dem benachbarten Moselweiß, wo sie noch jetzt in der Pfarrkirche als kostbare Schätze aufbewahrt und verehrt werden.

Der hl. Bauthus erhielt seine Ruhestätte zu Trier in einer Kapelle hinter dem Dom, bei der später eine Bruderschaft entstand, welche die Bauthuspräbende hieß. Im Jahre 952 gründete der trierische Archidiakon Thiedo unter dem Erzbischof Ruotbert das Bauthusoratorium. Die umfangreichen Gebäulichkeiten desselben wurden im Jahre 1464 zu einem Hospital verwandt und im Jahre 1581 unter Erzbischof Johann von Schönenberg (1581 bis 1599) zu einem Seminar eingerichtet, in dem talentvolle arme Jünglinge zum Priesterstande herangebildet werden sollten. Im Jahre 1840 wurden die Gebäude dem bischöflichen Konvikt überlassen, später den Redemptoristen, dann den Barmherzigen Brüdern, und gegenwärtig haben die Ursulinen darin ihr Kloster und eine große Mädchenschule mit Pensionat.

Von den Reliquien des hl. Banthus kam 1121 ein Teil in die Domkirche, wo er von Erzbischof Bruno (1102—1124) in dem neuerbauten Nikolausaltare beigesetzt wurde. Bei Eröffnung des Altars im Jahre 1513 waren die Reliquien noch in einer versiegelten Kiste darin vorhanden. Als während der französischen Kriegsunruhen die sämtlichen Reliquien des Domes über den Rhein geflüchtet wurden, waren dabei auch die Reliquien des hl. Banthus. Sie gelangten mit den meisten der übrigen im Jahre 1811 nach Trier zurück. In den folgenden Jahrzehnten schien man in Trier nichts mehr von ihnen zu wissen, doch wurden sie im Jahre 1889 durch Herrn Domvikar Hullen wieder aufgefunden. Dem frommen Wunsche der Ursulinenschwestern, die Reliquien des Heiligen an der Stätte, die seinen Namen trägt, bewahren und verehren zu dürfen, hat das Domkapitel entsprochen, und es ruhen nunmehr die hl. Gebeine wieder in einem Reliquiarium auf dem Altar der kleinen Klosterkapelle in der Banthusstraße.

Das tägliche Brot.

Suchet zuerst das Reich Gottes und seine Gerechtigkeit; und alles übrige wird euch zugegeben werden. Matth. 6, 33.

Wunderbar ist die göttliche Vorsehung. Während diese beiden hl. Brüder nur für den Dienst Gottes und das Heil der Seelen arbeiteten, sorgte ein königlicher Wohlthäter durch reichliche Schenkungen für ihren leiblichen Unterhalt. Auch für unsere Not sorgt Gott, mehr noch als für die Lilien des Feldes und die Vögel des Himmels, weil er unser Vater ist, zu dem wir, seine Kinder, nach der Mahnung seines eingeborenen Sohnes beten: „Unser tägliches Brot gib uns heute." Freilich will Gott der Herr nicht zu unseren Gunsten das Gebot aufheben: „Im Schweiße deines Angesichtes sollst du dein Brot essen," auch nicht wie einst den Israeliten in der Wüste gegenüber für unsere Bedürfnisse ohne unser Zuthun sorgen, aber er will zugleich, daß wir für die Zukunft nicht zu ängstlich besorgt sind und über der Sorge für das Irdische das Himmlische nicht vergessen. Belebe darum, mein Christ, bei dieser Gelegenheit dein kindliches Vertrauen auf Gott, deinen liebevollsten Vater, dem tausend Mittel zu Gebote stehen, um dir zu helfen, und der zugleich in seiner Güte und Liebe unendlich geneigt ist, sich deiner stets zu erbarmen. „Gott ist kein Spötter oder Betrüger," sagt der hl. Augustin, „der uns in seine Arme ruft und dann seine Arme zurückzieht, daß wir fallen müssen." In aller Not und Bedrängnis setze dein Vertrauen auf Gott, er hat ein kindliches Vertrauen noch nie getäuscht. Erfülle aber auch treu und gewissenhaft die Pflichten deines Berufes, denn Gott hilft denen gern, die sich selber helfen. „Wenn selbst eine Mutter ihres Kindes vergessen könnte, so will ich doch deiner nicht vergessen." (Is. 49, 15.)

20. August.

Der heilige Auctor, Bischof.

Die trierische Tradition nennt zwei Bischöfe dieses Namens. Auctor I. lebte demgemäß in der ersten Hälfte des 3. Jahrhunderts, also zur Zeit der Christenverfolgung unter Kaiser Alexander Severus und Maximinus Thrax. Von seinem bischöflichen Wirken zu Trier ist uns keine nähere Kunde erhalten, doch soll er um das Jahr 240 gemäß den Gesta Trevirorum als Martyrer gestorben sein: der Tag, an welchem er sein glorreiches Martyrium vollendete, ist unbekannt. Er wurde begraben auf dem Kirchhofe bei der Euchariuskirche.

Seine Reliquien gelangten später zu hohen Ehren. Im Jahre 1113, so erzählt ein Chronist des 13. Jahrhunderts, kam nämlich die Markgräfin Gertrud von Braunschweig nach Trier zum Grabe des hl. Auctor, um gemäß einem ihr gewordenen Traumgesichte die Reliquien desselben zu erheben und in ihre

Heimat zu übertragen. Sie ließ sich von dem Mönche, der die Obhut der Euchariuskirche hatte, die Grabmäler zeigen, und als die Glocke denselben zum Mittagstisch rief, blieb Gertrud mit ihrem Gefolge in der Kirche zurück. Dann ließ sie schnell die Thüren verschließen, den schweren Steindeckel über dem Grabe des hl. Auctor heben und den Schrein mit dessen Reliquien auf einen bereitstehenden Wagen bringen, worauf sie mit ihren Begleitern nach Braunschweig entfloh. Als die Mönche nach dem Mittagsmahl in die Kirche zum Gebet kamen, entdeckten sie den Raub und wollten Sturm läuten, allein Gertrud hatte die Klöppel aus allen Glocken nehmen lassen und so die Verfolgung verhindert.

Wieviel von dieser Erzählung wahr ist, wieviel vom Chronisten erdichtet, läßt sich heute nicht mehr bestimmen, denn andererseits behaupten Arnold von Lübeck aus dem 12. und Trithemius aus dem 14. Jahrhundert, daß Gertrud die Reliquien nach vielen Bitten von den Mönchen auf ganz rechtmäßige Weise erlangt habe. Daß jedenfalls in St. Eucharius noch Reliquien des hl. Auctor zurückgeblieben waren, geht schon daraus hervor, daß solche im Jahre 1145 in drei neugeweihte Altäre der Kirche eingeschlossen wurden.

Als Ruhestätte der Gebeine des hl. Auctor erbaute Gertrud zu Braunschweig ein Benediktinerkloster, welches nach den später dorthin übertragenen Reliquien des hl. Ägidius den Namen Ägidienkloster erhielt.

Von nun an galt St. Auctor der Stadt Braunschweig als Schutzpatron, man gab Kindern in der Taufe seinen Namen, und zahlreiche Wunder geschahen auf seine Fürbitte. Vor allem hielten ihn die Einwohner für den Retter der Stadt, als diese im Jahre 1200 von König Philipp belagert wurde, und sooft neue Gefahren drohten, nahm man zu ihm seine Zuflucht. Nach überstandener Pest wurde 1350 eine Prozession zu seiner Ehre vom Rat gestiftet, und einem Gelübde gemäß opferten die fünf Bezirke der Stadt jeder eine Wachskerze von hundert Pfund, die vor Auctors Grab das ganze Jahr hindurch brannten. Im Jahre 1445 gelobte der Rat für die Reliquien des hl. Auctor „eynen eigen herliken Sarg in dat Closter to sünte Eghdien bynnen unser Stad", und als derselbe 1456 fertig war, wurden die Gebeine unter großen Feierlichkeiten hineingelegt. Noch 1496 prägte man eine städtische Münze mit dem Bilde des Heiligen, aber schon 1521 wurde all' den frommen Gebräuchen ein Ende bereitet, weil die lutherische Reformation mit schonungsloser Gewalt eingeführt wurde. Der protestantische Herzog Anton Ulrich ließ im Jahre 1710 die Gebeine des hl. Auctor in der Ägidiuskirche hinter dem Hochaltar in den Boden versenken. Diese aus dem 14. Jahrhundert stammende gotische Hallenkirche steht noch jetzt, wird aber nicht mehr zu gottesdienstlichen Zwecken, sondern als sogenannte „Ägidienhalle" zu Ausstellungen und dergleichen benutzt.

Auctor II. war nach den Annalen Browers der 35. Bischof von Trier und soll um das Jahr 428, also zur Zeit der Völkerwanderungen, gestorben sein. In einem Martyrologium aus dem 13. Jahrhundert wird der 20. August als sein Todestag angegeben. Er wird „ein Mann von großer Heiligkeit" genannt, jedoch ist weiter nichts Näheres über sein Leben bekannt. Man hat zuweilen behauptet, daß er früher auch Bischof von Metz war, allein diese Annahme ist zweifelhaft, weil die Reliquien jenes hl. Auctor von Metz im Jahre 830 nach der Benediktinerabtei Maurmoutier in der Diözese Straßburg übertragen wurden, diejenigen des trierischen hl. Auctor II. aber in der Abtei St. Maximin zu Trier ruhten und von da später nach Taben kamen. Letztere Übertragung wird von allen alten Schriftstellern bezeugt.

Der Ort Taben a. d. Saar kam wahrscheinlich schon im Jahre 768 unter König Pippin (751—768) als Schenkung an die Abtei St. Maximin, und es wurde dort ein Benediktiner-Kloster gegründet, in welches die Mönche von St. Maximin

bald darauf die Reliquien des hl. Auctor und des hl. Quiriakus
brachten. Diese Übertragung geschah am 20. September 769.
Seit jener Zeit ruhten die Reliquien beständig in der Kirche
zu Taben, wenngleich in späteren Jahrhunderten der Ort, wo
sie geborgen worden, nicht mehr bekannt war. Erst in neuester
Zeit hat man sie wieder aufgefunden.

Bei den Arbeiten für die Errichtung eines neuen Hochaltars
entdeckte nämlich Herr Pfarrer Liell am 13. August 1889 unter
dem Bodenbelag des Chores einen uralten Steinsarg, der augen-
scheinlich noch niemals seit seiner ersten Beisetzung geöffnet worden
war. Da er mit Recht darin die Gebeine des hl. Auctor ver-
mutete, wurde der Sarg am 16. Oktober 1889 im Beisein des
hochw. Herrn Bischofs Michael Felix von Trier und mehrerer
angesehenen Geistlichen und Laien geöffnet und sein Inhalt
genau untersucht. Man fand die sämtlichen Gebeine des Heiligen
in vierfachen Seidenstoff eingehüllt, nebst Resten der alten Holzlade
und einige Goldfäden, die wohl von den bischöflichen Gewändern
noch herrühren. Am 20. Juni 1890 sind dann die Reliquien
des hl. Auctor in einen neuen Holzschrein gelegt und mit
denen des hl. Quiriakus, die sich in einem ebensolchen
Schreine befinden, in dem neuen Hochaltar der Pfarrkirche von
Taben beigesetzt worden.

Maßhalten im frommen Eifer.

Glaubet nicht jedem Geiste, sondern prüfet
die Geister, ob sie aus Gott sind. 1. Joh. 4, 1.

Eine eigentümliche Erscheinung des Mittelalters sind die
sogenannten Reliquiendiebstähle. Ob ein solcher bei dem hl. Auctor
ausgeführt wurde, ist, wie gesagt, zweifelhaft, immerhin wird
dergleichen von den Reliquien anderer Heiligen gemeldet. Es ist
keine Frage, daß die Urheber solcher Diebstähle häufig in gutem
Glauben handelten, und daß sie oft meinten, die Entführung
von Reliquien könne sogar ein gutes Werk sein, weil der Heilige
an dem Orte, wohin sie ihn bringen wollten, nun mehr geehrt

würde. Trotzdem verdienen diese Reliquiendiebstähle Tadel und
können niemals gebilligt werden. Sie zeigen, auf welche Irrwege
schwache Menschen kommen können, wenn sie eine in sich noch
so gute Sache in leidenschaftlicher Weise verfolgen. Auch in
religiösen Dingen kann man sich schädlicher Übertreibungen schuldig
machen. Manche Leute glauben, den höchsten Gipfel der Voll=
kommenheit erreicht zu haben, wenn sie täglich viele Zeit auf
das Gebet verwenden, aus einer Kirche in die andere gehen, in
mehrere Bruderschaften eintreten, recht viele Ablässe gewinnen
und fromme Bücher lesen. Daß sie dabei aber ihre Standes=
pflichten oftmals vernachlässigen, daß sie in ihren Familien
mürrisch, grob, launisch, im Urteil über Andere lieblos und
ungerecht sind, das achten sie für nichts. Und doch hätten sie
hier Gelegenheit genug, sich zu überwinden und zu heiligen.
Ihre übertriebenen frommen Übungen entspringen vielfach ihrem
Hochmut und ihrem Eigensinn und haben vor Gott wenig Wert.
Sie sind im Gegenteil wohl im stande, anderen die rechte
Übung der Frömmigkeit gründlich zu verleiden. „Was nützt
es, wenn jemand sagt, er habe den Glauben, aber
die Werke nicht hat?" (Jak. 2, 14.)

25. August.

Der heilige Aredius, Abt.

† 591.

Der hl. Aredius wurde zu Limoges in der Provinz
Aquitanien geboren. Da seine Eltern aus vornehmem Stande
waren und ihm eine vortreffliche Erziehung gegeben hatten,
kam er später an den Hof des fränkischen Königs Theodebert
(534—548) und wurde dort mit einem hohen Amt betraut.
Als der König nun einst mit seinem Gefolge im Palaste zu
Trier sich aufhielt, wurde der dortige Bischof, der hl. Nicetius

(527—566), auf den jungen Aredius aufmerksam und glaubte,
Anlagen und Beruf zum geistlichen Stande in ihm zu entdecken.
Gern folgte Aredius einer Einladung des Bischofs, und in
einer Unterredung mit ihm ward er von solcher Bewunderung
der Heiligkeit des Bischofs erfüllt, daß er denselben bat, ihn
zu einem frommen Leben zu führen und in den Wissenschaften
zu unterrichten. Er wurde darauf unter die Kleriker der Domkirche von Trier aufgenommen, genoß mit ihnen die Unter-
weisungen des hl. Nicetius und machte unter dessen Leitung
solche Fortschritte in Frömmigkeit und Tugend, daß er bald zum
Rufe der Heiligkeit gelangte.

Nach dem Tode seines Vaters und seines Bruders kehrte
Aredius in die Heimat nach Limoges zurück, um seine Mutter
Pelagia zu trösten. Auf ihren Rat und mit ihrer freigebigen
Unterstützung gründete er auf seinen Besitzungen das Kloster
Atanus und sammelte mehrere gleichgesinnte Männer um sich,
denen er als Abt lange Jahre in allen Werken der Barmherzigkeit
und Abtötung voranleuchtete. Venantius Fortunatus († 605)
preist ihn in einem Gedichte, und sein Zeitgenosse Gregor von
Tours († 593) berichtet von mehreren Wundern, die Aredius
an Armen, Kranken und Besessenen wirkte. Sein ganzes Erbteil
verwendete er für die Notleidenden sowie für Klöster und Kirchen,
insbesondere für die des hl. Hilarius von Poitiers und des
hl. Martinus von Tours. Bei den fränkischen Königen stand
er in hohem Ansehen, und als einst das Volk durch hohe Steuern
und Frondienste gedrückt wurde, reiste er nach Paris zu dem
Könige und erwirkte von ihm die erforderliche Abhülfe.

Reich an Verdiensten und über 80 Jahre alt, starb er
am 25. August 591 und wurde in der Kirche seines Klosters
Atanus begraben. Der Bischof Ferreolus von Limoges
wohnte dem Begräbnisse bei und war Zeuge mehrerer Wunder,
die sich dabei an Kranken und Besessenen ereigneten. Bei dem
Kloster Atanus entstand allmählich eine Stadt (jetzt St. Yrieix),
und als das Kloster später verödete und verarmte, wurde daselbst

eine Genossenschaft von Kanonikern eingesetzt, die der Kirche des hl. Martinus zu Tours untergeordnet war. Die Reliquien des hl. Aredius wurden 1177 durch Bischof Saibrandus von Limoges erhoben, aber im folgenden Jahre in der neuerbauten Kirche feierlich wieder beigesetzt.

Sorge für die Bedrängten.

Rette den, der Unrecht leidet, aus der Hand des Stolzen und laß dir das nicht schwer fallen. Ecc. 4, 9.

Der hl. Aredius hat sein großes Ansehen beim Könige dazu benutzt, um dem armen gedrückten Volke zu helfen. Damit hat er als echter Priester und als echter Christ gehandelt, denn die Armen und Bedrängten sind es vor allem, denen das priesterliche Wirken gelten, die der echte Jünger Jesu lieben soll. Mit welcher Liebe hat der göttliche Heiland sich gerade der Bedrängten, der Leidenden angenommen, wenn sie von allen Seiten zu ihm eilten, um Trost und Hülfe zu suchen! Wer Jesus nachfolgen, wer Gott von ganzem Herzen lieben will, der muß auch einen heiligen Eifer zeigen in der Sorge für seine bedrängten Brüder. Alle sind ja Kinder des himmlischen Vaters, alle waren eingeschlossen in jenes letzte Gebet, das aus dem liebeglühenden, im Tode brechenden Herzen des gekreuzigten Heilandes für alle Menschen zum Vater emporstieg. Und wie manche Gelegenheit findet sich, den Gedrückten, den Armen zu helfen! Oft kann ein gutes Wort, zur rechten Zeit eingelegt, grundlose Beschuldigungen, kränkende Vorurteile zerstreuen und einen Bekümmerten glücklich machen. Da sind Arme, denen Unrecht geschieht von Mächtigen, sie können sich selbst nicht helfen, niemand hört auf ihre Klagen. Du bist in einflußreicher Stellung, dein Wort vermag viel und wird weit gehört. Wie viel kannst du oft mit geringer Mühe für Arme und Gedrückte thun, wie viele bange Sorgen von ihren Herzen verscheuchen! Und wenn es auch hie und da große Mühe macht, nichts darf uns zu schwer sein für unsere leidenden Brüder, denn Jesus Christus hat gesagt: „Was ihr dem geringsten meiner Brüder thut, das habt ihr mir gethan." (Matth. 25, 40.)

26. August.

Der heilige **Gregor**, Bischof.
† 776.

Der hl. Gregor stammte aus der merowingischen Königs-familie. Dagobert II. (673—678), König von Austrasien, hatte nämlich außer mehreren Söhnen zwei fromme Töchter: Irmina und Abula. Die erstere entsagte früh der Welt und war lange Jahre Äbtissin des Klosters Oeren zu Trier, Abula dagegen war mit einem fränkischen Großen verheiratet. Sie hatte einen Sohn Namens Alberich, und dessen Sohn, also ein Enkel Abulas, war der hl. Gregor. Er war vermutlich in Trier geboren, verlebte dort im Palaste der austrasischen Könige seine Jugend und erhielt in einer der geistlichen Schulen der Stadt seine erste Ausbildung.

Seine Großmutter Abula hatte nach dem Tode ihres Ge-mahls zu Pfalzel bei Trier ein Kloster gegründet, um darin, dem Dienste Gottes nach der Regel des hl. Benediktus sich weihend, ihre Tage zu beschließen. Sie hatte dem Kloster große Schenkungen überwiesen und es schließlich ganz unter die Verfügung und den Schutz der Bischöfe von Trier gestellt. Der junge Gregor war oftmals bei ihr in Pfalzel zu Besuch, und hier nimmt auch sein höheres geistliches Leben mit einer überaus lieblichen Szene seinen Anfang.

Im Jahre 722 kam nämlich der hl. Bonifacius, der große Apostel Teutschlands, von Friesland, wo er mehrere Jahre gewirkt hatte, nach Echternach, um sich dort von dem hl. Willibrord zu verabschieden und dann, der Weisung des Papstes gemäß, als

Missionar nach Hessen und Thüringen zu gehen. Auf dieser Reise
besuchte er auch das Kloster in Pfalzel und wurde von der
hl. Adula und ihren Mitschwestern gastfreundlich aufgenommen.
Als er nun am folgenden Tage nach der hl. Messe mit Adula
und ihrer Genossenschaft zu Tische saß, sollte nach frommer Sitte
während des Essens aus der hl. Schrift vorgelesen werden. Eben
war aber der fünfzehnjährige Gregor aus der Schule und dem
Palaste von Trier gekommen, und darum reichte man ihm nach
Erteilung des Segens das Buch zum Vorlesen. Bonifacius
beobachtete mit Aufmerksamkeit den geweckten Knaben, und nach=
dem derselbe geendet, sprach er lobend zu ihm: „Du liest gut,
mein Sohn, wenn du nur auch verstehst, was du liest." Da
meinte Gregor, daß er es wohl verstehe, und als der Heilige
ihn fragte, wie er denn das Gelesene verstehe, begann der Knabe, in
kindlicher Einfalt dieselbe Lektion noch einmal vorzutragen. Aber
Bonifacius unterbrach ihn milde und sprach: „Nicht so, mein
Kind, ich möchte vielmehr, daß du mir die Lektion mit anderen
Worten sagest, in deiner Muttersprache und ganz in der Weise,
wie du sonst zu sprechen pflegst." Das war indes mehr, als
der Knabe zu leisten vermochte, und Bonifacius fragte ihn deshalb,
ob er wünsche, daß jetzt er ihm den Sinn erkläre. Und als
Gregor dies leuchtenden Auges bejahte, ließ Bonifacius ihn in
kleinen Absätzen den Text lesen und erklärte dann selbst mit
solcher Beredsamkeit den Anwesenden die Schriftworte, daß Gregor
auf der Stelle beteuerte, er wolle nun keinen anderen Lehrer mehr
und wolle Eltern und Heimat verlassen, um sich dem heiligen
Manne anzuschließen. Betroffen über dieses unerwartete Be=
gehren und in allzugroßer Liebe an ihrem Enkel hangend, wies
Adula denselben ab und suchte ihm auf alle Weise klar zu machen,
daß er doch nicht mit einem unbekannten Manne in die Fremde
ziehen könne. Aber Gregor ließ nicht nach mit Drängen und
Bitten und erklärte, daß er dem Manne zu Fuße folgen werde,
wenn man ihm kein Pferd zum Mitreiten gebe. Länger redeten
beide so hin und her über die Reise in das ferne Land, bis

Abula endlich einsah, daß sie dem Rufe Gottes kein Hindernis bereiten dürfe. So beschaffte sie denn für ihren jungen Enkel Diener und Pferde und ließ ihn nach schwerem Abschied mit dem hl. Bonifacius gen Osten ziehen.

Es war ein heldenmütiger Entschluß für ein zartes, in Reichtum und Überfluß aufgewachsenes Königskind, sein Vaterland, seine Familie, seine Freunde, alle Annehmlichkeiten des Hoflebens zu verlassen, um nun ein Leben in Armut, Hunger und Verfolgung zu führen. Aber Gregor hatte seinen Beruf erkannt, und von nun an trennte ihn nichts mehr von seinem heiligen Lehrer, der auch seinerseits den Knaben wie einen Sohn liebte und ihn aufs sorgfältigste unterrichtete.

Zunächst zogen sie nach Thüringen, wo durch den siegreichen Einmarsch der Heere Karl Martells günstigere Verhältnisse für das Christentum geschaffen waren. Der Erfolg der dortigen Mission gestaltete sich außerordentlich günstig, und viele Tausende ließen sich taufen. Im Jahre 723 zog der hl. Bonifacius zum zweiten Male nach Rom, und Gregor begleitete ihn auch dorthin. Nach der Rückkehr in die Heimat und nach dem Tode Karl Martells (741) reiste Gregor mit dem hl. Bonifacius zu den Königen Karlmann und Pippin, welche für die Ausbreitung des Christentums thatkräftige Unterstützung boten. Am Hofe der Könige war eine Anzahl mißgünstig gesinnter Geistlichen, gegen die Bonifacius in offener Disputation vor den Königen und dem fränkischen Senate auftrat, während seine Schüler, insbesondere Gregor, ihn dabei wirksam unterstützten. Auch auf der dritten Romreise (737) begleitete Gregor seinen großen Lehrer. In Rom erwarb er mehrere kostbare Handschriften, in denen die heiligen Schriften enthalten waren, und kaufte daselbst zwei angelsächsische Sklaven, Marchelmus und Marcuvinus, die er mit nach Deutschland nahm und zu seinen Gehilfen in der Seelsorge heranbildete.

Kurz vor dem Martertode des hl. Bonifacius († 755) kam Gregor nach Utrecht in Friesland, um gemäß dem Auftrag des Papstes Stephan und des Königs Pippin dort das Wort Gottes zu verkündigen. Zwar hatte schon vorher der hl. Willibrord hier Großes geleistet, aber nach seinem Tode blieb auch für Gregor noch ein reiches Feld zu emsiger Thätigkeit. Vor allem gründete er zu Utrecht eine große Schule, in welcher er Jünglinge aus allen Stämmen Deutschlands versammelte und sie als liebevoller Vater in Wissenschaften und Tugenden erzog. Aus dieser Schule gingen viele Lehrer und Bischöfe für die deutsche Kirche hervor, unter ihnen der hl. Ludgerus, erster Bischof von Münster, welcher auch das Leben des hl. Gregor geschrieben hat und darin sich glücklich preist, daß er der Schüler eines solch' heiligen Mannes war. Besonders rühmt er Gregors Liebe zur Armut und den Eifer, mit dem er geldgierige geizige Menschen von ihrer Leiden- schaft zu befreien suchte. Gold oder Silber, das er in die Hand bekam, blieb nicht lange darin, denn je eher er es den Armen ver- teilt hatte, desto mehr freute es ihn. Für sich selbst war er mit dem Geringsten zufrieden. Speise und Trank nahm er nur mit größter Mäßigkeit zu sich, und vor dem reichlichen Genuß des Weines warnte er seine Schüler, wie vor dem Feuer der Hölle. Ein hervorragender Zug seines Lebens war seine Liebe gegen die, welche ihm Böses gethan hatten. Einst waren zwei seiner Brüder von Räubern überfallen und getötet worden. Das weltliche Gericht fand die Verbrecher, verurteilte sie zum Tode und schickte sie gefesselt vor Gregor, damit dieser ihre Todesart bestimme. Aber der heilige Mann verschmähte eine solche Rache und schenkte ihnen das Leben, nachdem er sie mit eindringlichen Worten zur Buße ermahnt hatte.

Gregor leitete nach der Annahme bewährter Schriftsteller als Bischof, nach der Meinung anderer nur als Abt des St. Martinsmünsters zu Utrecht, aber unter Mitwirkung des Chorbischofs Alubert und im päpstlichen Auftrage das Bistum Utrecht 22 Jahre lang. Im hohen Alter von 70 Jahren wurde der Heilige auf einer Seite gelähmt, aber er ließ sich trotzdem in die Kirche tragen und verwaltete noch drei Jahre lang sein schwieriges Amt. Von seinen zahlreichen Schülern und dem

ganzen Volke tiefbetrauert, starb er am 26. August 776. Er
fand seine Ruhestätte in der Kirche des Frauenklosters Susteren
(südlich von Roermond bei der preußischen Grenze), wo er oftmals
geweilt hatte, da seine Mutter, die sel. Vastradis, in diesem
Kloster lebte und später auch dort begraben war. Einige Teile
seiner Reliquien befinden sich auch zu Utrecht und Roermond.

Berufswahl.

*Deine Wege, o Herr, zeige mir . . . . der
Sünden meiner Jugend gedenke nicht.*
Pf. 24, 4. 7.

Wir wissen nicht, was wir in der Lebensbeschreibung des
hl. Gregor mehr bewundern sollen, die heilige Entschiedenheit,
mit der der Knabe dem Rufe Gottes folgte, oder die Groß-
herzigkeit der hl. Adula, die das schwere Opfer brachte, sich von
dem geliebten Enkel auf immer zu trennen. Beide waren von
der Überzeugung tief durchdrungen: Wenn Gott ruft, dann hat
der Mensch nicht zu zögern, sondern soll in Ehrfurcht sich beugen
und sprechen: Herr, was du willst, will auch ich und nichts
anderes. Es ist ja für die meisten Menschen eine Stunde ganz
besonderer Gnade, in der sie ihren Beruf erkennen. Gott der
Herr leuchtet mit seinem Gnadenlichte gewissermaßen in die Seele
hinein und zeigt dem Menschen in dem ungewissen Dunkel der
Zukunft klar und deutlich den Weg, auf dem er ihn durchs
Leben zum Himmel führen will. Da gilt es vor allem, diese
kostbare Zeit der Gnade zu erfassen und die himmlische Erleuchtung nicht durch Zaudern zu verlieren. Denn große Gnaden
Gottes legen uns auch schwere Verantwortung auf. Was sollten
wir auch zögern, wenn wir einmal wissen: Gott ruft uns! Was
sollten wir fürchten, den Weg zu betreten, den er uns führen
will! Seine Hand, die Hand des liebreichsten Vaters, wird uns
ja schützen, selbst mitten im Todesschatten, seine Engel geleiten
uns, wenn wir seine Wege wandeln. Was ist es denn, was
oft manche abhält, dem Rufe Gottes zu folgen, den erkannten Beruf
zu wählen? Es sind oft Rücksichten auf Angehörige, Bande

fleischlicher Liebe, die sie zurückhalten. Für solche gilt das ernste Wort des göttlichen Heilandes: „Wer Vater und Mutter, wer Sohn und Tochter mehr liebt als mich, der ist meiner nicht wert." (Matth. 10, 37.)

31. August.

Der heilige **Paulinus**, Bischof und Martyrer.
† 358.

Der hl. Paulinus stammte aus einem vornehmen alten Senatoren-Geschlechte Aquitaniens. Auf die Bitten seiner frommen Eltern übernahm Maximinus, der nachmalige Bischof von Trier, als Verwandter der Familie die Patenstelle bei dem Kinde, erteilte ihm in späteren Jahren Unterricht in den Wissenschaften und veranlaßte auch den strebsamen Jüngling, mit ihm nach Trier zu ziehen, wo beide sich dann an den hl. Agritius anschlossen.

Nach dem Tode des letzteren (332) wurde Maximinus Bischof von Trier und verwaltete viele Jahre lang dieses hohe Amt zum Segen Galliens. Insbesondere stellte er dem sich mächtig erhebenden Arianismus einen eisernen Widerstand entgegen und verteidigte den von den Arianern verfolgten heiligen Athanasius mit unerschrockenem Mute. Paulinus war sein getreuer Mitarbeiter im apostolischen Amte und wurde dadurch in alle Verhältnisse der Personen und Parteien so gut eingeweiht, daß man ihn nach dem Tode des hl. Maximinus (349) einstimmig zu dessen Nachfolger auf den bischöflichen Stuhl von Trier erwählte.

Eine der ersten Obliegenheiten des Bischofs Paulinus war es, daß er die Leiche seines Vorgängers aus Aquitanien, wo derselbe auf einer Reise gestorben war, abholen und nach Trier bringen ließ. Er schickte zu diesem Zwecke den Priester Lubentius in Begleitung mehrerer Priester und Laien nach Aquitanien, und es gelang dieser Gesandtschaft nach vielen Schwierigkeiten, die Reliquien des hl. Maximinus zu erhalten und nach Trier zu übertragen. Als der Zug in die Nähe der Stadt kam, strömten die Bewohner der ganzen Umgegend herbei und geleiteten die Leiche ihres Bischofs nach der Kirche des hl. Johannes, wo sie von Paulinus in der Krypta feierlich beigesetzt wurde. Die Kirche erhielt von nun an den Namen Maximinkirche.

Bald begann auch für Paulinus der Kampf mit den Arianern. Seit der Rückkehr des hl. Athanasius nach Alexandrien (346) hatte zwar betreffs der religiösen Dinge einige Zeit Friede im römischen Reiche geherrscht, allein dieser den Arianern abgerungene Friede sollte nicht von langer Dauer sein. Kaum war nämlich Kaiser Konstans I. (337—350), der die katholische Lehre beschützt hatte, durch den Empörer Magnentius des Thrones beraubt worden, als sich die Arianer an den Nebenkaiser, seinen Bruder Konstantius II. (337—361), herandrängten, ihm die Alleinherrschaft im ganzen römischen Reiche in den glänzendsten Farben ausmalten und sogleich wieder den Kampf gegen Athanasius eröffneten. Sie traten im Jahre 351 zu einer Synode in Sirmium in Pannonien zusammen und brachten in Gegenwart des Kaisers Konstantius wiederum eine Verurteilung des hl. Athanasius zustande. Eine Anzahl sonst rechtgläubiger Bischöfe ließ sich durch die Ränke der Arianer bestimmen, diesem Beschlusse beizutreten; als sie sich aber auch in einem Schreiben an den nicht anwesenden Bischof Paulinus von Trier wandten, erklärte dieser ihnen auf das entschiedenste, daß er unter keiner Bedingung in die Verurteilung des Athanasius einstimme. Es wäre den Arianern viel wert gewesen, wenn der erste Bischof Galliens sich ihnen angeschlossen hätte, aber um so heftiger entbrannte nun auch gegen ihn ihr Zorn.

Auf Veranlassung des Papstes Liberius hatte sich im Jahre 353 eine große Zahl von Bischöfen zu Arles in Südfrankreich versammelt, um die kirchlichen Streitigkeiten zu schlichten. Auch der Kaiser Konstantius, der inzwischen Alleinherrscher über das ganze Reich geworden war und sich vollständig auf Seite der Arianer gestellt hatte, erschien auf dem Konzil zu Arles, umgeben von den Irrlehrern Ursacius und Valens und anderen arianischen Bischöfen. Er wollte das Konzil dazu benutzen, um den hl. Athanasius nochmals zu verurteilen und den Irrlehrern Zutritt zu den katholischen Kirchen und bischöflichen Stühlen zu verschaffen. Deshalb hatte er gedroht, er werde alle verbannen, welche das Urteil gegen Athanasius nicht unterschreiben würden. Auch Paulinus von Trier war anwesend. Aber während fast alle andern Bischöfe der Gewalt des Kaisers wichen, ließ Paulinus sich durch dessen Drohungen nicht schrecken. In der Versammlung verteidigte er in glänzender Weise den hl. Athanasius, deckte die Betrügereien der Arianer auf und machte die List des Kaisers zu Schanden. Für dieses unerschrockene Auftreten wurde Paulinus in die Verbannung geschickt.

Da dieses Konzil den erwünschten Frieden also nicht gebracht hatte, berief der Papst 355 ein neues Konzil nach Mailand. Etwa 300, meist abendländische Bischöfe waren versammelt, und wiederum erschien der Kaiser, noch übermütiger und anmaßender als vor zwei Jahren. Auch der hl. Paulinus war nach der Darstellung des hl. Athanasius zugegen, sei es, daß er seine Verbannung noch nicht angetreten hatte, oder daß der Kaiser ihn zurückberufen hatte in der Meinung, daß er nun gefügiger sein werde. Im letzteren Falle hatte er sich freilich in Paulinus gründlich getäuscht, wie wir aus dem Zeugnis des hl. Athanasius selbst wissen, der den Verlauf dieses Konzils in folgender Weise schildert: „Der Kaiser ließ vor sich kommen den Paulinus, Bischof von Trier, der Hauptstadt Galliens, und die Bischöfe von Sardinien, Vercelli und Mailand. Er befahl, sie sollten gegen Athanasius unterschreiben und mit den Arianern in Gemeinschaft treten. Die Bischöfe erstaunten über diese Zumutung und erklärten, das sei gegen die Kirchengesetze.

Aber Konstantius rief ihnen zu: «Mein Wille gilt für ein Kirchengesetz! Die Bischöfe von Syrien nehmen meine Befehle an, gehorchet also auch ihr, oder ihr werdet in die Verbannung geschickt!» Da erhoben die Bischöfe in höchster Entrüstung ihre Hände zu Gott, redeten den Kaiser fest an und sagten, nicht ihm gehöre das Reich, sondern Gott, er solle an den Tag des Gerichtes denken und nicht des Reiches Gewalt mit den Gesetzen der Kirche vermengen, um die arianische Ketzerei in die Kirche einzuführen. Aber Konstantius lieh ihnen kein Gehör, befahl ihnen zu schweigen, zog das Schwert und drohte ihnen heftig. Er verurteilte sie zum Tode, änderte aber später wie Pharao diesen Urteilsspruch und verbannte Paulinus mit den drei anderen Bischöfen. Diese aber schüttelten den Staub von ihren Füßen, erhoben ihre Augen zu Gott, achteten nicht die Drohungen des Kaisers und verrieten nicht die Wahrheit aus Furcht vor dem gezogenen Schwerte."

So ging denn Paulinus abermals in die Verbannung. Wahrscheinlich wurde er arianischen Führern übergeben und mußte in Fesseln weithin fortwandern. Aber kaum war er an einem Orte in Ruhe, so kam der Befehl, ihn noch weiter zu führen, denn der Kaiser verlor ihn nicht aus den Augen. Endlich kam er nach Phrygien, einem hochliegenden Gebirgsland in Kleinasien, wo er nun bis zu seinem Tode unter den ketzerischen Montanisten leben mußte. Den verbannten Bischöfen folgte aber, wie Sulpitius Severus schreibt, die Zuneigung der ganzen Welt. Allenthalben wurden sie gepriesen, überall trug man Gold für sie zusammen, und fast aus allen Provinzen wurden sie durch Gesandtschaften besucht. Möglich ist es also, daß auch von der verwaisten trierischen Diözese Gesandte zu ihrem gefangenen Bischof nach Phrygien pilgerten. Der Papst Liberius erließ an die verbannten Bischöfe ein Schreiben, worin er seinen Schmerz über die Trennung bezeugt, aber auch seine Freude über ihr standhaftes Leiden. Er sagt, daß er gewünscht habe, für sie alle zum Opfer zu werden, und bittet sie, weil sie

Gott näher seien als er, zu beten für ihn und die ganze katholische Kirche.

Im Jahre 358 starb Paulinus in Phrygien. Ob er daselbst den Martertod erlitt, wie einige trierische Schriftsteller berichten, läßt sich nicht feststellen. Jedenfalls ist es berechtigt, daß man ihn um der großen Bedrängnisse willen, die er für den heiligen Glauben erduldete, als Martyrer verehrt. Dieser Ehrenname wurde ihm schon einige Dezennien nach seinem Tode beigelegt (siehe Friedrich, Kirchengesch. I, 240) und hat sich bei späteren Schriftstellern bis auf unsere Tage erhalten.

In Phrygien, weit entfernt von seinem Bistum, wurde der hl. Paulinus nun auch begraben. Als jedoch später die politischen Zustände dem katholischen Glauben sich günstiger gestalteten, faßte der hl. Felix, sein dritter Nachfolger auf dem bischöflichen Stuhle zu Trier, den Entschluß, die heiligen Überreste des großen Bekenners nach Trier zu übertragen. Wohl war es ein großes Unternehmen in damaliger Zeit, wo die Verbindungen und Wege so mangelhaft waren, die hl. Gebeine über 700 Stunden Weges nach Trier zu geleiten, aber in heiliger Begeisterung überwand man alle Schwierigkeiten, und am 13. Mai 395 langte der Leib des hl. Paulinus in Trier an. Bischof Felix zog ihm mit vielem Volke in großer Freude entgegen, und mehrere Kranken erhielten damals durch die Fürbitte des Heiligen die Genesung.

Einige Jahre vor dieser Übertragung hatte Bischof Felix eine große Basilika zu Ehren der Mutter Gottes vor dem nördlichen Thore der Stadt Trier gebaut und später an diese Kirche, wahrscheinlich unmittelbar an den Ostchor, noch eine Gruft angefügt, in welcher er nun die Leiche des hl. Paulinus beisetzte. Auch die vornehmsten der sogenannten Trierer Martyrer übertrug er in diese neue Gruft, so daß Paulinus zwischen Palmatius, dem Bürgermeister, und dem thebäischen Hauptmann Thyrsus lag, umgeben von elf trierischen Senatoren.

Die von Bischof Felix erbaute Kirche, welche bald den
Namen Paulinskirche erhalten hatte, wurde im folgenden Jahrhunderte hart mitgenommen, aber von Bischof Marus († 480)
wieder aufgebaut. In der fränkischen Zeit (etwa im 7. Jahrhundert) wurde der aus Holz gefertigte Sarg des hl. Paulinus
mit vier eisernen Ketten an dem Gewölbe der Gruft aufgehängt,
sodaß er von allen Seiten den Blicken der zahlreichen Pilger
sichtbar war. Im Jahre 882 brachen die Normannen ein und
richteten in Trier eine fürchterliche Verwüstung an. Nachdem
sie vergeblich versucht hatten, auch die Paulinskirche in Brand
zu stecken, verübten sie in derselben alle Greuel, drangen in
die Gruft und zerschlugen die Ketten, an denen der Schrein
des hl. Paulinus hing: die Legende berichtet aber, daß derselbe
trotzdem noch längere Zeit in der Luft schwebend blieb. Nach
dem Abzug der wilden Horden und um weiteren Entweihungen
vorzubeugen, ließ die Geistlichkeit der Paulinskirche den Holzschrein in einen Steinsarg stellen und die Gruft vermauern.
Über den so geschlossenen Eingang rückte man zu größerer
Sicherheit noch den Hochaltar der Oberkirche, so daß es nun
unmöglich war, in das Grabgewölbe zu gelangen. So blieb
nun die Gruft etwa 190 Jahre ganz verschlossen, und das Andenken an ihre Reliquienschätze war nur mehr im Gedächtnis
weniger. Erst im Jahre 1072 ließen die Kanoniker der Kirche
den Hochaltar abbrechen und den Eingang zur Gruft wieder
freilegen. Man stieg in dieselbe hinab und fand zur größten
Freude aller Anwesenden noch unversehrt die Sarkophage der
berühmtesten Trierer Martyrer rings um das Grab des heiligen
Bischofs Paulinus aufgestellt. Vor dem Bischofsgrab stand ein
Altar, und in demselben entdeckte man eine Bleitafel, deren
lateinische Inschrift auf das genaueste verkündigte, welche Martyrer in der Gruft bestattet waren, und an welcher Stelle sie dort
ruhten. Infolge dieser Auffindung wurde die Gruft erweitert
und neu ausgebaut, damit die zahlreichen Pilger darin ihre
Gebete verrichten konnten.

Ungefähr 300 Jahre nach der Vollendung der neuen Gruft wurde der Sarkophag des hl. Paulinus wieder eröffnet, und zwar geschah dies durch den Propst des Stiftes von St. Paulin, Friedrich Schavard, und seine Stiftsherren am Karfreitag des Jahres 1402. Nachdem der schwere Steindeckel des Sarkophages mit großer Mühe entfernt war, fand man die alte hölzerne Lade, in seidene Stoffe eingehüllt und mit silbernen Zierden geschmückt. Die Stiftsherren öffneten die Lade und sahen in derselben den Leib des hl. Paulinus mit dem Haupte, alles mit großer Sorgfalt in seidene Tücher gehüllt. Sie nahmen das Haupt aus dem Sarge, um es in einem besondern Behälter der Verehrung der Gläubigen aussetzen zu können, und verschlossen dann den Sarkophag wieder mit eisernen Klammern und Mörtel. Das Haupt ward auf das kostbarste in einem silbernen Brustbilde mit Edelsteinen gefaßt und an den Festen zur Verehrung ausgestellt. Das silberne Brustbild wurde zur Zeit der Revolution von der französischen Regierung beschlagnahmt, aber das Haupt selbst hatte man noch rechtzeitig über den Rhein geflüchtet. Es kam im Jahre 1811 von Frankfurt nach Trier zurück, wo es noch jetzt in der Paulinskirche als kostbarer Schatz aufbewahrt wird. Im Jahre 1892 wurde für dasselbe wieder eine neue silberne Büste beschafft, die mit reichem Schmuck in Gravierung, Email und Edelsteinen versehen ist.

Die übrigen Gebeine des hl. Paulinus blieben seit dem Jahre 1402 unberührt in dem steinernen Sarkophage der Gruft. Zwar wurde die Kirche von den Franzosen im Jahre 1674 in die Luft gesprengt, und die Stiftsherren hatten vor dieser Zerstörung viele andere Reliquien in Sicherheit gebracht, aber die Särge in der Gruft hatte man aus heiliger Scheu nicht öffnen wollen. Durch Gottes Vorsehung blieben sie auch bei der Zerstörung der Kirche unverletzt unter dem Schutze der starken Gewölbe der Gruft. Erst gegen 1736 erhob sich aus den Trümmern des alten Gotteshauses eine neue, die jetzt noch stehende Paulinskirche, welche zwar kleiner ist, als die frühere, aber dieselbe an Pracht der Ausstattung weit übertrifft. Ihre Gruft ist aber noch die ursprüngliche des alten Baues von 1072; man steigt auf einer Treppe rechts neben dem Chor in sie hinab und sieht darin noch heute die mächtigen Steinsarkophage in ihrer ursprünglichen Anordnung um den erhöhten Sarkophag des hl. Paulinus stehen.

Daß die Reliquien des hl. Paulinus darin enthalten sind, hat man in unseren Tagen aufs neue festgestellt. Im Herbste des Jahres 1883 wurde nämlich unter der Leitung des hochwürdigsten Herrn Bischofs Michael Felix der Sarg geöffnet und sein Inhalt auf das genaueste untersucht. Man sah alles ziemlich in demselben Zustande, der sich schon 1402 den Stiftsherren dargeboten hatte. Nachdem der Deckel des steinernen Sarkophages abgehoben war, fand man einen aus Cedernholz gezimmerten Sarg und in demselben alle Gebeine des Heiligen mit Ausnahme des Hauptes in einem sehr wohl erhaltenen Zustande; auch waren hierunter zwei Zähne, die so genau in die Zahnhöhlen des hl. Hauptes paßten, daß dadurch jeder etwaige Zweifel über die Echtheit des Hauptes beseitigt erscheint. Auf dem Deckel und den Seitenwänden des Schreines waren kostbare Zierstücke aus Gold und Silber befestigt, die als Weihegeschenke zu betrachten sind und nach dem Urteil der bedeutendsten Altertumskenner aus dem vierten Jahrhundert stammen. Fünfmal sieht man darauf das sogenannte Monogramm Christi in der alten Form der römischen Inschriften. Der Schrein war von außen mit Seidengewebe umgeben, dessen Musterung kleine Quadrate zeigte, die sich zu griechischen Kreuzen vereinten; auch im Innern fand sich kostbares, zum Teil mit Gold durchwirktes Seidenzeug in großer Menge vor, in welches man offenbar einst die Gebeine eingehüllt hatte. Ferner fanden sich verschiedene Eisenteile, die zwar im Laufe der Jahrhunderte von dem Roste stark angefressen, aber in ihrer Form noch deutlich zu erkennen sind. Es waren hauptsächlich vier eiserne Haken und vier bronzene Ringe; an der hölzernen Lade aber konnte man die Stellen, wo jene Haken einst befestigt waren, genau erkennen, sodaß hieraus hervorgeht, daß diese Lade dieselbe ist, in welcher die heiligen Gebeine bis zu den Zeiten der Normannen in der Gruft an vier Ketten gehangen haben. Vielleicht ist es sogar noch die erste Lade, in der die Gebeine aus Phrygien übertragen wurden, denn das verwendete Cedernholz ist in der dortigen Gegend sehr häufig, während es bei uns nicht vorkommt.

Die Reliquien des hl. Paulinus wurden nach dieser Erhebung im Chore der Paulinskirche mehrere Wochen lang ausgestellt, und es fanden große Feierlichkeiten statt, zu denen die Gläubigen aus der ganzen Umgegend in Prozessionen herbeikamen. Am 9. Dezember 1883 aber wurden sie in einer neuen hölzernen Lade, welche der früheren ganz ähnlich ist, wieder verschlossen und diese Lade in dem altehrwürdigen Sarkophag der Gruft wieder beigesetzt: auch die Bestandteile der alten Lade wurden darin niedergelegt.

Glaubensmut.

> Der Herr ist mein Licht, wen sollte ich fürchten? Der Herr ist der Beschützer meines Lebens, vor wem sollte ich zittern?
>
> Pf. 26, 1.

Der hl. Paulinus verdient unsere hohe Verehrung und Bewunderung vor allem wegen der Festigkeit und des unerschrockenen Mutes, mit dem er für die Wahrheit eintrat und schwere Leiden ertragen hat. Es ist etwas Großes und Erhabenes, wenn jemand die heiligen Überzeugungen seiner Seele auch öffentlich vertritt und bereit ist, lieber alles zu leiden, als den Glauben zu verraten. Denn wer so mutig und offen seinen Glauben bekennt, der zeigt, daß er diesen Glauben mit ganzer Seele erfaßt, daß seine Seele in diesem Glauben stark geworden ist wie ein Fels. Mit welcher Freude und Liebe muß Gott der Herr auf seine Kinder herabschauen, wenn sie so unerschrocken für sein heiliges Wort Zeugnis ablegen! Wie muß es das Herz des göttlichen Heilandes erfreuen, wenn seine Jünger ihn, den Gekreuzigten, furchtlos und opfermutig bekennen! Und wie wird der Glaube selbst durch solche Bekenner, durch solche Blutzeugen in der Welt gekräftigt! Ein einziger, der so den Glauben bekennt vor aller Welt, ist wie eine Leuchte, zu der alle emporschauen, durch die alle Mitbrüder im Glauben erbaut und im Bekennen ermutigt werden. Solche felsenfeste Männer haben die katholische Kirche zu jeder Zeit geziert, es sind ja Ströme von Blut für unsern Glauben geflossen. Manchem Katholiken unserer Tage wäre dieser heilige Glaubensmut zu wünschen. Denn wenn auch unsere Zeit reich ist an Beispielen herrlichen Bekenntnisses und unerschrockener Glaubenstreue, so gibt es doch viele, die zwar im Herzen gläubig sind, die aber zagen und fürchten, wenn es gilt, den Glauben öffentlich zu bekennen und für den Glauben Opfer zu bringen. Die Menschenfurcht hält sie zurück. Was haben sie aber von Menschen zu fürchten? Die Menschen gehen an uns vorüber wie fliehende Schatten, nur einen haben wir zu fürchten, als den ewigen Zeugen unseres Lebens, das ist unser Herr und Gott. Und der Sohn Gottes hat ein Wort gesprochen, an das dereinst beim letzten Gericht die mutigen Bekenner des Glaubens mit seliger Freude, die zaghaften und feigen Seelen mit Schrecken und Angst sich erinnern werden: „Wer mich vor den Menschen bekennt, den werde auch ich bekennen vor meinem Vater, der im Himmel ist: wer mich aber verleugnet vor den Menschen, den werde auch ich verleugnen vor meinem Vater, der im Himmel ist." (Matth. 10, 32. 33.)

4. September.

Der heilige Arnulf, Bischof.

† 641.

Der heil. Arnulf von Metz zählt zu den bedeutendsten Männern des fränkisches Reiches im siebenten Jahrhundert. Er war um das Jahr 582 zu Lay bei Nancy von reich begüterten Eltern geboren, und schon bei seiner Geburt soll ein aus Rom zurückkehrender Pilger Namens Stephanus vorausgesagt haben, daß Arnulf einst groß sein werde vor Gott und den Menschen. In der Schule zeichnete er sich bald so sehr durch scharfen Verstand, starkes Gedächtnis und geistliche Gesinnung aus, daß er später nach Metz an den Hof des austrasischen Königs Childebert II. (575—596) gezogen und dort von dem einfluß= reichen Majordomus Gundulf in den Staatsgeschäften ausgebildet wurde. Da er sich im Laufe der Jahre als eine tüchtige Kraft erprobte, wurde er mit wichtigen Verwaltungsämtern betraut und stand zuletzt sechs Bezirken des Reiches vor. Der König schenkte ihm sein ganzes Vertrauen und erhob ihn später zur Würde des Majordomus (Hausmeier). In dieser Stellung leitete Arnulf zugleich mit seinem Freunde Pippin von Landen die höchsten Staatsgeschäfte und war der beständige Ratgeber des Königs. Er vermählte sich mit einer Jungfrau aus angesehener Familie Namens Doda, die ihm zwei Söhne schenkte, Chlodulf und Ansegisel.

Während Arnulf im Palaste des Königs von einer Stufe der Ehre zur andern erhoben wurde, war sein Sinn nach dem Höheren, Himmlischen gerichtet, und insbesondere erschien ihm das klösterliche Leben als das schönste Ziel seiner Wünsche. Sein Freund Romaricus, der gleichfalls am königlichen Hofe weilte, hatte dieselbe Gesinnung und war durch den hl. Amatus nach Luxovium in den Vogesen gekommen, wo er lange Jahre als Mönch lebte und das berühmte Kloster Remiremont gründete.

Arnulf hatte sich ihm anschließen wollen, allein für ihn war die Zeit des beschaulichen Lebens noch nicht genaht.

Im Jahre 614 kam nämlich der bischöfliche Stuhl von Metz in Erledigung, und die einmütige Stimme des Volkes verlangte, daß Arnulf denselben nun einnehme. Der König war mit diesem Wunsche sehr einverstanden, und Arnulf mußte, trotzdem er seine Unwürdigkeit laut beteuerte, schließlich den allgemeinen Bitten nachgeben. Damit er die bischöfliche Weihe empfangen konnte, ging seine Gemahlin Doda in ein Kloster zu Trier, wo sie nun in Werken der Frömmigkeit und des Wohlthuns ihre Tage zubrachte. Da Metz zugleich die Residenz des Königs war, so blieb Arnulf auch nach seiner Erhebung zum Bischof in seiner einflußreichen politischen Stellung, und nach dem Tode des Königs Theodebert II. trug er Sorge dafür, daß die verhaßte Regierung der Königin Brunhilde beendigt und dem König von Neustrien Chlotar II. die Alleinherrschaft der Franken (613) übertragen wurde. Mehr aber als diesen weltlichen Obliegenheiten suchte er den Pflichten seines bischöfliches Amtes durch einen wahrhaft heiligmäßigen Wandel gerecht zu werden. Obschon er von so edler Abkunft war und mit Ehren überhäuft wurde, verschmähte er es nicht, die Armenpflege selbst zu überwachen, die Fremden in dem Hospitium aufzusuchen, mit eigenen Händen ihre Füße zu waschen und sie zu kleiden. Gegen die Armen war er in solchem Maße wohlthätig, daß dieselben aus weiten Städten und Gegenden zu ihm strömten. Als einst seine Mittel vollständig erschöpft waren, verkaufte er sein letztes Wertstück, eine schwere silberne Schüssel und gab den Erlös den Armen. Das erfuhr aber der König: sogleich erwarb er jene Schüssel und schickte sie mit Goldstücken gefüllt dem heiligen Bischof zurück, damit er auch fürderhin den Armen spenden könne nach Herzenslust. Für sich selbst brauchte Arnulf nur wenig, denn er fastete oft tagelang und begnügte sich mit einer Nahrung von Wasser und Brot. Zur größeren Abtötung trug er unter seinem Gewande einen rauhen Gürtel, und je mehr sein Ruf bei den

Menschen wuchs, desto mehr bestrebte er sich, Buße zu thun und mit Gott zu verkehren. Häufig zog er sich in die Einsamkeit zurück, entweder nach Dodiniaca in den Vogesen oder nach Calciacum (Chaucy) in der Nähe von Metz.

Außer seiner Stellung als Majordomus des Reiches hatte er von König Chlotar II. das wichtige Amt erhalten, dessen Sohn, den jungen Dagobert, zu erziehen und für den künftigen Herrscherberuf heranzubilden. Er widmete sich mit ganzer Kraft diesen großen Aufgaben, aber eine zu so tiefer Innerlichkeit angelegte Natur wie Arnulf konnte dennoch in der geräuschvollen Thätigkeit des Hoflebens nicht dauernd glücklich werden. Das Klosterleben blieb immer sein höchster Wunsch. Öfters drang er daher in Chlotar, er möge ihn seiner Stellung entheben und einen anderen zum Bischof von Metz erwählen. Aber der König that es nicht, denn er konnte Arnulf nicht entbehren, und auch Dagobert I. (622—638), der inzwischen von seinem Vater zum Mitregenten erhoben war, konnte den bewährten Ratgeber nicht missen. Und als einst der Bischof wiederum seine Bitte vortrug, drohte Dagobert, daß er ihm den eigenen Sohn töten werde, wenn er den Gedanken an die Niederlegung seiner Ämter nicht aufgebe. Als aber Arnulf trotz dieser Drohung dem König ruhig entgegentrat, zückte dieser in seinem Jähzorn sogar den Dolch gegen den Bischof, und nur durch den schnellen Eingriff eines Hofbeamten wurde der König an einer schrecklichen That gehindert. Bald darauf erkannte er seinen Frevel, und da auch die Königin ihm begütigend zuredete, gab er endlich mit schwerem Herzen die Einwilligung zum Scheiden Arnulfs.

Ein Zeitgenosse Arnulfs hat das Leben desselben ausführlich geschrieben, und wahrhaft rührend ist darin die Szene geschildert, die sich zutrug, als der Bischof den Königspalast verließ. Da standen, so berichtet der Chronist, vor dem Thore des Palastes zahllose Arme, Blinde, Lahme, Witwen und Waisen. Sie erhoben die Hände und riefen ihm zu: „Warum willst du uns verlassen? Wer wird sich jetzt unserer erbarmen? Wer wird uns Nahrung und Kleidung geben? Wenn du gehst, werden wir sterben vor Hunger und Entbehrung! Wir beschwören dich im Namen Christi, daß du doch bei uns bleibest!" Als Arnulf die flehende Menge sah, brach er tief erschüttert in Thränen aus, aber er hielt an seinem Entschlusse fest und sprach: „Euch wird bald ein anderer Hirte gegeben werden, der in Liebe und Barmherzigkeit für euch sorgt. Machet euch nicht zu viel Kummer um das tägliche Brot, seid friedfertig und liebevoll gegen einander, suchet zuerst das Reich Gottes und alles andere wird euch dazu gegeben werden!"

So schied denn der heilige Bischof im Jahre 627 aus Metz, während die Bevölkerung der Stadt ihrem Schmerze in lauten Klagen Ausdruck gab. Sein Freund, der hl. Romaricus, eilte ihm entgegen und geleitete ihn in die Einsamkeit der Vogesen, wo er ihm für seine neue Lebensweise als Einsiedler eine passende Stelle in der Nähe des Klosters Remiremont auswählen half. Nur durch ein Thal von diesem Kloster getrennt, erbaute Arnulf in Horenberg mehrere kleine Wohnungen, sammelte einige Mönche um sich und errichtete mit ihnen ein Hospital für Aussätzige, in welchem er den Kranken selbst das Lager bereitete, ihnen Kopf und Füße wusch und sogar die Speisen zubereitete.

So wirkte er hier segensreich noch 14 Jahre und starb dann in den Armen des hl. Romaricus am 16. August 641 „zur Freude der himmlischen Mächte, aber zum tiefen Schmerze der Armen Christi und seiner Mönche".

Sein Leichnam wurde schon im folgenden Jahre durch seinen Nachfolger, den Bischof Goericus nach Metz übertragen und dort in der Kirche der hl. Apostel beigesetzt. Diese Kirche lag vor den Mauern der Stadt Metz und wurde in der Folgezeit die Familiengrabstätte der karolingischen Königsfamilie, welche Arnulf als ihren Ahnherrn verehrte. Sein Sohn Ansegisel war nämlich mit Begga, einer Tochter Pippins von Landen vermählt und hatte zum Enkel den Majordomus Karl Martell.

Dessen Enkel aber war Karl der Große (814—840), der Begründer des deutschen Kaisertums. Der andere Sohn Arnulfs, Chlodulf, wurde im Jahre 654 Bischof von Metz und leitete diese Diözese 42 Jahre lang.

Arnulf wurde schon bald nach seinem Tode als Heiliger verehrt, und sein Name findet sich bereits in einer alten Allerheiligenlitanei des 9. Jahrhunderts, welche nur die berühmtesten Bischöfe und Glaubensboten Deutschlands enthält. Sein Grab blieb das Ziel zahlloser Pilger und war durch viele Wunder verherrlicht. Als im Jahre 1552 die Apostelkirche und die bei ihr bestehende Benediktinerabtei zerstört wurde, gab man den Mönchen eine andere Kirche in der Stadt Metz, wohin sie auch die in einem silbernen Sarkophag enthaltenen Reliquien des hl. Arnulf übertrugen. Leider ging in der französischen Revolution fast alles verloren, und nur ein kleiner Teil von dem Haupte des Heiligen wird noch heute im Dome zu Metz aufbewahrt; auch ein Ring desselben wird dort gezeigt. Die Verehrung des heil. Arnulf ist auch in entfernteren Gegenden verbreitet, und in der Diözese Trier sind die Pfarrkirchen zu Nickenich und Walsdorf ihm geweiht. Letztere stand ursprünglich auf einer die weite Umgegend, deren älteste Pfarrkirche sie war, beherrschenden Anhöhe, Arnulfsberg genannt. Nach einer örtlichen Tradition hat der Heilige dort zeitweise als Einsiedler gelebt.

Männlicher Sinn.

Ich habe meines Herzens Neigung auf ewig darauf gerichtet, deinen Willen zu thun.
Pf. 118, 112.

Dem hl. Arnulf wurde es wohl leichter, den Drohungen des zürnenden Königs zu widerstehen, als bei dem erschütternden Flehen der Armen und Kranken seinen heiligen Entschlüssen treu zu bleiben. Denn gerade die edelsten Regungen seines Herzens wurden wachgerufen, um ihn in seinem Vorhaben wankend zu machen. Und dennoch blieb er fest und zeigte sich gerade dadurch als Mann von Charakter. Denn ein Mann von

Charakter, von männlichem Sinn handelt nicht nach Stimmungen, nach Neigungen des Herzens, sondern nach Grundsätzen. Was einmal der Verstand als recht und notwendig klar erkannt hat, das bleibt es, wenn auch Gemüt und Herz sich noch so sehr dagegen auflehnen. O wie oft wiederholt sich dieser Kampf zwischen dem klaren Denken des Verstandes und den Neigungen des Herzens im innern Leben der Menschen! Wie mancher hat schon nicht niedrige Leidenschaften, sondern die edelsten Regungen des Gemütes zum Opfer bringen müssen, um mit blutendem Herzen das zu thun, was er klar als den Willen Gottes erkannte! Und doch bleibt es immer die erhabenste und heiligste Leidenschaft des Herzens, den Willen Gottes zu thun, das zu umfassen, was der Verstand mit göttlicher Erleuchtung als von Gott gewollt erkennt. Auf Erden kostet dies oft Kampf. Erst in der Ewigkeit wird voller Friede herrschen zwischen Geist und Herz, denn beide sind dann erfüllt von Gott, den der Verstand in unsagbarer Klarheit schaut, den das Herz in heiliger Liebesglut umfaßt; dann werden wir erst in vollem Maße das Gebot erfüllen: „Du sollst den Herrn deinen Gott lieben aus deinem ganzen Herzen, aus deiner ganzen Seele, aus deinem ganzen Gemüte, aus allen deinen Kräften." (Mark. 12, 28.)

13. September.

Der heilige Maternus, Bischof.
† um 128.

Die uralte kirchliche Tradition über die Anfänge des Christentums in unseren Gegenden findet sich zuerst ausführlich verzeichnet in einem Leben der Heiligen Eucharius, Valerius und Maternus, welches Eberhard, ein Mönch der Abtei St. Mathias zu Trier, gegen Ende des zehnten Jahrhunderts geschrieben hat. Diese Tradition berichtet über den hl. Maternus folgendes: Als um

die Mitte des ersten Jahrhunderts die drei Glaubensboten
Eucharius, Valerius und Maternus vom hl. Petrus aus Rom
nach Gallien entsandt worden waren, kamen sie auf ihrer Reise
in das Elsaß, wo Maternus den Strapazen der Reise unterlag
und zu Elegia (vielleicht das jetzige Ehl im Elsaß) an einem
Fieberanfall starb. Aufs tiefste betrübt, beerdigten Eucharius
und Valerius ihren Gefährten und reisten dann nach Rom zurück,
um dem hl. Petrus den traurigen Vorfall mitzuteilen und seinen
ferneren Rat einzuholen.   Petrus tröstete sie, gab ihnen seinen
eigenen Bischofsstab und schickte sie nach dem Elsaß zurück mit
der Weisung, diesen Stab dem Verblichenen aufzulegen und ihn
bei dem göttlichen Namen zu beschwören, daß er zum Leben
zurückkehre. Vierzig Tage verstrichen, ehe beide wieder zu Elegia
ankamen.   Dann aber ließ Eucharius das Grab öffnen, that
alles nach der ihm gegebenen Weisung, und in Gegenwart zahlreichen Volkes erwachte Maternus zum neuen Leben.   Die drei
Missionare zogen darauf weiter nordwärts, verkündigten unter
vielen Wundern die Lehre des Kreuzes, stürzten die Götzenaltäre
um und gewannen zahlreiche Bewohner dieser Gegenden für das
Christentum. Maternus predigte besonders im Elsaß, taufte viele
Einwohner und errichtete auch mehrere Kirchen. Später zog er
nordwärts an den Rhein zu den Völkerstämmen der Nemeter
und Vangionen (die heutige Pfalz) und wirkte mehrere Jahre
mit großem Erfolge in diesen Gebieten.

Inzwischen hatte Eucharius, um seiner Missionsthätigkeit
einen festen Halt zu geben, das Bistum Trier gegründet, und
nach seinem Tode wurde Valerius sein Nachfolger. Nachdem
auch dieser gestorben war, übernahm Maternus als dritter Bischof
von Trier das schwierige Amt. Als das Christentum sich dann
immer weiter ausbreitete, gründete er noch zwei weitere Bistümer, nämlich Köln und Tongern, und verwaltete alle drei mit
großer Umsicht und glücklichem Erfolge. In den letzten Jahren
seines Lebens erwählte er Köln zu seinem dauernden Aufenthaltsorte, weil diese Stadt die günstigste Lage für den Verkehr mit

den umliegenden Ländern hatte. In Arbeit und Gebet erreichte er ein hohes Alter, und gleichwie er einst vierzig Tage im Grabe gelegen, verwaltete er später vierzig Jahre lang das bischöfliche Amt. Er war gewohnt, zur Nachtzeit die Kirchen zu besuchen, wo die Gebeine der Heiligen ruhten, um daselbst zu beten. Da erschienen ihm nun einst in der Nacht seine Vorgänger Eucharius und Valerius und kündigten ihm die Nähe seines Todes an. Maternus war erfreut über die baldige Vereinigung mit Gott, und nachdem er seine Schüler zur Standhaftigkeit im Glauben und zur Unbescholtenheit im Leben ermahnt, entschlief er nach Empfang der hl. Sakramente am 13. September um das Jahr 128. Nach der Überlieferung soll Maternus der Jüngling von Naim gewesen sein, den der Heiland zum Leben auferweckte; er wäre also dreimal gestorben und zweimal vom Tode erweckt worden.

Als die Nachricht von dem Ableben des hl. Maternus in Trier ankam, schickten die Bewohner eine Gesandtschaft nach Köln und verlangten den Körper des Heiligen für ihre Stadt. In gleicher Weise kamen auch die Einwohner von Tongern, aber die Kölner widersetzten sich beiden Gesandtschaften und wollten die heiligen Überreste für sich behalten. Der Streit wurde nach der Legende dadurch entschieden, daß ein Schiff, auf welches man die Leiche gebracht hatte, gegen den Rheinstrom ungefähr tausend Schritte aufwärts schwamm und dadurch anzeigte, daß der Heilige in Trier begraben sein wollte. Die Trierer brachten also seine Leiche in ihre Stadt und beerdigten sie in der Nähe des Grabes seiner Vorgänger Eucharius und Valerius auf dem Friedhofe bei der Euchariuskirche. Später erbaute man über seinem Grabe eine kleine Maternuskapelle, welche nordwärts von der Euchariuskirche (St. Mathias) lag und mit dieser durch das sog. Paradies in Verbindung stand. Im zehnten Jahrhundert schenkte der fromme Erzbischof Egbert von Trier (977—993) dem Euchariuskloster seine Villa Langsur an der Sauer, „damit in der Kirche des hl. Maternus, die nördlich an die Euchariuskirche angebaut ist, das heilige Offizium

stets abgehalten werde, und damit vor dem Altare des heiligen
Maternus beständig ein Licht brenne". Das Grab des Heiligen
befand sich vor dem Altar in einem kleinen sehr alten Chorbau,
an welchen später eine kreuzförmige Kapelle angefügt wurde.
Dieselbe war klein (27 Meter lang, im Querschiff 18 Meter
breit), hatte ein niedriges Gewölbe und war auch im Äußeren
schmucklos und einfach. Sie hatte gemalte Fenster und war wegen
derselben so dunkel, daß man „selbst am hellen Tage kaum in
einem Buche lesen konnte". Wie traulich mag aber trotz dieses
vom Chronisten erwähnten Mangels das farbendurchglühte stille
Kapellchen über dem Grabe des Heiligen gewesen sein! Sicherlich
haben von all' den tausend Pilgern, die im Laufe der Jahrhunderte hier knieten, nur wenige es schmerzlich empfunden,
daß sie „kaum in einem Buche lesen konnten"; sie beteten eben
auch ohne Buch aus vollem Herzen, wenn sie dem lieben
Heiligen ihren Kummer klagten und ihn mit kindlichem Ver
trauen um seine Hülfe baten.

Am 23. Oktober des Jahres 1037 übertrug Erzbischof
Poppo (1016—1047) bei Gelegenheit einer Provinzial-Synode
im Beisein der Bischöfe von Metz, Toul und Verdun den größten
Teil der Reliquien des hl. Maternus in die neu restaurierte
Domkirche. Dem Andenken an diese Übertragung ist seitdem
in der Diözese Trier ein eigenes Fest gewidmet, welches am
24. Oktober jährlich gefeiert wird. Als Erzbischof Johannes I.
(1190—1212) im Jahre 1196 den neuen Hochaltar im Dome
weihte und in demselben den hl. Rock einschloß, setzte er außer
mehreren anderen Reliquien auch die Gebeine des hl. Maternus
in diesem Altare bei. Hier fand sie Erzbischof Richard von
Greiffenklau (1511—1532) vor, als er im Jahre 1512 in
Gegenwart des Kaisers Maximilian unter großen Feierlichkeiten
den Hochaltar öffnete und den hl. Rock erhob.

Seitdem wurden die Reliquien des hl. Maternus in der
Schatzkammer des Domes aufbewahrt, und zwar ruhten sie in
einem kostbaren Silberschrein, den eine reiche trierische Frau,

die Witwe Adelheid von Besselich, um die Mitte des 16. Jahr=
hunderts dafür hatte anfertigen lassen. Leider ist dieser wert=
volle Schrein in den Stürmen der späteren Zeit abhanden
gekommen, und die Reliquien des hl. Maternus befanden sich
bis vor kurzem in einem schmucklosen Glaskasten. Als aber
am 23. Dezember 1890 der hochwürdigste Herr Bischof Michael
Felix sein 25jähriges Priesterjubiläum feierte, wurde ihm von
einer frommen wohlhabenden Familie Triers ein prachtvoller
neuer Schrein für die Reliquien des hl. Maternus übergeben.
Dieses wahrhaft fürstliche Geschenk ist ein hervorragendes Werk
kunstfertiger Goldschmiedearbeit und bildet nun in der Schatz=
kammer des Domes wiederum eine würdige Ruhestätte der
Gebeine des hl. Maternus.

Der Heilige steht auch außerhalb der Diözese Trier in
großer Verehrung. Insbesondere verehrt man ihn im Elsaß
und in Belgien, wo zahlreiche Kirchen ihre Gründung auf ihn
zurückführen. So soll er Kirchen zu Ehren der allerseligsten
Jungfrau in folgenden Orten Belgiens erbaut haben: Tongern,
Utrecht, Huy, Dinant, Leffe, St. Hubert, Namur u. a. Die
Erzdiözese Köln, welche Maternus als ihren ersten Glaubens=
boten verehrt, hat ebenfalls sein Gedächtnis treu bewahrt. Sein
Fest wird alljährlich unter großem Zudrang des Volkes sieben=
zehn Tage lang mit feierlichem Gottesdienst in drei Kirchen
begangen: in der Muttergotteskirche am Rhein (Maria Lies=
kirchen), in deren Krypta nach alter Überlieferung seine Leiche
stand, ehe sie nach Trier übertragen ward, dann in dem benach=
barten Rodenkirchen, wo das Schiff mit seinem Leichnam strom=
aufwärts schwamm, und endlich in der Kirche St. Cäcilia, die
Maternus zum Rang einer Kathedrale erhob. In der Krypta
der letzteren Kirche zeigt man auch seinen Altar.

Der Stab des heiligen Petrus, durch dessen Berührung
Maternus zum Leben auferweckt worden, und den man zu Trier
sorgsam verwahrte, wurde zur Zeit der Hunnen (5. Jahrh.)
mit vielen anderen Reliquien nach Metz geflüchtet und blieb

dort bis zur Zeit des Kaisers Otto I. (936—973). Von dessen Bruder Bruno († 965), dem Erzbischof von Köln, wurde er um das Jahr 960 nach Köln gebracht. Als aber später der Erzbischof Egbert von Trier (975—993) einen Teil des Stabes sich zurück erbat, entsprach Erzbischof Warin von Köln († 985) dieser Bitte und teilte den Stab in zwei Hälften, deren obere er der Kirche zu Trier gab, während die untere in Köln verblieb und dort noch jetzt in der Schatzkammer des Domes aufbewahrt wird. Von der nach Trier gebrachten Hälfte kam im Jahre 1354 ein drei Finger breites Stück durch Kaiser Karl IV. nach Prag in den St. Veitsdom. Der Hauptteil aber, für welchen Erzbischof Egbert eine überaus kostbare, mit Bildwerk, Edelsteinen und Inschriften geschmückte Kapsel hatte anfertigen lassen, wurde zu Anfang unseres Jahrhunderts mit den anderen Kostbarkeiten des Trierer Domes auf die Festung Ehrenbreitstein geflüchtet. Die meisten geflüchteten Gegenstände, insbesondere der hl. Rock, kamen später nach Trier zurück, der Stab des hl. Petrus aber blieb im Gewahrsam der nassauischen Regierung und wurde bei Errichtung des neuen Bistums Limburg a. d. Lahn der dortigen Domkirche geschenkt; er wird daselbst in seiner kostbaren Kapsel noch heute aufbewahrt. In der schönen Abhandlung des Papstes Innocenz III. (1198 bis 1216) über das hl. Meßopfer, erklärt dieser, daß die Päpste zu Rom niemals einen Hirtenstab gebrauchen, weil der heilige Petrus den seinigen einst dem hl. Eucharius mitgegeben habe. Nur wenn der Papst in Trier weilt, gebraucht er hier einen Hirtenstab. Als der selige Bischof Arnoldi († 1864) einst in Rom war, soll Papst Pius IX. in einer Unterredung mit ihm sich dieser Thatsache wohl erinnert und in seiner bekannten leutseligen Weise darüber gesprochen haben.

Die alte Maternuskapelle neben der Mathiaskirche zu Trier bestand noch zu Ende des vorigen Jahrhunderts, und ein zierlich behauener, einen Fuß über die Erde hervorragender Stein bezeichnete vor dem Altar die frühere Grabstätte des Heiligen.

Bei dem großen Brande der Mathiaskirche im Jahre 1783 wurde die Maternuskapelle jedoch so sehr vom Feuer beschädigt, daß sie noch in demselben Jahre niedergelegt worden ist. Kleinere Reliquien des hl. Maternus befinden sich mit solchen des heiligen Valerius in dem Sarkophage der Mathiaskirche, der die Gebeine des hl. Eucharius in der Gruft umschließt.

Allmacht Gottes.

Alles, was er will, macht der Herr im Himmel, auf Erden, im Meere und in allen Tiefen.
Pf. 134, 6.

Das Wunder, wodurch der hl. Maternus zum Leben auferweckt wurde, war ein ganz außerordentliches und in den Augen der Menschen groß und unerhört; und doch ist es klein in den Augen des allmächtigen Gottes. Denn was könnte dem unmöglich sein, der Himmel und Erde erschaffen hat, der mit gewaltiger Hand Himmel und Erde und alles, was darin ist, lenkt und regiert, dessen Wort alle Mächte der Natur gehorchen! Ist er nicht der Herr über Leben und Tod? Wo gibt es eine Grenze seiner Macht? Er hat den Kräften der Natur Gesetze gegeben, nach denen sie in herrlicher Ruhe wirken, nach denen das ganze Weltall in wunderbarer Harmonie und Ordnung sich richtet. Aber das sind Gesetze für die Schöpfung, nicht für den Schöpfer. Er, dessen Hauch alles belebt, dessen Arm alles trägt, er kann zu jeder Zeit die Gesetze der Natur aufheben und Dinge wirken, die uns Menschen in Staunen und Schrecken versetzen. O wie stehen oft die Ungläubigen, die von einem allmächtigen Gotte nichts wissen wollen, vor solchen wunderbaren Thaten Gottes? Wie suchen sie alle möglichen Erklärungen zu finden dafür, daß die Naturgesetze aufgehoben sind, wie erschöpfen sie sich in Zweifeln und den schwierigsten Theorien. Diese Thoren! Der gläubige Christ spricht einfach: Gott ist allmächtig, und damit ist alles Wunderbare erklärt, was in der Welt geschieht. Ja, Gott ist groß und allmächtig! Vor ihm sind wir unendlich klein, nur arme, schwache Geschöpfe, ihn müssen wir in Demut stets anbeten, vor seinem mächtigen Arme müssen wir zittern. Und zugleich, mit welch unendlichem Vertrauen müssen wir uns ihm ganz hingeben! Ja, so wollen wir sprechen, du kannst alles, du bist stark und mächtig, du fügst alles nach deinem Willen, dir vertraue ich mich ganz an, mit allen meinen Sorgen, Hoffnungen und Wünschen, mit ganzem Herzen und ganzer Seele. Du bist mein Gott, mein Licht, meine Stärke. „Auf dich vertraue ich, ich werde in Ewigkeit nicht zu Schanden werden." (Ps. 30, 1.)

17. September.

Die heilige Hildegard, Äbtissin.
† 1179.

Von steilem Berge schaut die ehemals starke Burg Böckelheim über die anmutige Landschaft hin, die sich an der Nahe, etwa zwei Stunden oberhalb Kreuznach, ausdehnt. Auf diesem Schlosse wurde im Sommer des Jahres 1098 dem adeligen Ehepaar Hildebert und Mechtildis ein Kind geboren, dessen wunderbares Leben wie ein hellglänzender Stern über dem kampfreichen 12. Jahrhundert aufgehen sollte. Bereits im dritten Lebensjahre begann in diesem außergewöhnlichen Kinde — Hildegard geheißen — ein staunenerregender Gnadenvorzug sich zu entfalten, denn von göttlichem Lichte erleuchtet, vermochte es Verborgenes und Zukünftiges in wunderbaren Visionen zu erkennen. Diese ganz ungewöhnliche Begnadigung ließ in den Eltern den Entschluß reifen, ihr frommes Kind ganz dem Dienste Gottes zu weihen, und bereits im Alter von acht Jahren ward Hildegard der ehrwürdigen Jutta, Gräfin von Sponheim, welche Äbtissin des auf dem nahen Disibodenberge gelegenen Benediktinerinnenklosters war, zur Erziehung anvertraut. In heiliger Umgebung wuchs dort Hildegard auf, und als sie später inständigst um Aufnahme in die klösterliche Gemeinschaft bat, ward ihr dieselbe ihres heiligen Lebenswandels wegen freudig gewährt.

Unterdessen hatte ihre Sehergabe sich immer mehr entfaltet. Das Merkwürdigste aber war, daß diese wunderbare Erkenntnis verborgener und zukünftiger Dinge ihr nicht bloß, wie das gewöhnlich bei den Heiligen der Fall ist, in sogenannten Ekstasen oder Verzückungen zu teil wurde, sondern daß sie ihr auch ohne Erhebung in einen außerordentlichen Seelenzustand gewährt war. Ja, dies wunderbare Schauen war ihr so natürlich, daß sie bis zum 15. Lebensjahre keine Ahnung hatte, daß dies eine besondere Gabe für sie war, welche andere nicht besaßen. Erst als eine klösterliche Freundin, der sie in ihrer Herzenseinfalt zuweilen von ihren Gesichten erzählte, voll höchsten Staunens fragte, wie sie denn zur Kenntnis dieser Dinge gekommen sei, da merkte sie bestürzt und mit heiliger Furcht erfüllt, daß Gott ihr ein geistiges Sehen erteilt habe, dessen ihre Mitmenschen entbehrten.

Gott aber pflegt seine großen Gnaden nicht an Unwürdige zu verschwenden. Wir wundern uns darum nicht, wenn wir von Hilbegard hören, daß sie all' ihren Genossinnen, selbst ihrer überaus frommen Lehrmeisterin Jutta, auf dem Pfade der Vollkommenheit weit voraneilte. „In ihrer Brust", so schreibt von ihr der gelehrte Mönch Gottfried, ihr Zeitgenosse, „glühte eine gütige Liebe, die in ihrer Weite niemanden ausschloß. Den Turm ihrer Jungfräulichkeit schützte die Mauer der Demut. Ihre große Enthaltsamkeit im Genusse von Speise und Trank entsprach der Armut ihrer Kleidung. Die züchtige Ruhe ihres Herzens zeigte sich im Stillschweigen und ihrem Kargen mit Worten. All' diese Kleinodien heiliger Tugenden aber, welche die Hand des höchsten Künstlers gefertigt, hütete die Gebuld als Wächterin." Weil aber „der Ofen die Gefäße des Töpfers prüfet und die Kraft in der Schwäche zur Vollendung kommt, ward Hilbegard von Gott so vielen Schmerzen und Krankheiten unterworfen, daß der gesunden Tage in ihrem Leben nicht viele sind."

Wiederum aber ist es eine Regel in der Gnadenordnung, daß Gott große, außergewöhnliche Begnadigungen einem Menschen nicht bloß zum eigenen Heile, sondern auch zum Segen anderer mitzuteilen pflegt. So fühlte sich denn Hildegard gedrängt und trotz aller Demut und Schüchternheit durch eine eigens dazu gesandte Krankheit gezwungen, von ihren Visionen und Erleuchtungen Mitteilungen zu machen. Auch ihr Gewissensrat bestand darauf. In demütigem Gehorsam schrieb also die Heilige, obwohl sie in ihrer Kindheit nur lesen, aber nie schreiben gelernt hatte, nieder, was sie geheimnisvoll sah und hörte.

Das aber, was Hildegard in lateinischer Sprache, die sie ebenfalls nie erlernt hatte, so niederschrieb, rief ein solches Staunen in der ganzen klösterlichen Gemeinde hervor, daß man des Gedankens sich nicht erwehren konnte, Gott beabsichtige, durch seine demütige Dienerin Großes zu wirken. Man hielt es für Pflicht, dem Erzbischof von Mainz die geheimnisvollen Schriften der hl. Klosterschwester zur Prüfung zu senden. Dieser aber erklärte, Hildegards Schriften seien aus Gott und aus jener Prophetengabe, vermöge deren ehedem die Propheten geweissagt haben. Doch glaubte der Erzbischof gut zu thun, wenn er auch dem Papste Eugen III. (1145—1153), der eben in der Adventszeit des Jahres 1147 in Trier weilte, ihre Schriften vorlege. Der Papst beauftragte den Bischof von Verdun nebst verschiedenen Gelehrten mit der Untersuchung dieser Angelegenheit und erklärte dann nach reiflicher Prüfung, „in diesen Schriften sei nicht Weltweisheit, sondern Erleuchtung Gottes". Der hl. Bernhard von Clairvaux aber, der damals auch in Trier weilte, bat den hl. Vater, „er möge eine so ausgezeichnete Leuchte nicht durch Stillschweigen zudecken, sondern solch' große Gnade durch sein pästliches Ansehen bestätigen". Das that denn auch Papst Eugen. Zudem richtete er von Trier aus an Hildegard ein Begrüßungsschreiben, in welchem er sie auffordert, auch künftighin ihre Erleuchtungen aufzuschreiben, und in welchem er zugleich seine Zustimmung dazu gab, daß die Heilige auf dem

Rupertsberge bei Bingen eine neue klösterliche Niederlassung gründe.

Hildegard hatte nämlich inzwischen ihren Wohnort geändert. Zehn Jahre hatte sie nach dem Tode der frommen Jutta das Amt der Äbtissin auf dem Disibodenberge verwaltet, als der Geist Gottes sie drängte, eine andere Stätte für ihre Wirksamkeit aufzusuchen. Gott hatte die Heilige für ein weitreichendes, länderumfassendes Wirken bestimmt, und dazu paßte der Ort, den er ihr jetzt anwies, weit besser, als das stille abgelegene Kloster auf dem Disibodenberge. Von nun an sollte ihre Wohnstätte der an der Mündung der Nahe in den Rhein gelegene Hügel sein, welcher den Namen Rupertsberg trug. Hier war ein Herzpunkt deutscher Lande, der durch die vorbeiziehenden Land= und Wasserstraßen von allen Seiten her zugänglich war, wie es für die Wirksamkeit einer Heiligen, die mit aller Welt in Verbindung treten sollte, notwendig erschien. Zugleich war der Hügel, wie es wiederum für den Aufenthalt einer Heiligen paßte, von altersher ein heiliger Ort, denn der hl. Rupertus und seine Mutter, die hl. Bertha, hatten ihn einst mit ihrem Seelenführer, dem frommen Wigbertus, bewohnt und waren dort eines seligen Todes gestorben. Die von der hl. Bertha gebaute Kirche, in welcher der Leib des hl. Rupertus und ihr eigener ruhte, bestand noch, war aber dem Verfalle nahe. Hildegard stellte zunächst die Kirche in größerem Glanze wieder her. Dann baute sie neben derselben ihr Kloster auf, das bald mit frommen Bewohnerinnen so gefüllt war, daß sie 1165 ein Filialkloster im nahen Eibingen jenseits des Rheines bei Rüdesheim errichten mußte.

Während ihres dreißigjährigen Aufenthaltes auf dem Rupertsberge hat nun Hildegard eine so großartige, weitreichende und tiefeingreifende Wirksamkeit entfaltet, daß man sie mit Recht dem hl. Bernhard, ihrem Zeitgenossen, der sie auch einmal auf dem Rupertsberge besuchte, zur Seite stellte und die beiden die großen Gottesleuchten ihres Jahrhunderts nannte.

Der äußeren Form nach zerfällt die Thätigkeit der Heiligen in eine zweifache: eine schriftliche und eine mündliche. Als es bekannt wurde, welch' heilige, gotterleuchtete Seherin Gott an die große Völkerstraße des Rheines gesetzt habe, strömte man von allen Seiten zu ihr, sie um Rat zu fragen, ihre Mahnungen und Prophezeiungen zu hören, ihre Tugenden zu bewundern und nachzuahmen und sich auch durch sie von Krankheiten heilen zu lassen. Unter den Scharen, die sie aufsuchten, werden uns die Erzbischöfe von Köln, Mainz, Salzburg genannt. Der deutsche König Konrad III. (1138—1152) bedauert in einem Briefe, sie leider nicht, wie er wünsche, besuchen zu können. Aber auch Ungläubige und namentlich viele Juden sollen gekommen sein, sie zu hören. Für alle hatte sie Worte der Belehrung und des Trostes, voll übernatürlicher Kraft und Salbung.

Doch stand Hildegard nicht nur denen willig zu Dienst, die sie aufsuchten, um Trost und Belehrung zu suchen. Wenn sie glaubte, Gutes wirken zu können, oder wenn gar Gott in seinen Erleuchtungen sie dazu antrieb, unternahm sie trotz Krankheit und Schwächlichkeit weite Reisen. So sind Andernach, Köln, Trier, Metz von ihr besucht worden. Werden an der Ruhr sah sie in seinen Mauern, ebenso Würzburg und Bamberg; ja bis nach Schwaben trieb sie ihr heiliger Eifer. Einziger Zweck ihrer Reisen war, überall zum Kampf gegen das Böse aufzufordern und Mut zur Tugend zu erwecken.

Besser noch sind wir unterrichtet über ihre schriftliche Thätigkeit, da ihre Hauptwerke, wie einige Hundert ihrer Briefe uns noch erhalten sind. Ihr Briefwechsel ist ein hochbedeutsamer. Die arme kränkliche Klosterfrau korrespondiert mit vier Päpsten: Eugen III. (1145—1153), Anastasius (1153—1154), Hadrian IV. (1154—1159) und Alexander III. (1159 bis 1181), die sich alle ihrem Gebete empfehlen und sie ob ihres großen Gnadenvorzuges beglückwünschen. Auch König Konrad und der mächtige Kaiser Friedrich Barbarossa (1152—1190) schreiben an sie, erbitten sich ihre Hülfe im Gebete und ver-

sprechen ihr jeglichen Schutz. Hildegard ist diesen höchsten geist=
lichen und weltlichen Machthabern gegenüber die Demut selbst;
doch hindert sie das nicht, in heiligem Ernste ihnen die Wahrheit
zu sagen und, wenn notwendig, sehr entschiedene Mahnungen
an sie zu richten. Ganz ergreifend ist es, wie sie Kaiser Friedrich
ob seiner hohen Stellung in der Christenheit überaus feiert, dann
aber prophetischen Blickes in einem Bilde seinen Kampf mit dem
Papsttum vorausschildert und dem gewaltigen Herrscher zuruft:
„Wirf die Habsucht von dir weg und wähle die Enthaltsamkeit.
— Ich sehe dich in geheimnisvollem Gesichte in vielen Stürmen
und Widersprüchen leben; dennoch hast du eine Zeit lang noch
in irdischen Dingen zu regieren. Doch sieh' zu, daß der höchste
König wegen deiner (geistigen) Blindheit dich nicht zu Boden
schmettere. Sieh' auch zu, daß du so bist, daß die Gnade
Gottes in dir nicht ausgeht.“

Wenn Päpste und Kaiser mit der demütigen Klosterfrau
auf dem Rupertsberge in Briefwechsel treten, dann wird es uns
nicht wundern, wenn wir in der Briefsammlung der Heiligen
eine lange Reihe von Kardinälen, Bischöfen, Äbten, Äbtissinnen,
Kanonikern, Fürsten, Grafen u. s. w. als Briefsteller finden.
Die Bischöfe Italiens und Frankreichs wenden sich an sie. Ja,
selbst der Patriarch von Jerusalem sendet ein Schreiben an die
wunderbare deutsche Prophetin, deren Ruf in alle christlichen
Länder gedrungen war.

Was Trier betrifft, so haben wir zwei Briefe Hildegards
an die Erzbischöfe Hillinus (1152—1169) und Arnold I.
(1169—1183), worin sie dieselben zur treuen Arbeit für ihre
Herde ermuntert und dafür das ewige Leben verheißt. Die
kirchlichen Zustände mögen damals auch in unseren Gegenden
etwas verweltlicht gewesen sein, denn ein Brief Hildegards an
den Propst und die Geistlichkeit von Trier enthält Vorwürfe
und ernste Mahnungen. Doch ist bei diesem Schriftstücke zu
beachten, daß die Geistlichkeit von Trier Hildegard um ihre

Belehrung ausdrücklich gebeten und somit in ihrem Suchen nach der Wahrheit eine löbliche Gesinnung bekundet hatte.

Eins war es überhaupt, was fast alle die zahlreichen Briefschreiber von Hildegard wissen wollten. Da sie nämlich die Gabe besaß, selbst in weiter Ferne in den Herzen zu lesen, gute und böse Neigungen zu erkennen und den ganzen Gnaden= stand einer Seele zu beurteilen, so bittet man sie immer, sie möge mitteilen, ob man hoffen dürfe, im Stande der Gnade zu sein oder nicht, ob man auf dem Wege zum Himmel sei oder sein Leben ändern müsse: man bittet um Zurechtweisung und um Rat, wie man einen guten Kampf um die himmlische Krone kämpfen könne. Leicht läßt sich begreifen, welch' mächtige tief eingreifende Wirkung Hildegards Antworten dann hatten. Wie einen wuchtigen Schlag muß es jener Edle von Mainz empfunden haben, dem sie die geheimen Sünden seiner Jugend aufdeckt, damit er Buße thue. Müssen ferner ihre Worte nicht wie Feuer in der Seele jener Fragenden gebrannt haben, denen sie schreibt: sie sehe ihre Seelen in der Finsternis der Sünde? Was für ein Eifer mag angeflammt sein, wenn sie die Fragenden, wie den Propst Viktor von Mainz, mahnt: es stehe zwar gut mit ihnen, aber man möge sich mit dem Guten beeilen, „da die Sonne (des Lebens) bald untergehen werde". Aber einen wie glücklichen Frieden werden auch ihre Briefe gebracht haben, wenn sie from= men, um ihr Heil sehr geängstigten Seelen schreibt, sie möchten sich beruhigen, denn sie erkenne ihre Seele im Stande der Gnade.

Trotz dieses ausgedehnten Briefwechsels, trotz der Anhörung der zahlreichen Pilger und trotz aller beschwerlichen Reisen fand Hildegard noch Zeit, einige größere Werke niederzuschreiben. Ihr Hauptwerk ist das Buch „Scivias", d. h. „Lerne kennen die Wege des Herrn." Es enthält 26 Visionen, in denen die Heilige Anleitung zur Gottesfurcht und Frömmigkeit gibt. Daran schließt sich das Werk der Verdienste des Lebens und das Buch von den göttlichen Werken. Weiterhin schrieb sie eine Erklärung des Evangeliums und die Lebensgeschichte des hl. Rupertus.

Auch verfaßte sie 70 lateinische Lieder und schrieb dazu in
Neumen (alten Notenzeichen) zarte Melodien, die sie beim Wandeln
durch die Klostergänge sang. Dann haben wir noch zwei
medizinische Werke von der Heiligen, die heute noch als wertvolle Urkunden deutscher Heilkunst im Mittelalter gelten, und
endlich ein merkwürdiges Buch über eine unbekannte Sprache,
die sie in ihren Visionen vernahm. Diese sämtlichen Werke — mit
einziger Ausnahme der medizinischen — sind bald nach dem Tode
der Heiligen in einem Kodex von größtem Format in prächtiger
Handschrift vereinigt worden; dieses herrliche Manuskript wird
gegenwärtig in der Landesbibliothek zu Wiesbaden als kostbares
Kleinod aufbewahrt.

Unvollständig wäre die Lebensgeschichte der Heiligen, sagten
wir nichts von ihren Wundern. Wunder sind ja immer die
Bestätigung der Heiligkeit, und bei jeder Heiligsprechung verlangt die Kirche als Beweis der besonderen Gottwohlgefälligkeit
wenigstens einige Wunder. Bei der hl. Hildegard trat aber
diese Gnadengabe so sehr hervor, daß fast kein Kranker zu ihr
hintrat, ohne durch sie Hülfe zu erlangen. Eine Hand voll
Rheinwasser genügt ihr, um ein blindgeborenes Kind am Rüdes-
heimer Ufer sehend zu machen. Aus Besessenen, deren es
damals manche gab, mußte auf ihren Befehl der Teufel sofort
weichen. Ein von ihr gesegneter Trunk Wasser machte Menschen,
die am Sterben lagen, plötzlich gesund. Ein Bissen Brot, von
ihrer reinen Hand gereicht, bannte die heftigsten unreinen
Versuchungen. Ebenso zahlreich wie die Wunder sind ihre
Prophezeiungen. Sie sagte die Stürme der Reformation und
selbst den 1806 erfolgten Zusammenbruch des alten deutschen
Reiches voraus.

Endlich erlosch das wunderbare Licht, das Gott in stürmischer
Zeit über den deutschen Landen hatte leuchten lassen. Hildegard
war 81 Jahre alt, als am 17. September 1179 ihre heilige
Seele die gebrechliche Wohnung des Leibes verließ. Eine wunderbare Lichterscheinung am Himmel bei ihrem Tode, sowie zahllose

Wunder an ihrem Grabe in der Klosterkirche auf dem Rupertsberge bilden den abschließenden Beweis für die Heiligkeit ihres Lebens.

Die förmliche Heiligsprechung hat nicht stattgefunden, da der Heiligsprechungsprozeß eine Unterbrechung erlitt. Doch wurde ihr Name in das römische Martyrologium aufgenommen und ihre Verehrung von der Kirche gebilligt. Ihr Leib wurde, als die Schweden 1632 das Kloster auf dem Rupertusberge plünderten und zerstörten, hinüber nach Eibingen geflüchtet, wo er noch heute ruht. Ihre Kirche fiel dem Vandalismus der französischen Revolution zum Opfer, und damit wurde die Stätte eines so heiligen und wunderbaren Lebens vollständig entweiht. Auch der Rupertsberg hat seinen alten Namen mit der neuen Bezeichnung Bingerbrück vertauscht. Aber trotz alledem ist das Andenken Hildegards beim rheinischen Volke nicht untergegangen. Zu ihrer Ehre erhebt sich seit dem Jahre 1890 eine neue Hildegardiskirche auf dem Rupertsberg, die zugleich die Pfarrkirche der neu entstehenden Gemeinde Bingerbrück ist. Der Grundstein zu diesem Gotteshause wurde am 15. Mai 1890 durch den hochwürdigsten Herrn Bischof Michael Felix von Trier unter großen Feierlichkeiten gelegt; möge es eine Stätte des Gebetes und des Segens für den ganzen Rheingau sein!

Christlicher Seeleneifer.

> Wer einen Sünder zur Umkehr vermag, befreit seine Seele vom Tode und deckt die Menge seiner eigenen Sünden zu. Jak. 5, 20.

Mit welchem Eifer hat die von Gott so sehr begnadigte hl. Hildegard ihre Gaben zum Besten des Nächsten verwendet! Sie suchte in Wahrheit, wie es der Völkerapostel von sich bekennt, allen alles zu werden, um alle für Christus, ihren himmlischen Bräutigam, zu gewinnen. Seeleneifer muß in dem Herzen jedes Christen glühen, ihre Wurzel ist die Gottes- und Nächstenliebe. „Denn jener," sagt der hl. Augustin, „ist in der Liebe zu Gott vollkommen, der sich bestrebt, auch andere für diese Liebe zu gewinnen." Wenn wir den Heiligen. glauben

wollten, dann ist in Gottes Augen nicht leicht eine Tugend so
kostbar als diese. Ist es doch die unsterbliche, mit dem
unendlich kostbaren Blute des Gottmenschen erkaufte und für
ein ewiges Glück erschaffene Seele, um die jene Tugend sich
abmüht. Ist doch ihre Übung andererseits eine Teilnahme an
dem erhabenen Erlösungswerke Jesu Christi selber, der gekommen
ist, zu suchen und selig zu machen, alles, was verloren war.
Darum bemerkt mit Recht der hl. Chrysostomus: „Wenn du
auch empfindlichen Strengheiten dich unterziehen, dein ganzes
Leben hindurch fasten und auf der Erde dein Nachtlager nehmen,
ja, all dein Vermögen unter die Armen austeilen würdest, so
kommt dies alles noch in keinen Vergleich mit dem Seeleneifer."
Hege darum, mein lieber Christ, eine hohe Meinung vom Seeleneifer; übe ihn zuerst an dir selbst durch Ablegung deiner Fehler
und Wachstum in der Tugend aus; sei dann zunächst um das
Heil der dir anvertrauten Seelen besorgt und dehne ihn,
wenigstens durch dein Gebet und dein gutes Beispiel, auf möglichst viele aus. Von einem klugen, wohlgeordneten, geduldigen
und unerschrockenen Seeleneifer gilt vor allem jenes herrliche
Wort der Verheißung: „Was ihr dem Geringsten meiner
Brüder gethan habt, das habt ihr mir gethan."
(Matth. 25, 40.)

22. September.

Die Martyrer der Thebäischen Legion.
† 286.

Im Jahre 284 wurde der heidnische Kaiser Diokletian
von den Truppen zum Alleinherrscher des römischen Reiches aus-
gerufen. Er war im Anfang seiner Regierung den Christen
nicht ungünstig gesinnt, ließ ihnen sogar einige Kirchen bauen
und hielt die katholischen Bischöfe in Ehren; seine Gemahlin

Valeria und seine Tochter Prisca sollen Christinnen gewesen sein. Leider bewahrte er seine gerechte Gesinnung nicht lange Zeit, denn als er im Jahre 286 seinen Freund Maximianus (Herculeus) zum Mitkaiser ernannt hatte, ließ er sich von ihm zu einer der blutigsten Christenverfolgungen aufstacheln, welche die Geschichte kennt.

Maximian erhielt im Jahre 286 die Verwaltung von Gallien. Er muß nach den Beschreibungen alter Schriftsteller ein fürchterlicher Mensch gewesen sein, gegen 50 Jahre alt, von mächtigem Körperbau und zum Erschrecken wild aussehend. Er hatte einen ungeheuren Kopf mit niedriger Stirn, kleiner Nase und einem kurzen struppigen Bart, der sein halbes Gesicht bedeckte. Ganz ungebildet, besaß er einen natürlichen Hang zur Härte und Grausamkeit, war treulos und unsittlich im höchsten Grade.

Im Jahre 286 zog er mit einem großen Kriegsheere nach Gallien, weil dort der Völkerstamm der Bagauden sich empört hatte, um das römische Joch abzuschütteln. Unter seinen Truppen befand sich eine Legion, welche die Thebäische hieß und wie die übrigen Legionen etwa 6600 Mann zählte. Sie stammte aus der Thebais, einem fruchtbaren Gebiete Ägyptens, wo zu jener Zeit das Christentum schon in hoher Blüte war, und bestand zum größten Teile aus Christen. Ihr Anführer hieß Mauritius. Als die Truppen, von Italien vorrückend, die Alpen überstiegen hatten, ließ Maximian einige Tage Halt machen, da die ermüdeten Leute sich von den Strapazen des Weges erholen mußten. Nur einige Abteilungen (sogenannte Kohorten) ließ er schon gleich weiter nach Norden vorrücken. Das Hauptheer aber lagerte bei Octodurum, einer kleinen Stadt an der Rhone, dort, wo heute der Ort Martigny im schweizerischen Kanton Wallis liegt.

Nach einigen Tagen erteilte Maximian den Befehl, daß das ganze Heer den Göttern ein Opfer bringen solle, um Waffenglück von ihnen zu erflehen. Zugleich wurde bekannt gemacht, jeder Soldat habe sich eidlich zu verpflichten, daß er alle seine Kräfte aufbieten werde, die Christen in Gallien zu vertilgen. Da die christlichen Soldaten sich nicht an diesem Eide und dem heidnischen Opfer beteiligen konnten, zog Mauritius mit seiner Legion drei Stunden weiter nach Norden ins Rhonethal und lagerte bei Agaunum, dem heutigen St. Maurice in der Schweiz.

Als Maximian hörte, daß die Legion sich seinem Willen nicht unterwerfe, ward er von Zorn ergriffen und gab den Befehl, sie zu dezimieren, das heißt, jeden zehnten Mann derselben mit dem Schwerte niederzuhauen; außerdem kündigte er den Überlebenden das nämliche Schicksal an, wenn sie auf ihrer Weigerung beständen. Mauritius wußte, daß der Tyrann Wort halten werde, aber er feuerte seine Soldaten zur Treue gegen Jesus Christus an und pries ihnen mit solcher Begeisterung die Himmelskrone des Martyriums, daß alle Soldaten ihm freudig zustimmten. Sie hätten sich mit Waffengewalt widersetzen können, aber sie legten ihre Waffen nieder, und jeder zehnte Mann empfing durch die Abgesandten Maximians den Todesstreich. Der Kaiser wähnte, daß ihre Genossen jetzt eingeschüchtert seien, aber auch sie erklärten, daß sie lieber sterben wollten, als dem christlichen Glauben untreu werden. Da ließ er den Befehl ergehen, daß von neuem der zehnte Mann getötet werden sollte. Es geschah, aber um so standhafter wurden nun die übrigen. Während einer kurzen Bedenkzeit, die man ihnen bewilligte, ließen sie durch ihre Befehlshaber Mauritius, Exjuperantius und Candidus folgenden schönen Brief an Maximian richten:

„Kaiser! Wir sind deine Soldaten, aber wir sind auch Soldaten Gottes. Dir sind wir verpflichtet, Kriegsdienste zu leisten, ihm aber sind wir schuldig, uns vor jedem Verbrechen rein zu bewahren. Du gibst uns Sold, er gab uns das Leben. Wir können dir also darin nicht gehorchen, daß wir unseren, ja, auch deinen Schöpfer verleugnen. Gegen jeden Feind des Vaterlandes bieten wir dir willig unsere Hülfe, allein unsere Waffen mit dem Blute unschuldiger Christen zu beflecken, halten

wir für ein Verbrechen. Wir haben dir den Eid der Treue
geleistet und bisher aus Treue für dich gestritten. Wie aber
könntest du ferner auf unsere Treue bauen, wenn wir schlecht
genug wären, dieselbe Gott, unserem höchsten Herrn, zu brechen?
Du befiehlst, wir sollten die Christen in Gallien aufsuchen und
töten, aber du hast nicht nötig, lange nach Christen zu suchen.
Denn siehe, auch wir sind Christen, auch wir bekennen einmütig
Gott den Vater, den Schöpfer aller Dinge, und seinen Sohn
Jesus Christus. Wir haben gesehen, wie du vor wenigen Tagen
unsere tapferen Mitstreiter hinrichten ließest, allein wir wurden
über ihren Tod nicht betrübt, wir weinten nicht bei ihren
blutigen Leichen. Wir freuten uns vielmehr, daß sie würdig
erfunden wurden, für Gott zu leiden und zu sterben. Jetzt
drohst du auch uns mit dem Tode, aber du erregst damit unter
uns keinen Aufstand. Siehe, wir haben die Waffen in den
Händen, allein wir widersetzen uns nicht. Wir wollen lieber
sterben, als unsere Brüder, die Christen, töten, denn es ist
besser, unschuldig zu sterben, als mit Schuld beladen zu leben.
Thue mit uns, was du willst! Unseren Glauben an Jesus
Christus aber können wir dir niemals zu Füßen legen!")

Als der Kaiser diesen Brief gelesen hatte, ward er von
sinnloser Wut ergriffen und gab sofort den entsetzlichen Befehl,
die ganze Legion zu töten. Sein gesamtes Kriegsheer rückte
nach Agaunum, umzingelte die Thebäische Legion, und während
deren mutige Männer freiwillig die Waffen niederlegten, fielen
die heidnischen Soldaten über ihre christlichen Kriegsgenossen
her und mordeten sie nieder bis auf den letzten Mann. Das
ganze Thal war mit Leichen bedeckt, und für alle Zeiten ist
sein Boden geweiht, da er Ströme von Martyrerblut an diesem
Tage getrunken hat. Das Lager der Ermordeten ward sogleich
von ihren Henkern geplündert und ein gotteslästerliches Festmahl
darin gefeiert. Die Thoren! Sie ahnten nicht, daß ihre früheren
Kriegsgenossen bereits zu einem ewigen Freudenfest im himmlischen Hochzeitssaale versammelt waren.

Dies trug sich zu am 22. September des Jahres 286. Wir haben einen ausführlichen Bericht darüber von dem hl. Eucharius, der in der Mitte des fünften Jahrhunderts Bischof von Lyon war. Er schickte diesen Bericht an den Bischof Salvius von Octodurum und sagte dabei: „Ich sende dir die Leidensgeschichte unserer Martyrer, damit das Andenken eines so herrlichen Martertums nicht verloren gehe. Ich habe den wahren Hergang der Sache von tüchtigen Leuten erforscht, die ihn von Isaak, Bischof von Genf, gehört haben. Dieser aber hatte ihn von dem seligen Bischof Theodorus erfahren." Theodorus hat im Jahre 381 das Konzil von Aquileja mitgemacht, konnte also in seiner Jugend Leute genug gekannt haben, welche jene Marterung in der Nähe erlebt hatten.

Während so bei Agaunum der größte Teil der Thebäischen Legion den Tod erlitt, waren die vorgeschickten Kohorten auf dem Marsche nach dem Rhein. Wir finden sie zu Solothurn, Trier, Bonn, Köln und Xanten, den wichtigsten Stationspunkten der römischen Heere. Es ist leicht begreiflich, daß der Kaiser Maximian nun auch auf diese bereits weiter vorgeschobenen christlichen Truppen seinen Zorn übertrug. Er erließ auch gegen sie dieselben grausamen Befehle, und bereits am 31. September wurden zu Solothurn in der Schweiz Ursus und Victor gemartert.

Die meisten der tapferen Streiter starben aber zu Trier. Hier traf nämlich in den ersten Tagen des Oktober 286 eine Schar Thebäischer Soldaten ein, geführt von Thyrsus und Bonifacius, vielleicht eine ganze Kohorte von 660 Mann. Gewiß wurden sie von den in Trier wohnenden Christen herzlich begrüßt, aber eine trübe Erwartung mochte schwer auf der Stadt liegen. Bereits am 4. Oktober erschien denn auch Rictiovarus, ein grausamer Oberbefehlshaber, der von Maximian den Befehl hatte, eiligst den Thebäern nachzujagen und mit ihnen zu verfahren wie in Agaunum. Er that es mit Freuden.

Vor der Porta Nigra zu Trier, etwa zwischen der heutigen
Paulinskirche und der Mosel, war eine weite Ebene, welche
das Marsfeld hieß und für die Kriegsübungen der römischen
Truppen benutzt wurde. Hier befand sich auch ein beständiges
Lager für neu ankommende Truppen, ungefähr 800 Fuß breit
und 1000 Fuß lang, umgeben mit Wall und Graben und mit
vielen Zelten bedeckt. Hier standen auch wahrscheinlich unsere
Thebäer, und dieser Platz sollte das Blutfeld der Christen
werden. In der Mitte des Lagers erhob sich ein breiter
Rasenhügel, und dort saß schon am Tage nach seiner Ankunft
Rictiovarus zu Gericht. Neben seinem Richterstuhl war das Bild
des Kaisers und des heidnischen Kriegsgottes Mars aufgestellt;
vor demselben ein Altar mit Opferfeuern, umringt von Götzen-
priestern. Rechts und links aber standen in voller Waffenrüstung
die heidnischen Soldaten, welche in Trier ihr Standquartier hatten.

Vorgefordert wurden die Thebäer, vielleicht eine halbe
Kohorte, 330 Mann. Und sie erschienen auf ihrem letzten
Gange voll hohen Mutes. Sie hatten oft dem Tode im blutigen
Kriegsgetümmel entgegengesehen und den Lorbeerkranz um den
Helm verdient, heute sollten sie mit noch schönerem Siegeskranz,
mit der Martyrerkrone, gekrönt werden. An ihrer Spitze stand
ihr Befehlshaber Thyrsus. Zu ihm sprach Rictiovarus: „Opfere
dem Kaiser und den Göttern!" Aber Thyrsus mochte wie
Mauritius antworten: „Zuerst haben wir Gott geschworen und
dann dem Kaiser!" Und er opferte nicht. Rictiovarus befahl
dann den anderen zu opfern, aber auch sie thaten es nicht.
In ohnmächtiger Wut sprach er sofort das Todesurteil über
diese Helden, welche freiwillig ihre Waffen niederlegten. Die
heidnischen Soldaten führten sie hinaus vor das Lager, um-
ringten sie in großem Kreise, und als die Trompete das Zeichen
gab, stürzten sie mit Lanzen und Schwertern auf sie ein. So
war es bei Agaunum geschehen, und so geschah es oft.

Nach römischem Brauch schleppten die Henker mit eisernen
Haken die Leichname zur Mosel oder warfen sie in den durch

das Marsfeld fließenden Stadtbach, sodaß derselbe blutrot zur Mosel rann.

Wohl an demselben Tage stand die andere Hälfte der Thebäischen Kohorte jenseits der Mosel vor einem gleichen Blutgerichte. Sie hatten wahrscheinlich dort ihr Lager, und auch sie besiegelten ihren Glauben mit dem Tode. Als Anführer dieser 300 wird Bonifacius genannt.

Ähnlich wie in Trier erging es bald darauf in anderen Orten den Mitgliedern der Thebäischen Legion. Zu Bonn starben am 9. Oktober Cassius und Florentius mit ihren Gefährten; Gereon mit seinen Genossen zu Köln am 10. Oktober; Victor mit den seinigen zu Xanten am Niederrhein.

Was nun die Verehrung dieser sämtlichen glorreichen Martyrer betrifft, so ist dieselbe seit den ältesten Zeiten auf unabweisbare Thatsachen gegründet.

Das Städtchen St. Maurice (St. Moriz) im Rhone= thal ist an der Stelle des alten Agaunum erbaut und ver= kündet schon durch seinen Namen den Ruhm des hl. Mauritius. Bald erbaute man dort zu Ehren der hl. Martyrer eine Kirche, und der hl. Theodor, Bischof von Octodurum (Martigny), gründete zu Ende des vierten Jahrhunderts dabei ein Kloster, welches für das älteste Kloster diesseits der Alpen gehalten wird. Diese alte Abtei besteht noch und wird jetzt von Augustiner= Chorherren bewohnt. Zahlreiche Reliquien der hl. Thebäer kamen von dort in Kirchen von ganz Europa, und in allen Gegenden trifft man Gotteshäuser, die dem hl. Mauritius geweiht sind. Er ist Patron des königlichen Hauses von Sa= voyen, ferner Patron der Städte Augers, Halle, Lauenburg, Magdeburg und Vienne; auch eine Vorstadt von Hildesheim führt seinen Namen. St. Mauritius ist auch Patron der Soldaten, und auf dem von Anschütz gemalten Altarbilde in der Garnisonkirche zu Koblenz erscheint er als der Schutz= heilige der Infanterie neben den Patronen der übrigen Waffen=

gattungen: St. Joseph (Pioniere), St. Georg (Kavallerie) und St. Barbara (Artillerie). Von den Kirchen der Diözese Trier sind diejenigen zu Alsweiler, Kärlich, Fischbach, Fremmersdorf, Hanstadt, Heimersheim, Rübenach und Tholey ihm geweiht.

Über dem Grabe der heiligen Cassius und Florentius, die nebst sieben anderen Offizieren in Bonn am Rhein den Martertod erlitten, erhob sich auch bald eine Kirche, zu deren Erbauung nach alter Tradition die hl. Kaiserin Helena († um 330) die Mittel geboten hat. Auch hier entstand ein Kloster, das später so berühmte Cassiusstift. An Stelle der alten Kirche erbaute der Propst Gregor (1126—1169) ein prächtiges neues Gotteshaus, das noch jetzt bestehende Münster in Bonn. Kurz vor seinem Tode erhob er aus der Krypta der alten Kirche die Gebeine der hh. Cassius und Florentius und übertrug sie mit Genehmigung des Kölner Erzbischofs Reinald von Dassel in die neue Kirche. Diese Bonner Kirche blieb seitdem die vornehmste nach der Domkirche von Köln, die zweite Kirche des ganzen Erzstifts.

Der hl. Gereon und seine Genossen genießen besonders große Verehrung in Köln, wo die Stätte ihres Martyriums noch bis in die neuere Zeit „Der Mordhof" hieß. In der Nähe liegt die schöne St. Gereonskirche, die ebenfalls von der hl. Helena erbaut sein soll. Sie bildete einen durch Granitsäulen getragenen Rundbau, und da ihre Wände mit Goldmosaik reich geschmückt und ihr Dach mit vergoldeten Bleiplatten gedeckt war, erhielt sie auch den Namen „Zu den goldenen Martyrern". Der jetzige Bau stammt zum größten Teil aus dem 12. und 13. Jahrhundert und ist vor einigen Jahren in prächtiger Weise restauriert und ausgemalt worden.

Zu Xanten am Niederrhein erbaute man über dem Grabe des hl. Victor und seiner Gefährten eine Kirche und ein Kloster. Jetzt erhebt sich an deren Stelle die schöne gotische Stiftskirche aus dem 14. Jahrhundert.

Thyrsus und Bonifacius endlich stehen nebst ihren Genossen seit altersher zu Trier in hoher Verehrung.

Die weltliche Obrigkeit.

Gebet dem Kaiser, was des Kaisers ist, und
Gott, was Gottes ist.   Matth. 22, 21.

Das große Martyrium der Thebäischen Legion ist
nicht nur deshalb merkwürdig, weil mehrere Tausend Soldaten
mit einander ihr Leben für den christlichen Glauben geopfert
haben, sondern ganz besonders auch dadurch, daß diese heilige
Kriegsschar sich nicht zur Wehre gesetzt hat gegen den grausamen
Befehl des Kaisers. Damit handelte sie genau nach der Lehre
des Christentums, welche es verbietet, gegen die rechtmäßige
weltliche Obrigkeit Gewalt zu gebrauchen. Denn die weltliche Obrigkeit ist von Gott, sie vertritt seine Stelle
in der äußeren Ordnung der menschlichen Lebensverhältnisse.
Ihre Aufgabe ist es, den Frieden im Lande aufrecht zu erhalten,
durch gerechte Gesetze die allgemeinen Vorteile und Lasten gleich-
mäßig zu verteilen, durch unparteiische Rechtspflege den Übel-
thäter zu strafen und den ruhig friedlichen Bürger in seinem
Rechte und Eigentum zu schützen. Befiehlt sie freilich in der
Ausübung dieser Vollmachten etwas, wozu sie nicht berechtigt
ist, greift sie z. B. in das Gebiet der übernatürlichen, religiösen
Angelegenheiten hinein, und verlangt sie etwas, was mit den
göttlichen Geboten in Widerspruch steht, so kann sie auf Gehorsam keinen Anspruch mehr erheben. Hier gilt das Wort
des Apostels: „Man muß Gott mehr gehorchen als
den Menschen" (Apgesch. 5, 29), und der sogenannte
passive Widerstand, das heißt die Bereitwilligkeit, lieber weltliche Strafen zu erdulden als Gottes Gebote zu übertreten, ist
am Platze. Niemals aber, und wäre die Ungerechtigkeit einer
Behörde noch so groß, wären die Gesetze des Landes noch
so drückend, ist Widerstand durch äußere Gewalt erlaubt.
Niemals insbesondere können also sogenannte revolutionäre Bestrebungen, welche den Sturz der bestehenden Regierungsform
bezwecken, erlaubt sein. Welches Unglück eine solche Empörung
über ganze Völker zu bringen vermag, welche Sünden und

Greuel, welche Gotteslästerungen und Frevel an den heiligsten Dingen dabei geschehen, hat die französische Revolution in fürchterlicher Weise gezeigt. Darum die stete, ernste, strenge Mahnung der Kirche: „Jedermann unterwerfe sich der obrigkeitlichen Gewalt, denn es gibt keine Gewalt außer von Gott. Wer demnach sich der Gewalt widersetzt, der widersetzt sich der Anordnung Gottes." (Röm. 13, 1. 2.)

---

1. Oktober.

Der heilige Nicetius, Bischof.

† 566.

Der hl. Nicetius wurde um das Jahr 480 geboren und zwar vermutlich in Reims. Er erhielt von seinen frommen Eltern eine äußerst sorgfältige Erziehung und wurde später dem Abte eines Klosters (vielleicht in Limoges) zur weiteren Ausbildung übergeben. Hier zeichnete er sich sosehr durch seine Frömmigkeit aus, daß man ihn nach dem Tode des Abtes zu dessen Nachfolger erwählte. Als solcher übte er mit aller Strenge sein Amt und drang bei seinen Mönchen auf würdevollen Ernst in Haltung und Rede. Das Volk verehrte ihn sehr und wandte sich an ihn wie an einen bereits verklärten Heiligen um Fürbitte und Hülfe.

Kein Wunder, daß ein solcher Mann auch dem König Theoborich I. (511—534) bekannt wurde, der nach dem Tode seines Vaters Chlodwig den größten Teil des Reiches geerbt hatte und meist in Reims residierte. „Er verehrte ihn", so berichtet Gregor von Tours († 593), „und schenkte ihm seine Gunst, weil er ihm öfters seine Fehler vorhielt und wegen seiner Vergehen ihm strenge ins Gewissen redete." Da geschah es um das Jahr 527, daß Bischof Abrunculus von

Trier starb, und auf den Wunsch des Königs erwählte man Nicetius zu seinem Nachfolger. Der König ordnete eine glänzende Gesandtschaft ab, um den Neugewählten feierlich nach Trier zu geleiten. Eines Abends nun war der Zug in die Nähe der Stadt gekommen, und man schlug die Zelte auf, um das Nachtlager zu halten. Die übermütigen fränkischen Hofbeamten lösten ihre Pferde und trieben sie in die nächsten Saatfelder, damit sie dort Futter fänden. Aber da liefen sie bei dem heiligen Manne übel an. Sobald er die Frevelthat gewahr wurde, flammte gerechter Zorn in ihm empor, und mit drohender Miene rief er jenen zu: „So schnell als möglich treibt eure Pferde aus der Saat der armen Leute! Sonst hört sofort jede Gemeinschaft auf zwischen euch und mir!" Unwillig entgegneten sie ihm: „Was ist denn das für eine Sprache, die du redest? Du bist noch nicht einmal zum Bischof geweiht und drohest schon mit Exkommunikation?" Aber der furchtlose Mann blieb fest, und die übermütige Höflingsschar vernahm nun noch aus seinem Munde das kühne Wort: „Gottes Wille wird geschehen; des Königs Wille aber wird nicht in allem Schlechten geschehen, solange ich mich dem zu widersetzen vermag." Sprach's und eilte selber in die Saatfelder und trieb die Rosse heraus zu den Gezelten. Mit stiller Freude sahen die übrigen Begleiter diese mutvolle That, und mit Bewunderung schauten am folgenden Tage die Trierer ihren neuen Oberhirten, der ein so warmes Herz für die leibliche Not seiner Untergebenen schon vor seinem Amtsantritte bewiesen hatte.

Aber auch gar sehr bedurfte die Bischofsstadt und das Bistum Trier eines sorgsamen und kräftigen Hirten, denn die „ehedem ausgezeichnetste und reichste Stadt Galliens" war durch sechsmalige Plünderung von fremden Völkerhorden verwüstet worden, und leider entsprach dem äußern Verfall auch der innere, der sittliche. Der gleichzeitige Schriftsteller Salvian entwirft uns ein ergreifendes Bild von dem rasenden Leichtsinn und der unersättlichen Genußsucht der Bevölkerung, welche durch alles Wehe, was über sie gekommen, noch nicht zur Besinnung gebracht worden. Aber die Größe der Schwierigkeiten beugte den neuen Bischof nicht, sondern spornte nur seine Thatkraft an, um sie siegreich zu überwinden.

Vor allem galt es, die in Trümmern liegenden Kirchen und Klöster wiederherzustellen und für einen ausreichenden Nachwuchs im Klerus zu sorgen. Nicetius ließ kundige Bauhandwerker aus Italien kommen, und nun ging es frisch ans Werk. Insbesondere wurde der Dom gründlich erneuert, wie Venantius Fortunatus berichtet. Zugleich aber entstanden auch Neubauten für weltliche Zwecke, darunter ein mächtiges Kastell, welches Nicetius auf einem ins Moselthal vorspringenden Berge zum Schutze des Landes und seiner Einwohner aufführen ließ. Rings um den Berg zog sich eine schirmende Mauer, von 30 Türmen gekrönt, und der eingefriedigte Raum war so umfangreich, daß Obstgärten, Weinberge und Bauernhütten darin Platz fanden. Auf der Höhe des Berges aber ragte eine Halle empor, von Marmorsäulen getragen, und noch höher darüber der dreistöckige Bau der bischöflichen Pfalz. Wo dieses Kastell gestanden, läßt sich jetzt freilich nicht mehr mit Sicherheit angeben: nach der Meinung einiger Schriftsteller ist es auf dem Emmeler Berge bei Neumagen zu suchen, nach der Meinung anderer und zwar älterer Autoren jedoch zu Bischofstein gegenüber Burgen an der Untermosel.

Väterliche Sorge hegte Nicetius sodann für die leiblichen Bedürfnisse seiner Herde. Heimatlose Verbannte fanden bei ihm Zuflucht und Schutz, Unglückliche und Leidende einen teilnehmenden Tröster, Arme einen freigebigen Spender, der sich selbst kaum das Nötigste gönnte, um andere desto reichlicher unterstützen zu können. Er war ein Mann des Gebetes und der Abtötung, und Gregor von Tours gerät in eine wahre Begeisterung an der Stelle, wo er die Tugenden des Heiligen schildert. Auch alle anderen Zeitgenossen sind unerschöpflich in seinem Lobe.

Aber so milde und liebevoll der hl. Bischof gegen alle war, die guten Willen hatten, ebenso strenge und furchtlos war er gegen die öffentlichen Sünder. Da fürchtete er die Großen des Reiches und selbst den König nicht, wenn es galt, das Laster beim rechten Namen zu nennen und auch gegen den hochgestellten Sünder die bischöfliche Strafgewalt zu üben. Einst war König Theodebert (534—548), den er schon mehrmals zurecht-gewiesen hatte, an einem Sonntage in die Kirche gekommen und hatte Leute seines Hofes bei sich, welche von Nicetius exkommuniziert waren. Es wurden die kirchlichen Lesestücke vor-getragen und die Opfergaben zum Altar gebracht; dann aber trat Nicetius vor und sprach: „Heute wird hier die Feier der Messe nicht vollzogen, wenn nicht die Exkommunizierten sich vorher entfernen." Der König wollte widerstehen, allein Nicetius blieb fest und trat ihm kühn entgegen wie einst Ambrosius von Mailand dem Kaiser Theodosius, und erst als jene die Kirche verlassen hatten, wurde die heilige Handlung fortgesetzt. Trotz solcher strengen Behandlung hatten die Könige eine unbegrenzte Achtung vor dem hl. Bischofe, und wenn auch im ersten Augenblick öfters ihr Zorn aufwallte, so fühlten sie doch in stillen Stunden des Nachdenkens, daß dieser unbeugsame Mann ihr bester Freund sei, und daß er für die Ordnung der unseligen politischen Verhält-nisse ihnen mehr nütze als ein ganzes Heer willenloser Schmeichler und geldgieriger Hofschranzen. Insbesondere war der dritte König, Theodebald (548—555), dem hl. Nicetius mit so inniger Liebe zugethan, daß ihn Abt Florian einen Sohn desselben nennt, der bei dem Bischofe immer mit Erfolg Fürsprache einzulegen vermöge.

Ein so eifriger Hirte wie Nicetius mußte auch dort seine Wirksamkeit äußern, wo die kirchliche Einheit ihre Stärke, das kirchliche Leben seine beste Anregung findet, in den Synoden nämlich. So sehen wir ihn denn thätig auf den Kirchen-versammlungen zu Clermont (535), zu Orleans (549), zu Auvergne (535), zu Paris (553) und zu Toul (550), auf welch' letzterem Konzil er den Vorsitz führte.

Nicetius ist auch der erste unter den Bischöfen Triers, von welchem Schriften auf uns gekommen sind. Man rechnet dazu einen kleinen Traktat „über die Nachtwachen der Diener Gottes" und einen zweiten „Von dem Nutzen des Psalmengesanges." Wichtiger aber sind zwei von ihm verfaßte Briefe. Der erste ist gerichtet „an seine gütigste Herrin in Christo, an seine Tochter Chlodoswinda, die Königin." Es war dies die Tochter des Königs Chlotar; sie hatte zum Gatten den Longobardenkönig Alboin, welcher Arianer war. Der letztere Umstand bot Anlaß zu dem Briefe, in welchem der greise Bischof die königliche Frau, bei deren Großvater er schon als treuer Berater gewirkt hatte, mit heiligem Ernste und zugleich mit väterlicher Liebe ermahnt, ihren irr= gläubigen Gemahl zur Annahme des wahren katholischen Glaubens zu bestimmen. Der zweite Brief ist gerichtet an den Beherrscher des Orients, den Kaiser Justinian in Konstantinopel, der sich auch der Irrlehre der Arianer zugewendet hatte (565) und nun sogar die Rechtgläubigen zu verfolgen begann. Nicetius war tief betrübt über diese Nachricht, und trotzdem er hochbetagt war, raffte er sich auf, griff zur Feder und schrieb dem mächtigen Herrscher einen Brief, der von heiligem Eifer und inniger Liebe durchglüht ist. Der Schluß dieses herrlichen Briefes lautet: „Hochgeliebter Justinian! Erinnere dich, was du bei deiner Taufe versprochen hast! . . . Jetzt in deinem hohen Greisen= alter, wo du dich in Frieden mit deinem Erlöser vereinigen solltest, da hast du dich und die Deinigen in die Irre ge= bracht . . . . Eile, eile, aber sofort! Denn wenn der letzte Tag dich so findet, wie du heute bist, wirst du zur Hölle hinab= sinken. Laß doch die heilige Kirche sich freuen über deine Rückkehr, da sie so heftig trauert über deine Abkehr, über deinen Verlust, der du so lange unsere Freude gewesen bist!"

Nicht unerwähnt darf schließlich auch die auf mehrere Zeugnisse gestützte Ansicht bleiben, daß Nicetius der Verfasser des weltberühmten To Deum laudamus sei, welchen

Hymnus man sonst gewöhnlich dem hl. Ambrosius oder Augustinus zuschreibt.

Trotz der Heiligkeit seines Lebens und trotz der lautersten Absichten, womit jede Handlung seines Hirtenamtes geschmückt war, blieb es dem hl. Nicetius nicht erspart, nach vielen Richtungen hin bittere Erfahrungen zu machen und zeitweilig schmählichen Undank zu ernten. Nachdem er bereits länger als ein Dritteljahrhundert zwei Königen ein ergebener und aufrichtiger Berater gewesen, wurde er unter dem dritten Könige Chlotar (560) wie ein Verbrecher mit der Verbannung aus dem Lande bestraft. König Chlotar erwies sich nämlich als ein öffentlicher Sünder, und so sah sich denn der pflichtgetreue Bischof, in dessen Diözese jener sich aufhielt, genötigt, denselben mehrmals von den hl. Sakramenten zurückzuweisen. Dafür erging es ihm wie vielen mutigen Männern vor ihm und nach seiner Zeit: man ließ sie die Gewalt fühlen. Leider waren die Freunde und Amtsgenossen des heiligen Nicetius schwache Leute, denn jetzt, wo der Zorn des Königs ihn getroffen hatte, und er als eine gefallene Größe aus dem Lande flüchtete, verließen sie ihn mutlos. Nur ein einziger Diakon harrte mutig bei ihm aus, das war Maguericus, sein späterer Nachfolger auf dem Trierer Bischofsstuhl.

Glücklicherweise dauerte die schwere Heimsuchung nicht lange. Denn schon im folgenden Jahre (561) starb König Chlotar eines jähen Todes, und sein Sohn und Nachfolger Siegebert beeilte sich, das vom Vater begangene Unrecht wieder gut zu machen. Er rief den verbannten Bekenner in ehrenvollster Form ins Reich zurück. Jetzt hatten auch die früheren Freunde wieder unterwürfige Worte, aber Nicetius that, als ob er den schmählichen Gesinnungswechsel gar nicht merke und verzieh ihnen großmütig. So ist es die Art wahrhaft großer Charaktere.

An 40 Jahre lang hat Nicetius sein bischöfliches Amt in Trier geführt, bis er dann im Jahre 566 von seinem göttlichen Meister zur ewigen Ruhe abberufen wurde. Er fand sein Grab

in der Kirche des hl. Maximinus, und Gott verherrlichte
dasselbe durch viele Wunder. Leider sind in der unglücklichen
Zeit des 18. Jahrhunderts die Reliquien mit so vielen
anderen spurlos verschwunden. Aber eins ist nicht verschwunden
und wird nicht verschwinden: das ist die stete, treue und dankbare
Erinnerung der trierischen Diözese an einen ihrer größten
Bischöfe, an einen wahrhaft apostolischen Mann, der weit über
seine Zeitgenossen hervorragte, der mit klarem Blick die ganze
Lage in Kirche und Staat überschaute und mit eiserner Willens=
kraft das durchzusetzen wußte, was zur Ehre Gottes, zum
Heile der Seelen, zur Erhöhung der Kirche, zum Nutzen seines
Königshauses und zum Segen seines ganzen Landes ihm not=
wendig und ersprießlich schien.

Achtung vor fremdem Eigentum.

Wisset ihr nicht, daß Ungerechte das Reich
Gottes nicht besitzen werden?
1. Kor. 6, 9.

Als Nicetius sah, wie seine Begleiter ihre Pferde in die
Saatfelder der armen Leute trieben, widersetzte er sich sofort
mit der größten Strenge dieser frevelhaften Beschädigung fremden
Eigentums. Welcher Trost mag es für die schutzlosen Besitzer
und für alle Bewohner Triers gewesen sein, als sie erfuhren,
daß ihr neuer Bischof so väterlich für sie besorgt sei, und daß
er sich nicht fürchte, auch den mächtigen Gesandten des Königs
das Gebot Gottes vorzuhalten: „Du sollst nicht stehlen!" Gott,
welcher der alleinige, unumschränkte Herr der Erde und all'
ihrer Güter ist, hat letztere unter die Menschen verteilt und
will, daß die einzelnen Menschen im ungestörten Besitz und
Genusse ihres Eigentumes bleiben. Darum tritt er in seinem
siebenten Gebote mit dem ganzen göttlichen Ansehen für den
Besitz eines jeden Menschen ein und legt schützend seine Hand
auf dasselbe, um jeden fremden Eingriff fernzuhalten. Wer
also an dem Eigentum des Nächsten sich vergreift, der vergreift
sich an Gottes allerhöchster Gewalt und lehnt sich auf gegen

seinen allerheiligsten Willen. Darum ist jede ungerechte Ver-
letzung fremden Eigentums, mag sie an sich auch noch so gering
sein, nichts Unbedeutendes, denn sie ist eine Übertretung des
Gebotes Gottes, eine Verachtung seines heiligen Willens. Wer
also von wahrer Gottesfurcht und Gottesliebe durchdrungen
und beseelt ist, wird um Gottes willen jede, auch die kleinste
Veruntreuung fürchten und meiden, wird den Willen Gottes,
wie er sich in dem siebenten Gebote ausspricht, in heiliger Gewissenhaftigkeit hochachten und niemals sein Gewissen beschwichtigen
mit den thörichten Ausreden: „Was ich thue, thun andere auch",
oder: „es macht ja keinen sonderlichen Schaden", „es ist nur
eine Kleinigkeit". Nein, er fragt nicht danach, was andere
thun, sondern was Gott gebietet: und Gott beleidigen, auch
nur durch die geringste Sünde, gilt ihm nicht als eine Kleinigkeit.
Seine Gesinnung ist die des frommen Tobias, der mahnend zu
seinem Sohne spricht: „Mein Sohn, alle Tage deines
Lebens habe Gott in deinem Herzen und hüte dich,
je in eine Sünde zu willigen. Wir führen zwar
ein armes Leben, aber wir werden viele Güter
haben, wenn wir Gott fürchten und Gutes thun."
(Tob. 4, 6. 23.)

2. Oktober.

Der heilige Ludwinus, Bischof.
† 713.

Der hl. Ludwinus war der Sohn des begüterten Herzogs
Gerwinus von Lothringen. Seine Mutter hieß Gunza und
war eine Schwester des hl. Bischofs Basinus von Trier († um 690).
Die frommen Eltern bemühten sich, ihren Sohn in aller Gottesfurcht und Tugend zu erziehen, wobei sein Oheim Basinus sie
freudig unterstützte. Durch seine herrlichen Geistesgaben zog

Ludwinus in reiferem Alter die Aufmerkſamkeit des fränkiſchen
Königs auf ſich; er wurde deſſen erſter Ratgeber im Frieden,
ſein erſter Heerführer im Kriege, und zum Ausdruck ſeiner
beſonderen Zuneigung und Dankbarkeit ehrte ihn der König durch
die Verleihung der Herzogswürde. Ludwinus hatte eine
tugendhafte fromme Gattin, welche ihm einen Sohn Namens
Milo ſchenkte. Allein weder das Glück des Familienlebens,
noch ſein unermeßlicher Reichtum, noch die Ehren, welche ihm
der König erwies, konnten ſeine nach höherer Vollkommenheit
ſtrebende Seele auf die Dauer befriedigen.

Schon lange war er mit dem Plane umgegangen, auf
eigenem Grund und Boden ein Kloſter zu erbauen, aber er
konnte in der Wahl des geeigneten Ortes ſich noch nicht ent=
ſcheiden. Da kam er nun einſt, wie die Legende berichtet, auf
ſeinen Jagden in das Thal der Saar und, von dem langen
Herumſtreifen ermüdet, verſank er in einen tiefen Schlaf.
Plötzlich gewahrte der ihn begleitende Diener einen Adler, der
ſich aus den Höhen herabließ und über dem Haupte ſeines
Herrn ſtehen blieb, um ihn vor den ſengenden Sonnenſtrahlen
zu ſchützen. Als Ludwinus erwachte und dieſe wunderbare
Begebenheit erfuhr, erkannte er darin einen Wink des Himmels,
in jenem Thale ſein Vorhaben, ein Kloſter zu gründen, zur
Ausführung zu bringen. Er erbaute alſo an der Stelle, wo
jetzt der Ort Mettlach an der Saar liegt, eine Kapelle zu
Ehren des hl. Dionyſius und ließ dieſelbe am 9. Oktober durch
ſeinen Oheim Baſinus feierlich einweihen. Sodann errichtete er
daneben ein Kloſter für Benediktinermönche nebſt zwei größeren
Kirchen und ſtattete das Ganze reichlich mit Gütern an der
Obermoſel und im Saargau aus. Das war die Gründung der
Abtei Mettlach, welche etwa in das Jahr 696 fällt.

Mittlerweile ſtarb die Gattin Ludwins, und nichts konnte
ihn jetzt mehr von ſeinem Wunſche nach dem klöſterlichen Leben
zurückhalten. Der König war ſchmerzlich ergriffen, als er dieſen
Entſchluß hörte; er ſollte ſeinen beſten Freund verlieren, den

tüchtigsten Edelmann seines Hofes, die kräftigste Stütze in der Verwaltung des Landes. Allein er fügte sich dem Willen Gottes, entband Ludwinus von seinen Ämtern und entließ ihn unter Thränen und mit der Bitte, er möge seiner, seines Hauses und des ganzen Reiches stets im Gebete in der Einsamkeit gedenken. Auch alle Angehörigen des Hofes trauerten Ludwinus nach, ein Beweis, wie er trotz seiner hohen Stellung von jeder Überhebung, von jeglichem Stolze frei geblieben war.

So trat denn Ludwinus in das Kloster zu Mettlach ein, und bald leuchtete er allen als ein Muster klösterlicher Vollkommenheit voran. Aber er sollte nicht lange in dieser heiligen Einsamkeit verborgen bleiben. Im Jahre 698 legte nämlich Basinus den bischöflichen Hirtenstab nieder und zog sich in das Kloster St. Maximin, dem er früher als Abt vorgestanden, zurück, um dort seine Tage in Gottseligkeit zu beschließen. Man erwählte seinen frommen Neffen Ludwinus zum Nachfolger auf dem bischöflichen Stuhl, und derselbe leitete nun fünfzehn Jahre lang die große Diözese. Während er auf das geistige Leben seiner Diözesanen einen mächtigen Einfluß ausübte und trotz dem Adel seiner Geburt allen in Demut und Entsagung voranging, suchte er auch die äußere Lage der Kirche überall zu verbessern. Er ließ baufällige Gotteshäuser würdig erneuern, schaffte heilige Gefäße und Gewänder für arme Kirchen an und sorgte, daß der Schmuck und die äußere Schönheit des Gottesdienstes soviel wie möglich gehoben wurde. Der Euchariuskirche (St. Mathias) zu Trier schenkte er die Villa Stain, der Paulinskirche und den bei ihr angestellten Stiftsherren die Kirchen zu Birkenfeld und Brombach nebst ihren einträglichen Hofgütern, wie eine darüber ausgefertigte Urkunde des Bischofs Egbert (975 bis 993) beweist. In einer Urkunde, wodurch die hl. Irmina dem Kloster Echternach große Schenkungen vermachte, findet sich seine Unterschrift neben derjenigen des heil. Basinus, der auch nach dem Verzicht auf die Bischofswürde seinen früheren Titel beibehielt.

Auch außerhalb seiner Diözese soll Ludwinus eine eifrige Thätigkeit entfaltet haben. Insbesondere wird berichtet, daß er öfters in Reims und Laon geweilt, dort Priester geweiht und zeitweilig die Angelegenheiten dieser beiden Bistümer verwaltet habe.

Auf einer dieser Reisen starb er zu Reims im Jahre 713 und wurde dort zur Erde bestattet. Aber die Trierer waren mit dieser Art seines Begräbnisses nicht einverstanden und veranlaßten seinen Nachfolger Milo, die Leiche in Reims abholen zu lassen. Milo, der ebengenannte Sohn des hl. Ludwinus, war auf Betreiben des Majordomus Karl Martell zum Bischof von Trier erwählt worden (713—753). Leider entsprach er in seinem späteren Leben sehr wenig dem Beispiel seines hl. Baters. Er ließ indes die Leiche desselben in Reims abholen und auf der Mosel gen Trier hinabfahren. Als nun das Schiff an die Stelle kam, wo die Saar in die Mosel fließt, blieb es, wie die Legende berichtet, plötzlich stehen und nahm dann ohne Ruder und Steuer seinen Weg in dem Saarfluß aufwärts, bis es Mettlach erreichte und am Ufer stillehielt. Unter Lobgesängen wurde dann der hl. Körper in die Basilika der allerseligsten Jungfrau gebracht und dort beigesetzt. Von nah und fern strömten nun zahlreiche Andächtige zu den Gebeinen des Heiligen, und Gott verherrlichte dieselben durch zahlreiche Wunder und Gebetserhörungen.

Ludwinus hatte schon zu Lebzeiten bestimmt, daß die Abtei Mettlach mit allen Gütern dem Apostel Petrus, dem Patron der Trierer Domkirche, angehören, und daß der jeweilige Trierer Bischof zugleich der Abt des Klosters sein solle. Infolgedessen führten die Trierer Bischöfe den Titel „Abt von Mettlach", auch wenn sie gar nicht dem Ordensstande angehörten. Dieses eigentümliche Verhältnis war aber der Pflege des Ordensgeistes wenig entsprechend und wurde darum durch Erzbischof Ruotbert (931—956) aufgehoben. Derselbe Erzbischof bestimmte, daß alljährlich am Kirchweihfeste des Klosters 76 Pfarreien der Umgegend nach Mettlach zu wallfahrten verpflichtet seien. Dieser alte Brauch hat sich bis heute als eine freiwillige Wallfahrt erhalten, die auf den Sonntag vor Pfingsten verlegt worden ist.

Die Abtei Mettlach wurde in der französischen Revolution wie soviele andere aufgehoben. Das prachtvolle, von 1728—1772 neuerbaute Kloster kam in Privatbesitz und ist jetzt Eigentum der Familie Boch, welche darin eine Fabrik für Steingut= und Porzellanwaaren, insbesondere aber für kunstvolle Mosaikarbeiten errichtet hat. Die alte Klosterkirche wurde nach der französischen Revolution der Gemeinde Mettlach als Pfarrkirche überwiesen und im Jahre 1819 an Herrn Boch unter der Bedingung verkauft, daß eine andere Kirche dafür der Gemeinde gebaut werde. Diese neue schöne Pfarrkirche von Mettlach wurde im Jahre 1847 vollendet und zu Ehren des hl. Ludwinus eingeweiht; sie besitzt noch Reliquien ihres hl. Patrons, welche in Seide eingehüllt und in einem in vergoldetem Holz und Metall gefaßten Glaskasten beigesetzt sind.

Ehrerbietung im Gotteshause.

Mein Haus ist ein Bethaus. Luk. 19, 46.

Der hl. Ludwinus, von frommem Eifer für die Ehre Gottes beseelt, ließ sich die Erbauung neuer Kirchen, sowie deren würdige und möglichst reiche Ausstattung ganz besonders angelegen sein. Jeder, der in ähnlicher Weise für die Ausschmückung des Gottes= hauses Sorge trägt, thut ein gutes, gottgefälliges Werk, aber nicht allen sind Mittel und Gelegenheit dazu geboten. Was aber allen möglich ist und zugleich für alle heilige Pflicht, ist das, daß sie das Gotteshaus und den Gottesdienst schmücken durch ehrerbietige Haltung, wahre Andacht und aufrichtige Frömmigkeit. Wenn zum Bau und zur Ausstattung eines Gotteshauses reiche Mittel verwendet worden, wenn alle Künste sich vereinigt haben, das= selbe aufzurichten und auszuschmücken, wenn schlanke Säulen hoch zum Himmel ragen, farbenprächtige Bilder in den Fenstern und an den Wänden die hehren Gestalten der lieben Heiligen uns vor das Auge und vor die betrachtende Seele führen: so ist fürwahr ein solches Gotteshaus seiner hohen, heiligen Bestimmung würdig, und gerne sammeln sich dort die Gläubigen. Aber was wäre der schönste Bau, was die herrlichsten Bilder in Stein und Farbe vor Gott, wenn das Gotteshaus nicht geschmückt würde durch die ehrfurchtsvolle Haltung und die fromme Andacht der Gläubigen, wenn Steine und Bilder wohl auf Gott hin= wiesen, aber die Herzen der Gläubigen fern von ihm wären! Von dem Tempel zu Jerusalem mit all' seiner Pracht wandte sich mit Abscheu das Auge Gottes ab, weil „das Volk ihn nur ehrte mit den Lippen, indes sein Herz weit von ihm entfernt war". Des Tempels schönster Schmuck ist und bleibt die fromme, ehrfurchtsvolle Haltung der versammelten Gemeinde, die würdige Feier der hl. Geheimnisse, die Andacht, welche die Betenden verklärt und ihre Versammlung der Vereinigung der Seligen im Himmel ähnlich macht. Auf einem solchen Gotteshause ruht mit Wohlgefallen Gottes Auge, ihm gilt die erbarmungsreiche Verheißung des Herrn: „Ich habe geheiligt dieses Haus, das du mir gebaut, sodaß ich daselbst nieder= lege meinen Namen auf ewig, und meine Augen und mein Herz werden daselbst sein alle Tage." (3. Kön. 9, 3.)

5. Oktober.

Der heilige Lambertus, Martyrer.
† 708.

Der hl. Lambertus wurde um das Jahr 635 zu Maastricht in Holland geboren. Er entstammte einer an= gesehenen Familie und wurde von seinen frommen Eltern, Aper und Herisplendis, den tüchtigsten Lehrern zur Erziehung anvertraut. Später übernahm der hl. Bischof Theodardus von Maastricht seine Ausbildung. Derselbe leitete ihn zum geistlichen Stande sowie zur freiwilligen Übung der klösterlichen

Lebensweise an und machte ihn auch bekannt mit dem Verkehr am königlichen Hofe und den Geschäften, welche die Geistlichen jener Zeit, besonders die Bischöfe, dort zu verrichten hatten. Der damalige König Childerich II. (660—673) hatte zwar sein Hoflager in Metz, kam aber öfters zur Erledigung von Regierungsangelegenheiten nach Maastricht und hielt den Bischof Theodarbus in hohem Ansehen. Der letztere reiste auch mehrmals nach Metz und ließ sich dann von seinem Schüler Lambertus begleiten. Gern hätte er denselben schon bei Lebzeiten zu seinem Nachfolger auf dem bischöflichen Stuhle bestimmt, allein die kirchlichen Gesetze ließen dies nicht zu. Was aber nicht in menschlicher Macht stand, wollte Gott vollbringen. Als nämlich Theodarbus im Jahre 669 auf einer Reise nach Metz begriffen war, um gegen mehrere Beraubungen seiner Kirche am Hofe Schutz zu suchen, wurde er in einem Walde bei Speier von den Schuldigen überfallen und ermordet. Die That verursachte große Trauer in der ganzen Gegend, und besonders wurde Lambertus in tiefe Betrübnis versetzt. Sofort wendete er alles an, um wenigstens den Leichnam seines guten Bischofs zu erhalten, aber erst nach mehreren fruchtlosen Versuchen war es ihm möglich, denselben nach Maastricht zu übertragen und dort feierlich zu bestatten.

Inzwischen hatten sich für die Neuwahl eines Bischofs aller Augen auf den jungen Lambertus gerichtet. Der Diakon Gottschalk von Lüttich, welcher um das Jahr 730 Lamberts Leben geschrieben hat und seine Tugenden nicht genug rühmen kann, schildert ihn als eine auch äußerlich hervorragende Erscheinung, groß, von fürstlichem Auftreten, mit leuchtenden Augen, untadelhaft vom Scheitel bis zur Sohle. König Childerich II. war ihm sehr gewogen und gab darum gerne seine Zustimmung, als er von dem Volke, der Geistlichkeit und dem Adel einstimmig zum Bischof von Maastricht erwählt wurde.

Lambertus erkannte vollauf die Schwere des Amtes, das man auf seine Schultern gelegt. Er sah mit scharfem Blick, daß die Herrschaft der Merowinger-Könige im Sinken war, denn das mächtige Regiment der Hausmeier (Majordomus) hatte bereits begonnen, und die verblendeten Fürsten gingen inzwischen ihren Thorheiten und Sünden nach. Bald kam das Unheil Schlag auf Schlag. Der König von Neustrien und Burgund, Theoderich III., wurde durch die Empörung seiner Unterthanen des Thrones entsetzt, der König von Austrasien aber, Childerich II., von seinem Adel meuchlings ermordet (673). Damit brachen auch für Lambertus schwere Zeiten an. Denn wegen der Treue, die er bisher seinem Könige gehalten hatte, mußte nun auch er den Haß der Feinde fühlen. Man vertrieb ihn mit Gewalt von seinem Bischofssitze und erhob auf denselben einen unwürdigen Eindringling Namens Faramund.

Lambertus begab sich mit zwei Begleitern nach dem Kloster Stavelot in den Ardennen, wo sein Lehrer und Vorgänger Theodardus ehedem Abt gewesen war. Die frommen Benediktiner-mönche nahmen den mutigen Bischof gastfreundlich auf und schätzten sich glücklich, ihm eine Zufluchtsstätte bieten zu können. Sieben Jahre lang blieb er bei ihnen, wegen seiner Leutseligkeit von allen geliebt, wegen seiner Tugenden von allen im stillen bewundert. Er selbst wollte freilich der letzte der Brüder sein und den Vorschriften des Abtes sich in allen Stücken unterwerfen. Hiervon erzählt sein Biograph Gottschalk folgendes rührende Beispiel. Im Hofe des Klosters stand ein großes Kreuz, zu welchem von dem Abte diejenigen Ordensleute für kürzere oder längere Zeit hingeschickt wurden, welche einen Fehler begangen hatten. Als nun in einer Nacht Lambertus sich von seinem Lager erhob, um dem Gebete obzuliegen, entfiel ihm eine seiner Sandalen. Der Abt hörte das Geräusch, und da er in der Dunkelheit nicht sah, wer es veranlaßt hatte, rief er, daß der Ruhestörer sofort zum Kreuze gehen solle. Der Bischof hätte durch ein einziges Wort diesen Befehl rückgängig machen können, aber er schwieg und vollführte ihn augenblicklich. Nur mit einem rauhen Unterkleide angethan, ohne Fuß- und Kopfbedeckung ging er in den Hof zum Kreuze. Es war eine eisige Winternacht in dem stillen Ardennenwald; der hartgefrorene Schnee fiel in dichten Flocken und bedeckte fußhoch den Boden, auf dem Lambertus stand und mit ausgebreiteten Armen betete. Erst als die Mönche am Morgen aus der Kirche kamen und in das Kloster eilten, um sich zu wärmen, vermißten sie Lambertus und fanden ihn endlich, wie er halberstarrt im Hofe stand, Kopf und Schultern mit Schnee bedeckt. Als der Abt das hörte, erschrak er heftig über seine Vergeßlichkeit, ließ sofort Lambertus hereinrufen und warf sich dann mit der ganzen Klostergemeinde dem Bischof zu Füßen, ihn um Verzeihung bittend. Der aber sagte überrascht und voll Demut, daß ihm kein Unrecht widerfahren sei, da er ja die Strafe durch das verursachte Geräusch völlig verdient habe. Erstaunt hörten die Mönche dieses Wort; sie mochten wohl ahnen, daß ein Heiliger vor ihnen stand.

Sieben Jahre weilte Lambertus in der klösterlichen Genossenschaft zu Stavelot, in heiliger Ruhe mit Gott verkehrend, aber freilich auch tief bekümmert durch den Gedanken an den Niedergang der Kirche in Gallien. Da änderten sich plötzlich die Verhältnisse. Der Hausmeier Ebroin, welcher in Austrasien eine wahre Schreckensherrschaft geführt und insbesondere Lambertus stets verfolgt hatte, wurde im Jahre 681 von Hermenfried, einem Edelmann, den er seiner Güter beraubt hatte, meuchlings ermordet. An seine Stelle trat der Hausmeier Pippin von Heristal, ein umsichtiger gerechter Mann, welcher die Thaten Ebroins möglichst gut zu machen suchte und mit anderen verbannten Bischöfen auch Lambertus im Jahre 682 wieder auf seinen Sitz nach Maastricht zurückberief. Faramund wurde seines Amtes entsetzt.

Lambertus ergriff mit neuem Eifer seinen Bischofsstab und wurde im ganzen Lande wieder mit Jubel begrüßt. Allerdings hatten sich während seiner Abwesenheit viele Mißbräuche eingeschlichen, aber er griff mit unerschütterlichem Mute ein und achtete keine Schwierigkeit. Auch beschränkte sich sein apostolischer

Eifer nicht auf die eigene Diözese, sondern er zog auch predigend in die benachbarten Länder, nach Seeland, Nordbrabant und Geldern, insbesondere aber zu dem Volke der Toxandrier, welches nördlich von Maastricht zwischen Maas und Schelde wohnte und noch heidnisch war, weil ausgedehnte Sümpfe es an dem Verkehr mit andern Völkern hinderten. Überall erzielte der mutige Bischof große Erfolge, zumal da er auch wahrscheinlich mit dem hl. Willibrord sich verband, der damals seine segensreiche Thätigkeit in Friesland schon begonnen hatte. Viele Schüler schlossen sich ihm begeistert an, so besonders der hl. Hubertus, der ihm später im bischöflichen Amte nachfolgte.

Lambertus hatte freilich auch in seinem eigenen Bistum große Schwierigkeiten zu überwinden. Die Großen jener Zeit waren zwar Christen und auch äußerlich kirchlich und gut gesinnt, aber innerlich bewahrten sie noch manche Reste des Heidentums. So hatte Pippin seine rechtmäßige Gemahlin Plectrudis verstoßen und sich mit einer Frauensperson Namens Alpais verbunden. Trotz aller Güte Pippins gegen die Kirche konnte Lambertus ein solches Verhältnis nicht dulden und mit wahrhaft apostolischem Freimut trat er dem mächtigen Majordomus so lange entgegen, bis dieser das sündhafte Verhältnis aufgab und die verstoßene Plectrudis wieder zu sich nahm.

Vierzig Jahre hatte Lambertus das bischöfliche Amt segensreich verwaltet, als im Jahre 708 sein Leben durch gewaltsamen Mord vollendet wurde. Über die Veranlassung zu dieser schrecklichen That sind die alten Berichte geteilter Meinung. Einige sagen, daß er von den Verwandten der Alpais aus Rache getötet worden sei, weil er ihr Verhältnis zu Pippin getadelt und dessen Auflösung bewirkt habe. Andere, und unter ihnen der zuverlässige Gottschalk, berichten jedoch folgendes. Zwei Brüder, Gallus und Rioldus, waren dem Bischofe feindlich gesinnt und beraubten wiederholt die Güter seiner Kirche. Die Diener des Bischofs widersetzten sich diesem Beginnen und ließen sich endlich in ihrem Eifer hinreißen, den Gallus und Riolbus zu erschlagen. Lambertus war entsetzt, als er von dieser That hörte, aber trotz seiner Unschuld mußte er dafür büßen. Als er sich nämlich einst auf seiner Villa in dem kleinen Orte Leodium (Lüttich) aufhielt und sich nachts in seinem Schlaf= gemach befand, umzingelte Dobo, ein Verwandter der erschlagenen Brüder und ein Bruder der Alpais, mit einer bewaffneten Schar das Haus und erbrach mit Gewalt die Thüren. Lambertus, von seinen Leuten benachrichtigt, sprang sogleich auf und ergriff im ersten Anprall das Schwert, besann sich aber alsbald eines anderen und warf dasselbe wieder von sich. Mit gelassener Ruhe erwartete er seine Mörder, und während er sich Gott in heißem Gebete empfahl, erhielt er den Todesstoß von dem Wurf= spieß eines Soldaten. Auch mehrere seiner Diener, welche sich nicht durch schnelle Flucht retteten, verloren ihr Leben. Das geschah am 17. September 708. Da der Heilige als Opfer seiner Pflichttreue und als Verteidiger der Kirchenzucht den Tod erlitt, wird er als Martyrer verehrt.

Die Diener des Bischofs, welche der Wut der Mörder entgangen waren, brachten seine Leiche auf ein Schiff und fuhren mit derselben auf der Maas abwärts nach Maastricht, wo das Volk sie mit lautem Klagen empfing. Man bestattete Lambertus in der Kirche zum hl. Petrus, in welcher seine Familie eine eigene Begräbnisstätte hatte und auch sein Vater begraben war. Infolge mehrerer Wunder, die bald zu Leodium an der Stätte des Martyriums geschahen, erbaute Lambertus' Schüler und Nachfolger, der hl. Hubertus, daselbst eine große Kirche und brachte auch im Jahre 721 die Reliquien des Heiligen wieder dorthin zurück. Gleichzeitig verlegte er nach Leodium den bischöf= lichen Sitz von Maastricht, und nun entstand bald an Stelle des kleinen Ortes eine große Stadt, das heutige Lüttich.

Die von Hubertus errichtete Lambertuskirche zu Lüttich wurde im Jahre 975 durch Bischof Notter erneuert. Als aber dieser Bau 1250 in Flammen aufging, erbaute man an

seiner Stelle jene herrliche gotische Kirche, die einst der größte
Schmuck der Stadt Lüttich war und als bischöfliche Kathedrale
diente. Die französische Revolution brachte aber auch ihr den
Untergang, denn die französischen Empörer zerstörten im Verein
mit ihren Lütticher Genossen 1794 dieses herrliche Gotteshaus,
und im Jahre 1808 wurden die letzten Ruinen des Baues
abgetragen. Jetzt befindet sich an seiner Stelle der große
Lambertsplatz zu Lüttich, der wenigstens durch seinen Namen
noch die Erinnerung an jene heilige Stätte aufrecht erhält.

Die Reliquien des hl. Lambertus befanden sich in einem
großen kunstvollen Grabmal aus vergoldeter Bronze, welches
mitten im Chor der Kathedrale stand. Dasselbe wurde eben=
falls in der französischen Revolution entweiht, in Stücke geschlagen
und vollständig vernichtet. Nur das Haupt des Heiligen, welches
in einem besonderen Reliquiarium aufbewahrt wurde, entging
den Händen der Kirchenräuber und befindet sich jetzt in der
St. Paulskirche zu Lüttich. Diese 968 gegründete und 1280
erneuerte Kirche gehörte früher einem Kollegiatstifte, wurde aber
im Jahre 1802 zur bischöflichen Kathedrale erhoben. Sie besitzt
viele Kunstwerke und kostbare Reliquien.

Der hl. Lambertus genießt weit über die Grenzen seines
Heimatlandes hinaus große Verehrung, und fast in jeder Diözese
des östlichen Frankreichs und des westlichen Deutschlands findet
man ihn seit altersher unter der Zahl der beliebtesten Kirchen=
patrone. In der Diözese Trier sind acht Pfarrkirchen ihm
geweiht, darunter diejenige zu Halsenbach (bei St. Goar), welche
auch einige Reliquien des Heiligen in einem wertvollen, reich=
gravierten Reliquiarium aufbewahrt.

Der klösterliche Gehorsam.

*Gehorchet euren Vorgesetzten und seid ihnen
untertan, denn sie wachen über eure Seele als
solche, die Rechenschaft geben müssen.*

Hebr. 13, 17.

Indem der hl. Lambertus den Befehl des Abtes erfüllte
und in kalter Winternacht sich einer Bußübung unterzog, zu

der er als Gast des Klosters nicht verpflichtet war, gab er den Mönchen ein heldenmütiges Beispiel unbedingten Gehorsams. Drei Gelübde bilden in fast allen Klöstern der katholischen Kirche die Grundlage des Lebens: Armut, Keuschheit und Gehorsam; der Gehorsam aber ist das größte unter ihnen. Fehlte er unter den Gelübden der Klosterleute, so wäre ihr Leben nicht schwerer als das Leben der meisten Weltleute, denn die Keuschheit muß jeder Unverheiratete in der Welt genau ebenso beobachten wie eine Ordensperson, und die Armut drückt oftmals in der Welt schwerer als in den Klöstern, in welchen zwar einfach, aber doch regelmäßig für die leiblichen Bedürfnisse eines jeden gesorgt wird. Der unbedingte Gehorsam dagegen setzt eine solche Selbstkreuzigung des inneren Menschen, einen solch' heroischen Liebesakt gegen Gott voraus, daß man seine Befolgung als den besten Maßstab für den guten Geist eines Klosters und seiner Bewohner annehmen darf. Nichts fällt dem Menschen schwerer, als seinen eigenen Willen preiszugeben und ihn dem Willen eines anderen zu unterwerfen. Gehorchen müssen freilich auch die meisten Menschen in der Welt, aber wie viele thun es zähne= knirschend und haßerfüllt, weil sie mit Gewalt dazu gezwungen werden: ihr Wille aber beugt sich nicht. Anders im Kloster! Ein Gehorsam, der nur äußerlich den Oberen folgte, aber innerlich sich widersetzte, wäre kein klösterlicher Gehorsam. Eine so gesinnte Ordensperson würde sich gegen ihr Gelübde versündigen, auch wenn sie äußerlich alles aufs pünktlichste verrichtete. Ob die Vorgesetzten in ihren Anordnungen gerecht handeln oder ungerecht, ob sie in menschlicher Schwäche vielleicht manches Fehlerhafte zeigen, ob ihre Kenntnisse umfangreich oder beschränkt sind, ob sie mit einer erwärmenden Herzlichkeit oder mit scheinbarer Strenge ihr schweres Amt verwalten: auf dies alles kommt es für die untergebenen Ordensleute nicht an. Gehorchen heißt ihr Gebot, gehorchen mit dem ganzen Willen, gehorchen mit Freudigkeit, gehorchen selbst dann, wenn man ihnen Unrecht thäte. Wohl denen, die so ihr Klosterleben erfüllen! Im Feuer der Entsagung und Selbsterniedrigung schmieden sie den goldenen Schlüssel, der ihnen die enge Pforte zum himmlischen Jerusalem öffnet, wo derjenige sie empfängt und belohnt, von dem es heißt: „Er ward gehorsam bis zum Tode, bis zum Tode am Kreuze. Darum hat Gott ihn auch erhöht und ihm einen Namen gegeben, der über alle Namen ist." (Phil. 2, 8. 9.)

5. u. 6. Oktober.

Die Trier'schen Martyrer.
† 286.

Die Grausamkeit des Rictiovarus war durch die Hinrichtung der thebäischen Soldaten nicht befriedigt, sondern zu noch größerer Blutgier entflammt. Auch die christlichen Bürger der Stadt Trier sollten entweder den heidnischen Göttern opfern oder die ganze Wut seines Christushasses an sich erfahren und des Todes sterben.

Vor allem ersah Rictiovarus sich seine Opfer in den Reihen der Vornehmen und Magistratspersonen, denn er dachte, daß, wenn er diese zum Abfall brächte, die übrigen Bürger leicht folgen würden. Aber er täuschte sich in beiden Fällen.

Am 5. Oktober 286 ließ er vor sich bringen Palmatius, den Bürgermeister der Stadt, und die sieben Ratsherren: Maxentius, Constantius, Crescentius, Justinus, Leander, Alexander und Soter; dazu noch vier andere durch Geburt und Tugend ausgezeichnete Männer: Hormisda, Papirius, Constans und Jovianus. Alle waren Christen und darum dem Rictiovarus auf's äußerste verhaßt. Mit Schauder umstanden die christlichen Bürger Triers das Gericht, vor dem die Häupter der Stadt fallen sollten. Der Präfekt befahl den Angeklagten, den Göttern zu opfern. Während Palmatius und seine Ratsherren einfach erwiderten, daß sie dies niemals thun würden, warfen die anderen dem Tyrannen seine Ruchlosigkeit mit so überwältigenden Worten vor, daß derselbe in höchsten Zorn geriet und die elf Männer sogleich auf verschiedene Weise peinigen ließ. Jedoch umsonst. Der Glaube siegte über alle Furcht, und standhaft erduldeten sie alle Qualen, bis Rictiovarus den Lictoren befahl, sie entkleidet an den Pfahl zu binden, sie mit Ruten zu geißeln und dann zu enthaupten. Der Befehl wurde alsbald ausgeführt. Es war ein glorreicher Tag für Trier, an dem die Vornehmsten der Stadt dem Volke das Beispiel eines unbesiegbaren Glaubensmutes gaben. Jedenfalls wurden die Leichen der Martyrer in der Nacht von den Christen aufgesucht oder durch Geld erkauft und an einer besondern Stelle beerdigt.

Noch glorreicher sollte der f o l g e n d e T a g werden, und nie hat die Sonne über Trier einen schöneren Tag gesehen als den 6. Oktober 286. Durch den Widerstand der Ratsherren zur höchsten Wut gereizt, forderte nämlich Rictiovarus nun alle c h r i s t l i c h e n E i n w o h n e r in Trier auf, den Göttern zu opfern. Das Thal füllte sich mit ungeheurem Tumulte, mit Angst- und Jammergeschrei, und bald strömten ganze Scharen von Männern und Frauen, Eltern und Kinder, Jünglinge und Greise hinaus auf das Blutfeld vor den Richterstuhl des Tyrannen und vor die verhaßten Götzenbilder. Wohl wird man einige mit Gewalt vor den Richter geschleppt haben, aber gewiß drängten sich auch viele herbei, denn so war es die Art der alten Christen. Nach der Marterkrone rang alles. Begeistert durch den Heldenmut der Thebäer und ihrer Obrigkeit, angefeuert durch das Beispiel der alten Martyrer Roms, fühlten die Trierer sich glücklich, für den Herrn sterben zu können, und bekannten standhaft und freudig vor dem Tyrannen ihren Glauben. Drohend umstanden dichte Haufen heidnischer Soldaten die arme Herde Christi, begierig, über sie herzufallen. Da begann auf den Befehl des Richters und auf den Schall der Trompete ein Gemetzel, dessen Vorstellung uns mit Schauder und zugleich mit heiliger Freude erfüllt. Ohne Unterschied des Geschlechtes, des Standes und Alters wurden die Scharen des Volkes niedergehauen, das Blut rann in Strömen, der durch das Marsfeld fließende Stadtbach war zu Blut geworden und wälzte die Häupter der Erschlagenen dahin. Während die einen mordeten, schleiften die anderen die Leichen auf das Feld in große Gruben und zur Mosel hin, sodaß diese sieben Stunden weit bis gen Neumagen hin vom Blute gerötet gewesen sein soll. Die uralte „Martyrerkapelle" oberhalb Neumagen, die noch jetzt teilweise steht, wurde gemäß der Überlieferung zum Andenken an jenes Ereignis erbaut.

Wie viele der Hingerichteten waren, wir wissen es nicht; man nennt sie die „unzählbaren trierischen Martyrer", und ihre Namen sind aufgeschrieben im Buche des Lebens. Die Nacht bedeckte mit düsterem Schleier ein schreckliches Totenfeld und eine zum Teil entvölkerte Stadt, aber der Glaube hatte einen herrlichen Triumph gefeiert, und großer Jubel herrschte im Himmel. Und wie einst in Rom „das Blut der Martyrer den Samen neuer Christen" bildete, so sollte auch bald in Trier neues Leben unter dem Zeichen des Kreuzes erblühen. Denn die Tage des römischen Reiches waren gezählt, und schon rüsteten sich im fernen Osten die kräftigen Völker Germaniens, denen die Vorsehung Gottes die Verbreitung des Christentums übertragen wollte.

Die Gräber der hl. Thebäer und der Trierischen Martyrer waren gewiß für die Christen, die sich nach jenen blutigen Tagen wieder in der Stadt niederließen, ein Gegenstand eifriger und hoher Verehrung, zumal da schon 25 Jahre später die christliche Religion durch den Kaiser Konstantin (306—337) die Freiheit erlangte. Auf dem Marsfelde, dort, wo heute die Paulinskirche steht, ließ Bischof Felix (386—398) eine große Kirche zu Ehren der allerseligsten Jungfrau erbauen und bestattete darin den Leib seines hl. Vorgängers Paulinus, den er aus Phrygien hatte abholen lassen. Diese Kirche ward nun auch zur Ruhestätte der Trierischen Martyrer bestimmt. Ihre Gebeine, die bis dahin noch auf dem Marsfelde bestattet waren, übertrug man zum großen Teil in diese Kirche: ja, eine spätere Sage giebt sogar an, daß Felix den Boden der Kirche unter dem Estrich so dicht mit Martyrergebeinen bestreut habe, daß man nicht den Fuß habe setzen können, ohne über solchen zu stehen. Die Gebeine der hl. Thyrsus und Palmatius sowie der Senatoren wurden vielleicht schon damals in die Steinsärge gelegt, in welchen sie sich noch jetzt befinden.

Während der fürchterlichen Zeit der Völkerwanderung wurde auch die vom hl. Felix erbaute Kirche hart mitgenommen, aber schon von Bischof Marus († ca. 480) wieder aufgebaut. Als im Jahre 882 die Normannen ihre Raubzüge nach Teutschland machten und plündernd, brennend und mordend bis ins Moselthal vordrangen, schützten die Stiftsherren von St. Paulin die Gräber der hl. Martyrer in der Krypta dadurch vor Entweihung, daß sie die Gruft vermauerten und über dem so geschlossenen Eingang den Hochaltar der Kirche errichteten. Diese Anordnung hatte nun zwar das Gute, daß die heiligen Gräber vor den Barbaren verschont blieben, aber zugleich auch den Nachteil, daß die Krypta samt ihrem Inhalte immer mehr in Vergessenheit kam, sodaß man etwa 200 Jahre später im Paulinsstifte kaum noch Kunde davon hatte. Erst im Jahre 1072 fanden die Kanoniker der Kirche den Eingang zur Gruft wieder auf und sahen in ihr zur größten Freude aller Gläubigen die Sarkophage der Trierer Martyrer noch unversehrt um das Grab des hl. Paulinus aufgestellt. Infolge dieser Auffindung wurde die Gruft erweitert und neu ausgebaut, damit die zahlreichen Pilger darin ihre Gebete verrichten konnten.

Die Paulinuskirche hat in den folgenden Jahrhunderten die mannigfaltigsten Schicksale erlitten; die Gruft aber mit den heiligen Martyrer-Gräbern ist unentweiht geblieben bis auf den heutigen Tag. Viele Wunder hat Gott an dieser ehrwürdigen

Stätte gewirkt, und Unzählige haben dort im Gebete Trost
gesucht und Hülfe gefunden. Und wenn der hl. Chrysostomus
jede Stadt glücklich preist, welche Reliquien eines Heiligen besitzt,
und sie eine „Vorstadt des himmlischen Jerusalem" nennt, wie
sehr ist dann Trier glücklich zu preisen, das so reich ist durch
die Reliquien dieser hl. Märtyrer, welche einst Bewohner der
Stadt waren, dieselbe geheiligt haben durch ihr Leben und ihren
Tod und bis zur Stunde sie noch heiligen durch ihre verehrungs-
würdigen Reliquien, sodaß die Stadt von alters her mit Recht
den Namen führt: „Sancta Treviris". „Heiliges Trier".

Geistiges Martyrium.

> Wer mein Jünger sein will, der verleugne
> sich selbst, nehme täglich sein Kreuz auf sich und
> so folge er mir nach. Matth. 16, 24.

Es waren glorreiche Tage für die Stadt Trier, als zahllose Einwohner aus allen Ständen und jedem Geschlechte freudig
den Martyrertod erduldeten. Durch ein wahrhaft christliches,
ein wahrhaft heiliges Leben muß das trierische Volk damaliger
Zeit sich ausgezeichnet haben, denn das Martyrium ist eine
Gnadenerweisung Gottes, welche nur besonders tugendhaften
Menschen zu teil wird. In dem Martyrium feiern die erhabenen Tugenden Glaube, Hoffnung und Liebe ihren höchsten
und herrlichsten Triumph. Denn während der Christ sein Leben
hingibt, erweist sich sein Glaube stärker als alle Macht der
Welt, seine Hoffnung wendet sich von den Gütern dieser Erde
zu den ewigen Freuden des Himmels, seine Liebe ist stärker
als der Tod: „viele Wasser der Trübsal vermögen sie nicht
auszulöschen." Wenn wir nun der Martyrer und ihrer hohen
Tugend und der Gewißheit gedenken, daß sie die ewige Seligkeit
erlangten, regt sich vielleicht auch in manchem von uns der
Wunsch, Martyrer zu werden. Im eigentlichen Sinne des
Wortes werden wir es wohl niemals sein, aber geistigerweise
können wir Martyrer werden nicht bloß durch das Verlangen
des Herzens, sondern auch durch die That und im Werke.

„Das ganze Leben des Menschen, wenn er nach der Lehre des Evangeliums lebt", sagt der hl. Augustinus, „ist Kreuz und Marter", und der hl. Bernard versichert: „Wenn du nur dein Gemüt in beständiger Geduld zu halten weißt, so kannst du auch ohne Schwertstreich zum Martyrer werden." Und wiederum ist nach dem Zeugnis des hl. Hieronymus „der Kampf um eine unverletzte Reinigkeit ein beständiges Martyrium". Die Selbstverleugnung, die das christliche Leben erfordert, die Übung der Geduld in Kreuz und Leid, der Kampf gegen die Versuchungen des Fleisches sind ein geistiges Martyrium, in welchem sich der Glaube, die Hoffnung und Liebe des Christen erproben und bewähren, in welchem er Anteil gewinnt an dem Lohne und der Krone des Martyriums. Denn „glückselig der Mensch, der die Prüfung besteht: wenn er bewährt ist worden, wird er die Krone des Lebens empfangen". (Jak. 1, 12.)

15. Oktober.

Der heilige Lubentius, Priester.
† um 370.

Der hl. Lubentius wurde als Knabe von dem Bischof Martinus von Mainz nach Trier geleitet und dem Bischof Maximinus (332—349) zur Unterweisung in den Wissenschaften übergeben. Er trat dort in die berühmte Schule ein, aus welcher so viele Heilige hervorgingen, insbesondere der hl. Paulinus, der hl. Castor und der hl. Quiriacus. Nach Vollendung seiner Ausbildung wurde er zum Priester geweiht und in die Gegend an der unteren Mosel gesandt, wo damals von der christlichen Religion erst wenige Spuren zu finden waren. Während Castor in Karden wirkte, ging Lubentius noch weiter hinab und wählte das Dorf Kobern, etwa 3 Stunden oberhalb Koblenz, zu seinem Aufenthaltsorte.

Das Missionswerk war überaus schwierig, denn die Bevölkerung, aus Kelten, Franken und römischen Soldaten gemischt, hatte keinen rechten Zusammenhalt und lebte zudem noch in beständiger Furcht vor dem Angriff der germanischen Völker jenseits des Rheines. Lubentius errichtete in einem Thälchen bei Kobern eine Kapelle und eine kleine Wohnung und suchte durch seine Predigt sowie durch Wohlthaten jeder Art die Bewohner für das Christentum zu gewinnen. Auch in dem jenseits der Mosel liegenden Dorfe Dieblich soll er gepredigt haben.

Nachdem Lubentius etwa zehn Jahre an der unteren Mosel geweilt und wegen des hartnäckigen Sinnes der Bevölkerung mit großen Schwierigkeiten gekämpft hatte, wurde er nach Trier durch einen Vorfall zurückberufen, der für ihn recht schmerzlich war, aber auch zeigt, in welchem Ansehen er schon damals bei seinem Oberhirten stand. Der hl. Maximinus war nämlich in seiner Heimatstadt Poitiers gestorben (349), und sein Nachfolger Paulinus ordnete eine Gesandtschaft dahin ab, um den Leib des Heiligen in seine Bischofsstadt Trier zurückzubringen. Die Gesandtschaft bestand aus zahlreichem Klerus und Volk; an ihre Spitze aber wurde Lubentius, der treue Schüler des Entschlafenen, gestellt. Nach Überwindung vieler Schwierigkeiten gelang es, die Leiche in Poitiers zu erhalten, und schon auf dem Rückwege verherrlichte Gott den Heiligen durch zahlreiche Wunder. Als die Gesandtschaft endlich die Nähe Triers erreichte, eilte das ganze Volk ihr mit Rauchwerk und brennenden Kerzen entgegen, und der hl. Paulinus bestattete nun feierlich seinen Vorgänger in der Kirche des hl. Johannes, der späteren Maximinkirche.

Bald darauf kehrte Lubentius wieder zu dem begonnenen Werke der Heidenbekehrung zurück, aber diesmal hatte er sich ein weiteres Arbeitsfeld ausersehen. Über den Rhein war nämlich vor ihm noch kein christlicher Glaubensbote gegangen, und darum beschloß er nun, als erster Vorkämpfer des Christentums den Boden des eigentlichen Deutschlands zu betreten und den Stämmen der Mattiaker und Chatten, welche zwischen

Lahn und Main wohnten, die Lehre des Kreuzes zu predigen. Bei Koblenz ging er über den Rhein, durchzog predigend das Thal der Lahn und schlug zu Dietkirchen, eine Stunde oberhalb Limburg, seinen Wohnsitz auf. Es war ein kühnes Unternehmen. Denn während er in Kobern den Schutz der römischen Truppen hatte, befand er sich jetzt außerhalb des römischen Reiches, jenseits des großen Grenzwalles, der sich vom Mittelrhein bis an die obere Donau hinzog und das römische Gebiet gegen die Angriffe der östlichen Völker schützte.

Dietkirchen liegt auf einem hohen Felsen, steil über den Fluten der Lahn. Dieser Fels, damals mit Wald bedeckt, war den umwohnenden Deutschen eine geheiligte Stätte, und sie versammelten sich hier an bestimmten Tagen in großer Menge, um ihre heidnischen Opfer darzubringen und Gericht zu halten. Gerade diesen Ort wählte Lubentius für die Predigt vom Reiche Gottes. Er überzeugte das Volk von den Irrtümern des Heidentums, und da, wo vordem schändlicher Götzendienst getrieben worden, erbaute er das erste christliche Gotteshaus jenseits des Rheines. Wie lange er in Dietkirchen verweilte, ist nicht bekannt, doch scheint es, daß er, ähnlich wie der hl. Castor zu Karden, ein kleines Kloster errichtete und mit einigen Priestern besetzte. Dadurch erhielt das Christentum in jenen Gegenden, auch als Lubentius an die Mosel zurückkehrte, eine bleibende Stütze.

Nach einem Apostolat von nahezu 30 Jahren starb Lubentius in Kobern am 6. Februar um das Jahr 370. Sein Leichnam wurde am 13. Oktober nach Dietkirchen, dem Mittelpunkte seiner Missionsthätigkeit im Lande der Mattiaker, übertragen. Die Legende hat diese Übertragung in ähnlicher Weise wie beim hl. Ludwinus und Maternus ausgeschmückt und berichtet, daß das Schiff, welches den hl. Körper trug, ohne Ruder und Segel die Mosel hinab- und den Rhein und die Lahn hinaufgetrieben sei und erst bei Dietkirchen Halt gemacht habe, zum Zeichen, daß der Heilige hier seine Ruhestätte haben wolle.

Die Leiche wurde zuerst in einer Kapelle beigesetzt. Später erbaute man auf dem Felsen eine prachtvolle Kirche und senkte den steinernen Sarg, der die hl. Gebeine enthielt, unter dem Hochaltar ein. Dort befindet sich der Sarg noch heute. Er trägt auf dem Deckel eine lateinische Inschrift, welche besagt: „Hier ruht der Körper des hl. Lubentius, des Bekenners." Die Schrift soll nach dem Urteil von Sachverständigen römischen Ursprungs sein.

Die obengenannte prachtvolle Kirche, welche auf hohem Felsen über der Lahn emporragt, wurde wahrscheinlich im 10. Jahrhundert erbaut. Sie war eine Stifts- oder Kollegiatkirche, das heißt, die bei ihr angestellten Priester lebten nach einer bestimmten Regel beisammen, ähnlich wie die Mönche eines Klosters. Das hier errichtete Archidiakonat des hl. Lubentius war nach demjenigen des hl. Petrus zu Trier das angesehenste der fünf Archidiakonate, in welche früher die Erzdiözese eingeteilt war. Die Aufhebung des Stiftes geschah im Jahre 1801. Das Gebiet desselben gehört jetzt zur Diözese Limburg, die alte Kollegiatkirche dient als Pfarrkirche der Gemeinde Dietkirchen. In dieser Kirche befinden sich auch noch die meisten Reliquien des Heiligen; das Haupt ist in eine silberne Büste aus dem 15. Jahrhundert eingeschlossen und wird alljährlich am Lubentiusfeste zur Verehrung ausgesetzt, die übrigen Gebeine ruhen zum Teil noch in dem obengenannten alten Steinsarg, zum Teil in zwei Reliquienschreinen auf dem Hochaltar, zu beiden Seiten des Tabernakels.

Kobern an der Mosel hat das Andenken an seinen ersten Glaubensboten stets treu bewahrt. Seit den ältesten Zeiten hat ihn die dortige Pfarrkirche zum Patron, und sie bewahrt auch als kostbaren Schatz einen Teil seiner Reliquien, die in einem silbernen, armförmigen Reliquiar enthalten sind. Das von dem Koblenzer Maler Settegast angefertigte Bild des Hochaltars stellt den hl. Lubentius dar, wie er die Bewohner der Gegend tauft. In der Nähe von Kobern trägt eine Quelle, aus welcher nach der Überlieferung der Heilige Wasser zu schöpfen pflegte, den Namen „Lubentiusbrunnen". Kranke bedienen sich des Wassers häufig, um durch die Fürbitte des Heiligen die Wiedergenesung zu erlangen. Der Kelch, den Lubentius beim hl. Meßopfer gebraucht haben soll, befand sich noch im Jahre 1736 in der Pfarrkirche zu Dieblich: jetzt ist derselbe nicht mehr vorhanden.

Die Mutlosigkeit.

Saget den Kleinmütigen: Seid getrost und verzaget nicht: Gott selbst, er kommt und erlöset euch.
Is. 35, 4.

Während vieler Jahre arbeitete der hl. Lubentius in Kobern an der Bekehrung des heidnischen Volkes mit großem Eifer, aber sehr geringem Erfolge. Gleichwohl harrte er unverzagt in seiner mühevollen und scheinbar nutzlosen Thätigkeit aus, und weit entfernt, sich entmutigen zu lassen, zog er vielmehr, vertrauend auf Gottes Gnade, noch weiter ins heidnische Deutschland, die Lahn hinauf bis nach Dietkirchen hin. Wir Menschen wollen gewöhnlich sofort den Erfolg unserer Arbeiten und Gebete sehen. Zeigt er sich nicht sogleich, so werden wir mutlos und verzagt und sind in Gefahr, die Arbeit und das Gebet ganz aufzugeben oder doch nur mehr mit geringem Eifer zu verrichten. Du kämpfest vielleicht schon jahrelang gegen eine vorherrschende Neigung in dir selbst, und gleichwohl ist dieselbe noch immer rege und gibt dir Anlaß zu manchen Fehlern. Du betest schon lange um die Bekehrung einer Seele, die dir nahe steht, und noch immer siehst du keinen Erfolg. Du arbeitest mit unermüd- lichem Fleiß und großer Treue in deinem Berufe, und doch scheint dir nichts zu gelingen: und darum bist du kleinmütig und verzagt und glaubst, daß all' deine Mühe und Anstrengung vergebens sei. Diese Mutlosigkeit ist eine gar häufige und sehr gefährliche Versuchung, der du ernstlich widerstehen mußt. „Fasse Mut", so mahnt dich der Psalmist, „und halte dich an den Herrn!" Ja, du hast alle Ursache, Mut zu fassen. Denn sei versichert, dein Kämpfen und Beten ist nicht umsonst; der Herr sieht es in

20*

Gnaden an, und zur Stunde, die er in seiner Weisheit festgesetzt, wird seine Hilfe sich zeigen, und der Erfolg wird um
so größer sein, je länger du gewartet, je mehr du gekämpft und
gebetet hast. Darum „wenn der Herr zögert, harre seiner, und
gewiß, er kommt und bleibt nicht aus". (Hab. 2, 3.) Wie
lange hat eine hl. Monika gebetet und geweint um die Bekehrung
ihres Sohnes Augustinus! Alles schien umsonst! Da endlich
nach vielen, vielen Jahren erst sah sie den Erfolg ihres Gebetes
und ihrer Thränen, und o welch' herrlichen Erfolg! — indem
ihr Sohn nicht nur sich vollkommen bekehrte, sondern einer der
größten Heiligen der Kirche wurde. Hätte Monika den Mut ver-
lierend aufgehört, zu beten, wir hätten keinen hl. Augustinus.
— So verzage denn nicht, sondern sei getrost und harre aus,
wenn auch kein Erfolg sich zeigt; in jedem Falle wird dein
Vertrauen und deine Ausdauer reichen Lohn einst finden: denn
nicht nach dem Erfolge, sondern „nach dem Maße seiner
Arbeit wird jeder seinen Lohn empfangen". (1. Kor. 3, 8.)

━◆━

5. Oktober.
Der heilige Severus, Bischof.
† um 455.

Gegen Ende des vierten Jahrhunderts leitete der heilige
Bischof Lupus von Troyes in Frankreich in seiner Bischofsstadt eine vortreffliche theologische Schule, aus welcher viele
tüchtige Männer hervorgegangen sind. Unter anderen waren
seine Schüler die späteren Bischöfe Polychromius von Verdun
und Alobinus von Chalons, besonders aber Severus, der
um das Jahr 427 auf den bischöflichen Stuhl von Trier
erhoben wurde. Die alten Berichte schildern ihn als einen
Mann voll heiligen Eifers und heben rühmend hervor, daß er
nicht nur seine eigene Diözese segensreich verwaltet, sondern
auch den heidnischen Völkern von Ober-Germanien und Burgund
das Evangelium gepredigt habe.

Um diese Zeit richtete die Irrlehre des Pelagius in Britannien großen Schaden an. Die Bischöfe Galliens versammelten sich und beschlossen, daß Germanus, Bischof von Auxerre, und Lupus, Bischof von Troyes, nach Britannien reisen sollten, um die Irrlehrer zu widerlegen und zur Kirche zurückzuführen. Die Mühe der Bischöfe war von großem Erfolg gekrönt, und mit Dank gegen Gott konnten sie in ihre Heimat Gallien zurückkehren. Im Jahre 446 erhob indes die Irrlehre wiederum ihr Haupt, und der hl. Germanus wurde abermals nach Britannien berufen. Diesmal nahm er als Reisegefährten und Teilnehmer der apostolischen Arbeiten den hl. Severus von Trier mit. Ihre Mission hatte auch diesmal glücklichen Erfolg. Sie bekehrten das vom Glauben abgefallene Volk und bewirkten, daß die eigentlichen Pelagianer Britannien verlassen mußten und auf eine Insel im Meere verbannt wurden. Dann kehrten sie in ihre Bistümer zurück.

In Gallien begann damals schon der Zusammensturz des römischen Reiches. Franken, Vandalen und Hunnen brachen über seine Grenzen herein und verwüsteten alles mit Feuer und Schwert. Insbesondere hatte Trier Unsägliches zu leiden. Aber seine Bischöfe blieben auch im Unglück die besten Freunde ihres Volkes, und wo die weltlichen Fürsten sich zurückzogen, griffen sie mutig und hülfsbereit ein. Auch Bischof Severus war einer dieser wackeren Männer, die vom Unglücke nicht gebeugt und von der Furcht nicht geschreckt wurden. Er starb um das Jahr 455, nachdem er 36 Jahre lang seiner Kirche treu vorgestanden hatte. Leider ist aus jenen bewegten Zeiten uns keine Kunde von dem Ort seines Grabes erhalten.

Die Predigt.

Wer aus Gott ist, der höret Gottes Wort
Joh. 8, 47.

Der große Erfolg, mit dem die Predigten des hl. Severus in Britannien so schnell gesegnet waren, läßt vermuten, daß die dortigen Bewohner weniger aus bösem Willen, als vielmehr aus Unkenntnis der katholischen Lehre in den Irrglauben des Pelagianismus verfallen waren. Ähnlich steht es auch heute noch mit vielen Christen: sie lieben ihre Religion nicht, weil sie dieselbe nicht kennen. Wohl haben auch sie in der Jugend christlichen Unterricht genossen, aber im späteren Leben, als der äußere Zwang zum Besuche der Schule, der Predigt, der Christenlehre aufhörte, glaubten sie von Religionssachen genug zu wissen, glaubten sie „ausgelernt" zu haben. Sie täuschen sich sehr, denn Kenntnisse, welche man nicht beständig auffrischt, gehen unbemerkt verloren, und darum ist es der sehnliche Wunsch der Kirche, daß die Gläubigen durch Anhören des Wortes Gottes sich die ewigen Heilswahrheiten stets gegenwärtig halten. Hierzu ist die Predigt, besonders die Predigt des sonntäglichen Gottesdienstes, bestimmt, und wenn auch kein kirchliches Gebot zur Teilnahme daran unter einer Sünde verpflichtet, so würde doch derjenige nicht von großer Verantwortung freizusprechen sein, welcher zwar für die freigeistigen Reden der Welt ein offenes Ohr hat, die Anhörung des Wortes Gottes aber für langweilig und überflüssig hält. Man wende nicht ein, daß man auch aus Büchern die Religionswahrheiten lernen könne. Gewiß, das kann man, und ein gutes Buch ist ein trefflicher treuer Freund, aber die Macht der lebendigen, gesprochenen Rede ist bei weitem eindringlicher, nachhaltiger, gewinnender, als das stille Lesen. In der Predigt ist der Mund des Priesters das Organ des hl. Geistes, und ob er in glänzender Beredsamkeit oder in schlichter Sprache redet, darauf kommt es nicht an, denn in beiden Fällen verkündet er Gottes Wort, und in beiden Fällen gilt die Verheißung: „Wer euch höret, der höret mich, und wer euch verachtet, der verachtet mich". (Luk. 10, 16.)

21. Oktober.

Die heilige Ursula und ihre Gefährtinnen.
† um 451.

Im Jahre 449 unternahmen die heidnischen Angelsachsen, welche in dem heutigen Holstein und Jütland
wohnten, einen großen Kriegszug nach Britannien, dem
jetzigen England, dessen südlicher Teil bereits seit längerer Zeit
für das Christentum gewonnen war. Mit Hülfe ihrer großen
Flotte durchkreuzten sie das Meer, landeten mit gewaltiger
Kriegsmacht an der Küste Britanniens und brachten das Land
nach kurzem Widerstand in ihre Gewalt. Sie vernichteten die
hier vorhandenen kleinen Königreiche und unterwarfen die christlichen Einwohner des Landes einer drückenden Knechtschaft.
Ein Teil der christlichen Bevölkerung flüchtete sich beim Herannahen der Barbaren jedoch über das Meer und suchte in Gallien
und Batavien (dem heutigen Holland) Zuflucht und Schutz.
Unter diesen Auswanderern befanden sich viele Jungfrauen,
zum Teil aus fürstlichen Geschlechtern, deren Väter und Brüder
von den Angelsachsen getötet worden waren. Sie zogen von
Batavien noch weiter den Rhein hinauf, um in der befestigten
und christlichen Stadt Köln am Rhein einen sicheren Zufluchts-
ort zu finden. Unter dieser Schar befand sich eine Jungfrau,
welche sowohl durch ihre königliche Abstammung, als auch durch
hohe Tugend und Frömmigkeit hervorragte und von allen
übrigen als Führerin und Gebieterin angesehen wurde. Ihr
Name war Ursula, und sie war die Tochter eines britannischen
Königs, den die Angelsachsen vertrieben und ermordet hatten.

In Köln, wo damals schon ein starkes christliches Leben
blühte, fanden die flüchtigen Jungfrauen freundliche Aufnahme,
und besonders ihre Führerin, die Königstochter Ursula, gewann
bald die allgemeine Hochachtung und Verehrung. Sie war nicht
nur das Vorbild ihrer heimatlichen Gefährtinnen, sondern auch

die kölnischen Frauen und Jungfrauen erbauten sich an ihrer Jugend und lieblichen Frömmigkeit. Aber nicht lange sollten die britannischen Ankömmlinge sich der so gern gewährten Gastfreundschaft erfreuen.

Die Hunnen, ein asiatischer Völkerstamm, waren von Osten her in Deutschland eingefallen, hatten sich dort mit anderen barbarischen Völkerschaften verbündet, den Rhein überschritten und sich in Gallien festgesetzt. Fürchterliche Grausamkeiten bezeichneten ihren Weg, und es war nahe daran, daß die ganze christliche Kultur im römischen Reiche nördlich der Alpen ihnen zum Opfer fiel, als die vereinigte Macht der Römer und Westgoten ihnen entgegentrat und in der mörderischen Schlacht auf den Catalaunischen Gefilden (bei dem heutigen Chalons) im Jahre 451 einen entscheidenden Sieg errang. In wilder Flucht drängten die geschlagenen Völker rückwärts, um den Rhein zu gewinnen und jenseits desselben Sicherheit zu finden. Überall aber, wo sie durchzogen, nahmen sie an den aus Franken und Römern bestehenden Einwohnern mit verdoppelter Wut Rache für die erlittene Niederlage. So kam das noch immer furchtbare Heer der Hunnen Mitte Oktober endlich bei Köln an. Die Stadt wurde nach kurzem Widerstand erobert, und nun ließen die Barbaren ihre ganze tierische Wildheit an den unglücklichen Einwohnern aus. Die Männer, welche sich nicht durch die Flucht retten oder sich in der Stadt und in den benachbarten Wäldern verbergen konnten, fielen unter dem Mordschwert der wütenden Asiaten, die Jungfrauen und jüngeren Frauen aber sollten als Beute unter die hunnischen Krieger verteilt werden, um dann dem entsetzlichen Lose der Sklaverei und der Entehrung zu verfallen. Sie wurden zu diesem Zwecke aus der eroberten Stadt hinausgeführt auf das weite Feld vor dem nördlichen Stadtthore, wo sich das Lager der Hunnen befand. Mit den Jungfrauen und Frauen aus der kölnischen Bürgerschaft teilten auch die britannischen Jungfrauen, insbesondere die Königstochter Ursula, dieses harte Schicksal. Aber gleichwie Ursula in ruhigen Tagen das Vorbild der ganzen weiblichen Bevölkerung Kölns gewesen war, so ging sie auch jetzt in dieser furchtbaren Bedrängnis allen mit Mut und Gottvertrauen voran. Mit begeisterten Worten feuerte sie die unabsehbare, um sie versammelte Schar der christlichen Jungfrauen und Frauen zum Widerstande gegen die Anschläge der Barbaren an und bestärkte sie in dem Entschlusse, lieber zu sterben, als das Leben mit dem Opfer des Glaubens und der Herzensreinheit zu erkaufen. Als die Barbaren diesen Widerstand gegen ihre tierischen Anschläge erkannten, wurden sie zur höchsten Wut gereizt, fielen über die wehrlose Schar her und ermordeten sie mit unmenschlicher Grausamkeit. Von ihren Gefährtinnen umringt, fiel auch Ursula, von einem Pfeile ins Herz getroffen. Die Zahl der Ermordeten soll gegen 11000 betragen haben.

Kurz nach diesem schrecklichen Blutbade zogen die Hunnen über den Rhein ab, und die noch übrig gebliebenen Bewohner der Stadt begruben die Leichname der Ermordeten auf dem Felde, welches der Schauplatz ihres Todes gewesen war. In der Nähe dieses Ortes hatten schon früher einmal (etwa um das Jahr 300) christliche Jungfrauen den Martyrertod für ihren Glauben erlitten, und über ihren Gräbern hatte um das Jahr 370 ein frommer Mann Namens Clematius eine Kirche erbaut und eine klösterliche Genossenschaft von Jungfrauen errichtet. Wahrscheinlich ist bei dem Einfall der Hunnen alles zerstört worden, aber der Ort war doch den Kölnern eine geheiligte Stätte, und sie begruben dort gerade die Leichname der britannischen Jungfrauen und der hl. Ursula.

Als durch den Übertritt des Frankenkönigs Chlodwig zum Christentum wieder ruhigere Zeiten über das Land kamen, erstanden auch die alten Gotteshäuser aus der Asche, und der um das Jahr 570 die kölnische Kirche leitende Bischof Charentius ließ die zerstörte „Kirche der heiligen Jungfrauen" an dem großen Gräberfelde nördlich vor der Stadt wieder auferbauen. Nach ihrer Zerstörung durch die Normannen (881)

wurde sie von Erzbischof Hermann (890—925) und Erzbischof
Warin (980) erneuert, jedoch nur notdürftig, wie es die Zeit=
verhältnisse mit sich brachten. Zu Anfang des 11. Jahrhunderts
aber wurde der große Kirchenbau begonnen, welcher noch jetzt
den ältesten Teil der Ursula=Kirche zu Köln bildet. Spätere
Zeiten, besonders die gotische Periode, haben viele Anbauten
hinzugefügt.

Im Innern der Kirche sieht man die Wände mit vielen
Schreinen bedeckt, in denen sich zahllose Gebeine der hl. Jung=
frauen befinden. Besonders reich an Reliquien ist die Schatz=
kammer der Kirche, die sogenannte „goldene Kammer", welche
auch das Grabmal mit den Gebeinen der hl. Ursula enthält.

Die Legende der hl. Ursula hat im Laufe der Jahrhunderte
viele Ausschmückungen erhalten, die zwar geschichtlich nicht haltbar
sind, aber doch von dem frommgläubigen Sinn unserer Vor=
fahren ein schönes Zeugnis ablegen. Auch die kirchlichen Künstler,
zumal die Meister der kölnischen und niederländischen Schule,
haben dieselbe oft verherrlicht. Das schönste Werk dieser Art
ist der berühmte Ursula=Schrein im Johanneshospital zu Brügge,
welcher von dem Maler Hans Memling (1486) mit den
herrlichsten Bildern geschmückt ist. Auch das Dombild zu
Köln zeigt auf einem Seitenflügel die hl. Ursula mit ihren
Gefährtinnen.

Die Universitäten zu Paris, zu Wien und Coimbra
in Portugal erwählten die Heilige zu ihrer Schutzpatronin und
bezeugten damit ihre damalige hohe Verehrung vor der hl. Jung=
fräulichkeit. Der Frauenorden der Ursulinen, welcher
im Jahre 1535 von der hl. Angela Merici zu Brescia ge=
gründet wurde, steht ebenfalls unter dem Schutze der hl. Ursula.
Die Schwestern dieser über ganz Europa verbreiteten Genossen=
schaft widmen sich der Erziehung der weiblichen Jugend; sie
haben in der Diözese Trier drei Niederlassungen (Kalvarienberg
bei Ahrweiler, Trier und Boppard), wo große Mädchen-Pensionate
und Schulen von ihnen segensreich geleitet werden.

Die hl. Reinheit.

O wie schön ist ein keusches Geschlecht
im Tugendglanze: bei Gott und den Menschen
ist es in Ehren.   Weish. 4, 1.

Als ein Opfer der jungfräulichen Reinheit, sowie zugleich des standhaften Bekenntnisses ihres christlichen Glaubens starb Ursula im Verein mit ihren Gefährtinnen des blutigen Marter= todes, und es schmückt sie jetzt im Himmel die doppelte Krone der Jungfräulichkeit und des Martyriums. An ihr, wie an unzählig vielen jungfräulichen Seelen, die ihrem Beispiele gefolgt sind, ist das Wort des hl. Geistes wahr geworden: „O wie schön ist ein keusches Geschlecht im Tugendglanze, bei Gott und den Menschen ist es in Ehren!" Wie schön ist die Seele im Schmucke der Reinheit! Was Himmel und Erde Schönes und Glänzendes bieten, es ist nur ein schwacher Schimmer der Schönheit einer reinen jungfräulichen Seele, denn diese ist ein Ebenbild der hl. Engel, ein Abglanz der göttlichen Schönheit. Gleichwie das glänzende Weiß alle Farben in sich schließt, so birgt die Reinheit in sich alle Tugenden. „Alles Gute kommt nur zugleich mit ihr." (Weish. 7, 11.) Und darum ist sie in Ehren bei Gott, der zu den reinen Seelen sich in huld= vollster Liebe herabläßt und mit ihnen die innigste Verbindung eingeht, und in Ehren bei den Menschen, die der Reinheit nie ihre Anerkennung und Huldigung versagen können, auch dann, wenn sie selbst nicht den Mut und die Kraft haben, die= selbe zu bewahren. Sie ist in Ehren insbesondere bei der hl. Kirche, welche die reinen jungfräulichen Seelen nach den Worten des hl. Cyprian stets als „die schönsten Blüten im Garten Gottes, als den herrlichsten Teil der Herde Christi, als den Schmuck der Gnade, als jenes Werk Gottes, das am meisten Ehre verdient", betrachtet und gepriesen hat. Wer sollte nun die Reinheit nicht lieben mit der ganzen Glut seiner Seele, wer sollte nicht verlangen und ernstlich danach streben, sie zu be= wahren und in sich zu vermehren! Und wenn es Kampf und

Mühe kostet, und wenn es auch das Leben kostete, — fürwahr, ein so hohes Gut ist der heißesten Kämpfe wert, und das irdische Leben ist nicht zu kostbar, als daß wir es nicht freudig opfern sollten, wenn es gilt, die Reinheit zu bewahren. Bitte deshalb oft den Herrn um eine glühende Liebe zur hl. Reinheit und wandle behutsam und kämpfe beharrlich, die schönste Tugend zu bewahren und „den Preis für die Kämpfe einer unbefleckten Reinheit einst davonzutragen". (Weish. 4, 2.)

❧

22. Oktober.

Der heilige **Wendelinus**, Einsiedler.
† um 637.

Der hl. Wendelinus wurde gemäß der Legende um die Mitte des 6. Jahrhunderts in Schottland oder Irland aus königlichem Geschlechte geboren. Unter der Leitung seiner Eltern bildete er sich in allen Tugenden aus, namentlich in der Demut und Selbstverleugnung. Gott zu dienen und nur für das Heil der Seele zu wirken, schien ihm mehr wert zu sein als alle Freuden des Hoflebens und die Aussicht auf die königliche Krone. Darum verließ er heimlich seine Eltern, seine Verwandten und Freunde, setzte über das Meer und kam im Pilgerkleide nach Gallien, wo damals schon viele irische Glaubensboten segensreich wirkten. Zur Zeit des Bischofs Magnericus (566—596) gelangte er endlich auf seinen Wanderungen in das Bistum Trier und erwählte in dem sogenannten Westrich, dort, wo die nördlichen Ausläufer der Vogesen an die Höhen des Hunsrückens grenzen, sich eine friedliche Stätte im Walde zum Wohnort. Aus Baumästen und Reisern errichtete er eine Hütte und begann als Einsiedler ein Leben des Gebetes und der Entsagung zu führen. Die Bewohner der Umgegend erbauten sich an seiner Frömmigkeit und seinen strengen Bußübungen, aber niemand ahnte, daß er statt des rauhen Bußgewandes den Königsmantel hätte tragen können.

Einst ging Wendelinus nach Trier, um dort die Kirchen zu besuchen. Auf dem Wege aber plagte ihn der Hunger, und darum bat er einen vorübergehenden Edelmann um eine Gabe. Der aber fuhr ihn unfreundlich an und sprach: „Du Tagedieb! Schämst du dich nicht zu betteln! Warum arbeitest du nicht? Wenn du keinen Dienst hast, so kannst du bei mir die Schweine hüten und damit dein Brot verdienen!" Wendelinus blieb ruhig trotz dieser zornigen Anrede, und da er fand, daß er in solchem Hirtendienst die Demut recht üben könne, so nahm er den Antrag des Edelmannes an und wurde Schweinehirt. Später hütete er die Kühe und zuletzt die Schafe. Sein Herr gewann ihn bald lieb, denn der neue Hirt versah mit großer Treue sein Amt, und die Herden gediehen sichtlich unter seiner Pflege. Wendelinus selbst war mit seiner armen Stellung recht zufrieden, zumal da sie ihm gestattete, dem Getriebe der Welt fernzubleiben und in der Einsamkeit bei der stillen Herde dem Gebete obzuliegen. Freilich überfiel ihn zuweilen der Gedanke an seine Heimat, seine Eltern und die Freuden des Weltlebens, aber er überwand diese Versuchungen im Hinblick auf die Himmelskrone, die seiner wartete.

Die übrigen Diener, welche sahen, daß Wendelinus immer mehr die Gunst ihres Herrn gewann, blickten aber bald neidisch auf den stillen, frommen Mann. Sie verleumdeten ihn, daß er schlecht für die Herden sorge, daß er sie in entlegene, wasserarme Gegenden führe und bald zu früh, bald zu spät mit ihnen ausziehe. Wirklich traf ihn der Edelmann eines Abends mit der Herde viele Meilen weit vom Gehöfte in einer Wildnis und machte ihm schwere Vorwürfe darüber, daß er nun vor dem Abend nicht zu Hause sein werde. Doch Wendelinus sprach: „Herr, deswegen macht euch keine Sorge, ich gedenke bei Zeiten mit der Herde zu Hause zu sein." Und so geschah es. Denn als der Edelmann nach scharfem Ritt auf seinem schnellen

Pferde abends seinen Hof erreichte, sah er, daß Wendelinus
schon dort war und eben die Schafe in die Ställe trieb. Erstaunt über dieses Ereignis, erkannte er, daß Gott mit seinem
frommen Schäfer sei. Er bat ihn um Vergebung wegen der
schmähenden Worte, nahm ihm sogleich den niedrigen Hirtendienst ab und wollte ihn mit Silber und Gold beschenken.
Wendelinus wies aber alles ab und bat nur um die Erlaubnis, in
der Nähe des Klosters Tholey sich eine Zelle erbauen zu
dürfen. Der Edelmann willfahrte gern diesem Wunsche und
ließ ihm eine Zelle im Walde errichten, etwa zwei Stunden
von Tholey entfernt.

Das Kloster Tholey war von dem austrasischen Könige
Dagobert I. (622—638) in Gemeinschaft mit dem Bischofe
Moboaldus von Trier (622—640) gestiftet worden und
befolgte die Regel des hl. Benediktus. Wendelinus weilte oftmals daselbst, ließ sich auch das Ordenskleid der Mönche geben,
behielt aber seine Wohnung in dem nahen Walde auch ferner
bei. Infolge seiner strengen Lebensweise und seiner großen
Frömmigkeit stand er bei den Landleuten der Umgegend in
großem Ansehn, zumal Gott ihm auch die Gabe der Wunder
verlieh. Denn als einst eine große Seuche die Viehherden
befiel, riefen die Bauern den hl. Einsiedler in ihre Dörfer,
und dieser soll dann durch Gebete und Kreuzeszeichen das Übel
geheilt haben.

Nach der Meinung einiger Schriftsteller soll Wendelinus
später zum Abt des Klosters Tholey erwählt worden sein. Als
solcher sei er der Vorgänger des Abtes Paulus, des nachmaligen
Bischofs von Verdun († um 650), gewesen und auch in Tholey
gestorben. Andere behaupten, daß Wendelinus zwar stets in
freundschaftlicher Verbindung mit den Mönchen gestanden, aber
bis zum Tode in seiner Zelle gewohnt habe. Jedenfalls fand
er in dieser Zelle sein Grab, sei es, daß man seinen Leichnam
von Tholey dorthin übertrug, oder daß er in seiner Zelle starb
und sogleich in ihr begraben wurde. Sein Tod fällt nach dem

Geschichtschreiber Brower in das Jahr 637, nach anderen in das Jahr 617.

Das Grab des königlichen Hirten war bald durch zahlreiche Wunder verherrlicht, und von nah und fern eilten Pilger zu der Gnadenstätte. An Stelle der armen Hütte erhob sich eine Kapelle, welche der hl. Maria Magdalena geweiht wurde, und in ihrer Mitte befand sich das Grab des Heiligen, durch ein eisernes Gitter geschützt. Bald siedelten sich zahlreiche Bewohner um die Kapelle an, und es entstand ein kleiner Ort, der den Namen St. Wendel und später auch eine eigene Pfarrkirche neben der Magdalena-Kapelle erhielt. Zu besonderer Blüte gelangte der Ort unter der Herrschaft der trierischen Kurfürsten. Der kraftvolle Erzbischof Balduin von Trier (1307—1354) kaufte nämlich im Jahre 1326 den Flecken St. Wendel nebst den umliegenden Ortschaften an und wandte diesem neuen Gebiete seiner Diözese nun seine besondere Huld zu. Er ließ den Ort mit schützenden Mauern und Gräben umgeben und mit städtischen Rechten und Ehren ausstatten. Jetzt ist St. Wendel eine Kreisstadt von 4000 Einwohnern.

Unter Balduin begann auch wahrscheinlich schon der Bau der heutigen herrlichen Pfarrkirche an Stelle der älteren kleineren. Im Jahre 1360 wurde die großartige Hallenkirche eingeweiht, aber erst im folgenden Jahrhundert ganz vollendet. Dieselbe ist in gotischem Stil erbaut und eine der schönsten und größten Kirchen des Bistums Trier. Sie ist 52 Meter lang und 14 Meter breit; zwölf schlanke Rundsäulen tragen im Innern das kunstreiche Gewölbe der drei Schiffe, welches sich 19 Meter über dem Boden erhebt.

Bei der Kirchweihe im Jahre 1360 erhob man die Reliquien des hl. Wendelinus in der kleinen Magdalenenkapelle und übertrug sie in die neue Kirche, wo sie in einen Holzschrein gelegt und hinter dem Hochaltar in solcher Höhe aufgestellt wurden, daß die Pilger nach alter Sitte darunter durchgehen konnten. Der ursprüngliche Steinsarkophag aus der Magdalenenkapelle ist noch heute erhalten. Er stammt etwa aus dem 13. Jahrhundert. Auf demselben sind ausgehauen die zwölf Apostel, der hl. Wendelin und ein knieender Pilger, der ihm eine Kerze darbringt. Auf der einen Schmalseite ist die hl. Dreifaltigkeit und auf der anderen das Bild der allerseligsten Jungfrau, der hl. Katharina und der hl. Magdalena dargestellt. Auch eine alte lateinische Inschrift in sechs Verszeilen ist daran angebracht. Jetzt bildet dieser Sarkophag den Unterteil des Hochaltars in der Pfarrkirche.

Im Jahre 1505 in den Pfingsttagen kam eine unzählbare Menge Pilger nach St. Wendel. Bei dem Andrang dieses Volkes, und weil jeder den hölzernen Reliquienschrein berühren, küssen und womöglich einen Splitter als Andenken mitnehmen wollte, wurde derselbe zerbrochen und soweit geöffnet, daß man die Reliquien sehen konnte. Erzbischof Jakob II. von Trier (1503—1511) trug daher am 20. Juni 1506 den Äbten von St. Marien zu Trier und von Mettlach, sowie dem Propste von St. Simeon zu Trier auf, sich nach St. Wendel zu begeben, den Körper des hl. Wendelinus in einen neuen Holzschrein zu legen und denselben gut zu verschließen, auch wohl Obacht zu geben, ob Teile des hl. Leibes entwendet seien. Er untersagte auch, künftig diese Lade zu öffnen, erlaubte aber, daß sie von Pfingsten an, wenn die gewöhnlichen Prozessionen zu kommen pflegen, bis zum St. Wendelstag (22. Oktober) ausgestellt bleibe und inzwischen an jedem Sonntag vor dem Hochamt in einer Prozession aus der Kirche in die alte Magdalenenkapelle zu dem früheren Grabe getragen, daselbst niedergestellt, mit einigen Gebeten verehrt und dann wieder in die Pfarrkirche zurückgebracht werde. Am 11. September 1699 ließ der trierische Weihbischof Peter Verhorst den Schrein wiederum öffnen, um sich von dem Vorhandensein der Reliquien zu überzeugen. Der Befund war derselbe, wie die alte Urkunde von 1506 ihn angab. Dieser Eröffnung wohnte auch der berühmte Kapuziner-Pater Martin von Kochem bei. Die letzte Eröffnung fand endlich statt am 12. Januar 1739 durch Weihbischof Friedrich von Nalbach; die Akten darüber nebst den Schlüsseln zu dem Heiligtum befinden sich in dem bischöflichen Archiv und in der Schatzkammer des Domes zu Trier. Die Reliquien des Heiligen ruhen noch heute in diesem Holzschrein, welcher in einen gotischen Steinsarkophag eingeschlossen ist. Dieser mit den Bildern der zwölf Apostel geschmückte Sarkophag steht auf Säulen hinter dem Hochaltar der Kirche, sodaß er den Blicken der Pilger von allen Seiten her sichtbar ist.

Die alte Magdalenenkapelle blieb neben der Pfarrkirche noch lange Zeit im Gebrauch, bis sie in der französischen Revolution zu einem Getreidemagazin umgewandelt wurde. Jetzt wird das mehrfach umgeänderte Gebäude als Schulhaus benutzt.

Eine andere bleibende Erinnerung an den Heiligen ist der St. Wendelsbrunnen, welcher in einem engen, anmutigen Wiesenthälchen, etwa zwanzig Minuten von der Stadt entfernt, fließt. Die Legende erzählt, daß Wendelinus, als ihm Wasser für seine Schafe fehlte, zu Gott gebetet, dann in gläubigem Vertrauen seinen Hirtenstab in die Erde gestoßen und so die Quelle hervorgerufen habe. Sie ist in Stein gefaßt und wurde ehedem alljährlich in der Kreuzwoche von einem Priester gesegnet. Neben ihr befindet sich eine kleine, 1755 erbaute Kapelle, und nicht leicht versäumt ein Pilger, diese liebliche Stätte des Gebetes zu besuchen.

Das Grab des hl. Wendelinus ist seit vielen hundert Jahren das Ziel großer Wallfahrten von nah und fern. Früher kamen auch häufig Pilger aus Schottland, um die Ruhestätte ihres heiligen Landsmannes zu besuchen. Besonders hat unser katholisches Landvolk große Verehrung für den Heiligen und bittet ihn gern um Hülfe, wenn durch Viehkrankheiten den Gehöften und Ortschaften Schaden droht. Am Mittwoch nach Pfingsten und am Festtage im Oktober ziehen alljährlich große Prozessionen von Landleuten nach St. Wendel, wo dann feierlicher Gottesdienst abgehalten wird und ein großer Markt stattfindet. In der Diözese Trier sind dem Heiligen die Pfarr-kirchen zu Britten, Großrosseln, Hirschfeld, Kirmutscheid, Neroth, Rapperath und St. Wendel geweiht.

Aber auch in anderen Diözesen ist seine Verehrung uralt und weitverbreitet. In Müngersdorf bei Köln wird sein Fest im Oktober mit einer ganzen Oktav begangen. Täglich ist feierliches Hochamt und Nachmittagsandacht; auch ein voll-kommener Ablaß ist durch päpstliches Breve den Pilgern bewilligt. Diese Feier besteht nachweislich schon 340 Jahre, und zahlreiche Gläubige aus Köln und Umgegend, namentlich von jenseits des Rheines, aus dem bergischen Land, pilgern alljährlich zu dieser beliebten Gnadenstätte. In der Mainzer Diözese ist besonders Butzbach in der Wetterau (südlich von Gießen) zu erwähnen, denn hier soll Wendelinus einst, die Lahn heraufkommend, gepredigt haben, und im Jahre 1208 wurde dort zu seiner Ehre eine Kapelle erbaut. Jetzt ist die Gegend protestantisch, aber die Verehrung des Heiligen hat sich bis in die neueste Zeit erhalten. Der protestantische Geistliche Heber teilt in seinem Buche „Die vorkarolingischen Glaubenshelden" folgendes mit: „In Butzbach wird noch bis auf den heutigen Tag das Fest St. Wendels mit Kuchen und Freudenbezeigungen begangen: in der (protestanischen) Kirche seines Namens, jetzt Hospitalkirche genannt, aber noch regelmäßig zum Gottesdienst benutzt, wird dann sein Gedächtnis gefeiert, welches ohnehin durch einen alter-tümlichen, auf das Jahr 1280 zurückweisenden Altarschrein mit Bildern aus dem Leben des Heiligen in der Kirche verewigt ist."

In der gleichfalls protestantischen Stadtkirche zu Wimpfen am Neckar sind auch noch Spuren von seiner Verehrung erhalten; man sieht sein Bild auf dem Schlußstein eines Gewölbes und auf einem alten Flügelaltar.

In der Gegend am Main scheint besonders der Kapuziner-Pater Martin von Kochem († 1712) die Verehrung des hl. Wendelinus befördert zu haben. Etwa 20 Kirchen sind in jener, teils zum Bistum Mainz, teils zum Bistum Würzburg gehörigen Gegend ihm geweiht.

Die Betrachtung.

> Glückselig der Mann, der in Weisheit ausharret und im Herzen gedenket des Anschauens Gottes.
> Ecc. 14, 22.

Die fromme Beharrlichkeit, mit welcher der hl. Wendelinus die Einsamkeit aufsuchte, um neben seiner still grasenden Herde dem betrachtenden Gebete obzuliegen, zeigt uns, wie sehr er den Wert dieser heiligen Übung zu schätzen wußte. Leider haben viele Christen für diese Art des Gebetes kein rechtes Verständnis; sie verrichten wohl pünktlich ihre mündlichen Gebete, glauben aber, daß zum Betrachten nur Klosterleute, Geistliche, Heilige berufen seien. Das ist ein großer Irrtum, denn jeder Mensch, weß' Standes er immer sei, kann und soll betrachten. Ein eigenes Talent oder gar Gelehrsamkeit ist nicht dazu nötig, nur guter Wille und vor allem Beharrlichkeit. Betrachten heißt ja nichts anderes, als über eine Wahrheit unserer heil. Religion ruhig, gesammelt, demütig und gläubig nachdenken, und das im Nachdenken Gefundene auf den eigenen Seelenzustand anwenden. Aber die menschliche Schwäche findet Gründe genug, sich diesem Nachdenken zu entziehen. Der eine sagt, er verstehe sich nicht darauf; und doch versteht er sich vortrefflich auf das Nachdenken, wenn es sich um weltliche Dinge, um sein Geschäft, sein Geld, seinen Gewinn, sein Vergnügen, vielleicht sogar um die Ausführung einer Sünde handelt. Sollte er nicht auch das Nachdenken über seine Seele erlernen können? Der zweite sagt, er habe keine Zeit dazu. Möglich, daß bei einzelnen dieser Grund auf Wahrheit beruht. Aber man hat doch Zeit für so mancherlei Unnötiges, für zwecklose Besuche, inhaltlose Plaudereien, fade Lektüre: warum nicht auch täglich eine halbe oder doch eine viertel Stunde für das Heil der Seele? Ein dritter sagt, er sei zusehr zerstreut, als daß er betrachten könne. Aber gerade für die Zerstreutheit, die

Flatterhaftigkeit soll die Betrachtung das Heilmittel sein, welches statt unsteter thörichter Träumereien das Gemüt mit Ernstem, Himmlischem, Ewigem erfüllt. Ein vierter meint, es sei ihm zu mühsam. Aber ohne Mühe wird doch nirgends etwas Großes gewonnen, am wenigsten das Himmelreich, von dem der Heiland sagt, „es leide Gewalt!" Ein fünfter endlich — und das ist ohne Zweifel der Aufrichtigste — sagt, das Betrachten sei ihm zu langweilig. O betrübendes Wort! Weltliche Zerstreuung, fröhliche Gesellschaft, heitere Unterhaltung ist ihm täglich erwünscht, aber die Nähe Gottes ist ihm langweilig! Der Besuch seiner Freunde ist ihm stets willkommen, aber für den Heiland, der „an der Thüre steht und anklopft", hat er keinen Gruß, keine Einladung, ihn heißt er weitergehen. Wäre der Grund vielleicht der, daß er nicht gerne mit sich und seinem Gott allein ist, weil dieses Alleinsein ihm eine erschreckende Klarheit über den Zustand seiner Seele bringen würde? Wohlan, lernen wir von den Heiligen! Fast für alle war das betrachtende Gebet das Mittel, mit dem sie den Himmel erstürmten. Sie waren Menschen wie wir, aber im betrachtenden Gebet rangen sie mit Gott, wie einst Jakob mit dem Engel gerungen hat (Gen. 32. 24). Mein Christ, mache den Versuch mit der Betrachtung! Ein viertel Stündchen täglich bringt dich weit voran, ein halbes noch weiter. Solange du an der täglichen Betrachtung festhältst, hast du geradezu die Gewißheit, daß du im Stande der Gnade bist und nicht verloren gehst, denn „die Betrachtung und die Sünde," behauptet der hl. Alphonsus, „können in der Länge der Zeit nicht nebeneinander bestehen: entweder wird man das Betrachten aufgeben oder die Sünde." Heil dir, wenn du durch treues Ausharren diese Übung wahrhaft liebgewännest! Schon auf dieser Welt würdest du Geheimnisse kennen lernen, die Gott nur betenden Seelen enthüllt, vor allem das Geheimnis des Kreuzes und das Glück des Leidens. Du würdest ahnen, was der Heiland verspricht mit den Worten: „Kein Auge hat es gesehen, und kein Ohr hat es gehört, und in keines Menschen Herz ist es gekommen, was Gott denen bereitet hat, die ihn lieben." (1. Kor. 2, 9.)

5. November.

Die heilige Modesta, Äbtissin.

† um 670.

Die heilige Modesta war eine Nichte des hl. Bischofs Modoaldus von Trier (622—640) und eine nahe Verwandte der hl. Gertrud von Nivelles († 659). Sie wurde als Kind in dem Kloster Remiremont in den Vogesen in aller Gottesfurcht erzogen, kam dann nach Trier in das von ihrem Onkel Modoaldus gestiftete Kloster Oeren, wo sie den Schleier nahm und nach der Regel des hl. Benediktus lebte. Da sie ihren Mitschwestern durch große Heiligkeit voranleuchtete, wurde sie bald zur Äbtissin des Klosters erwählt.

Über ihre Freundschaft mit der hl. Gertrud von Nivelles berichtet deren Biograph folgendes: „Die beiden Jungfrauen Gertrud und Modesta waren mit einander aufs innigste vertraut. Und obgleich dem Körper nach weit von einander entfernt, waren sie doch in ihrem Geiste und Herzen sich immer nahe, weil sie in demselben heiligen Berufe lebten und beide in Reinheit des Herzens Gott dienten. In dem Augenblicke, wo Gertrud starb, erschien sie der Modesta, als diese eben in die Kirche gegangen war und betete. In derselben Haltung und Gestalt, wie sie leibte und lebte, erschien sie ihr auf der rechten Seite des Altars und redete sie an und sprach: ‹Schwester Modesta, halte diese Erscheinung ohne alles Zweifeln für wahr und wisse, daß ich heute zu eben dieser Stunde aus diesem Leben geschieden bin. Ich bin Gertrud, die du so sehr geliebt hast.› Danach verschwand die Erscheinung. Modesta aber

erzählte am folgenden Tage den ganzen Hergang dem Bischofe
Chlodulf, und dieser stellte später fest, daß die hl. Gertrud
wirklich an jenem Tage gestorben war."

Die hl. Modesta starb am 5. November um das Jahr 670.
Ihr Grab wurde nach der Angabe Hontheims noch im vorigen
Jahrhundert in einer besonderen Kapelle des Irminenklosters
gesehen und verehrt.

Beten für andere.

Betet für einander, damit ihr das Heil er-
langet.   Jac. 5, 16.

Von dem Leben der hl. Modesta ist wenig bekannt.
Was sollte auch die Geschichte von solchen frommen gottgeweihten
Frauen erzählen, denen es wahrlich nicht darum zu thun war,
in der Welt einen berühmten Namen zu erlangen, sondern deren
höchstes Glück in der stillen Befolgung ihrer hl. Regel und
in der unermüdlichen Übung des Gebetes lag. Aber nicht
nur für sich selbst beteten diese heiligen Scharen, sie beteten
auch für alle die, welche draußen in den Stürmen und Kämpfen
des Lebens standen und doch selbst nicht beteten. So war es
immer in der Kirche und so wird es bleiben, denn nie hat es
der Menschheit an heiligen, demütigen Seelen gefehlt, die das
Erlösungswerk Jesu Christi fortsetzen, indem sie ihr Leiden und
ihr Gebet freudig zur Rettung anderer aufopfern. Wenn
jeder Mensch nur soviel Gnaden von Gott erhielte, als er sich
selbst verdient, wie wäre es um ihn bestellt! Aber in der
katholischen Kirche steht keiner allein, denn sie ist die welt-
umfassende Völkerfamilie, und das Verdienst des einen ist auch
der Segen des andern. Angesichts der fürbittenden Liebe aber
und der Opfer, welche einfältige Seelen zur Genugthuung für
fremde Vergehungen auf sich nehmen, tritt das Wort des
großen Gottesgelehrten Möhler in ein herrliches Licht: „Wenn
dermaleinst die innere Seite der Geschichte wird herausgekehrt
und offenbar werden, wird sich erst zeigen, wer die wirklich

heilenden, erhebenden und belebenden Kräfte gewesen sind; nicht wenige geräuschvolle Helden der Zeit, die im Staate, in der Kirche und in der Wissenschaft aufgetreten sind, werden in einer staunenerregenden Unbedeutendheit verschwinden, wogegen manches stille, kleine, vor unseren offenen Augen unnütze und von ihnen gar nicht wahrgenommene Leben als der eigentliche wohlthätige Träger der Geschichte sich herausstellen wird."

6. November.

Der heilige Leonard, Mönch.

† um 559.

Der hl. Leonard stammte aus einem alten fränkischen Adelsgeschlechte. Seine Eltern standen am Hofe des Königs Chlodwig I. (481—511) in hohem Ansehen, und auch ihm wären ähnliche Ehren und Würden beschieden gewesen, wenn er nicht freiwillig darauf verzichtet und sich ganz in den Dienst Gottes, des Königs der Könige, gestellt hätte. Er schloß sich darum dem hl. Remigius, dem großen Bischofe von Reims, an und machte als dessen getreuer Schüler solche Fortschritte in allen Tugenden, daß sich sein Ruhm über ganz Gallien ver breitete.

Aber gerade den Ruhm der Welt wollte Leonard ver meiden. Schon wurden Stimmen laut, welche sagten, daß man einen so heiligen Mann an den Königshof ziehen müsse, daß man ihn zum Bischof weihen und mit kirchlichen Ämtern be trauen solle. Als Leonard davon hörte, war er schnell ent schlossen. Er verließ in aller Stille die Stadt Reims und wanderte nach Südwesten, in das Gebiet von Orleans. Zwei Meilen von dieser Stadt entfernt lag das Kloster Micy (heute St. Mesmin), welches im Jahre 508 vom hl. Euspicius gestiftet worden war. In diesem Kloster weilte Leonard längere

Zeit und lernte dort die Grundsätze des Mönchslebens kennen und lieben. Von Micy zog er dann weiter südlich in die Provinz Limousin, wo damals noch viele Heiden lebten. In einem Walde, vier Meilen östlich von der Stadt Limoges, erbaute er sich eine Hütte, und während er nun sich selbst durch strenge Bußwerke und Gebetsübungen zu heiligen suchte, war er eifrig darauf bedacht, den Bewohnern der Umgegend das Evangelium zu predigen und ihnen zu helfen, wo er nur konnte.

In der Nähe seiner Klause lag ein königliches Schloß, auf dem der austrasische König Theodebert mit seinem Gefolge alljährlich einige Wochen weilte, um große Jagden in den umliegenden Wäldern abzuhalten. Doch eines Tages herrschte Trauer und Wehklagen in diesen festlichen Räumen, denn die Königin, welche einen Sohn erwartete, lag schwer krank und hoffnungslos darnieder. Die Kunst der Ärzte wußte keine Hülfe mehr. Da kam man auf den Gedanken, den frommen Einsiedler aus dem nahen Walde zu rufen, damit er die Königin segne und für sie bete. Und wie man gehofft hatte, so geschah es: denn kaum hatte Leonard seinen Segen gespendet und sein Gebet gesprochen, als Gott in wunderbarer Weise der Königin zu Hülfe kam. Voll Dankbarkeit und Freude über die Rettung ließ der König goldene und silberne Gefäße, Purpurgewänder und kostbare Gewebe zusammentragen, um sie dem armen Einsiedler zum Geschenke zu machen. Der aber lächelte still, als er die Schätze sah, denn auf all diese Dinge hatte er ja freiwillig verzichtet. Er nahm nichts davon an, sondern bat nur den König, daß er ihm den Teil des Waldes, in dem seine Hütte lag, übergeben möchte. Gern willfahrte der König dieser Bitte, und Leonard erbaute nun inmitten dieses Waldes eine Kapelle und eine größere Wohnung, in welcher von jetzt an noch zwei Gefährten seine Lebensweise teilten. Er nannte den Ort Noblac und legte in ihm den Grund zu einem der ältesten und berühmtesten Klöster Frankreichs.

Obgleich Leonard die Einsamkeit über alles liebte, konnte er es doch nicht hindern, daß der Ruf seiner Heiligkeit sich immer weiter in Frankreich und Deutschland verbreitete. Zahl= reiche Kranke kamen hülfesuchend zu ihm, um Linderung oder Heilung ihrer Gebrechen zu finden. Besonders soll er die Macht gehabt haben, Gefangene, welche in den Kerkern schmachteten, zu befreien, sei es, daß er bei dem König ihre Begnadigung erwirkte, oder daß er durch sein Gebet ihnen die Hülfe Gottes in besonderer Weise zuwandte. Zahlreiche dieser armen, oft schuldlos eingekerkerten Menschen pilgerten alljährlich nach dem stillen Kloster, um dem frommen Mönche für seine Hülfe zu danken. Eine Anzahl derselben behielt er in seiner Nähe und wies ihnen Teile des Waldes zur Bebauung an, damit sie vor Müßiggang und ferneren Vergehungen bewahrt bleiben sollten.

Hochbetagt und von seinen Genossen tief betrauert, starb Leonard am 6. November um das Jahr 559. Er wurde in seiner Kapelle zu Nobiac begraben, und alsbald geschahen zahlreiche Wunder auf seine Fürbitte. Der Ort Noblac ver= größerte sich immer mehr, und aus Dankbarkeit gegen seinen Stifter nannte man ihn später St. Leonard, welchen Namen die Stadt bis auf den heutigen Tag behalten hat. Im 11. Jahrhundert erbaute man zu Ehren des Heiligen eine große romanische Kirche und setzte seine Reliquien in ihrer Krypta bei. Diese Krypta wurde im Jahre 1191 wegen der drohen= den Kriegsstürme vermauert, und infolgedessen gerieten die Reliquien allmählich in Vergessenheit. Erst im Jahre 1403 wurden sie in der Krypta wieder aufgefunden. Sie befinden sich jetzt in fünf kleinen kostbaren Reliquiarien, die in einem großen, kunstvoll gearbeiteten Behälter eingeschlossen sind, welcher auf dem Hochaltar der Kirche zu St. Leonard steht. Alle sieben Jahre werden sie erhoben und zur Verehrung des Volkes, das dann in großen Prozessionen herbeizieht, ausgestellt.

Der hl. Leonard ist einer der gefeiertesten Heiligen Frankreichs, und in den meisten Diözesen sind ihm dort

Kirchen geweiht. Wegen der wunderbaren Hülfe, die er der kranken Königin von Austrasien brachte, wird er in Frankreich besonders von Frauen angerufen, die einer schweren Stunde entgegensehen. Auch ist er der Schutzheilige der Gefangenen und wird als solcher von den kirchlichen Künstlern mit zerbrochenen Ketten in der Hand dargestellt. Daraus erklärt sich auch der alte Brauch, daß an manchen Leonardskirchen eine Kette aufgehängt ist.

In Belgien, England und Italien finden wir schon früh seine Verehrung verbreitet. In der Markuskirche zu Venedig ist ihm eine Kapelle geweiht, und in sechs herrlichen goldglänzenden Mosaikbildern sind dort Szenen aus seinem Leben dargestellt. In Teutschland ist er Patron vieler Kirchen, und insbesondere genießt er in Süddeutschland große Verehrung. Mehrere Orte in Kärnthen, Steiermark und Tirol tragen den Namen St. Leonard. In Altbayern verehrt ihn das Landvolk als besonderen Patron gegen die Krankheiten der Haustiere, namentlich der Pferde. Eine eigenartige Feier bilden dort die sogenannten Leonardsfahrten oder -Ritte. An dem Festtage des Heiligen versammeln sich nämlich an vielen Orten die Landleute auf ihren stattlichen Pferden oder in laubumkränzten vierspännigen Wagen und ziehen zur Kirche, wo ein feierlicher Gottesdienst stattfindet. Nach demselben bewegt sich der ganze Zug dreimal um die Kirche, zuerst langsam, dann in scharfem Trabe. Hierauf wird die Segnung der Pferde vorgenommen, und im Anschluß an die kirchliche Feier später ein frohes Volksfest begangen.

Die kirchlichen Segnungen.

Der Herr segne dich und behüte dich; der Herr zeige dir sein Angesicht und sei dir gnädig.
Num. 6, 24.

Die wunderbare Heilung der kranken Königin von Austrasien war eine Folge des kirchlichen Segens, welchen der fromme Einsiedler Leonard über dieselbe sprach. Zu allen Zeiten hat die

Kirche die Gewalt zu segnen ausgeübt, da dieselbe durch das Beispiel und den Auftrag Jesu Christi in ihre Hände gelegt ist. Die hl. Schrift berichtet uns wiederholt von den Segnungen des Heilands. Er segnete z. B. in der Wüste Brot und Fische, beim letzten Abendmahl Brot und Wein, er segnete die Kinder, welche von den Müttern zu ihm geführt wurden, und die Apostel vor seiner Himmelfahrt. Alles aber, was der Heiland that, hat er zur Belehrung und Nachahmung gethan, und darum hat die Kirche außer den eigentlichen Sakramenten auch die Segnungen von Personen und Sachen in den Bereich ihrer Gnadenmittel eingeschlossen. Kein Tag, ja, keine Stunde vergeht, ohne daß sie davon Gebrauch macht. Sie segnet am Schluß der hl. Messe das Volk, sie segnet die Kranken, die Beichtenden vor Ablegung des Sündenbekenntnisses, die Täuflinge, das Brautpaar, die christlichen Mütter, die Leichen, ehe sie ins Grab gesenkt werden. Sie segnet Wasser, Salz, Kerzen, Kräuter, Palmen, Wein und Brot, kirchliche Gefäße und Gewänder, Rosenkränze, Kreuze, Skapuliere, Medaillen, Kreuzwege, Wohnungen u. dgl. Bei allem hat sie die Absicht, ihren Kindern in leiblichen und geistigen Nöten zu Hülfe zu kommen, und die Erfahrung aller Jahrhunderte ist reich an Beispielen von der oft wunderbaren Macht der kirchlichen Segnungen. Leicht begreiflich und durchaus gerechtfertigt ist darum das große Vertrauen, welches das gläubige Volk zu dem Segen der Kirche hat, denn von ihrem fürbittenden Gebet gilt vor allem die Verheißung Christi: „Bittet, was immer ihr wollet, es wird euch gegeben werden." (Joh. 15, 7.)

7. November.

Der heilige Willibrord, Bischof.
† 739.

Um die Mitte des 7. Jahrhunderts lebte im Königreich Northumbrien in England ein frommes und angesehenes Ehepaar, Wilgis und Mena. Viele Jahre lang hatten sie um einen Sohn gebetet, der einst als Priester seine Mitmenschen erleuchten und zum Himmel führen sollte. Gott erhörte ihr Gebet, und im Jahre 657 schenkte er ihnen einen Sohn, der in der Taufe den Namen Willibrord erhielt. Schon in frühen Jahren brachte ihn der Vater in das Benediktinerkloster Rippon, wo er in Wissenschaft und Frömmigkeit große Fortschritte machte und später ein eifriger Mönch wurde. Im Alter von zwanzig Jahren zog er mit Erlaubnis seines Abtes nach Irland, um sich dort unter der Leitung des hl. Egbert noch weiter auszubilden.

Dieser hatte schon seit längerer Zeit sein Augenmerk auf die Bekehrung der heidnischen Völker im Norden Deutschlands gerichtet und den durch Frömmigkeit und Wissenschaft ausgezeichneten Mönch Wigbert zu dem Volke der Friesen, im heutigen Holland, geschickt. Wigbert kehrte zwar nach zweijähriger erfolgloser Arbeit zurück, allein Egbert war dadurch nicht entmutigt und sandte bald darauf Willibrord mit zwölf Mönchen wieder in dieselbe Gegend. Willibrord war erst 33 Jahre alt, aber seine Umsicht und männliche Entschlossenheit hatten ihn zur Leitung des schweren Unternehmens würdig erscheinen lassen.

In Friesland angekommen (690), begaben die Missionäre sich zu Pippin von Heristal, dem Majordomus des fränkischen Königs, welcher erst vor kurzem die Friesen besiegt und unterthan gemacht hatte. Pippin nahm die Glaubensboten freundlich auf und versprach ihnen jeglichen Schutz, denn es war ihm viel daran gelegen, die Bewohner des mit Waffengewalt unterjochten

Landes nun auch durch das sanfte Band des christlichen Glaubens mit dem Reiche der Franken zu vereinigen.

Dem hl. Willibrord genügte aber nicht Erlaubnis und Schutz der Predigt durch Pippin, darum beeilte er sich, nach Rom zu reisen, um sein Beginnen unter den Schirm und Segen des apostolischen Stuhles zu stellen. Von Papst Sergius (688 bis 702) gesegnet und mit vielen Reliquien für die zu erbauenden Kirchen beschenkt, kehrte er nach Friesland zurück und wirkte dort vier Jahre lang mit solchem Eifer und Erfolg, daß Pippin ihn veranlaßte, im Jahre 696 zum zweiten Male nach Rom zu gehen und dem Papste über das Ergebnis seiner Mission Bericht zu erstatten. Der Papst war hocherfreut, als er die gottbegeisterten Schilderungen des demütigen Mönches hörte, weihte ihn am Feste der hl. Cäcilia in der Kirche dieser hl. Märtyrin zum Erzbischof von Friesland und gab ihm den Namen Clemens, d. h. der Milde. Bei seiner Rückkehr nahm ihn Pippin höchst ehrenvoll auf und schenkte ihm den Ort Utrecht zur Errichtung eines erzbischöflichen Sitzes; schon im folgenden Jahre (697) konnte Clemens Willibrord seine neue Kathedrale zu Utrecht konsekrieren. Auch gründete er dort eine Vorbildungsschule für Geistliche und eine gemeinschaftliche Wohnstätte für Priester. Mehrere seiner Gefährten sandte er in die benachbarten Lande, so die beiden Brüder Ewald nach Sachsen, Werenfried nach Betuwenland, Adelbert ins Kennemerland, Suitbert nach dem Rheine.

Für sich selbst erwählte Willibrord das heidnische Friesland und widmete der Bekehrung desselben fast sein ganzes Leben. Der König der Friesen, Ratbod, setzte ihm anfangs starken Widerstand entgegen, ließ ihn aber schließlich doch das Evangelium frei verkünden. Unter vielen anderen Orten predigte er auch auf der Insel Walchern und machte sich daran, ein von den heidnischen Bewohnern sehr verehrtes Götzenbild zu zertrümmern. Entrüstet fiel der heidnische Wächter des Heiligtums über Willibrord her und führte einen Schwerthieb nach dem Haupte des Heiligen. Dieser blieb aber unverletzt, und der Götzendiener nahm nach drei Tagen ein unseliges Ende. Auf seinen ferneren Reisen drang Willibrord sogar bis zu dem Volke der Dänen vor, aber die Verstocktheit ihres Königs Ungend verhinderte jeden Erfolg. Nur 30 Knaben nahm er aus diesem Lande mit, um sie zu Missionären ihres Volkes heranzubilden. Auf seiner Rückreise wurde er vom Sturm nach der Insel Fosite (wahrscheinlich Helgoland) verschlagen. Diese Insel war dem Götzen Fosite geweiht und wurde von den Heiden so heilig gehalten, daß niemand dort ein Tier töten oder von den Früchten essen durfte. Um die Bewohner von ihrem Aberglauben zu heilen, tötete und verspeiste Willibrord mit seinen Gefährten einige Tiere und taufte drei Personen in einer Quelle. Die Sache wurde dem König Ratbod hinter- bracht, und nun war Willibrord mit den Seinen nahe daran, den Göttern geopfert zu werden. Drei Tage nach einander wurde das Los über sie geworfen, aber da es immer günstig ausfiel, entgingen sie dem Tode mit Ausnahme eines Einzigen, der dem Fosite geopfert wurde.

Nach seiner Rückkehr in das fränkische Gebiet bei Utrecht fand Willibrord hier einen ergiebigeren Boden. Täglich wuchs die Anzahl der Gläubigen, und viele Kirchen konnten erbaut werden. Nach Pippins Tode (714) erlitt die apostolische Thätigkeit der Missionäre einige Unterbrechung, da ein neuer Krieg zwischen den Friesen und Franken entstand. Während dieser Zeit kam Willibrord in das Kloster Echternach in Luxemburg.

Dieses Kloster war eine Stiftung der hl. Irmina, einer Tochter des Königs Dagobert II., welche dem Kloster Oeren zu Trier als Äbtissin vorstand († 710). Auf Anraten der trierischen Bischöfe Basinus und Ludwinus hatte sie auf ihrer Villa Echternach an der Sauer eine Kirche und ein kleines Kloster errichtet zur Beherbergung fremder Mönche, die als Missionäre in der Umgegend wirken wollten, und zur Almosen- spende für die Armen. Als nun um das Jahr 698 der hl. Willibrord in diese Gegend kam, fand es die hl. Irmina zweckmäßig, ihm ihr Klösterchen mit den umliegenden Ländereien zu übertragen. Im Jahre 706 schenkte auch Pippin beträchtliche Güter, und Willibrord war nun imstande, die Abtei Echternach zu gründen, welche zur Heranbildung von Missionären dienen und nach den Mühen der Bekehrungsreisen ihm und seinen Gefährten eine Ruhestätte bieten sollte.

Im Jahre 719 finden wir Willibrord wieder in Friesland thätig, da inzwischen durch die siegreiche Thätigkeit Karl Martells dort bessere Zustände geschaffen waren. Um diese Zeit kam auch der hl. Bonifacius von England nach Friesland und schloß sich dem hl. Willibrord als begeisterter Mitarbeiter an. Drei Jahre blieben die beiden heiligen Männer vereint, und da Willibrord bereits 64 Jahre alt geworden war und an Bonifacius einen so trefflichen Heidenbekehrer gefunden hatte, gedachte er ihn für Friesland zu erhalten und bat ihn zu wiederholten Malen, daß er das bischöfliche Amt übernehmen möge. Allein Bonifacius konnte diesem Wunsche nicht entsprechen, weil ihn der Papst zum Missionär für Hessen und Thüringen bestimmt hatte, weshalb denn auch Willibrord nicht weiter in ihn drang und ihn im Jahre 722 nach Thüringen ziehen ließ.

Nachdem Willibrord fast 50 Jahre in Friesland gearbeitet und herrliche Erfolge für das Christentum errungen hatte, starb er am 6. November 739 im Alter von 81 Jahren. Seinem Wunsche gemäß wurde er zu Echternach in der Kirche seines Klosters begraben. Diese Kirche, welche bald das Ziel vieler Pilgerzüge wurde, ging im Jahre 1016 in Flammen auf, und man erbaute nun die herrliche, noch jetzt bestehende romanische Basilika. Dieselbe wurde im Jahre 1031 durch Erzbischof Poppo von Trier konsekriert in Gegenwart des Herzogs Heinrich von Bayern, welcher Schirmvogt der Abtei war. Im Jahre 1049 besuchte Papst Leo IX. das Kloster und die Kirche und weihte darin mehrere Kapellen und Altäre.

Der Sarkophag mit den Reliquien des hl. Willibrord, welchen man zur Zeit der Normannenzüge (882) im Boden vergraben hatte, wurde 1031 wieder erhoben und unter dem Altare beigesetzt. Hier blieb er, bis die hl. Grabstätte entweiht wurde. Im Jahre 1794 nämlich, gerade am Feste des Heiligen, wurde das Grab von französischen Raubhorden verwüstet und die Reliquien zerstreut. Ein frommer Priester, Willibrord Meyers, sammelte die Gebeine seines hl. Patrones. Dieselben wurden 1826 in der Pfarrkirche zu Echternach beigesetzt, von wo sie hoffentlich bald wieder in die alte Abteikirche einziehen werden. Diese letztere Kirche, welche in der französischen Revolution entweiht und in der Folgezeit teilweise verfallen war, wurde in den letzten Jahrzehnten mit großer Opferwilligkeit des Volkes restauriert und 1868 dem gottesdienstlichen Zwecke zurückgegeben.

Seit alten Zeiten galt Echternach mit dem Grabe des hl. Willibrord als berühmter Wallfahrtsort. Schon Alcuin schreibt von den Wundern, welche fromme Pilger hier an sich erfuhren, und Abt Thiofried (1081) erzählt, daß zahlreiche Scharen aus Deutschland und Frankreich alljährlich in der Pfingstwoche dort zusammenströmen. Selbst Kaiser unternahmen die fromme Wallfahrt, so im Jahre 1000 Otto III., 1131 Lothar II., 1145 Konrad III., 1512 Max I. In einer einzig dastehenden Weise wird aber auch heute noch der Verehrung gegen den Heiligen Ausdruck gegeben durch die berühmte Echternacher Springprozession, an welcher sich alljährlich am Pfingstdienstage 7—9000 Springende beteiligen, die un- zählbare Menge der Beter und Zuschauer nicht gerechnet.

In der Diözese Trier sind dem hl. Willibrord die Pfarrkirchen zu Neuenahr, Lanfeld, Limbach, Plaidt und Weins- heim geweiht. Der Tragaltar, auf dem er bei seinen Missions- reisen das hl. Meßopfer darbrachte, wird in der Schatzkammer der Liebfrauenkirche zu Trier aufbewahrt. Es ist ein viereckiger Schrein aus Eichenholz, 49 cm lang, 21 cm breit und 18 cm hoch, auf allen Seiten mit Bildwerken aus Silber und Elfenbein reich geschmückt.

Der Bonifacius-Verein.

Bitet den Herrn der Ernte, daß er Arbeiter sende in seine Ernte. Matth. 9, 38.

Der hl. Willibrord war, wie auch der hl. Bonifacius, von Gott erwählt, Apostel Deutschlands zu werden und durch seinen beharrlichen Eifer in der Verkündigung des göttlichen Wortes den wahren Glauben in deutschen Landen fest und dauernd zu begründen. Was Bonifacius und Willibrord im Verein mit andern Glaubensboten gesäet, trug reiche und herrliche Früchte. Ganz Deutschland wurde eins im heiligen katholischen Glauben, und der Glaube ward die Grundlage des ganzen öffentlichen und privaten Lebens. Doch die unheilvolle sogenannte Reformation des sechzehnten Jahrhunderts zerstörte diese beglückende Einheit im Glauben, riß große Teile Deutschlands von der alleinseligmachenden Kirche los und verursachte die nie genug zu beklagende Glaubensspaltung. So leben denn seither in vielen Gegenden Deutschlands Katholiken in größerer oder geringerer Zahl unter Andersgläubigen (in der sogen. Diaspora) und sind in großer Gefahr, im Glauben zu erkalten oder vom Glauben gänzlich abzufallen, weil keine katholische Kirche, keine Schule, kein Priester in der Nähe sich findet, wodurch ihr Glaubensleben erhalten und gestärkt werden könnte. Tausende von Katholiken gehen deshalb alljährlich in Deutschland für die katholische Kirche verloren, büßen das hohe Gut des wahren Glaubens ein und kommen in höchste Gefahr für das Heil ihrer Seele. Oder wenn auch notdürftig in solchen Gegenden die Seelsorge und der katholische Gottesdienst eingerichtet ist, dann ist die Kirche oft nichts anderes als eine Scheune oder ein Tanzsaal, in welchem der Heiland im hl. Sakramente ärmer wohnt als in dem Stalle zu Bethlehem. Da thut Hülfe not, und heilige Pflicht der deutschen Katholiken ist es, ihren bedrängten Glaubensbrüdern nach besten Kräften zu Hülfe zu kommen. Zu diesem Zwecke hat sich der Bonifacius-Verein gebildet, der in der Zeit von 50 Jahren bereits bedeutende Summen aufgebracht, um mit Hülfe derselben Kirchen und Schulen zu bauen und geordnete Seelsorge einzurichten für die Katholiken in den gemischten Gegenden. Es kann nun kaum ein besseres und gottgefälligeres Werk geben, als den Bonifacius-Verein in seinem segensreichen Wirken zu unterstützen durch Gebet und Beiträge an Geld. Und wie leicht könnte jeder, der guten Willens ist, dazu beitragen, wenn er zuweilen in unnötigen Ausgaben sich beschränken, auf ein Vergnügen, einen Genuß verzichten wollte, um das Ersparte dem Bonifacius-Verein zuzuwenden. Das ist das beste Almosen, denn es dient zur Rettung unsterblicher Seelen. Wer aber die Seele seines Nebenmenschen rettet, rettet seine eigene Seele. „Das Almosen rettet von jeglicher Sünde und vom Tode und läßt nicht kommen eine Seele in die ewige Finsternis." (Tob. 4, 11.)

17. November.

Der heilige Florin, Priester.
9. Jahrhundert.

Der hl. Florin war zu Amatia (dem heutigen Matsch im oberen Wintschgau) in Tirol geboren. Seine Eltern vertrauten ihn dem Pfarrer Alexander zu Remüs im Oberengadin (Graubünden) zur Erziehung an, und dieser übertrug ihm später die Verwaltung der Landwirtschaft und des Haushaltes der Geistlichen von Remüs.

Florin war gütig gegen die Armen und darauf bedacht, ihnen in jeder Not zu helfen. Dadurch erregte er jedoch die Eifersucht seiner Gegner, welche ihn bei dem Pfarrer Alexander verleumdeten, als verschwende er den Hausrat und die Güter

der Kirche. Allein Gott bestätigte bald durch ein Wunder seine
Unschuld. Als er nämlich einst auf dem Wege zu seinem Herrn
war, um demselben einen Krug Wein zu bringen, begegnete ihm
eine arme Frau und bat ihn so inständig um Hülfe, daß Florin
ihr den ganzen Inhalt des Kruges schenkte. In zuversichtlichem
Gottvertrauen füllte er dann den Krug mit Wasser, und als
Alexander davon kostete, erkannte er, daß dieses Wasser in der
Hand seines frommen Dieners sich in Wein verwandelt hatte.
Alexander fiel ihm zu Füßen, bat ihn um Verzeihung und forderte
ihn auf, das Vorsteheramt nun an seiner Stelle zu verwalten.
Allein Florin blieb seinem Lehrer unterwürfig und diente ihm
demütig nach wie vor.

Nach dem Tode des Pfarrers Alexander verlangte das Volk,
daß Florin dessen Nachfolger werde, und der Graf Victor von
Chur unterstützte gern diesen Wunsch. Florin ward also durch
den Bischof von Chur zum Priester geweiht und verwaltete nun
das große und schwere Amt eines Seelsorgers viele Jahre lang
zum Heile der ganzen Gegend. Er starb hochbetagt und wurde
in seiner Kirche zu Remüs begraben.

Die Zeit seines Lebens kann nicht genau angegeben werden,
doch scheint dieselbe in das neunte Jahrhundert zu fallen. Seine
Verehrung war in der dortigen Gegend bald sehr verbreitet,
und eine Urkunde vom Jahre 930 bezeugt, daß schon damals die
Kirche zu Remüs dem hl. Florin geweiht war und seine Reliquien
infolge mehrerer Wunder sehr verehrt wurden. Zu seinem Grabe
pilgerten ehedem zahlreiche Wallfahrer, bis um die Mitte des
16. Jahrhunderts die sog. Reformation diesem schönen Brauche
ein Ende machte. Die Kirche zu Remüs wurde und blieb
protestantisch, doch soll das Grab des Heiligen noch jetzt in ihr
vorhanden sein. Bedeutende Reliquien des hl. Florin kamen
nach Chur und Regensburg. Erstere Diözese verehrt ihn als
ihren zweiten Patron und hat ihm mehrere Kirchen geweiht.

In besonderer Verehrung stand aber der hl. Florin in
Koblenz, wo man in der Kollegiatkirche St. Florin das

Haupt und einen Arm desselben aufbewahrte. Diese Kirche war von der Königin Mathilde, der Gemahlin Heinrichs I. (919—936), im zehnten Jahrhundert gegründet worden und wie fast alle unsere Kollegiatkirchen anfangs der allerseligsten Jungfrau Maria geweiht. Um das Jahr 1017 erhielt das Stift den hl. Florin zum Patron. Unter seinen Stiftsherren waren viele hervorragende Männer, so besonders der gelehrte Nicolaus von Cues, der spätere berühmte Kardinal († 1464). Aus den Denkwürdigkeiten von St. Florin ist ferner hervorzuheben, daß der hl. Bernhard am 8. Januar 1147 in der Kirche nach der Feier des hl. Meßopfers einen gelähmten Knaben wunderbar geheilt hat. Das Stift bestand bis zum Jahre 1802. Die Florinskirche wurde im Jahre 1808 profaniert; jetzt ist dieselbe Eigentum der Protestanten in Koblenz. Wohin die Reliquien des hl. Florin in den bewegten Zeiten zu Anfang unseres Jahrhunderts gekommen sind, läßt sich leider nicht mehr ermitteln.

Der Neid.

Das Auge des Neidischen ist böse; er wendet sein Angesicht ab und mißachtet seine eigene Seele.
Sir. 14, 8.

Wie thöricht handelten die Gegner des hl. Florin, als sie aus Neid über seine werkthätige Nächstenliebe ihn verleumdeten und verklagten! Sie erreichten das Gegenteil von dem, was sie wollten, da Gott ihre Anklage benutzte, um seinen treuen Diener sogar durch ein Wunder zu verherrlichen. Der Neid ist ein häßliches Laster, so recht das Laster des Teufels, denn durch den Neid des Teufels, welcher das Glück der Menschen nicht ertragen konnte, ist die Sünde in die Welt gekommen. Der Neid ist aber besonders eine Empörung gegen Gott. Gott gibt den einzelnen Menschen Kräfte, Fähigkeiten, Reichtum, Gesundheit, Ehre, Macht nach seiner Wahl, und darum ist es unbillig, anmaßend und sündhaft, den Mitmenschen solche ihnen vom Herrn verliehenen Vorzüge zu mißgönnen. Der bloße

Wunsch, der sich beim Anblick fremden Glückes selbst im wohl=
geordneten Herzen regt, der Wunsch ähnlichen Wohlseins sich zu
erfreuen, ist noch kein Neid; dieser besteht vielmehr darin, daß
man dem Nebenmenschen das Gute mißgönnt, daß man über
sein Glück, über seine Erfolge sich betrübt, über sein Unglück
sich freut. Welch' ein unedles Laster! Wie erfüllt es nach
und nach das Herz mit allen Erbärmlichkeiten, wenn es Mittel
sucht, diese thörichte Leidenschaft zu befriedigen! Schadenfreude,
frevenliche Urteile, Verdächtigungen, Verleumdungen, Gehässig=
keiten, Feindseligkeiten, Rachgier: alles dieses bleibt dem Neidischen
nicht fremd. Besonders die Zungensünden sind bei ihm
ohne Zahl, und oftmals versteht er es sogar trefflich, unter
dem Schein wohlwollender Teilnahme die größten Lieblosigkeiten
über seinen Nächsten zu sagen. Wahrlich, so wollen wir nicht
handeln! Was wir haben, das haben wir von Gott, und es
ist hinreichend für uns, wenn wir nur mitwirken wollen
mit seiner Gnade. Gönnen wir dem Nächsten sein Glück, freuen
wir uns über seine Erfolge, denn auch hierauf bezieht sich das
Wort des Heilands: „Daran werden alle erkennen,
daß ihr meine Jünger seid, wenn ihr euch liebet
unter einander." (Joh. 13, 35.)

9. Dezember.

Der heilige Eucharius, Bischof.

Gemäß uralter glaubwürdiger Überlieferung fand das
Christentum schon im ersten Jahrhundert in Gallien Eingang.
Die Tradition der trierischen Kirche berichtet nämlich, daß der
hl. Apostel Petrus von Rom aus drei seiner Schüler,
Eucharius, Valerius und Maternus, nach Trier ent=
sendet habe, um dort das Evangelium zu verkündigen. Auf
ihrer Reise kamen die Glaubensboten ins Elsaß, und während

sie die Lehre Christi predigten, starb Maternus zu Elegia (Ehl). Darüber in große Trauer versetzt, reisten Eucharius und Valerius nach Rom zurück, wo ihnen der hl. Petrus seinen Stab übergab mit der Weisung, zu Maternus zurückzukehren und ihn durch Auflegung des Stabes ins Leben zurückzurufen. Vierzig Tage hatte Maternus bereits im Grabe gelegen, aber durch Gebet und Berührung mit dem Stabe Petri wurde er auferweckt und zog dann mit seinen Gefährten, das Evangelium verkündend, weiter.

Endlich kamen sie zu Trier, dem Orte ihrer Bestimmung, an. Das dortige Volk war dem heidnischen Götzendienst der Römer ergeben, und die Worte der drei armen Fremdlinge hatten anfangs nicht den geringsten Erfolg. Aber ihr Eifer und Mannesmut ließ sich weder durch Mißerfolge, noch durch die Drohungen der Götzenpriester einschüchtern. Eines Tages wollte Eucharius auf öffentlichem Markte vor dem Volke predigen. Da ergriffen mehrere Männer Steine und erhoben schon die Arme, um ihn zu steinigen. Aber sie wurden plötzlich gelähmt, und erst auf das Gebet des Heiligen gab ihnen Gott den Gebrauch ihrer Glieder zurück. Infolge dieses Wunders verlangte die Menge, daß man Eucharius frei reden lasse, und derselbe entwickelte nun mit glühender Begeisterung den Inhalt des christlichen Glaubens, die Lehre von der Schöpfung, vom Sündenfall der Stammeltern, von der Erlösung durch Jesus Christus, von seinem Opfertod, seiner Auferstehung und seinem Auftrag an die Apostel, alle Völker zu lehren, zu taufen und dem Himmel zuzuführen. Die Worte des fremden Glaubensboten gingen seinen Zuhörern tief zu Herzen, und sie bekannten, daß sie nie etwas Herrlicheres gehört hätten.

Es befand sich unter der Menge eine vornehme und reiche Witwe Namens Albana, deren einziger Sohn zu Hause krank darniederlag. Sie hatte sich nur für kurze Zeit entfernt, um die Predigt des Fremdlings, von dem sie viel Wunderbares vernommen hatte, zu hören. Vergeblich hatte sie bei Menschen

Trost gesucht, vielleicht fand sie ihn bei jenem heiligen Manne. Aber ihr Kummer wurde nur noch größer, denn ihre Diener eilten ihr nach mit der Trauerbotschaft, daß ihr Sohn gestorben sei. Sobald die trostlose Mutter dies hörte, warf sie sich dem hl. Eucharius zu Füßen und bat ihn unter Thränen, daß er in der Kraft Jesu Christi ihren Sohn vom Tode erwecken möge. Von dem Jammer der Witwe innigst gerührt, begab sich Eucharius mit Valerius und Maternus nach ihrer Wohnung. Nachdem sie lange gebetet, trat Eucharius zu dem Leichnam, faßte ihn bei der Hand und forderte ihn im Namen Jesu Christi auf, zum Leben zurückzukehren. Sogleich stand der Jüngling auf und begann mit allen Anwesenden den Gott der Christen zu preisen. Noch an demselben Tage wurde dann Albana mit ihrem Sohne und einer großen Menge Volkes von Eucharius getauft und somit die erste Christengemeinde gebildet. Albana ließ ihre prächtige Villa, südlich vor der Stadt, zu einer Kirche einweihen, in der sich nun die Christen zur Feier der hl. Geheimnisse versammelten. An derselben Stelle, wo diese Villa gestanden, wurde später die Eschariuskirche erbaut, welche seit dem 12. Jahrhundert den Namen St. Mathias führt.

Den eifrigen Bemühungen des hl. Eucharius, welcher der neuen Gemeinde als Bischof vorstand, gelang es, immer größere Scharen des Volkes für das Christentum zu gewinnen. Die Tradition erzählt, einst sei der Zudrang so groß gewesen, daß er an drei aufeinander folgenden Tagen eine zahllose Menge in dem Bache südlich von der Stadt getauft habe. Dabei habe er zu der vor der eigentlichen Taufe stattfindenden Salbung der Täuflinge soviel heiliges Öl gebraucht, daß sich dasselbe mit dem Wasser des Baches vermischt und man infolgedessen den Bach Olevia (oleum Öl, via Weg) genannt habe. Noch heute führt dieser Bach und das an ihm liegende Dorf den Namen Olewig.

Nachdem Eucharius 23 Jahre lang als erster Bischof von Trier segensreich gewirkt hatte, wurde ihm durch göttliche Einsprechung die Nähe seines Todes bekannt gegeben. Er ernannte seinen treuen Begleiter Valerius zum Nachfolger im bischöflichen Hirtenamt und entschlief dann zur ewigen Seligkeit. Sein Grab fand er auf dem Friedhof bei der ersten Kirche Triers, welche bald den Namen Eucharinskirche erhielt. Später übertrug man seine Gebeine mit denen des hl. Valerius in die Gruft der von Bischof Cyrillus (455) neu erbauten Kirche. Beim Herannahen der Normannen (882) vergruben die Mönche des Eucharinsklosters die Särge ihrer Heiligen tief in den Boden, und infolgedessen wußte man nach einigen Jahrzehnten nicht mehr genau, an welcher Stelle der Kirche Eucharius und Valerius beigesetzt waren. Erst im Jahre 1049 wurden sie wieder aufgefunden und durch Erzbischof Eberhard (1047--1066) feierlich erhoben. Die Reliquien des heiligen Valerius wurden im Jahre 1053 durch Kaiser Heinrich III. zum größten Teil nach Goslar übertragen, diejenigen des heil. Eucharius ruhen aber noch mit einigen Gebeinen des heil. Valerius in dem großen Doppelsarkophage, welcher in der Gruft der Mathiaskirche steht, wo alljährlich viele Tausende andächtiger Besucher die Fürbitte des Heiligen in frommem Gebete erflehen.

Das bischöfliche Amt.

So halte uns denn jeder als Diener Christi und Ausspender seiner Geheimnisse.

1. Kor. 4. 1.

Von dem hl. Petrus erwählt und mit der bischöflichen Würde und Gewalt bekleidet, kam der hl. Eucharius der alten Überlieferung gemäß in das Trier'sche Land, um dort den wahren Glauben zu predigen und die erste Diözese in Teutschland zu begründen. Den Stab des hl. Petrus tragend, regierte er als erster Bischof die neue Diözese in Weisheit und mit großem Segen bis zu seinem Tode, und er verbindet so als erstes Glied in der langen Reihe der Trier'schen Bischöfe diese Diözese mit dem Fürsten der Apostel, dem heiligen Petrus. Darin insbesondere besteht die erhabene Würde und hohe Bedeutung des bischöflichen Amtes, daß die Bischöfe, in

ununterbrochener Reihenfolge von den Aposteln abstammend,
wahrhaft Nachfolger der Apostel sind und die ganze Fülle
der Gewalt, die Christus seinen Aposteln übertragen hat, von
diesen empfangen und ererbt haben. In den Bischöfen leben
die Apostel fort auf Erden bis zum Ende der Zeiten, das
bischöfliche Amt ist die Fortsetzung des Apostolates. Auf dem
bischöflichen Amte beruht der Fortbestand des Priestertums und
damit die Fortdauer der Kirche Christi: denn nur der
Bischof kann als Nachfolger der Apostel die priesterliche Würde
durch die hl. Weihe weiter übertragen. Auf dem bischöflichen
Amte beruht die Reinerhaltung des hl. Glaubens,
denn die Bischöfe sind gesetzt als Wächter und als Zeugen der
christlichen Wahrheit; aus dem bischöflichen Amte fließt die
Fülle der Gnaden dem gläubigen Volke zu, denn die
Bischöfe sind es, welche die Priester heranbilden und in der
hl. Weihe ausrüsten mit der Gewalt, das heilige Opfer darzubringen und die hl. Sakramente zu spenden; durch das
bischöfliche Amt wird die Ordnung in der Kirche aufrecht-
erhalten und werden Verwirrung und Mißbräuche ferngehalten,
denn die Bischöfe sind vom hl. Geiste gesetzt, die Kirche Gottes
zu regieren. Was also an Wahrheit und Gnade in der katholischen Kirche den Gläubigen zu teil wird zum Heil ihrer
Seelen, es wird ihnen vermittelt durch die Hände der Bischöfe.
Darum trägt mit Recht das gläubige Volk eine tiefe Ehrfurcht
vor der bischöflichen Würde und eine innige Verehrung gegen
den Träger derselben, den katholischen Bischof, nimmt mit
demütigem Gehorsam dessen Anordnungen auf und zeigt in
Wort und That eine dankbare Liebe gegen seinen geistigen Vater,
den Oberhirten der Diözese, nach der Mahnung des hl. Bischofs
Ignatius: „Seid gehorsam alle dem Bischof, wie
Christus seinem Vater gehorsam war. Folget ihm
mit unverbrüchlicher Treue der Gesinnung und
haltet ihn in Ehren, wie Jesum Christum selbst."

22. Dezember.

Die heilige **Irmina**, Äbtissin.
† 710.

Die hl. Irmina war eine Tochter des Königs Dagobert II. von Austrasien (673—678) und seiner frommen
Gemahlin Mathilde. Schon in früher Jugend hatten ihre
Eltern sie mit dem fränkischen Grafen Hermann verlobt,
allein dieser starb kurz vor dem festgesetzten Hochzeitstage, und
Irmina betrachtete dies als eine Fügung Gottes zum Heil ihrer
Seele. Als daher ihr Vater sich Mühe gab, sie zu trösten,
und ihr noch einen reicheren und mächtigeren Bräutigam versprach, eröffnete sie ihm, daß sie sich nun selbst einen Bräutigam
gewählt habe, der über alle Länder und Völker herrsche, nämlich
Jesus Christus, den König der Könige. Erstaunt hörten die
Eltern diesen Entschluß ihrer Tochter und suchten sie anfangs
davon abzubringen. Als dieselbe aber fest blieb, gaben sie ihr
schließlich die Erlaubnis zum Eintritt in den Ordensstand, und
Irmina wählte das Kloster Oeren zu Trier, welches der
hl. Bischof Modoaldus (622—640) nach der Regel des
hl. Benediktus gegründet hatte.

Bei ihrem Eintritt beschenkte sie das Kloster mit reichen
Stiftungen zum Unterhalt der Schwestern und zur würdigen
Feier des Gottesdienstes, vor allem aber schmückte sie es mit
dem Glanz ihrer eigenen Tugend und leuchtete ihren Mitschwestern so sehr durch Frömmigkeit und Entsagung voran, daß
man sie nach kurzer Zeit einstimmig zur Äbtissin erwählte.
Unter ihren Tugenden ragte besonders hervor ihre Liebe zu
den Armen und Verlassenen, und freudig entzog sie sich das
Notwendigste, um andern damit zu helfen.

Besonders freigebig war sie gegen den hl. Bischof Willibrord, der 698 in Trier weilte, um die Mittel zur Erbauung
eines Klosters in der benachbarten Gegend zu erlangen. Sie schenkte

ihm aus ihrem väterlichen Erbteile das große Landgut Echternach an der Sauer nebst der darauf stehenden Kirche und
allen dazu gehörigen Häusern, Feldern, Äckern, Weinbergen und
Waldungen. Gleichzeitig bestimmte sie, daß die darauf wohnenden Menschen, welche bisher noch Leibeigene waren, fortan
freie Leute sein sollten. Willibrord war infolge dieses königlichen Geschenkes im stande, alsbald den Bau seines Klosters
zu beginnen und so den Grund zu der später so berühmten
Abtei Echternach zu legen.

Einige Zeit darauf bot sich dem heiligen Manne eine
schöne Gelegenheit, seinen Dank zu bezeigen. Im Kloster
Oeren war nämlich eine pestartige Krankheit ausgebrochen, an
welcher bereits viele Klosterfrauen gestorben waren und fast
alle übrigen noch krank darniederlagen. Da bat Irmina den
hl. Willibrord, er möge von Echternach herüberkommen und
die Hülfe Gottes für die schwergeprüfte Genossenschaft erflehen.
Willibrord that dies, feierte in der Klosterkirche den Gottesdienst und segnete dann Wasser zum Trinken für die Kranken
und zum Besprengen der Wände des Hauses. Kaum war
dieses gesegnete Wasser angewendet worden, als die kranken
Schwestern plötzlich gesund wurden und auch von der schweren
Heimsuchung fürderhin befreit blieben. Das Wunder erregte
überall Staunen und Freude. In dem Leben der hl. Irmina,
welches der Mönch Thiofried im 11. Jahrhundert geschrieben
hat, ist es in einem großen lateinischen Gedichte verherrlicht.

Noch viele andere Kirchen und Klöster bedachte Irmina
mit reichen Schenkungen, so besonders die dem hl. Paulus
geweihte Pfarrkirche zu Trier, welche neben dem Kloster Oeren
lag und auch von ihr unterhalten wurde. Irmina bereicherte
diese Kirche derart mit Einkünften, daß gleichzeitig zwölf
Priester bei derselben ihren Unterhalt fanden.

Nachdem sie 35 Jahre lang das Amt der Äbtissin im
Kloster Oeren segensreich verwaltet und sich selbst und ihre
Mitschwestern auf jede Weise geheiligt hatte, starb sie am

24. Dezember des Jahres 710 und gelangte infolge mehrerer
Wunder bald zum Rufe der Heiligkeit. Ihre Reliquien brachte
man zum größten Teil in das Kloster zu Weißenburg im
Elsaß, welches von ihrem Vater, dem König Dagobert II.,
gestiftet worden war. Ihr Haupt kam zur Zeit des Bischofs
Hillinus von Trier (1152—1169) in das Kloster Sponheim. Als nämlich die Gräfin Clementia von Hohen-
burg, welche mit dem Grafen Craffto verlobt war, diese
Verlobung wegen zu naher Verwandtschaft aufhob, trat sie
selbst in das Kloster Oeren zu Trier, Craffto aber in das
Kloster Sponheim. Schon nach zwei Jahren erlangte Craffto
die Würde des Abtes und einige Zeit darauf erhielt er aus
dem Kloster Oeren durch die Vermittlung seiner früheren Verlobten das Haupt der hl. Irmina, welches von da an als kostbares Kleinod in der Abteikirche zu Sponheim verehrt wurde.

Das Kloster Oeren erhielt später zum Andenken an seine
heilige Äbtissin den Namen St. Irminenkloster. Es bestand
bis zu Ende des vorigen Jahrhunderts. Napoleon schenkte
im Jahre 1804 die umfangreichen Gebäulichkeiten desselben
der Stadt Trier zur Errichtung der sogenannten vereinigten
Hospitien. Die alte Klosterkirche dient heute als Gotteshaus der Pfarrei St. Paulus und bewahrt noch einige Reliquien der hl. Irmina. Der vor ihr liegende Platz trägt noch
jetzt den Namen Irminenfreihof.

Eine Schwester der hl. Irmina war die hl. Adula.
Dieselbe gründete nach dem Tode ihres Gemahls das Kloster
zu Pfalzel bei Trier und stand demselben viele Jahre als
Äbtissin vor. Ihr Enkel war der hl. Bischof Gregor von
Utrecht († 776), dessen Andenken am 26. August gefeiert wird.

Alles Irdische eitel.

Ich sah alles, was unter der Sonne geschieht, und
siehe, alles war Eitelkeit und Geistesplage. Ecc. I, 14.

Die hl. Irmina hatte einen guten Tausch gemacht, als
sie für die vergänglichen Güter dieser Welt die ewigen Güter

des Himmels eintauschte. Zwar mochten manche aus ihrer Umgebung nicht begreifen können, daß die reiche Königstochter in einem armen Kloster ihr Leben zubrachte, allein Irmina hatte erkannt, daß in der vollständigen Hingabe an Gott mehr Glück zu finden sei als in allen geschaffenen Dingen der ganzen Welt. Wohl sind auch die Geschöpfe Werke Gottes und als solche mit Weisheit und Schönheit ausgestattet und zu unserem Gebrauche, unserem Nutzen, unserer Freude bestimmt. Aber sie sind und bleiben stets nur **Mittel zum Zweck**, sie weisen uns hin auf ihren und unseren Schöpfer, das höchste, aber auch das einzige Gut. Es **kann nicht anders sein**. Denn es ist undenkbar, daß Gott das Glück des Menschenherzens in Güter gelegt habe, die nur so **wenigen** beschieden und noch dazu unter Gute und Böse so **ungleich** verteilt sind. Und hätte auch wirklich jemand die irdischen Güter in Fülle, hätte er Geld und Gut, Gesundheit und Kraft, Ehre und Macht, soviel sein Herz begehrt, hätte er aber Gott nicht in seiner Seele, so wäre er arm und elend wie der ärmste Bettler. Denn die Vergnügungen dieser Welt bringen nur bis zu den Sinnen, aber den eigentlichen Sitz jenes maßlosen Verlangens, jenes unersättlichen Durstes nach Glückseligkeit erreichen sie nicht. Nur der **Friede Gottes** ist im stande, dieses Heimweh unserer Seele nach dem verlorenen Paradies zu erfüllen, und darum ist unser Herz unruhig, bis es ruhet in Gott. Fürwahr, wir sind zu Höherem geboren als für diese Welt von Staub. Darum los das Herz von dem, wovon ja doch, über kurz oder lang, der Tod, der unerbittliche, uns trennen wird. „Auf dich, o Herr, habe ich gehofft, ich werde in Ewigkeit nicht zu Schanden werden." (Pf. 30, 2.)

25. Dezember.

Der heilige **Gregor von Spoleto,** Martyrer.
† 304.

Zur Zeit der großen Christenverfolgungen, welche gegen Ende des 3. Jahrhunderts auf Veranlassung der Kaiser Diokletian und Maximian in ganz Italien wüteten, kam der römische Präfekt Flaccus nach der Stadt Spoleto, nördlich von Rom, um nachzuforschen, ob dort sich Christen befänden. Bald erfuhr er, daß ein eifriger Priester Namens Gregor in dieser Stadt weile und schon viele Einwohner getauft habe, weil er durch zahlreiche Krankenheilungen das Vertrauen und die Liebe der Bevölkerung sich erworben habe. Flaccus sandte alsbald 40 Soldaten aus, welche Gregor aufsuchten, ihn gefangen nahmen und vor den Richterstuhl des Präfekten führten. Dieser begann sogleich das Verhör: „Bist du jener Gregor, der Verächter der Götter und Feind der Kaiser?" Gregor sprach: „„Ich diene von Jugend auf dem Gotte, der den Menschen nach seinem Bilde erschaffen hat, der allmächtig und unsterblich ist, und jedem vergelten wird nach seinen Werken"". „Es bedarf nicht vieler Worte," fuhr der Präfekt ihn an, „thue, was ich dir befehle! Willst du dein Leben retten, so gehe in den Tempel und opfere den Göttern, dann wirst du unser Freund sein, und die Kaiser werden dich mit Gnaden überhäufen." Gregor maß den Römer mit verächtlichem Blicke und sprach mutig: „„Mich verlangt nicht nach der Freundschaft, die du mir versprichst. Ich habe einen besseren Freund, das ist Jesus Christus. Ihm allein opfere ich, nicht aber euren Göttern, die aus Holz und Stein gemacht sind.""

Der Präfekt sah, daß bei diesem Manne nichts zu erreichen sei. Voll Zorn rief er die Soldaten herbei und befahl, daß dem Martyrer der Mund zerschlagen werde, weil er die Götter damit geschmäht habe. Dann ließ er ihn mit knotigen Geißeln peitschen und ins Gefängnis werfen. Am folgenden Tage wurde Gregor wieder vorgeführt, und da er noch ebenso standhaft in dem Bekenntnis Christi beharrte, wurde er entkleidet und mit glühenden Eisen und Feuerbränden am ganzen Körper gebrannt. Dann wurde er in das Amphitheater vor der Stadt gebracht und dort von dem Lictor enthauptet. Sogar an dem entseelten Leichnam wollte Flaccus noch seine Wut auslassen, darum befahl er, die wilden Tiere aus den Zwingern des Theaters in die Arena zu führen, damit sie den Körper zermalmten. Aber die sonst so wütenden Tiere berührten den Heiligen nicht, sondern warfen sich vor ihm nieder, als wollten sie ihm die Ehre bezeugen, welche die Menschen ihm versagt hatten.

Da ging eine fromme christliche Frau Namens Abundantia zu den römischen Beamten und kaufte den heiligen Leichnam für 35 Goldstücke von ihnen los. Sorgsam hüllte sie denselben in kostbare Leinwand ein, tränkte die Grabtücher mit kostbarem Nardenöl und Balsam und bestattete ihn dann in einem Grabe bei der steinernen Brücke, die über den Sanguinaro-Bach führt, nicht weit vor den Mauern der Stadt Spoleto. Der Tod des Heiligen fällt in das Jahr 304. Als für das römische Reich friedliche Zeiten unter den christlichen Kaisern kamen, erhob man die Reliquien und setzte sie in einer Kirche bei, wo der Heilige große Verehrung erlangte und viele Wunder an seinem Grabe geschahen. Noch jetzt befindet sich der größte Teil seiner Reliquien in der Kirche San Gregorio zu Spoleto.

Der hl. Gregor wird seit alters her auch in dem Bistum Trier verehrt, und zwar aus folgendem Grunde: Der treffliche Erzbischof Egbert von Trier (977—993) hatte eine besondere Verehrung für die Reliquien der Heiligen und suchte viele derselben für seine Domkirche zu erwerben. Für die bereits vorhandenen, insbesondere für den hl. Nagel, die Reliquien des hl. Andreas, den Stab des hl. Petrus, ließ er überaus kostbare

Reliquiare anfertigen, von denen die beiden ersten noch jetzt die kostbarsten Kunstschätze der Domschatzkammer bilden. Von einer Reise, die er nach Italien unternahm, brachte er außer anderen Reliquien auch solche vom hl. Gregor aus Spoleto mit und schenkte sie der Domkirche zu Trier. Als Erzbischof Richard (1511—1531) im Jahre 1512 den Nikolausaltar im Westchor des Domes eröffnete, fand er darin auch diese Reliquien des hl. Gregor. Dieselben befinden sich heute in der Schatzkammer des Domes.

Die selige Ewigkeit.

Es grüßen euch alle Heiligen. 2 Kor. 13, 12.

Mit dem Leben des hl. Gregor schließen diese Leben der Heiligen aus der Trier'schen Diözese, die so reich an Heiligen ist. Hehre und heilige Gestalten sind bei Lesung dieses Büchleins an dir vorübergezogen; bewundernd und verehrend hat dein Auge auf ihnen geruht in Betrachtung ihrer Tugend und Heiligkeit. Zu verschiedenen Zeiten und an verschiedenen Orten, in verschiedenen Ständen und unter verschiedenen Verhältnissen haben dieselben auf Erden einst gelebt, aber jetzt sind sie vereinigt an demselben Ziele, in derselben seligen Ewigkeit. Für Gott haben sie alle gelebt, bei Gott haben sie deshalb alle sich zusammen gefunden, in Gott, dem höchsten Gute, finden sie alle ihren Lohn: eine unermeßliche, eine endlose Seligkeit und Wonne. Wohl ist verschieden das Maß ihrer Seligkeit und die Stufe ihrer Herrlichkeit, denn „je nach dem Maße seiner Arbeit hat jeder seinen Lohn empfangen", aber dem Wesen nach ist die Seligkeit für alle gleich: „Gott selber ist der übergroße Lohn für alle." Dasselbe Ziel, das diese Heiligen bereits glücklich erreicht, ist auch dein Ziel, dieselbe Seligkeit ist auch dir bestimmt. Schau empor! Dort oben in den glänzenden Reihen der Seligen ist ein Thron errichtet: der ist für dich; und Engelshände halten darüber eine Krone: die ist für dich bestimmt. Auch dir gilt des Herrn glorreiche Verheißung: „Freue dich

und frohlocke: denn groß ist dein Lohn im Himmel."
Aber, so sprichst du kleinmütig und verzagten Herzens,
wie könnte ich dies hohe Ziel erreichen und ich einst stehen
unter der Zahl der Heiligen? Sei getrost und fürchte nicht!
Nicht alles, was die Heiligen gethan, brauchst du zu thun, um
einzugehen in den Himmel - das vermöchtest du wohl nicht —
aber was notwendig ist, um selig zu werden, das vermögen
wir alle. Was ist es? Treue im Kleinen und Ausdauer
bis zum Ende. Nichts Großes, nichts Außergewöhnliches,
wie viele Heiligen gethan, verlangt Gott von dir, nein, nur das
Kleine, Alltägliche, wie Stand und Beruf es erfordern: dies
aber mit großer Treue und aus Liebe zu ihm. „Weil du
über Weniges getreu gewesen, will ich dich über Vieles
setzen", so lautet das Wort des Herrn. Zu dieser Treue
aber geselle sich die Ausdauer bis an's Ende. Denke nicht:
wie vermag ich auszuharren so lange Zeit bis zum fernen
Ende meines Lebens. Die Zeit ist nur kurz, und das Ende
ist nahe. Was sind die flüchtigen Jahre unseres Erden-
lebens im Vergleiche mit der Ewigkeit! Drum harre aus!
„Siehe, ich komme bald, und mein Lohn ist mit mir,
zu vergelten einem jeden nach seinen Werken" (Apoc. 22, 7).
— „Sei getreu bis in den Tod, und ich will dir
die Krone des Lebens geben." (Apoc. 2, 10.) — Amen.

Anhang.

Quellen-Angabe und Litteratur-Verzeichnis.

Die Hauptquelle für jegliche Bearbeitung von Heiligenleben besteht in den **Acta Sanctorum** der **Bollandisten.**

Dieses großartige, in lateinischer Sprache geschriebene Werk wurde begonnen von dem belgischen Jesuiten Johannes Bollandus (geb. 1596, gest. 1665). Von ihm und seinen Ordensgenossen wurden auf den Bibliotheken Deutschlands, Spaniens, Frankreichs, Italiens, besonders Roms nach und nach zahllose Materialien an Handschriften, Kopien, Codices, gedruckten und ungedruckten Quellen gesammelt und zu einer großen Bibliothek in Antwerpen vereinigt. Bollandus selbst erlebte zwar nur das Erscheinen der beiden ersten Bände des Riesenwerkes, das seinen Namen unsterblich gemacht hat, aber seine Ordensgenossen setzten emsig die begonnene Arbeit fort, und trotz zahlreicher Schwierigkeiten ist dieselbe gegenwärtig bis zum Monat November vorgeschritten. Das Werk ist zum größten Teil in Antwerpen gedruckt und besteht bis jetzt aus 60 großen Foliobänden. Davon kommen auf die Heiligen der Monate Januar 2, Februar 3, März 3, April 3, Mai 7, Juni 7, Juli 7, August 6, September 8, Oktober 13 Bände; der zuletzt (1887) erschienene Band geht bis zum 3. November. Die Fertigstellung des Ganzen bis Ende Dezember mag immerhin noch ein Jahrhundert beanspruchen. Das Werk ist fast nur auf großen Bibliotheken vollständig zu finden (in Trier z. B. auf der Dombibliothek und der Stadtbibliothek). Es wird von Antiquaren zuweilen zum Preise von 1000 Mark zum Kaufe angeboten. Der Buchhändler Victor Palmé in Paris hat in den letzten Jahrzehnten einen Neudruck, wörtlich wie die alte Antwerpener Ausgabe, veranstaltet. Der Preis für die 60 broschierten Bände dieser herrlich gedruckten Ausgabe beträgt etwa 2700 Mark.

Das Werk der Bollandisten enthält die Leben fast aller Heiligen, die in der ganzen katholischen Welt verehrt werden. Alle Schriftsteller, welche diesen Zweig der Kirchengeschichte betreiben, schöpfen aus ihm als aus einer geradezu unerschöpflichen Quelle. Auch die Leben des vorliegenden Büchleins beruhen fast sämtlich auf dem Studium der Bollandisten. Für solche Leser, welche ausführlichere Angaben suchen und in den Bollandisten nachlesen wollen, gibt das folgende Verzeichnis den Band und die Seitenzahlen der Antwerpener Ausgabe an:

23*

Januarius.

S. Agritius, Jan. I, 772—781.
S Popo, Jan. II, 637—651.
S. Marus, Jan. II, 730—731.
S. Valerius, Jan. II, 917—921.
S. Aldegundis, Jan.II, 1034—1054.

Februarius.

S. Brigida, Febr. I, 99—185.
S. Vedastus. Febr. I, 782—815.
S. Paulus, Febr. II, 169—177.
S. Castor. Febr. II, 662—665.
S. Severus, Febr. II, 826—827.
S. Bonosus, Febr. III, 11.
S. Leontius, Febr. III, 130.
S. Mathias, Febr. III, 431—453.
S. Modestus, Febr. III, 463—465.

Martius.

S. Basinus. Mart I, 313—321.
S. Cunegundis, Mart. I, 266—282.
S. Quiriacus, Mart. I, 424—426.
S. Theodulphus, Mai. I, 99—104.
S. Gertrudis, Mart. II, 592—601.
S. Felix. Mart. III. 621—625.

Aprilis.

S. Leo, Apr. II, 642—674.
S. Wernerus, Apr. II, 697—740.
S. Abruncalus, Apr. III, 30—31.
S. Quirinus, Apr. III. 412—415.

Majus.

S. Walburgis, Febr. III, 511—572.
S. Britonius, Mai. II, 11.
S. Modoaldus, Mai. III, 50—78.
S. Servatius, Mai. III, 209—231.
S. Gangolphus, Mai. II, 642—655.
S. Rupertus, Mai. III, 503—509.
S. Maximinus, Mai. VII, 19—36.

Junius.

S. Simeon, Jun. I, 87—107.
S. Clotildis, Jun. I, 292—298.
S. Medardus, Jun. II, 72—105.
S. Elisabeth, Jun. III, 604—643.
S. Albanus, Jun. IV, 86—95.
S. Adelbertus, Jun. V. 94—110.

Julius.

S. Numerianus, Jul. II, 231.
S. Kilianus, Jul. II, 599—619.
S. Disibodus, Jul. II, 581—599.
S. Hildulphus, Jul. III. 205—238.
S. Goar, Jul. II, 327—346
S. Glodesindis, Jul. VI, 198—225.
S. Magnericus, Jul. VI, 168—192.
S Cyrillus, Mai IV, 331—332.
S. Germanus, Jul. VII, 184—304.

Augustus.

S. Oswaldus, Aug. II, 83—103.
S. Emygdius, Aug. II, 16—36.
S. Gaugericus, Aug. II, 664—693.
S Gertrudis, Aug. III, 142—143.
S. Severa, Jul. V, 79—80.
S. Rochus, Aug. III, 380—415.
S. Helena, Aug. III, 548—654.
S. Beatus et Banth., Jul. VII, 307—308.
S. Auctor, Aug. IV. 37—55.
S. Aredius, Aug. V, 171—194.
S. Gregorius, Aug. V, 240—264.
S. Riza, Aug. VI, 624—625.
S. Paulinus, Aug. VI, 668—679.

September.

S. Arnulphus, Jul IV, 423—447.
S. Maternus, Sept. IV, 354—400.
S. Hildegardis, Sept. V, 629—701.
S. Mauritius, Sept. VI, 308—403.

October.

S. Ludwinus, Sept. VIII, 159—179.
S. Lambertus, Sept. V, 518—617.
S. Palmatius, Oct. III, 18—20.
S. Thyrsus, Oct. II, 330—387.
S. Gereon, Oct V, 14—60.
S. Lubentius, Oct. VI, 200—204.
S. Rusticus, Oct. VI, 532—538.
S. Severus, Oct VIIa, 31—34.
S. Ursula, Oct. IX, 73—303.
S. Wendelinus, Oct. IX, 343—351.

November.

S. Hubertus, Nov. I. 759—930.

Außer den Bollandisten kommen sodann folgende speziell trierische Quellenwerke hauptsächlich in Betracht:

1) **Antiquitatum et Annalium Trevirensium libri XXV.** Auctoribus P. Christophero Browero S. J. et P. Jacobo Masenio S. J. 2 Foliobände. Lüttich 1670.

An diesem Werke hat der gelehrte Jesuit Brower den größten Teil seines Lebens gearbeitet. Er hat darin alle ihm erreichbaren Nachrichten über die trierische Geschichte gesammelt und in chronologischer Ordnung von Christi Geburt bis zum Jahre 1600 dargestellt. Nach seinem Tode (1617) fügte der Jesuit Masenius noch Anmerkungen hinzu und führte das Werk bis 1652 fort. Hontheim nennt es ein „unsterbliches Werk". Für die Trierer Heiligengeschichte ist hauptsächlich der erste Band von Wichtigkeit, zumal da seinem gelehrten Verfasser viele Urkunden, Inschriften, Chroniken zur Verfügung standen, die heute nicht mehr vorhanden oder nicht mehr aufzufinden sind.

Von denselben zwei genannten Jesuiten, B r o w e r und M a s e n, wurde noch ein anderes reichhaltiges Werk ausgearbeitet, das aber ungedruckt blieb, bis der verdiente rheinische Geschichtsforscher C h r. v o n S t r a m b e r g es mit wertvollen Ergänzungen 1855 im Druck herausgab. Es führt den Titel:

2) **Metropolis ecclesiae Trevericae,** quae metropolitanae ecclesiae originem, jura, decus, officia . . . . et monasteriorum ortus progressusque . . . complectitur. 2 tomi in 8. Confluentibus 1855, 1856; R. F. Hergt.

Das Buch behandelt vor allem die Geschichte der Abteien, Stifte und Klöster des Erzstifts Trier bis zu den Zeiten der Säcularisation(1802)

3) **Gesta Trevirorum.** Ediderunt J. H. W y t t e n b a c h et M. F. J. M ü l l e r Treviri. 3 volumina; Augustae Trevirorum 1836, 1838, 1839. 3 Quartbände.

Die Gesta sind chronistische Aufzeichnungen merkwürdiger Begebenheiten in dem trierischen Lande. Ihr ältester und wertvollster Teil ist etwa um das Jahr 1105 in dem Kloster zu St. Mathias verfaßt worden. Spätere Fortsetzer führten die Chronik bis zum Jahre 1794. Die beste Ausgabe der Gesta findet sich jetzt in den Monumenta Germaniae.

4) **Hontheim,Prodromus historiae Trevirensis.** Augustae Vindelic. 1757. 2 Foliobände.

In diesem Werke sind die Stellen und Berichte aller auswärtigen Schriftsteller, welche über Trier handeln, chronologisch zusammengestellt, sowie auch ganze Chroniken einheimischer Schriftsteller des Mittelalters abgedruckt. Dasselbe ist besonders für die römische und fränkische Periode der Trierer Geschichte von großer Wichtigkeit, weil wir infolge der Normannenverwüstung im Jahre 882 fast keine einheimischen Schriften haben und also auf die Berichte der ausländischen Profan- und Kirchenschriftsteller angewiesen sind. Erst für die deutsche Periode beginnen unsere einheimischen Autoren, vor allem die oben genannten Gesta.

Von neueren Werken, die von dem Verfasser des vorliegenden Büchleins dankbar benutzt wurden, sind folgende zu nennen:

Leben und Thaten der Heiligen, deren Andenken besonders im Bistum Trier gefeiert wird. Von einem Priester der Diözese Trier. 8°, 337 Seiten. Trier 1837, J. J. Linß. — Unter gleichem Titel erschienen später dazu 3 Fortsetzungen (zusammen 598 Seiten):

1. und 2. Abteilung, Trier 1861, J. A. Gall; 3. Abteilung, Trier 1862, P. Braun.

Der Verfasser dieser ausführlichen Trierer Heiligenlegende war der fromme Domvikar A. J. Liehs zu Trier († 13. 6. 1874), der während seines ganzen Lebens dieses Gebiet unserer Geschichte mit großer Liebe gepflegt und durchforscht hat. Am wertvollsten sind die Fortsetzungen aus den Jahren 1861/62, welche außer vielen Ergänzungen zu dem älteren ersten Teil auch die Wallfahrtskirchen der Diözese behandeln.

Amtsanzeiger, Kirchlicher, für die Diözese Trier. 1. Jahrgang 1835. — 35. Jahrgang 1891.

Beissel, St., S. J., Geschichte der Trierer Kirchen. 1. Bd. Gründungsgeschichte. 240 S. 1887. 2. Bd. Geschichte des hl. Rockes. 2. Aufl. 398 S. u. Anhang. Trier 1889, Paulinus-Druckerei.

Beissel, St., S. J., Die Verehrung der Heiligen und ihrer Reliquien in Deutschland bis zum 13. Jahrh. 148 S. Freiburg 1890, Herder.

Bellesheim, Dr. A., Kleine Nachfolge der Heiligen. 368 und 372 S. Köln 1879, Bachem.

Bettingen, J., Geschichte der Stadt und des Amtes St. Wendel. 629. S. St. Wendel 1865.

Bock, Dr. F., Rheinlands Baudenkmale des Mittelalters. 3 Bde. Köln u. Neuß, Schwann.

Bruder, Dr. P., Die Verehrung des hl. Rochus zu Bingen. 182 S. Mainz 1881, Kirchheim.

Bruder, Dr. P., St. Rupertus-Büchlein. 256 S. Dülmen 1882, Laumann.

Bucher, Dr. J., Geschichte des hl. Martin von Tours. 376 S. Schaffhausen 1855, Hurter.

Diel, Ph., Der hl. Maximinus und der hl. Paulinus. 322 S. Trier 1875, Groppe.

Diel, Ph., Die St. Mathias-Kirche bei Trier und ihre Heiligtümer. 185 S. Trier 1881, Paulinus-Druckerei.

Diel, Ph., Geschichte der Kirche des hl. Maximinus. 67 S. Trier 1886, Paulinus-Druckerei.

Fall, Dr. B. A. F., Heiliges Mainz, oder die Heiligen und Heiligtümer in Stadt und Bistum Mainz. 320 S. Mainz 1877, Kirchheim.

Friedrich, Dr. J., Kirchengeschichte Deutschlands. 2 Bde. 490 u. 670 S. Bamberg 1867, 69, L. Reindl.

Glöckler, L. G., Sankt Materuus, oder Ursprung des Christentums im Elsaß und in den Rheinlanden. 386 S. Rixheim 1884, Sutter.

Gregor von Tours, Zehn Bücher fränkischer Geschichte. Übersetzt von W. v. Giesebrecht. 2 Bde. 368 u. 362 S. Mit einer Stammtafel der Merowinger-Könige. 2. Aufl., Leipzig, Dyk.

Guérin, P., Les petits Bollandistes. Vies des Saints. Septième Édition. 17 tomes. Paris 1878, Blond et Barral. Ein sehr wertvolles Werk, das in Deutschland, abgesehen von dem veralteten Werk von Alban Butler (Räß u. Weis), nicht seines Gleichen hat.

Heitemeyer, J., Die Heiligen Deutschlands. 2. Aufl. 692 S. Paderborn 1889, Bonifacius-Druckerei.

Hulley, J., Andenken an die Schatzkammer des Domes zu Trier. 12 Abbildungen u. 8 S. Trier 1891, Paulinus-Druckerei.

Lager, Dr. J. C., Urkundliche Geschichte der Abtei Mettlach. 411 S. Trier 1875, Linß.

Leben der Väter und Martyrer, ursprünglich in englischer Sprache verfaßt von Alban Butler. Übersetzt von Dr. Räß u. Dr. Weis. 22 Bde. Mainz 1823—27, S. Müller.

Lehfeld, Dr. P., Die Bau- und Kunstdenkmäler des Regierungsbezirks Koblenz. 788 S. Düsseldorf 1886, Voß u. Cie.

Lesker, St. Wendelinus. 109 S. Donauwörth 1889, Auer.

de Lorenzi, Dr. Ph., Beiträge zur Geschichte sämtlicher Pfarreien der Diözese Trier. 1. Bd. Regbz. Trier. 692 S.; 2. Bd. Regbz. Koblenz 568 S. Trier 1887, Bischöfl. General-Vikariat.

Marx, Dr. J., Geschichte des Erzstifts Trier von den ältesten Zeiten bis zum Jahre 1816. 5 Bde. Trier 1858—1864, Linß.

Marx, Dr. J., Erinnerungen an Trier, d. i. Szenen aus seiner Kirchengeschichte. 133 S. Trier 1866, Linß.

Pastor bonus, Zeitschrift für kirchliche Wissenschaft und Praxis. 2. Jahrg. 1890 S. 22 u. ff., S. 80. Trier, Paulinus-Druckerei.

Proprium Officiorum Dioecesis Treverensis a S. Sede Apostolica approbatum. 96, 96, 93, 86 paginae. Treveris 1888, Ex officina ad S. Paulinum.

Richter, Dr. G., Annalen des fränkischen Reiches im Zeitalter der Merowinger. 230 S. Halle 1873, Waisenhaus.

Roth, F. W. E., Die Visionen der hl. Elisabeth und die Schriften der Äbte Eckbert und Emecho von Schönau. 411 S. Brünn 1884, Benediktiner-Buchdruckerei.

Samson, Dr. H., Die Schutzheiligen. 345 S. Paderborn 1889, F. Schöningh.

Schematismus des Bistums Trier für das Jahr 1889. Trier 1889, Paulinus-Druckerei.

Schmelzeis, J. Ph., Leben und Wirken der hl. Hildegardis. 616 S. Freiburg 1879, Herder.

Schmitt, Ph., Die Kirche des hl. Paulinus bei Trier. 483 S. Trier 1853, Grach.

Stein, A. G., Die hl. Ursula und ihre Gesellschaft. 127 S. Köln 1879, Bachem.

Stein, A. G., Die Pfarre zur hl. Ursula in Köln. 192 S. Köln 1880, Bachem.

Stöck, A., Die Wallfahrt nach Trier zum hl. Rock des Herrn. 126 S. Dülmen 1891, Laumann.

v. Stramberg, Chr., Rheinischer Antiquarius. 39 Bde. Koblenz 1853—1871, Hrgt.

Wetzer u. Welte's Kirchenlexikon. 2. Aufl. Begonnen von Kardinal Hergenröther, fortgesetzt von Dr. Fr. Kaulen. Freiburg, Herder — Bis jetzt (1892) sind die 7 ersten Bände der 2. Aufl. erschienen. Für die noch fehlenden Bände wurde die 1. Aufl. benutzt.

Willems, Dr. E., Der hl. Rock zu Trier. 182 S. Trier 1891, Paulinus-Druckerei.

Willems, Dr. E, Wallfahrt nach Trier. 75 S. Trier 1891, Paulinus-Druckerei.

Namen- und Ortsregister.

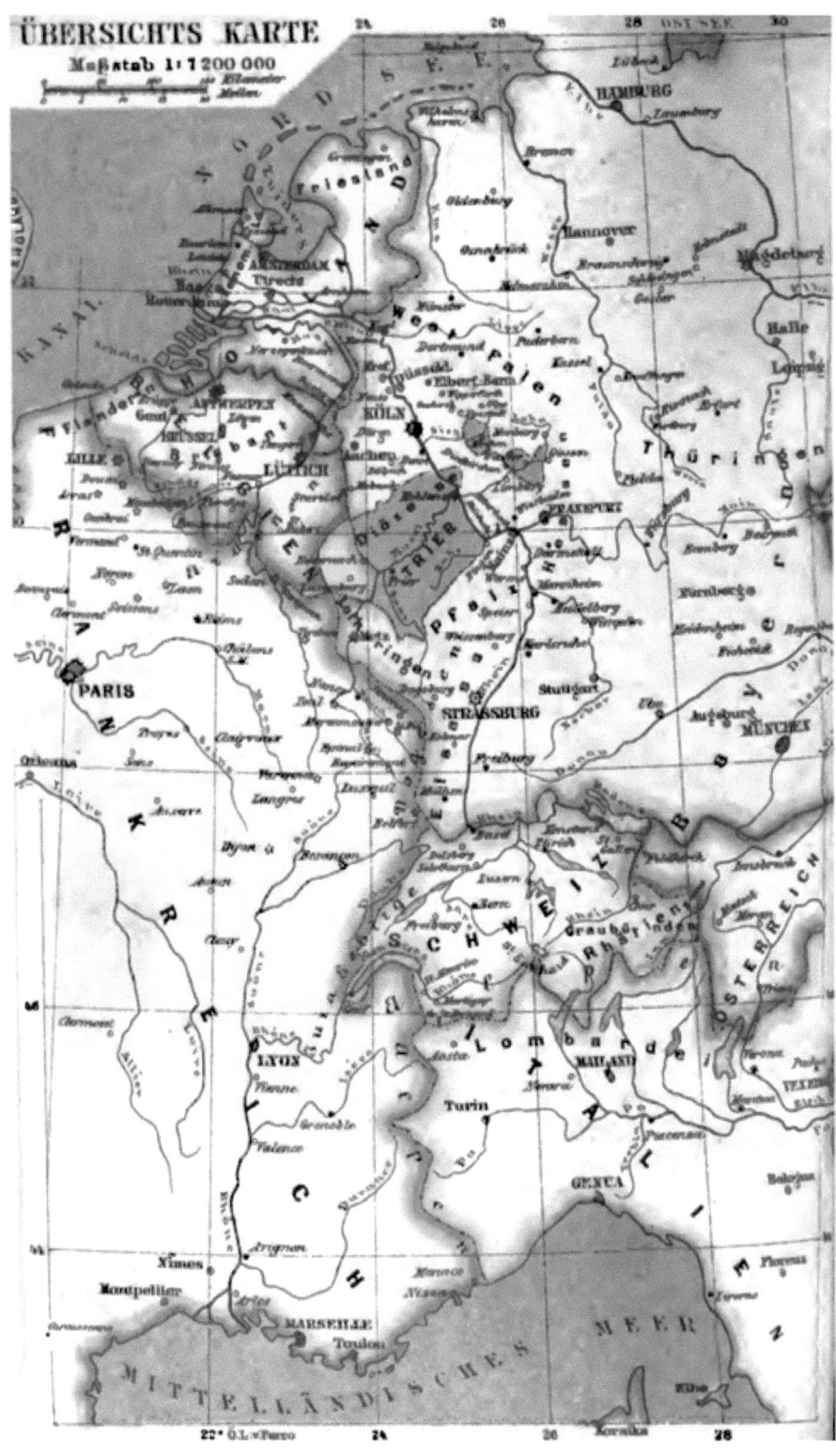

ÜBERSICHTS KARTE

Maßstab 1:7 200 000